監修に当たって

　個人再生の立法（民事再生法改正）は、2000年成立、2001年4月施行です。

　個人再生は判例の積み重ねで解釈運用が定まることは期待しにくい分野ですが、施行7年後の2008年11月に刊行された『個人再生の実務Q&A100問』は、個人再生の「生きた姿」を目に見えるようにしたといえるものでした。山本和彦教授の「個人再生手続の現状と課題」（高木新二郎＝伊藤眞編『講座　倒産の法システム(2)〈清算型倒産処理手続・個人再生手続〉』（日本評論社、2010年）所収）には『個人再生の実務Q&A100問』が注記として41回登場しています。

　全国各地の全倒ネットの会員の方に執筆をお願いし、理論的な説明をしつつ、単なる条文解説ではなく、実務上の疑問への回答となる原稿としてほしいという注文をつけたのが前記の『100問』でした。本書『個人再生の実務Q&A120問』でも、この点は同じですが、『100問』刊行後10年間の判例・実務の成果を盛り込むことが新たな課題となりました。超過配当についての最三小決平29.9.12、再生計画案の可決が信義則違反に反する行為によってなされた疑いがあるとする最三小決平29.12.19は、もちろん、取り入れて検討されています。

　編集システムは、「実務Q&A○○問」シリーズを重ねるなかでブラッシュアップされています。Qの設定と分担、Aの執筆者の決定、提出原稿のチェックと差戻し、最終原稿の確定を、地域ブロックの編集会議を経て全体の編集会議で行うという集団作業です。全体の編集会議は毎回30名程度が集まって行いますが、地域ブロックで要検討とされた点だけではなく、改めての異論が出されることもあり、検討を要する点が『100問』以来持ち越されたものであることもあり、各問で共通して登場する部分に食い違いがあって調整が必要ということもしばしばあるなど、本書の刊行は、実に多大な労力を費やしたものとなりました。その成果として、本書が現時点の個人再生の「生きた姿」を示すものになったと受け取っていただければ幸甚です。

　最後になりましたが、ご苦労をおかけした執筆者、編集担当者、裏方としてご尽力いただいた一般社団法人金融財政事情研究会編集部の方々に感謝を申し上げる次第です。

全国倒産処理弁護士ネットワーク顧問
弁護士（前・最高裁判所判事）
木内　道祥

全国倒産処理弁護士ネットワークについて

　全国倒産処理弁護士ネットワーク（全倒ネット）は、2002年11月に、全国の弁護士の間で、倒産手続と事業再生に関する情報交換と研鑽の場を提供するために設立されました。以来、年1回、シンポジウムを開催し、書籍を出版するほか、各地の弁護士会や裁判所等と協力し、適正迅速な倒産処理に寄与する活動を継続しています。2018年10月現在、各地から推薦を受けた理事を中心に5,000名を超える弁護士が参加しています。

　詳細はウェブサイト（https://www.zentoh-net.jp/）をご覧ください。

【理事長】
　中井康之　　34期・大阪

【副理事長】
　小林信明　　35期・東京

【専務理事】
　佐藤昌巳　　41期・愛知県　　　富永浩明　　42期・東京
　黒木和彰　　41期・福岡県

【常務理事】
　伊藤　尚　　37期・第一東京　　小畑英一　　45期・第一東京
　斉藤芳朗　　39期・福岡県　　　籠池信宏　　46期・香川県
　小堀秀行　　40期・金沢　　　　上野　保　　46期・第二東京
　髙木裕康　　40期・第二東京　　野村剛司　　50期・大阪
　岩渕健彦　　43期・仙台　　　　桶谷和人　　56期・札幌
　服部　敬　　43期・大阪

【理　　事】
　多比羅誠　　22期・東京　　　　片山英二　　36期・第一東京
　須藤英章　　23期・第二東京　　深山雅也　　38期・第二東京
　宮川勝之　　30期・第二東京　　三村藤明　　39期・東京
　瀬戸英雄　　31期・第一東京　　綾　克己　　41期・東京
　岡　正晶　　34期・第一東京　　服部明人　　41期・第一東京
　土岐敦司　　35期・第一東京　　樋口　収　　43期・第一東京
　長屋憲一　　35期・第二東京　　進士　肇　　45期・東京

岡　伸浩	45期・第一東京	齋藤泰史	52期・長野県
三森　仁	45期・第二東京	伊津良治	38期・新潟県
山宮慎一郎	47期・東京	野口祐郁	50期・新潟県
髙井章光	47期・第二東京	中村　崇	57期・新潟県
渡邊賢作	49期・第一東京	出水　順	26期・大阪
縣　俊介	50期・東京	小松陽一郎	32期・大阪
柴田義人	50期・第二東京	上田裕康	33期・大阪
内藤　滋	50期・第二東京	石井教文	37期・大阪
三枝知央	52期・東京	中森　亘	47期・大阪
上田　慎	52期・第一東京	山形康郎	52期・大阪
片上誠之	54期・第二東京	野城大介	54期・大阪
篠田憲明	54期・第二東京	池上哲朗	45期・京都
浅沼雅人	55期・東京	宮﨑純一	60期・京都
小島伸夫	55期・東京	柴田眞里	49期・兵庫県
志甫治宣	56期・東京	辰巳裕規	50期・兵庫県
竹原正貴	59期・東京	久米知之	56期・兵庫県
仁平信哉	38期・神奈川県	中西達也	50期・奈良
川島俊郎	44期・神奈川県	松井和弘	60期・奈良
村松　剛	52期・神奈川県	竹下育男	47期・滋賀
野崎　正	46期・埼玉	野嶋　直	52期・滋賀
安田孝一	46期・埼玉	中川利彦	34期・和歌山
小倉純夫	31期・千葉県	田中祥博	40期・和歌山
石川貴康	50期・千葉県	服部一郎	38期・愛知県
永嶋久美子	52期・千葉県	山田尚武	44期・愛知県
植崎明夫	35期・茨城県	柚原　肇	53期・愛知県
飯島章弘	55期・茨城県	室木徹亮	42期・三重
伊澤正之	40期・栃木県	堀部俊治	37期・岐阜県
蓬田勝美	41期・栃木県	神谷慎一	55期・岐阜県
安田真道	54期・栃木県	八木　宏	54期・福井
丸山和貴	33期・群馬	大原弘之	60期・富山県
猿谷直樹	54期・群馬	森川和彦	41期・広島
伊藤みさ士	37期・静岡県	奥野修士	53期・広島
松田康太郎	52期・静岡県	加瀬野忠吉	41期・岡山
石川善一	39期・山梨県	森　智幸	新60期・岡山
小野正毅	47期・山梨県	高野陽太郎	新63期・島根県
中村隆次	29期・長野県	平岩みゆき	52期・福岡県
金子　肇	48期・長野県	千綿俊一郎	53期・福岡県

福島直也	55期・福岡県	菅野昭弘	46期・福島県
吉野建三郎	60期・佐賀県	石橋乙秀	34期・岩手
岡田雄一郎	60期・長崎県	石岡隆司	38期・青森県
渡辺耕太	48期・大分県	馬杉栄一	24期・札幌
建部　明	27期・熊本県	矢吹徹雄	26期・札幌
渡辺裕介	55期・熊本県	吉川　武	39期・札幌
江藤利彦	35期・宮崎県	木野村英明	57期・釧路
畑　知成	51期・沖縄	川東祥次	33期・香川県
須藤　力	35期・仙台	森　晋介	56期・徳島
阿部弘樹	53期・仙台	髙橋直人	50期・愛媛

【顧問】

才口千晴	18期・東京	木内道祥	27期・大阪

編集委員・執筆者一覧（五十音順）

○足立　学	（第二東京弁護士会）	兒玉浩生	（広島弁護士会）
○阿部弘樹	（仙台弁護士会）	○小林信明	（東京弁護士会）
井口直樹	（函館弁護士会）	○小堀秀行	（金沢弁護士会）
池上哲朗	（京都弁護士会）	○小向俊和	（仙台弁護士会）
○石川貴康	（千葉県弁護士会）	権田修一	（第二東京弁護士会）
石田光史	（福岡県弁護士会）	齊藤佑揮	（札幌弁護士会）
○伊藤　尚	（第一東京弁護士会）	○斉藤芳朗	（福岡県弁護士会）
○今井丈雄	（千葉県弁護士会）	酒井恵介	（東京弁護士会）
入坂剛太	（神奈川県弁護士会）	坂川雄一	（大阪弁護士会）
○岩渕健彦	（仙台弁護士会）	佐田洋平	（福岡県弁護士会）
○上田　慎	（第一東京弁護士会）	佐藤真吾	（旭川弁護士会）
○上野　保	（第二東京弁護士会）	○佐藤昌巳	（愛知県弁護士会）
上升栄治	（神奈川県弁護士会）	塩地陽介	（宮崎県弁護士会）
大植　伸	（広島弁護士会）	○塩野大介	（千葉県弁護士会）
大原弘之	（富山県弁護士会）	鹿士眞由美	（第一東京弁護士会）
○岡　伸浩	（第一東京弁護士会）	篠田憲明	（第二東京弁護士会）
小川洋子	（愛知県弁護士会）	柴田眞里	（兵庫県弁護士会）
小木正和	（神奈川県弁護士会）	○柴田義人	（第二東京弁護士会）
○桶谷和人	（札幌弁護士会）	渋谷和洋	（第一東京弁護士会）
尾田智史	（大阪弁護士会）	○志甫治宣	（東京弁護士会）
○小畑英一	（第一東京弁護士会）	清水祐介	（東京弁護士会）
○籠池信宏	（香川県弁護士会）	下山和也	（熊本県弁護士会）
片上誠之	（第二東京弁護士会）	○新宅正人	（大阪弁護士会）
兼光弘幸	（香川県弁護士会）	鈴木嘉夫	（大阪弁護士会）
神谷慎一	（岐阜県弁護士会）	○染谷　翼	（福岡県弁護士会）
川瀬典宏	（神奈川県弁護士会）	○髙木裕康	（第二東京弁護士会）
◎木内道祥	（大阪弁護士会）	髙橋敏信	（大阪弁護士会）
鬼頭容子	（愛知県弁護士会）	髙橋直人	（愛媛県弁護士会）
○木野村英明	（釧路弁護士会）	田川淳一	（東京弁護士会）
久米知之	（兵庫県弁護士会）	竹村一成	（千葉県弁護士会）
栗原　望	（札幌弁護士会）	舘脇幸子	（仙台弁護士会）
○黒木和彰	（福岡県弁護士会）	○千綿俊一郎	（福岡県弁護士会）
桑原義浩	（福岡県弁護士会）	○辻顕一朗	（愛知県弁護士会）
河野　聡	（大分県弁護士会）	辻　泰弘	（佐賀県弁護士会）
小関伸吾	（大阪弁護士会）	○富永浩明	（東京弁護士会）

中井　淳	（第一東京弁護士会）	三品　篤	（神奈川県弁護士会）
○中井康之	（大阪弁護士会）	溝渕雅男	（大阪弁護士会）
中川　嶺	（高知弁護士会）	○三森　仁	（第二東京弁護士会）
中原昌孝	（福岡県弁護士会）	南谷博子	（福岡県弁護士会）
野垣康之	（愛媛弁護士会）	○蓑毛良和	（東京弁護士会）
野田聖子	（第一東京弁護士会）	宮﨑純一	（京都弁護士会）
○野村剛司	（大阪弁護士会）	宮本勇人	（千葉県弁護士会）
畑　知成	（沖縄弁護士会）	村松　剛	（神奈川県弁護士会）
波多江愛子	（福岡県弁護士会）	室木徹亮	（三重弁護士会）
服部一郎	（愛知県弁護士会）	本山正人	（第一東京弁護士会）
○服部　敬	（大阪弁護士会）	○森　智幸	（岡山弁護士会）
花田茂治	（福岡県弁護士会）	森　雄亮	（青森県弁護士会）
濵野裕司	（大阪弁護士会）	森川和彦	（広島弁護士会）
番場弘文	（東京弁護士会）	森田泰久	（大阪弁護士会）
東　忠宏	（仙台弁護士会）	○森本　純	（大阪弁護士会）
日髙正人	（千葉県弁護士会）	森山善基	（福岡県弁護士会）
福田あやこ	（大阪弁護士会）	谷貝彰紀	（第一東京弁護士会）
福田恵巳	（佐賀県弁護士会）	八木　宏	（福井弁護士会）
福田佐知子	（千葉県弁護士会）	山田尚武	（愛知県弁護士会）
眞下寛之	（愛知県弁護士会）	山本　淳	（大阪弁護士会）
○馬杉栄一	（札幌弁護士会）	○柚原　肇	（愛知県弁護士会）
松井和弘	（奈良弁護士会）	横田大樹	（釧路弁護士会）
松尾吉洋	（大阪弁護士会）	横路俊一	（札幌弁護士会）
松永和宏	（沖縄弁護士会）	吉原　洋	（福岡県弁護士会）
松本賢人	（第二東京弁護士会）	若杉裕二	（福島県弁護士会）
三上　理	（東京弁護士会）		

* ◎は監修者、○は編集委員
* 所属は2018年10月現在

凡　例

1　法令等の表記について
(1)　法令等は、原則として略称を用いず、正式名称を記載しました。
　　ただし、カッコ内で法令に言及する場合においては、後記「**主要法令略語表**」に掲げる略称を用いたものがあります。
(2)　カッコ内で法令に言及する場合においては、条・項・号はそのまま記載するのではなく、それぞれ次のように略記しました。
　　　　条　…　算用数字
　　　　項　…　ローマ数字
　　　　号　…　丸囲み数字
　　　〔例〕　民再229Ⅱ①、破148Ⅰ①・②、民37Ⅰ①～⑥

2　判例・裁判例の表記について
　　判例・裁判例を取り上げる場合には、次のように略記しました。
　　　〔例〕最高裁判所平成25年4月16日判決　　→　最三小判平25.4.16
　　　　　東京地方裁判所平成12年12月8日決定　→　東京地決平12.12.8

3　主な判例（裁判例）集、法律雑誌等の表記について
　　主な判例（裁判例）集、法律雑誌等は、次のように略記しました。
　　　民集　　　最高裁判所民事判例集
　　　判時　　　判例時報
　　　判タ　　　判例タイムズ
　　　金判　　　金融・商事判例
　　　金法　　　金融法務事情
　　　最判解民　最高裁判所判例解説〔民事篇〕

4　参考・引用文献の表記について
　　原則として、次のように記載しました。
　　　〔例〕書籍：執筆者『タイトル』ページ〔分担執筆者〕（出版社、刊行年）
　　　　　雑誌：執筆者「タイトル」巻号（刊行年）ページ
　　ただし、主な参考・引用文献については、後記「**主要文献略語表**」に掲げる略称を用いました。また、判例評釈、最高裁判所調査官による判例解説（『最高裁判所判例解説』に掲載されたもの）については、個別のタイトルを掲げることはせず、それぞれ「判批」「判解」としました。

■ 主要法令略語表
　① 倒産関連法

民再	民事再生法
民再規	民事再生規則
破	破産法

　② ①以外の民事・商事実体法、手続法

民	民法
（改正民	いわゆる債権法改正による改正後の民法）
会	会社法
民執	民事執行法
民保	民事保全法
保険	保険法
不登	不動産登記法
借地借家	借地借家法
区分所有	建物の区分所有等に関する法律
貸金	貸金業法
道路運送車両	道路運送車両法

　③ 租税関係法

国徴	国税徴収法
国通	国税通則法
所得	所得税法
所得令	所得税法施行令
租特	租税特別措置法
租特令	租税特別措置法施行令
地税	地方税法

　④ 労働・社会保障関係法

労基	労働基準法
労災	労働者災害補償保険法
雇用	雇用保険法
労徴	労働保険の保険料の徴収等に関する法律
国年	国民年金法
厚年	厚生年金保険法
健保	健康保険法
国保	国民健康保険法

■ 主要文献略語表（順不同）

一問一答	始関正光編著『一問一答個人再生手続』（商事法務、2001年）
個再手引	鹿子木康ほか編『個人再生の手引［第2版］』（判例タイムズ社、2017年）
条解	園尾隆司＝小林秀之編『条解民事再生法［第3版］』（弘文堂、2013年）
条解規則	最高裁判所事務総局民事局監修『条解民事再生規則［新版］』（法曹会、2005年）
新基本法コンメ	山本克己ほか編『新基本法コンメンタール民事再生法』（日本評論社、2015年）
新注釈上・下	全国倒産処理弁護士ネットワーク編『新注釈民事再生法（上・下）［第2版］』（金融財政事情研究会、2014年）
はい6民	森純子ほか編『はい6民です お答えします（破産実務Q&A）』（大阪弁護士協同組合、2015年）
大阪再生物語	大阪地方裁判所・大阪弁護士会個人再生手続運用研究会編『改正法対応 事例解説個人再生〜大阪再生物語〜』（新日本法規出版、2006年）
『大阪再生物語』刊行後の運用	大阪地方裁判所第6民事部「大阪地方裁判所における個人再生手続の現状と運用の改善について『改正法対応 事例解説個人再生――大阪再生物語』刊行後の運用」（判タ1346号（2011年）71頁）
運用指針	舘内比佐志ほか『民事再生の運用指針』（金融財政事情研究会、2018年）
民再手引	鹿子木康編著『民事再生の手引［第2版］〈裁判実務シリーズ4〉』（商事法務、2017年）
民再実務	森純子＝川畑正文『民事再生の実務』（商事法務、2017年）
破産民再実務（再生）	東京地裁破産再生実務研究会編『破産・民事再生の実務［第3版］〈民事再生・個人再生編〉』（金融財政事情研究会、2014年）
破産Q&A	全国倒産処理弁護士ネットワーク編『破産実務Q&A200問』（金融財政事情研究会、2012年）
通常再生Q&A	全国倒産処理弁護士ネットワーク編『通常再生の実務Q&A120問』（金融財政事情研究会、2010

地位と責任	全国倒産処理弁護士ネットワーク編『破産申立代理人の地位と責任』（金融財政事情研究会、2017年）
個人の破産・再生	日本弁護士連合会倒産法制等検討委員会編『個人の破産・再生手続』（金融財政事情研究会、2011年）
倒産処理と弁護士倫理	日本弁護士連合会倒産法制等検討委員会編『倒産処理と弁護士倫理』（金融財政事情研究会、2013年）
解説個人再生手続	園尾隆司ほか編『解説 個人再生手続』（弘文堂、2001年）
破産管財マニュアル	野村剛司ほか『破産管財実践マニュアル［第2版］』（青林書院、2013年）
破産管財手引	中山孝雄＝金澤秀樹編『破産管財の手引［第2版］』（金融財政事情研究会、2015年）
伊藤	伊藤眞『破産法・民事再生法［第3版］』（有斐閣、2014年）
倒産法概説	山本和彦ほか『倒産法概説［第2版補訂版］』（弘文堂、2015年）
破産法大系(2)	竹下守夫＝藤田耕三編『破産法大系(2)〈破産実体法〉』（青林書院、2015年）
倒産の法システム(2)	高木新二郎＝伊藤眞編『講座 倒産の法システム(2)〈清算型倒産処理手続・個人再生手続〉』（日本評論社、2010年）
執行実務（債権）上・下	相澤眞木＝塚原聡編著『民事執行の実務［第4版］〈債権執行編〉（上・下）』（金融財政事情研究会、2018年）
執行実務（不動産）上・下	東京地方裁判所民事執行センター実務研究会編著『民事執行の実務［第3版］〈不動産執行編〉（上・下）』（金融財政事情研究会、2012年）
保全実務上・下	八木一洋＝関述之編著『民事保全の実務［第3版増補版］（上・下）』（金融財政事情研究会、2015年）
本書旧版	全国倒産処理弁護士ネットワーク編『個人再生の実務Q&A100問』（金融財政事情研究会、2008年）

【目次】 CONTENTS

監修に当たって ·· i
全国倒産処理弁護士ネットワークについて ·· ii
編集委員・執筆者一覧 ·· v
凡　　例 ·· vii
目　　次 ·· xi

第1章　手続選択・受任

- Q1　個人再生手続に適する事案 ·· 2
- Q2　小規模個人再生と給与所得者等再生 ·· 5
- Q3　個人再生手続の流れ・個人の自己破産申立てと比較した場合の留意点 ······ 7
- Q4　債務者の収入状況と個人再生手続利用の可否 ································ 10
- Q5　定年間近の会社員の個人再生手続利用の可否 ································ 14
- Q6　5000万円要件 ① ·· 16
- Q7　5000万円要件 ② ·· 18
- Q8　5000万円要件 ③ ·· 20
- Q9　滞納公租公課の取扱い ·· 22
- Q10　小規模個人再生と過半数議決権を有する債権者の不同意の見込み ········ 24
- Q11　個人再生手続の再度の申立て ·· 26
- Q12　個人再生手続の申立代理人弁護士の委任契約の内容 ······················ 28
- Q13　個人再生事件の管轄 ·· 30
- Q14　個人事業者の小規模個人再生申立ての留意点 ······························ 33

第2章　申立準備・申立書作成

- Q15　住宅ローン債権者への通知・協議 ·· 38
- Q16　受任通知後の積立ての要否 ··· 40
- Q17　給料の差押えへの対応 ·· 43
- Q18　受任通知後の預金口座に関する留意点 ······································ 45
- Q19　近年の最高裁判決を踏まえた所有権留保の自動車の扱い ·················· 47
- Q20　否認対象行為 ·· 51
- Q21　受任通知後の新規借入れ・支払 ··· 53
- Q22　債権者からの少額支払残額免除の申出 ······································ 55

第3章　債権者一覧表・再生債権

- Q23　再生債権額確定の流れ ·· 58
- Q24　申立前の債権調査 ··· 60
- Q25　債権者一覧表の記載 ① ·· 64
- Q26　債権者一覧表の記載 ② ·· 66

Q27	新たに発見された再生債権者	69
Q28	異議の留保	71
Q29	異議の申述、評価	73
Q30	保証債務の取扱い	75
Q31	保証人がいる場合の取扱い	77
Q32	債権の二重譲渡があった場合の取扱い	79
Q33	別除権の取扱い ①	81
Q34	別除権の取扱い ②	83
Q35	住宅に住宅ローン以外の抵当権が設定されている場合の別除権協定の可否	84
Q36	マンション滞納管理費の別除権協定、住宅資金特別条項との関係	86
Q37	事業用リース等と別除権協定（弁済協定）	88
Q38	非減免債権（非免責債権）の取扱い	91
Q39	年金担保貸付の取扱い	93
Q40	勤務先や共済組合からの借入金の取扱い	94
Q41	滞納家賃、光熱費の取扱い	96
Q42	買掛金等の商取引債務の取扱い	99

第4章 財産目録・清算価値保障原則

Q43	滞納公租公課の存在と清算価値保障原則	104
Q44	財産目録の作成	107
Q45	財産目録の作成と現金	109
Q46	過払金の評価方法	111
Q47	財産目録の作成と保険	114
Q48	退職金の評価方法	116
Q49	債権の評価方法	118
Q50	再生債務者名義の自動車と所有権留保	120
Q51	不動産の評価方法	122
Q52	所有者が異なる共同抵当目的不動産の評価方法（借地権付建物を題材に）	124
Q53	敷金返還請求権の評価方法	127
Q54	定期借地の保証金の評価方法	129
Q55	開始決定後再生計画案提出までの財産の増減	132
Q56	相続放棄・遺産分割協議と清算価値保障原則	135
Q57	第三者が出捐した債務者名義の保険・預金の評価方法	137
Q58	損害保険金の支払請求権と清算価値	139
Q59	否認対象行為と清算価値保障原則	141
Q60	個人事業者の財産の清算価値の算定	144

第5章 給与所得者等再生

- Q61 給与所得者等再生の要件 ………………………………………… 148
- Q62 給与所得者等再生における「可処分所得額」の基本的な考え方 ……… 150
- Q63 可処分所得額算出シートの作成方法 ……………………………… 152
- Q64 親族（同居・別居）に収入がある場合の可処分所得額算出方法 …… 158

第6章 再生計画案

- Q65 再生計画案提出時の注意点 ………………………………………… 162
- Q66 最低弁済額 …………………………………………………………… 164
- Q67 100％弁済と清算価値保障原則 …………………………………… 166
- Q68 再生計画の履行可能性 ……………………………………………… 168
- Q69 3年を超える弁済期間が認められる「特別の事情」 ……………… 170
- Q70 弁済期間3年未満の再生計画、再生計画認可確定後の繰上一括弁済 … 171
- Q71 非減免債権（非免責債権）と再生計画 …………………………… 173
- Q72 小規模個人再生の再生計画案の決議 ……………………………… 174
- Q73 連帯保証人の再生計画 ……………………………………………… 176
- Q74 少額債権の取扱い …………………………………………………… 179
- Q75 別除権者の債権についての対応 …………………………………… 181
- Q76 再生債務者の死亡 …………………………………………………… 183
- Q77 再生債権額の減少届出 ……………………………………………… 187

第7章 住宅資金特別条項

- Q78 住宅資金特別条項の種類と具体例 ………………………………… 190
- Q79 住宅ローン以外の債務の多寡による住宅資金特別条項の利用の可否 … 195
- Q80 住宅資金特別条項の「住宅」の範囲 ……………………………… 198
- Q81 住宅資金特別条項の「住宅の用に供されている土地」の範囲 …… 201
- Q82 住宅の所有権移転と住宅資金特別条項の利用の可否 ……………… 203
- Q83 「住宅資金貸付債権」の範囲 ① …………………………………… 205
- Q84 「住宅資金貸付債権」の範囲 ② …………………………………… 208
- Q85 自宅の差押え等と住宅資金特別条項の利用の可否 ………………… 211
- Q86 後順位担保権者と住宅資金特別条項 ……………………………… 213
- Q87 住宅に設定された後順位担保権の申立直前の抹消の可否 ………… 215
- Q88 住宅資金貸付債権と債権譲渡 ……………………………………… 217
- Q89 保証会社求償権の連帯保証人と住宅資金特別条項の利用の可否 … 218
- Q90 連帯債務と住宅資金特別条項の利用の可否 ……………………… 220
- Q91 「ペアローン」と住宅資金特別条項の利用の可否 ………………… 222

    Q92 住宅ローンの弁済許可 ……………………………………… 224
    Q93 住宅資金特別条項を利用しない場合 …………………… 226
    Q94 弁済額（弁済率）がごくわずかでも再生計画が認可される場合 …… 230
    Q95 住宅ローンへの別除権協定・担保権消滅請求の利用の可否 …… 232
    Q96 「巻戻し」の要件と各当事者間の法律関係 …………… 234
    Q97 「巻戻し」とこれに伴う費用負担 ……………………… 237
    Q98 住宅資金特別条項の弾力的運用 ………………………… 240

第8章　履行・変更・ハードシップ免責・再度の申立て

    Q99 再生計画の履行補助 ……………………………………… 244
    Q100 保証人が分割払いをしている場合における再生債務者による主債務の履行 …… 246
    Q101 住宅ローンの保証債務 …………………………………… 249
    Q102 認可決定確定後における不動産の任意売却と抹消料の支払 …… 251
    Q103 再生計画の不履行をめぐる諸問題 …………………… 252
    Q104 再生計画の変更 ………………………………………… 254
    Q105 ハードシップ免責と住宅ローン ……………………… 257
    Q106 住宅資金特別条項の不履行と不足額の取扱い ……… 259
    Q107 再度の申立て …………………………………………… 261

第9章　個人再生委員

    Q108 個人再生委員の選任 …………………………………… 266
    Q109 個人再生委員の職務① ………………………………… 268
    Q110 個人再生委員の職務② ………………………………… 271
    Q111 個人再生委員の職務③ ………………………………… 274
    Q112 再生債権の評価 ………………………………………… 276
    Q113 分割予納金制度 ………………………………………… 278

第10章　他の手続との関係

    Q114 個人の通常再生 ………………………………………… 282
    Q115 債権者から起こされた訴訟と個人再生手続の関係 … 285
    Q116 給料等の差押えと個人再生手続 ……………………… 287
    Q117 再生計画認可決定確定後に残存する不動産仮差押登記の抹消方法 …… 291
    Q118 差押え・供託との関係 ………………………………… 292
    Q119 破産手続との関係 ……………………………………… 295
    Q120 災害の被災者に関する特例的運用 …………………… 297

    事項索引 ……………………………………………………………… 299

第1章

手続選択・受任

Q1 個人再生手続に適する事案

支払困難な状況にある債務者を救済する手段には、どのような手続がありますか。各手続の特徴について説明してください。

1 選択できる手続の検討

　支払困難な状況にある個人（自然人）が負担している債務を整理するための手続として、破産、個人再生、任意整理及び特定調停の各手続が考えられます。なお、再生手続の利用を検討するに当たり、負債総額について、いわゆる「5000万円要件」を充たさない事例等の場合には、個人再生ではなく、通常再生を視野に入れることも必要となります（Q114参照）。

　支払が困難な状況といっても、無収入あるいはそれに近い状況で返済金の用意自体がそもそも困難な場合と、一定の収入はあり毎月の返済金を少しは用意できる場合とに区別できます。前者の場合は、原則として清算型手続である破産を選択せざるを得ないでしょう。これに対し、後者の場合、再生型手続である個人再生、任意整理あるいは特定調停を選択するのが通常でしょうが、事例によっては、破産手続開始のための「支払不能」の要件（破15Ⅰ）を充たすこともありますので、その際には、破産に進むべきか、それとも個人再生等の再生型手続を選択すべきなのか、を検討する必要があります（『破産Q&A』Q1〔桶谷和人〕参照）。

　個人再生は、返済総額を減額できますが、破産と同様、裁判所が関与する手続ですから、法律に従って処理を行う必要がありますし、書面の作成等、申立てにはそれなりの準備を要します。これに対し、任意整理や特定調停は、いわば各債権者との個別和解ですので、簡便で弾力的な処理をすることができますが、特殊な事情（例えば、「経営者保証に関するガイドライン」の適用が予想される案件である場合など）のない限り、個人再生のように返済総額の減額を当然に要求できるわけではありません。特定調停は、裁判所の調停手続を利用することとなりますので、破産や個人再生ほどの準備は必要ないでしょうが、申立書等の作成は不可欠です。

2 具体例の検討から見た各手続の特徴

　以下では、どの手続を選択することが本人にとって最も有益なものとなるのかの観点から、破産、個人再生及び任意整理の各特徴を、具体例の検討を通して説明します。なお、特定調停については、その特徴が任意整理に準ずるものと考えておけばよいでしょう。

(1) 相談者が勤務先から借入れをしている等、手続に至ったことを債権者の一部の者に知られたくないと希望している場合

　手続を進めるに当たっては、相談者から、ときどき、債権者の一部を除外したい

との希望が寄せられることがあります。しかし、破産の場合、債権者一覧表から故意に除外すると、原則として免責の効力が及びません。個人再生の場合には、債権者の一部を故意に除外したことが、再生計画の不認可事由（民再231Ⅰ・174Ⅱ）に発展するおそれがあります。こうした不利益があるため、破産や個人再生においては一部債権者を除外して手続を進めるべきではありません。任意整理においても一部債権者の除外が当然になされるべきではありませんが、破産や個人再生よりは柔軟に処理できますので、事案によっては許される場合もあると考えられます。

⑵　相談者が住宅ローンの残っている自宅を有しており、手続後も、できれば自宅に住み続けたいと希望している場合

　破産の場合、全財産が破産管財人による管理処分の対象となりますので、自宅を残したいという希望が強いときは、個人再生・任意整理の選択を検討すべきです。個人再生の場合には、住宅資金特別条項を利用することで、ローン債務と他の一般債務とで、返済条件を別々にしてもらうことにより、自宅に住み続けたままで経済的に立ち直る機会が得られます。任意整理でも自宅を残したいという希望には対応できますが、個人再生であれば、一般債務について返済額の減額をしてもらい、その分、ローン債務への返済原資を確保できることとなりますので、任意整理に比べて、その有用性は高いものと考えられます。

⑶　借金の原因がすべてギャンブルであるなど、破産を申し立てても免責不許可となるおそれが高い場合

　任意整理の場合はもちろんのこと、個人再生の場合も、破産法に定められた免責不許可事由の存在が、当然に再生計画の不認可の理由となるわけではありません。したがって、免責の点から破産を選択しづらい場合には、個人再生や任意整理の有用性は高くなります。

⑷　相談者が生命保険外交員や警備員などの職にある場合

　生命保険外交員や警備員など、破産者であることが欠格事由となっている職業があります。こうした職業に従事している場合、破産によって退職を余儀なくされることもありますので、破産することがかえって本人の経済的立ち直りを阻害してしまいます。したがって、こうした場合も、破産と違って欠格事由が問題とならない個人再生や任意整理を選択する必要性が高くなります。

⑸　相談者が小規模事業の経営者で、その経営を続けていくこと以外に生活の糧を得る見込みが立たない場合

　破産を選択すると、事業用の資産や売掛金が破産管財人の管理処分の対象となるのが原則ですので、破産者が個人で営んでいた事業をそのまま続けていくことが困難となります。もちろん、事業を廃止して会社員等に転ずることができれば問題ありませんが、なかには、現在の事業を続けて行かないと、今後の生活費を得る見込みを立てられないことがあります。こうした場合も、本人の経済的立ち直りを考えると、破産よりも個人再生や任意整理を選択する必要性が高いといえます。

(6) 債務整理案に応じようとしない一部の債権者の存在が予想される場合

任意整理の場合、各債権者と個別に合意していくわけですから、債権者が整理案に同意してくれないと、その分は解決に至りません。未解決の債務が全体のごくわずかであれば、それほど問題はないかもしれませんが、大口の債権者の同意が得られない場合には、整理案全体の成否にも影響してきます。これに対し個人再生では、給与所得者等再生の場合であれば再生債権者の同意はそもそも再生計画案認可の要件とはされていませんし、小規模個人再生の場合でも、再生計画案に同意しない再生債権者の割合が債権者数の点で半数未満、債権額の点で2分の1以下の範囲に収まっていれば、再生計画案認可に当たっては問題となりません（**Q72**参照）。したがって、整理案に同意しない債権者の存在が予想される事案では、個人再生の有用性が高いものと考えられます。なお、破産の場合には、当然のことながら債権者の同意を得る必要はまったくありません。

(7) 破産・個人再生・任意整理の対象となる債務に保証人が付いている場合

破産や個人再生では、主たる債務者がその申立人となって手続が進められても、保証人の責任は何ら影響を受けません（附従性の原則の例外）。破産者が免責を受けてもその効力は保証人に及びませんし（破253Ⅱ）、再生計画の認可により再生債務者が債務の減免を受けてもその効力は保証人に及びません（民再177Ⅱ。ただし、住宅資金特別条項を定めた再生計画案については、住宅資金特別条項部分に限り附従性の原則の適用があります。民再203Ⅰ）ので、保証人は主たる債務者とは別に、従前と同様の責任追及を受けることとなります。これに対し、任意整理では附従性の原則がそのまま適用されます。そのため、保証人付きの債務については、そもそも債権者から簡単に整理案について同意を得られるのかは問題ですが（同意を得られる見込みのない場合は、当該債務を任意整理の対象から除外するといった選択も考えられます）、同意を得ることができれば、その効力は保証人にも及びます。その場合、主たる債務者が整理案どおりの履行を続けている限り、保証人が債権者からそれ以上の請求を受けるおそれはなくなります。したがって、保証人付きの債務を手続の対象とした上で、なお、保証人が債権者から責任追及を受けることのないようにしたい案件では、任意整理を選択する必要性が高くなります。

3 予納金との関係

個人再生の場合、個人再生委員が選任されるか否かで、裁判所に支払う予納金額が変わってきます。選任されなければ、破産の同時廃止事案と比較して、予納金額が大きく異なることはありませんが、選任される場合には、まとまった予納金が必要となります。したがって、この点も個人再生を選択すべきか否かのメルクマールのひとつになるものと思われます。個人再生委員は、原則として全件選任される地域もあれば、逆に例外的な場合にのみ選任される地域もあり、裁判所によって取扱いが異なります。申し立てる裁判所がどのような取扱いをしているのか、あらかじめ調査しておくことも重要です（**Q108**参照）。

〔服部一郎〕

Q2 小規模個人再生と給与所得者等再生

個人再生手続には「小規模個人再生」と「給与所得者等再生」とがありますが、以下のような場合はどのような点を考慮して手続を選択すべきでしょうか。
① 独身者など可処分所得が多いと思われる場合
② 過去2年間の収入に大きな変動がある場合
③ 個人事業を営んでいる場合
④ 債権者の反対が予想される場合
⑤ 以前に破産して免責決定を受けたことのある場合

1 両手続の違い

給与所得者等再生は小規模個人再生の特則と位置付けられており、給与所得者等再生の手続を開始するには小規模個人再生の手続開始要件を充たしていることが必要です。

その上で、小規模個人再生と給与所得等再生の違いが3点あります。1つ目は、開始要件に関する特則であり、給与所得者等再生は「給与又はこれに類する定期的な収入を得る見込みがある者であって、かつ、その額の変動の幅が小さいと見込まれる」ことが必要とされている点です（民再239Ⅰ）。2つ目は、最低弁済額の計算方法です。小規模個人再生は基準債権の総額によって5段階に分けられ、債権総額のおおむね1～2割（100～500万円）となるのに対し（民再231Ⅱ③・④。Q66参照）、給与所得者等再生では、さらに生活保護基準に従って計算した可処分所得の2年分以上であることが必要です（民再241Ⅱ⑦。清算価値基準は共通です）。3つ目は、小規模個人再生では再生債権者の書面決議が必要であるのに対し（民再230Ⅲ）、給与所得者等再生では不要とされている点です（民再240、241）。

2 選択判断に当たっての考慮要素

(1) 独身者など可処分所得が多いと思われる場合（設問①）

給与所得者等再生では生活保護基準に従って可処分所得を計算することとされていますが、実際に計算してみると予想外に大きな金額になることがあります。特に扶養家族がいないようなケースで顕著です。そこで、手続選択に当たっては、給与所得者等再生の場合の最低弁済額と、小規模個人再生の場合の最低弁済額を比較することが必要です。そして、給与所得者であっても、小規模個人再生を選択した場合の最低弁済額が小さくなり他の要件に不都合がなければ、小規模個人再生を選択することになります。

(2) **過去2年間の収入に大きな変動がある場合（設問②）**
　再生債務者が給与又はこれに類する定期的な収入を得ている者に該当しないか、その額の変動の幅が小さいと見込まれる者に該当しない場合には、給与所得者等再生は認められません（民再241Ⅱ④）。過去の収入の変動幅が大きいという事情だけで要件を欠くことにはなりませんが、今後の収入の額の変動の幅が小さいと見込まれることを裏付けることが必要になりますので、小規模個人再生を選択することが無難であるといえます（Q61参照）。

(3) **個人事業を営んでいる場合（設問③）**
　給与所得者等再生の要件は「給与又はこれに類する定期的な収入を得ている者」ですので、給与所得者に限られるものではありません。個人事業者であっても、特定の建設会社の専属の下請けをしていて安定的な収入があるような場合には、給与所得者再生は可能といわれています。また、「定期的」とは月ごとという意味ではありませんので、農業に従事している個人事業主も要件に該当します（Q4参照）。

(4) **債権者の反対が予想される場合（設問④）**
　前述のとおり、小規模個人再生では書面決議が必要とされるのに対し（民再230Ⅳ）、給与所得者等再生では不要とされていますから（民再240、241）、決議要件から考えると給与所得者等再生が有利なように思えます。小規模個人再生における書面決議の方法は、再生計画案に同意しない場合にその旨の書面回答を行うこととされ、同意しないという債権者が議決権者総数の半数未満であり、かつその議決権の額が議決権総額の2分の1以下であれば再生計画案は可決されます（民再230Ⅵ）。一般的には「同意しない」との回答をする債権者は少ないのが実情ですので（ただし、近年は一部の金融機関や信販会社などが再生計画案に反対するケースもあるようです）、書面決議が必要であるか否かという点は手続選択に当たってあまり考慮されません。したがって、心配な債権者があるときは、まず債権者の意向を確認し、上記可決要件を欠くことが予想されるような場合には、債権者の議決権行使手続のない給与所得者等再生を選択すべきといえます（Q10参照）。一部の債権者の反対はあっても可決要件を充たすと見込まれれば小規模個人再生を申し立てることになります。

(5) **以前に破産して免責決定を受けたことのある場合（設問⑤）**
　再生債務者が過去に破産免責を受けている場合、免責決定確定の日から7年以内になされた給与所得者等再生の申立ては棄却されます（民再239Ⅴ②ハ）。また、同様に再生債務者が過去に給与所得者等再生により再生計画を遂行したかハードシップ免責を受けたときは、当該再生計画認可決定の確定の日から7年以内になされた申立ても棄却されることになります（民再239Ⅴ②イ・ロ）。したがって、このようなケースでは給与所得者等再生は選択できませんので、注意が必要です（Q11、Q107、Q119参照）。

〔小堀秀行〕

Q3 個人再生手続の流れ・個人の自己破産申立てと比較した場合の留意点

初めて個人再生の申立事件を受任します。手続の流れと、個人の自己破産申立てと比較して特徴的なことや留意すべきことを教えてください。

1 個人再生手続の流れ

東京地裁、大阪地裁等では、個人再生手続の標準スケジュールを定め、公表しています。進行は、おおむね以下のとおりとなっており、個人再生手続においては、特に、財産目録及び報告書（民再124Ⅱ、125。ただし、民再228、244）の提出（後記東京地裁④）や再生計画案の提出（後記各⑦）について、定められたスケジュールを厳守しなければなりません。

東京地裁（『個再手引』32頁）	大阪地裁（『大阪再生物語』21頁）
①申立て・個人再生委員選任 ↓　3週間 ②手続開始に関する個人再生委員の意見書提出（3週間） ↓　1週間 ③手続開始決定（4週間） ↓　6週間 ④債権認否一覧表の提出・異議申述・債務者財産の調査報告（10週間） 　　　　8週間 ⑦再生計画案の作成・提出（18週間） ↓　2週間 ⑧書面決議又は意見聴取に関する個人再生委員の意見書提出（20週間） ↓　2週間 ⑨決議又は意見聴取（22週間） ↓　2週間 ⑩認可の可否に関する個人再生委員の意見書提出（24週間） ↓　1週間 ⑪認可決定（25週間）	①申立て ↓ ↓　2週間 ↓ ③手続開始決定（14日） ↓　4週間 ④債権届出期間の終期（42日） ↓　3日後 ⑤異議申述期間の始期（45日） ↓　2週間 ⑥異議申述期間の終期（59日） ↓　1週間 ⑦再生計画案提出期限（66日） ↓　3日後 ⑧書面による決議に付する旨の決定又は意見聴取決定（69日） ↓　4週間 ⑨書面による決議の回答期間又は意見聴取期間満了（97日） ↓ ↓　3日後 ↓ ⑪認可決定（100日）

（かっこ内は、申立日からの期間を示しています）

2 申立てから手続開始決定まで

(1) 破産手続は、原則として債務者が申し立てるものの、手続開始決定後は財産の管理処分権は破産管財人に帰属し、破産管財人が破産手続を遂行することとなります。それに対し、個人再生手続においては、債務者が申し立て、手続開始決定後も再生債務者に財産の管理処分権が残され、再生債務者自らが手続を遂行することとなります（民再38Ⅰ）。

なお、事件を迅速かつ適切に処理するため、裁判所を補助するための機関として、個人再生委員が選任されることがあります（Q108～Q113参照）。

(2) 個人の破産、再生の申立てはいずれも、経済的に破綻した債務者の経済生活の再生の機会を確保するための手続であり、手続開始の要件も似ています（再生手続開始の要件は、「破産手続開始の原因となる事実の生ずるおそれがあるとき」となっています。民再21Ⅰ）。

しかし、清算型手続である自己破産の申立てと再建型手続である個人再生の申立てとでは、債務者の財産管理処分権の所在、手続遂行主体、手続の流れや債権者に対する弁済方法、書類作成の目的等もおのずと異なってきます。例えば、書類作成についていえば、破産の申立てでは、破産管財人が、迅速かつ適正に、資産及び負債の確定、財産の換価並びに配当等の業務を行えるようにすることを主な目的として申立書類を作成するのに対し、個人再生の申立てでは、将来収入を原資として最低弁済額、清算価値（及び可処分所得）を上回る弁済計画を作成・履行できることを疎明するというのが主な目的となります。

なお、個人再生の申立書類の作成、疎明資料の収集等に当たっては、各管轄裁判所の書式や必要書類リスト等を確認することとなりますが、『個再手引』巻末の各書式及び『大阪再生物語』の各書式及び資料等が参考になります。

(3) 住宅資金特別条項

住宅ローンを負っているものの自宅は手放したくない、という債務者のためには、破産手続より、住宅資金特別条項を利用した個人再生手続がふさわしいといえます（Q1参照）。

住宅資金特別条項を利用する場合には、住宅ローン債権者との事前協議を行わなければなりません（民再規101Ⅰ参照）。申立前には住宅ローン債権者に通知・連絡はしておくべきであり、できれば事前協議も行っておくことが望ましいと思われます（Q15参照）。また、申立ての際には、住宅資金特別条項を定めることを予定した再生計画案を提出する意思があるときはその旨を明らかにしなければならず（民再221Ⅲ④、244）、また、ケースによっては一部弁済許可の申立て（民再197Ⅲ）を同時に行う必要があります（Q78、Q92参照）。

3 再生計画案の作成・提出

(1) 計画弁済総額

再生債務者は、再生債権者の権利の変更等を定めた再生計画案を、定められた期

限までに提出しなければなりません（民再163Ⅰ、154Ⅰ）。破産手続においては、破産管財人が破産財団に属する財産を換価し、その原資をもって配当を行いますが、個人再生手続においては、再生債務者の将来収入を基礎に再生計画案を作成・提出し、債権者の消極的決議（小規模個人再生手続のみ）・認可を受け、当該計画において定めた弁済方法に従って弁済を行うこととなります。

再生計画案における計画弁済総額は、小規模個人再生においては次の(i)及び(ii)、給与所得者等再生においては次の(i)～(iii)のうち、いずれか高い額である必要があります（Q66参照）。

（i）　最低弁済額（民再231Ⅱ③・④、241Ⅱ⑤）
（ii）　清算価値（民再231Ⅰ、174Ⅱ④、241Ⅱ②）
（iii）　可処分所得（民再241Ⅱ⑦）

なお、破産手続において設けられている否認権の制度は、個人再生手続においては適用が除外されていますが（民再238、245）、(ii)の清算価値の算定においては、否認権を行使すべき事由の有無についても調査する必要があります（Q20参照）。

(2) 履行可能性

破産手続においては、原則として開始決定後の破産者の収入・支出等について監督等されることはありませんが、個人再生手続においては、再生計画が遂行される見込みのないことが当該計画案の不認可事由とされていますので（民再231Ⅰ、174Ⅱ②、241②Ⅰ）、上記の計画弁済総額と、再生債務者の収入・支出額の見込みとを比較し、履行可能性の有無について検討することとなります（Q68参照）。

なお、履行可能性については、租税公課等の共益債権や一般優先債権とされる債権が存在する場合、この未納額等は、履行可能性に大きな影響を与えるおそれがありますので、留意しなければなりません（Q9参照）。

4　付議決定・意見聴取決定から認可決定まで

個人再生手続においては、再生計画案が所定の要件を充たしている場合に、付議決定又は意見聴取決定がなされ（民再230Ⅲ、240Ⅰ）、不認可事由がなければ、認可決定がなされます。

この点、破産手続においては、破産管財人の職務が完了すると、手続終結決定又は廃止決定がなされ、債務者に対する免責許可決定がなされます（破252）。

5　認可決定後

破産手続においては、免責許可決定が確定すれば、申立代理人の委任事務は終了することとなり、個人再生手続においては再生手続終結時点で委任関係が終了するとの取扱いが多いと思われますが、再生債務者は、3～5年の間、計画弁済を行うこととなる関係上、認可決定確定後も、申立代理人が、再生計画の履行補助に関与することがあります（Q12、Q99参照）。

〔辻顗一朗〕

Q4 債務者の収入状況と個人再生手続利用の可否

次のような収入状況の債務者も、個人再生手続の利用は可能ですか。
① 個人事業者、農業・漁業従事者
② アルバイト、パートタイマー、期間工、派遣社員
③ 歩合給の場合
④ 失業中の場合
⑤ 専業主婦・主夫
⑥ 年金受給者
⑦ 生活保護受給者
⑧ 継続的収入は見込めないが相続により最低弁済額以上の「手持ち現金」がある場合

1 問題の所在（個人再生手続の利用適格要件）

小規模個人再生の利用には、債務者が「将来において継続的に又は反復して収入を得る見込みがあ」ること（民再221Ⅰ）、給与所得者等再生の利用には、これに加えて「給与又はこれに類する定期的な収入を得る見込みがあ」り、「かつ、その額の変動の幅が小さいと見込まれる」こと（民再239Ⅰ）が必要です。

これらの要件は、個人再生手続の利用対象を、類型的に見て再生計画を現実に遂行する見通しが立つ者に限定する趣旨であり（『一問一答』153、276頁、『条解』1138頁〔中西正〕、1222頁〔田頭章一〕、『個再手引』82頁〔島岡大雄＝千葉健一〕）、利用適格に「該当しないことが明らかであると認め」られる場合には、小規模個人再生においては通常再生への移行を求める意思がない限り、給与所得者等再生においては小規模個人再生又は通常再生への移行を求める意思がない限り、個人再生手続開始申立ての棄却事由（民再221Ⅶ、239Ⅳ・Ⅴ）となります。

両個人再生手続は、3年間（最長5年間）、3か月に1回以上債権者に弁済するという再生計画（民再229Ⅱ、244）を策定、履行する手続ですから、「継続的に又は反復して収入を得る見込みがあ（る）」とは、今後3〜5年にわたって少なくとも3か月に1回の割合で弁済原資となる収入を得る見込みがあることと解されます（『条解』1139頁〔中西〕、『新注釈下』409頁〔鈴木嘉夫〕）。

給与所得者等再生は、小規模個人再生よりも手続を簡易・合理化し、再生債権者による再生計画案の決議を省略している（民再240参照）関係上、利用適格は、より安定した給料等の「定期的な収入を得る見込み」がある場合に限定され、再生計画案の弁済額も定型的に債務者の可処分所得の2年分以上の額と定められており、こうした将来の収入額を、客観的資料に基づき確実かつ容易に把握できる必要があり

ます（『新注釈下』526頁〔野村剛司〕）。

　また、「その額の変動の幅が小さいと見込まれるもの」とは、具体的には、再生計画案の提出前2年間に5分の1以上の変動を生じた場合の規定（民再241Ⅱ⑦イ）との関係で、年収換算で5分の1を超えない程度の変動であれば、原則としてこの要件を充たすと解されています（『条解』1223頁〔田頭〕、『新注釈下』528頁〔野村〕、『大阪再生物語』194頁。Q61参照）。

2　個人事業者、農業・漁業従事者（設問①）

　個人事業者の場合、収入の間隔が3か月を超えたり不定期となったりすることもありますが、3か月に1回の弁済原資を確保することができる程度の収入の実績があれば再生計画の遂行見通しが立つので、小規模個人再生の「反復して収入を得る見込みがある者」に該当し、利用適格があると考えられます。農業・漁業従事者の場合も同様です。また、個人事業者で安定した大口取引先がある場合、兼業農家の場合などでは、給料に「類する定期的な収入を得る見込み」があり、年収基準で収入の変動幅が小さいと見込まれる、として、給与所得者等再生を利用できる場合もあるでしょう（『一問一答』282頁。Q14参照）。

3　アルバイト、パートタイマー、期間工、派遣社員（設問②）

　(1)　アルバイト、パートタイマー（アルバイト等）の場合、就労実績、就労意欲、定職に就く可能性、年齢等から総合的に検討することになります。

　申立てまでに相当期間雇用が継続している実績があれば、今後も雇用継続が見込まれるので、小規模個人再生の利用が可能です。年収を基準とした場合に収入の変動幅が小さいと見込まれるときには、給与所得者等再生を利用できる可能性もあります（『条解』1139頁〔中西〕、1223頁〔田頭〕、『新注釈下』410頁〔鈴木〕、526頁〔野村〕、『個再手引』83頁〔島岡＝千葉〕）。

　短期間のアルバイト等を繰り返している場合、勤務先は異なっていても就労を継続している実績があれば、利用適格を欠くことが明らかとまではいえず、小規模個人再生の利用の可能性があると考えられます（収入の状況によっては、給与所得者等再生の利用も考えられます）。アルバイト等の実績が短期間しかない場合には、将来も継続的に収入を得られるかどうか不安はありますが、現に就労していて弁済原資となり得る程度の収入を得ていれば、期間限定雇用であるなど雇用継続が見込めないことが明らかな場合を除き、利用適格を欠くことが明らかとまではいえないので、小規模個人再生の利用の可能性はあるでしょう。

　(2)　雇用期間が限定されている期間工の場合、小規模個人再生の利用適格を欠くことになりそうですが、雇用期間経過後の再就労の見通し、失業中の弁済原資確保の見通しなど、再生計画遂行に必要な弁済原資を確保する可能性があることを示すことができれば、利用適格を欠くことが明らかとはいえないとして、小規模個人再生手続を利用ができる可能性が出てきます。

　(3)　派遣社員の場合、2015年の労働者派遣法の改正により、いわゆる3年ルール

が適用されます（業務にかかわらず、原則として、同じ部署で3年を超えて働くことができなくなります）。しかし、3年経過後は、派遣元において、派遣先に対して直接雇用の依頼を行う、これに応じられない場合でも新たな派遣先を提供する、派遣元で無期雇用するなど、安定した雇用継続を図るための措置が講じられますので、現在再生計画遂行に必要な原資を確保できる程度の収入があれば、小規模個人再生手続を利用できる可能性があると考えられます。年収基準で収入の変動幅が小さい場合には給与所得者等再生の利用が可能な場合もあるでしょう。

4　歩合給の場合（設問③）

「基本給＋歩合給」のように毎月確実に得られる収入部分があり、基本給だけで弁済原資を確保できる場合は、小規模個人再生、給与所得者等再生の利用が可能です。ただし、歩合給による変動の幅が大きい場合には、給与所得者等再生手続は利用できないことがあります。

完全歩合給の場合は、個人事業者の場合と同様、申立前半年から1年の収入の実績をもとに、平均収入、収入変動の幅・傾向などを分析して、弁済原資を安定的に確保することができるかどうか検討する必要があります。月ごとの変動が大きくても、前記1のとおり、3か月に1回の弁済原資を確保することができる程度の収入の実績があれば、小規模個人再生の利用は可能です。過去の実績からほぼ一定の収入を得ている場合には、給与所得者等再生の利用の可能性もあります（『条解』1223頁〔田頭〕）。

5　失業中の場合（設問④）

現在失業中であっても、近い将来就職することが内定しているような場合には、個人再生手続を利用できる可能性があります（ただし、給与所得者等再生の場合、再生計画案の認可判断時には「定期的な収入を得ている者」になる必要があります。民再241Ⅱ④）。

再就職の見通しがなく雇用保険受給中の場合は、受給期間が短期間に限られている（雇用20、22）ので、個人再生の利用は困難でしょう。

6　専業主婦・主夫（設問⑤）

専業主婦・主夫の場合、基本的な生活費等は配偶者の収入によって賄われていると思われます。そして、配偶者の収入のみから、弁済原資全額を捻出することが可能な場合もあるかもしれません。

しかし、個人再生を利用しようとする専業主婦・主夫がまったくの無収入の場合は、継続的に又は反復して収入を得る見込みがないことは明らかですから、個人再生の利用はできません。

過去に就労実績がなくとも、アルバイト等をはじめ、少なくとも弁済原資となり得る程度の収入を自ら得るようになれば、前記3の場合同様、小規模個人再生、あるいは給与所得者等再生を利用できる可能性が出てきます（『大阪再生物語』195頁）。ただし、その収入が極めて低額で、再生計画に従った弁済ができる金額に足

らない場合は、類型的に見て再生計画を現実に遂行する見通しが立つだけの安定した収入がないとして、申立てが棄却されることもあり得ますので注意が必要です。

このように専業主婦・主夫が、働き始めて収入を得られるようになったものの、その金額が少なかったり、不安定であったりする場合、同居の家族等から、弁済原資の補助を受けられることが確実であるなど、債務者自身の収入を補い得る特段の事情があれば、そうした事情も含めて総合的に収入に関する利用適格を判断してもらうよう働きかけることはできると思います（なお、履行可能性について、同居の家族等の収入を考慮することについては**Q68**を参照してください）。

7　年金受給者（設問⑥）

年金受給者も、継続的な収入の見込みがあるので、小規模個人再生、場合によっては給与所得者等再生の利用は可能です（『条解』1138頁〔中西〕、1222頁〔田頭〕、『新注釈下』410頁〔鈴木〕、527頁〔野村〕）。

ただし、前記6の場合と同様、年金額が再生計画遂行見込みのある金額かどうかについて、十分に検討する必要があります。

8　生活保護受給者（設問⑦）

生活保護受給者の場合、形式的には継続的な収入の見込みがあるようにも見えますが、生活保護は、最低限度の生活に必要な費用を給付金として交付し、最低限度の生活の維持を図ろうとするものであり、その制度の趣旨からすれば、個人再生手続の利用は困難ではないでしょうか。もっとも、勤務者であっても生活保護を受給する場合もあり、小規模個人再生、給与所得者等再生の利用の可能性を一律に否定すべきではないとする見解もあります（『条解』1139頁〔中西〕、『新注釈下』527頁〔野村〕）。

9　継続的収入は見込めないが相続により最低弁済額以上の手持現金がある場合（設問⑧）

不安定であっても、現在収入があり、将来において収入を得る見込みがある場合には、手持現金を適切に管理し、これを取り崩すなどして弁済原資に加えることによって、3年間にわたり3か月に1回以上の弁済原資を確保することができる見通しがあることを説明できれば、「継続的に又は反復して収入を得る見込み」があるとして、小規模個人再生を利用できる可能性があります（再生計画案策定においては、当初の弁済額を多めに設定する等の工夫も考えられるところです）。

現在収入がなく、将来においても収入を得る見込みがまったくない場合には、申立時点で最低弁済額以上の手持現金を所持しているとしても、それだけでは、小規模個人再生の利用適格が認められるとはいえないのではないでしょうか。一括弁済の再生計画案の作成が認められず、原則3年間で弁済する再生計画案であるとすれば、同弁済期間中、所持金を維持できるとは限らず、「継続的に又は反復して収入を得る見込み」があるとはいえないからです。

〔鬼頭容子〕

Q5 定年間近の会社員の個人再生手続利用の可否

1〜2年内に定年を迎え、給与収入がなくなる見込みの会社員も、個人再生手続の利用は可能ですか。
① 退職金がない場合
② 退職金がある場合

1 個人再生手続の利用適格との関係

再生計画遂行期間中に定年を迎えて毎月の給与収入がなくなることが明らかな場合、個人再生手続の利用適格（小規模個人再生について民再221Ⅰ、給与所得者等再生について民再239Ⅰ）との関係で問題となります（**Q4**参照）。

再生計画遂行期間中に定年退職となる場合でも、雇用継続、再就職、アルバイト、年金受給などで収入を得る具体的な見通しがあれば、「将来において継続的に又は反復して収入を得る見込み」がある（民再221Ⅰ）といえることから、小規模個人再生手続の利用は可能です。

2 退職金がない場合（設問①）

退職金がない場合には、定年退職後に得られる収入により弁済を継続することになります。

申立時点で定年退職後に収入を得る具体的な見通しが立っていない場合でも、退職時までに再就職、アルバイト先を見つける旨を説明すれば、先例、経験則等から継続的収入の見込みがないことが明らかでなければ、小規模個人再生手続を利用できる可能性があります。

他方、小規模個人再生の特則である給与所得者等再生については、手続の対象が、より安定した定期的収入を得ている者に限定されており、「給与又はこれに類する定期的な収入を得る見込みがある者」であって、かつ、「その額の変動の幅が小さいと見込まれるもの」（民再239Ⅰ）との2つの要件を充たしていることをさらに疎明する必要があります。この点、会社員が退職した場合には、「給与又はこれに類する定期的な収入を得る見込みがある者」といえなくなる場合が多いと思われるほか、年収換算で5分の1未満の変動の場合に「その額の変動の幅が小さいと見込まれる」とされている（『新注釈下』528頁〔野村剛司〕）ところ、定年退職後の収入が減少することも多いと思われることから、給与所得者等再生を利用できる場面は限られると思われます。

3 退職金がある場合（設問②）

退職金がある場合には、退職後に収入を得る見込みがない場合であっても、受領した退職金を取り崩して弁済を継続できる場合は、「継続的に又は反復して収入を

得る見込み」という利用適格との関係では変則的ですが、弁済原資が一時金で確保され再生計画の遂行が可能である以上、小規模個人再生手続が利用できる場合もあると思われます。

　退職金がある場合、その金額によっては、退職金請求権の「清算価値」が最低弁済額に影響するので、その評価方法を確認する必要があります（**Q48**参照）。

　未受領退職金の評価は、多くの裁判所では8分の1とされていますが、すでに退職している場合や退職が確定し近々退職金を受領できる場合には4分の1（退職金の4分の3は差押禁止債権です）として評価がされることになります。

　退職金を現実に受領すると原則として退職金相当額の現金ないし預金として評価されるところ、清算価値把握の基準時は、一般的に、再生計画認可時と考えられますので、再生手続開始時には退職金請求権であっても、再生計画認可前に退職金を受領すると評価が大きく異なってくることに注意が必要です（『破産民再実務（民再）』413頁、『はい6民』442頁参照）。

　なお、勤務先からの借入れがあり、退職時に退職金と貸付金を相殺する旨の約定がある場合には、最二小判平2.11.26（民集44巻8号1085頁）の基準に照らして、勤務先が相殺権を行使できるときは、退職時期により相殺後の退職金見込額の8分の1又は4分の1を清算価値とすることができますが、同判決の基準に照らして相殺権の行使が認められないときは、相殺を前提としない退職金見込額の8分の1又は4分の1が清算価値となることなどにも注意を要します（『大阪再生物語』215〜217頁。**Q40**参照）。

〔八木　宏〕

Q6 5000万円要件 ①

債務者は、過去に個人事業を営んでいたとのことで、そのころの債務が4000万円程度あり、これに消費者金融業者からの借入金残額（約定利息による残高を前提とした金額）を加えると、負債の総額が5000万円を超えてしまいます。また、住宅ローン債権も2000万円程度あるようです。このような債務者が、個人再生手続を利用することは可能でしょうか。

1 個人再生手続を利用する場合の「再生債権の総額」の限度額

(1) 5000万円要件について

個人再生手続を利用する場合、「再生債権の総額」が5000万円を超えないことが手続開始の要件とされています（民再221Ⅰ、239Ⅰ。以下「5000万円要件」といいます）。これは、個人の債務者であっても、負債額が多い場合には、再生計画認可による債権の免除額が高額となり、債権者に与える不利益が大きいので、個人再生という簡素化した手続の利用を認めることは相当でないため、再生債権の総額を基準とした手続規模の上限を定めたものと考えられます（『一問一答』155頁、『新注釈下』410頁〔鈴木嘉夫〕）。

この5000万円要件は、上記のように手続開始の要件とされているほか、再生計画認可のための要件とされています（民再231Ⅱ②、241Ⅱ⑤。ただし、再生計画認可の段階では、届出再生債権に対する異議及び評価の手続を経ているため、「無異議債権の額及び評価済債権の額の総額」が5000万円以下であることが要件とされています）。

(2) 「再生債権の総額」から除外される債権

住宅資金貸付債権（住宅ローン債権）の額、別除権の行使によって弁済を受けることができると見込まれる再生債権の額及び再生手続開始前の罰金等については、5000万円要件における再生債権の総額から除外されます。

このうち、住宅ローン債権については、当該債権又は当該債権に係る債務の保証人の主たる債務者に対する求償権を担保するための抵当権が住宅に設定されており（民再196③）、債務者の弁済原資を他の債権者と分け合う関係にないため、「再生債権の総額」から除外することにしたものです（『一問一答』156頁、『新注釈下』411頁〔鈴木〕）。そして、住宅ローン債権は、住宅資金特別条項を利用するか否かにかかわらず、「再生債権の総額」から除外することになります。この点、住宅ローン債権が同時に別除権付債権である場合には、住宅ローン債権として除外することになりますので、さらに、別除権の行使により弁済を受けることができると見込まれる再生債権の額として二重に差し引くことがないよう注意が必要です（『個再手引』87頁〔木村匡彦＝千葉健一〕）。

ただし、再生手続開始時までに住宅ローン債権について別除権が行使されたことなどによって住宅の所有権を失うと、住宅ローン債権の残額すなわち別除権の行使によっても弁済がなされなかった部分については、「住宅資金貸付債権」（民再196③）に該当しないことになり、当該残額は5000万円要件の対象から除外することができなくなるものと解されます（『個再手引』87頁〔木村＝千葉〕）。

また、5000万円要件は、上記のとおり再生計画認可のための要件ともされていますので（民再231Ⅱ②、241Ⅱ⑤）、例えば、手続の途中で住宅ローン債権について別除権行使がなされ、住宅の所有権を失った結果、住宅ローン債権の残額と他の評価済債権及び無異議債権の合計額が5000万円を超えることになる場合には、再生計画の不認可事由が生じることになります。

(3) 利息制限法に基づく引直し計算

申立前の債権調査において債権者から申立代理人に届出がされた債権額が5000万円を超えていても、債権者の一部が利息制限法上の法定利率を超える利息を徴収し、かつ改正前の貸金業の規制等に関する法律43条のみなし弁済の要件を充たしていないときには、利息制限法に基づく引直し計算をすることにより、実際の債権額を算定する必要があります。引直し計算の結果、再生債権の総額が5000万円以下となれば、上記5000万円要件を充たすことになり、個人再生手続を利用することができます。

貸金業法の完全施行（2010年6月）前に締結された契約である場合には、このような利息制限法に基づく引直し計算をすることになりますので、消費者金融業者との間でいつ頃契約を締結したのか、確認することが必要となります（Q24参照）。

2 設問への当てはめ

上記1(2)に記載したとおり、再生債権のうち、住宅ローン債権2000万円については、5000万円要件における再生債権の総額から除外されます。したがって、消費者金融業者から借り入れた負債について、利息制限法上の法定利率に基づく引直し計算を行い、住宅ローン債権を除いた再生債権の総額が5000万円以下となれば、5000万円要件との関係では、個人再生手続を利用することができます。

〔眞下寛之〕

Q7 5000万円要件 ②

喫茶店を経営している個人事業者について個人再生の申立てを検討しているのですが、金融機関からの借入金に加えて、①リース物件となっている店舗の什器備品に関する未払いのリース料債権2000万円、及び②知人から借りている300万円の借入金を含めると、負債の総額が5000万円を超えてしまいます。この場合、個人再生手続を利用することは可能でしょうか。

1 未払いのリース料債権（設問①）

(1) 5000万円要件と別除権の関係

個人再生手続を利用する場合、再生債権の総額が5000万円を超えないことが手続開始の要件とされていますが、別除権の行使によって弁済を受けることができると見込まれる再生債権の額については、その算定から除外することとされています（民再221Ⅰ、239Ⅰ）。

(2) 再生手続におけるリース料債権の取扱い

個人事業者が個人再生手続を利用する場合、設問のように、リース会社との間で、事業用の機械や什器備品等についてのリース契約を締結していることがあります。

このような場合における未払リース料債権の取扱いについては、リース契約の性質をどのように解するかと関連します。フルペイアウト方式のファイナンスリース契約であることを前提とすると、このようなリース契約は金融取引としての性質を有するものであることから、リース債務は契約の成立と同時にその全額について発生し、リース料の支払が毎月一定額と定められていても、それはユーザーに対して期限の利益を与えるものに過ぎません。したがって、リース物件の引渡しを受けたユーザーに再生手続開始決定があった場合、未払リース料債権は再生債権となると解されます（更生手続に関する判例として最二小判平7.4.14民集49巻4号1063頁。再生手続に関する判例である最三小判平20.12.16民集62巻10号2561頁も、未払リース料債権を別除権付再生債権とする前提に立っていると解されます）。そして、個人再生手続の実務上も、未払リース料債権を別除権付再生債権として扱うのが一般的であると考えられます（『個再手引』277頁〔下田敦史＝堀田次郎〕、『はい6民』406頁）。

このように解すると、未払リース料債権のうち、別除権の行使によって弁済が見込まれる額については、5000万円要件における「再生債権の総額」から除外することになります。例えば、リース債権者との間で別除権協定を締結し、別除権評価額について合意に達した場合には、当該別除権評価額を別除権の行使による弁済見込額として、「再生債権の総額」から除外することになると考えられます。別除権協

定を締結しない場合には、リース物件の時価評価額に関する資料を裁判所に提出する等の方法により、目的物の価額相当額に関する判断資料を整えることになります。その結果、「再生債権の総額」が5000万円以下となれば、5000万円要件との関係では、個人再生手続を利用することができます。

2 知人からの借入金（設問②）

(1) 再生債権の総額が5000万円を超える場合

再生債権の総額が5000万円を超え、個人再生手続を利用できない場合、当該債務者としては、通常の再生手続を利用することが考えられますが、予納金が高額であることや手続上の負担から、困難な場合が多いでしょう。そうすると、法的な債務整理の方法としては破産手続がありますが、破産した場合、基本的には事業継続は困難となりますし、債権回収の点で債権者にも不利な結果となることが考えられます。

(2) 実務上の工夫：債権放棄による再生債権の減免等

そこで、実務上の工夫としては、債権者から、利息、遅延損害金又は元本について放棄する旨の意思表示を取り付けることができる場合であれば、債権者に対し、上記のような個人再生手続が利用できない場合のデメリットを説明するといった方法で、利息損害金又は元本について債権放棄をしてもらい、再生債権の総額を5000万円以下に減らして個人再生手続を利用できるようにすることが考えられます。

3 設問への当てはめ

設問では、未払のリース料債権のうち、リース会社において別除権の行使によって弁済を受けることができると見込まれる金額（担保目的物の評価額部分）については、5000万円要件における再生債権の総額から除外されます。また、知人から借りた300万円について、全部又は一部を放棄してもらうことが可能であれば、放棄書を取り付けるなどして、再生債権の総額を減らす工夫をすることが考えられます。

その結果、債務者の再生債権の総額が5000万円以下となれば、5000万円要件との関係では、個人再生手続を利用することができます。

〔眞下寛之〕

Q8　5000万円要件 ③

事故時に任意保険が切れていた交通事故の加害者が個人再生手続を申し立てることを検討しています。当該交通事故の被害者からは、自賠責保険金を回収した後の残額の人的損害賠償請求を受けており、被害者が主張している金額を前提にすると再生債権の総額が5000万円を超えてしまいます。被害者が主張している金額は、文献や裁判例を基準とすると高額に過ぎると思われるため争っていますが、これらの基準に沿った金額を前提にすると再生債権の総額は5000万円以下となります。この場合、個人再生手続を利用することは可能でしょうか。

1　5000万円要件について

個人再生手続においては、再生債権の総額が5000万円を超えないことが求められる、いわゆる5000万円要件が定められており、この5000万円要件は、手続開始の要件であるとともに（民再221Ⅰ、239Ⅰ）、再生計画認可のための要件でもあります（民再231Ⅱ②、241Ⅱ⑤。なお、Q6、Q7も参照してください）。

では、この5000万円要件との関係では、設問のように金額に争いのある債権はどのように取り扱うのでしょうか。なお、当該債権が非減免債権（民再229Ⅲ、244。Q71も参照してください）には該当しないことを前提とします。

2　金額に争いのある債権の取扱い

(1)　申立てとの関係

個人再生手続においては、申立時に債権者一覧表の作成・提出が義務付けられています（民再221Ⅲ、244、民再規114Ⅰ、140）。この債権者一覧表の記載上で再生債権の総額が5000万円を超えていれば、上記1のとおり個人再生手続は開始せず、再生債務者が通常の再生手続の開始を求める意思がない限り、申立ては棄却されてしまいます（民再221Ⅶ、239Ⅳ）。

この点、債権者一覧表における債権額の記載は、本来は債権調査の結果に基づいて判明した債権額を明確に記載する必要があります（『個再手引』113頁〔重政伊利ほか〕）が、申立時点で債権額に争いがある場合には、再生債務者の認識に基づく債権額を記載することもやむを得ないと考えられます。再生債権者には債権届出の機会が与えられています（民再225、244）から、正確な債権額はそこで確定することでも足ります。

したがって、再生債務者の認識している債権額によると5000万円要件を充たすのであれば、債権者一覧表にその債権額を記載した上で個人再生手続を申し立てることはできると考えます。

(2) 債権調査・確定手続との関係

再生債務者の認識している債権額を前提として個人再生手続が開始したとしても、再生債権者は、債権者一覧表の記載にかかわらず再生債権の届出をすることができます。

この届出に対し、再生債務者は異議を述べることができ（民再226Ⅰ本文、244）、異議が述べられると、裁判所による再生債権の評価の手続に移行します（民再227、244）。金額に争いのある債務については、当該債務について訴訟係属しているか否かを問わず、この評価の裁判によって手続内確定をすることになります。

この債権調査・確定手続の結果、再生債権の総額が5000万円を超えることとなれば、上記1のとおり、再生計画の不認可事由となってしまいます。

(3) 小　括

このように、金額に争いのある債務については、申立時には再生債務者の認識している金額を前提として申立てをすることが可能ではあるものの、後の債権調査・確定手続において再生債務者の認識とは異なる判断がされるおそれがあることになります。

3　ま と め

以上のことからすると、設問のような場合、再生債務者である加害者が認識している再生債権額を前提として個人再生手続を申し立てること自体はできますが、その後の債権調査・確定手続の結果、5000万円要件を欠くことになるおそれがあり、そうなると再生計画の不認可事由が生じることになります。この時点では通常再生手続に移行することはできず（民再221Ⅶ本文）、通常再生手続によるためには再度の申立てが必要となることから、それまで進めてきた手続が無駄になってしまいます。

個人再生手続の債権調査・確定手続においては、個人再生委員の調査を踏まえて債権額が評価されますから（民再227Ⅴ・Ⅶ・Ⅷ、244）、設問のような場合に、文献や裁判例の基準から著しくかけ離れた債権額が定められることになるおそれはさほど高くないかもしれません。ですが、これはあくまでも手続内確定に過ぎない以上、存在が認められなかった部分について、被害者が訴訟を提起することは可能です（ただし、当該訴訟において被害者が主張する債権額に沿った確定判決がなされた場合でも、権利変更の上で無異議債権や評価済債権と同等に再生計画に基づく弁済をすれば足ります。Q29参照）。

したがって、これらのことを考慮した上で、個人再生手続を利用するか否か、よく検討する必要があります。

〔小木正和＝今井丈雄〕

Q9 滞納公租公課の取扱い

相談者は、1人で小さな喫茶店を経営している零細な個人事業者であり、喫茶店を続けていくために個人再生の申立てをしたいといっています。ところが、所得税20万円、市・県民税30万円の滞納があり、国民健康保険料についても20万円の滞納があります。個人再生の申立てに当たり、このような滞納公租公課の取扱いについてはどうしたらよいでしょうか。

1 公租公課の一般優先債権性と随時弁済義務

再生手続では、租税の一般優先性（国徴8、9、地税14、14の2）が働く租税債権や国税徴収の例により徴収し得る請求権（健保183、厚年89、国年95、労徴30など）、国税・地方税滞納処分の例により徴収し得る請求権（国保79の2、母子保健法21の4Ⅲ、都市計画法75Ⅴなど）は、一般優先債権として扱われます（民再122Ⅰ）。一般優先債権は、再生手続によらないで随時弁済しなければならず（民再122Ⅱ）、再生計画による債権カットの対象とはなりません。

他方、公租公課に基づく滞納処分については、民事再生法では一般優先債権に基づく強制執行等に対する中止又は取消命令（民再122Ⅳ・121Ⅲ以下）の対象とされていませんので、滞納処分を回避することはできません。

2 滞納公租公課の取扱い

(1) 公租公課庁との協議

公租公課は、上記のとおり一般優先債権であり、手続外で随時弁済すべき債権ですので、公租公課の滞納がある場合には、個人再生申立ての前後を問わず、可及的速やかに納付を行い、再生計画認可時までに滞納が解消するよう努めるべきものと考えられます（『個再手引』266頁〔石田憲一＝伊藤康博〕参照）。

しかし、まったく納付する経済的余裕がないケースもあれば、一部は納付できるものの滞納が残ってしまうケースもあると思います。そのような場合に公租公課の滞納を解消する方法を検討せず放置したのでは、合理的かつ履行可能性のある再生計画案は作成できません。仮にそのような再生計画案を提出したとしても、再生計画の履行可能性がないと判断され、決議に付するに足りる再生計画案の作成の見込みがないとして、手続廃止決定がなされることも考えられます（民再191）。

そこで、再生計画認可時までに公租公課の滞納を解消する見込みがない場合には、再生債務者としては、あらかじめ公租公課庁と滞納公租公課の納付方法に関する協議を行い、猶予期間や分割納付の方法について合意を取り付けるのが適当です（国通46Ⅱ、46の2、地税15、15の2など）。また、国民健康保険料や国民年金については、申請による減免の制度があります（国保77、国年90、90の2など）ので、要件

を充足する場合には遅滞なく申請することが望まれます。

(2) 申立書添付書類への記載

公租公課の滞納額が多い場合には、再生計画の履行可能性に重大な影響が及ぶことから、申立書に添付する再生債務者の陳述書にあらかじめ公租公課の滞納状況、すなわち滞納の有無、滞納公租公課の種類、滞納額、納付方法や公租公課庁との協議状況等の記載を求める裁判所が少なくないようです（大阪地裁、名古屋地裁など）。また、公租公課の滞納額が再生債務者の収入や再生計画に基づく配当の想定額等に比して多額で、再生計画の履行可能性に影響を及ぼすおそれがある場合には、滞納公租公課の具体的な納付方法（分割納付の方法による場合は各分割納付の期限及び金額等）を記すなど、公租公課の滞納及びその支払が再生計画の履行の支障とならないことを示した再生計画の履行可能性に関する報告書の提出を求める裁判所もあるようです。いずれも、再生計画の履行確保における滞納公租公課の取扱いの重要性について注意を喚起するものと考えられます。

なお、清算価値保障原則への適合性を確認するための「清算価値チェックシート」や財産目録上の付加記載に滞納公租公課を反映させるべきことについては、**Q43**を参照してください。

(3) 再生計画案への記載

再生計画には、一般優先債権の弁済に関する条項を定める必要があります（民再154 I ②）。ただし、将来弁済すべきものを明示すれば足り、再生手続によらずにすでに弁済したものや、将来弁済すべきものについての合理的な定めまで明示する必要はないものとされています（民再規83）。実務的には、再生計画案に「共益債権及び一般債権は、随時支払う」といった抽象的な記載をなすにとどめる例が多いようです。

3 設問への当てはめ

設問のケースでは、所得税、市・県民税、国民健康保険料について相当額の滞納があります。再生債務者としては、再生計画認可時までにできる限り滞納を解消するよう努めるべきですが、この状況を見る限り、相談者の事業収入・資金繰りはかなり厳しく、再生計画認可時までに公租公課の滞納を解消することは困難だと推察されます。そのため、滞納公租公課の納付方法について遅滞なく公租公課庁と協議を行い、再生計画の履行に支障とならない猶予期間や分割納付の方法について合意を取り付け、この納税計画を踏まえた申立書を作成し、申立てを行うべきだと考えられます。

なお、実務上、滞納公租公課がある場合には、申立後も必要に応じて、裁判所あるいは個人再生委員に対し、公租公課庁との協議内容・経過等を踏まえた陳述書や報告書などを提出し、滞納公租公課及びその納付が再生計画の履行の支障となるものではないことを疎明する例が少なくないようです。

〔佐藤昌巳〕

Q 10 小規模個人再生と過半数議決権を有する債権者の不同意の見込み

依頼者は、今は会社勤務をしている給与所得者ですが、かつて個人事業を営んでいたところ、ある金融機関から借入れをし、現在もその借入金残高が600万円あります。ほかには、一般貸金業者数社から総額100万円の借入金債務があるだけです。依頼者は、現在、小規模個人再生の申立てをすることを検討していますが、この金融機関は個人再生による債権カットには容易に応じないとの噂を聞いています。このような場合、依頼者が個人再生を申し立てるに当たって、どのような点に留意したらよいでしょうか。

1 再生計画案の決議の要否

小規模個人再生に要求されている再生計画案の決議は、書面によるもので、不同意の回答をした議決権者が議決権者総数の半数に満たず、かつ、議決権の額が議決権者の議決権の総額の2分の1を超えないときは、再生計画案の可決とみなす（民再230Ⅵ）という消極的同意の方式が採用されています。

一般的には、現状、再生計画案に積極的に反対する金融債権者は少数であるとされており、決議を要するとはいえ消極的同意で足り、また後記のとおり最低弁済額が低額となることから、実務上、個人再生事件としては原則として小規模個人再生の手続が選択されているといってよい状況にあります（2017年の既済事件数は、小規模個人再生が9543件であるのに対し、給与所得者等再生は796件となっています。『司法統計年報［平成29年度］』第109表）。しかしながら、大口債権者が小規模個人再生の再生計画案には異議を述べる方針をとる金融機関である場合には、いずれの手続を申し立てるべきか慎重に選択する必要があります。

2 最低弁済額の比較

小規模個人再生では、再生計画案は、債務者が破産した場合の配当額を上回り（清算価値保障原則）、かつ、所定の最低弁済（基準債権が3000万円以下の場合は基準債権の総額の5分の1又は100万円のいずれか多い額（ただし、基準債権の総額が100万円を下回るときは基準債権の総額、基準債権の総額の5分の1が300万円を超えるときは300万円）、3000万円を超える場合は基準債権の総額の10分の1）以上のものでなければなりません（民再231Ⅱ③・④）。そして、給与所得者等再生の場合には、小規模個人再生の最低弁済額に加え（民再241Ⅱ⑤）、可処分所得の2年分以上を最低弁済額とする再生計画でなければならないという要件（民再241Ⅱ⑦）も加わりますので、小規模個人再生の場合よりも、弁済の負担が重くなってしまいます。

3 申立後の手続移行の可否

小規模個人再生の手続開始要件は、通常再生の要件を充足し、個人の債務者であ

ること、将来において継続的に又は反復して収入を得る見込みがあり、再生債権の総額が5000万円以下（住宅資金貸付債権の額等を除きます）であること（民再221①）です。給与所得者等再生は、小規模個人再生の要件に加え、給与又はこれに類する定期的な収入を得る見込みがある者であって、かつ、その額の変動の幅が小さいと見込まれるもの（民再239Ⅰ）の要件もあります。

　このように、給与所得者等再生の方が開始要件が厳しくなっていることから、給与所得者等再生の開始要件は充たさなくとも、小規模個人再生の開始要件を充たすことはあります。給与所得者等再生の申述をしたときでも、給与所得者等再生の要件を充たさないときは小規模個人再生開始を求める意思がある旨の予備的申述（民再239Ⅲ）をしていたときは、小規模個人再生により行う旨の決定がされます（民再239Ⅴ）。反対に、いったん小規模個人再生の申立てをした場合には、明文の定めもありませんので、再生手続開始決定の前であっても、給与所得者等再生への移行は認められないものと考えられています。

　なお、再生計画が不認可となれば、裁判所は職権で牽連破産（民再250Ⅰ）の決定ができることとなっていますが、東京地裁では原則として職権破産を行っていない（『個再手引』465頁〔島岡大雄＝松本美緒〕）ものとされています。廃止決定が確定した後（民再39Ⅰ）も、要件を充たす限り、別途給与所得者等再生の申立てができます（**Q11**、**Q107**参照）。

4　小規模個人再生と給与所得者等再生の選択

　設問の場合は給与所得者等再生を利用できるわけですが、債権額を基準とする小規模個人再生と異なり、債務者の居住地、扶養家族等によって可処分所得が変化する給与所得者等再生（民事再生法第241条第3項の額を定める政令）では、特に単身者の場合には所得にもよりますが、最低弁済額が相当高額なものとなってしまい、履行可能性が厳しくなる場合も少なくありません。

　設問のように、議決権総額の2分の1超になる大口債権者が反対するおそれがある場合には、申立前に接触して、その意向を確認しておくべきでしょう（『倒産処理と弁護士倫理』266頁〔髙木裕康〕）。一部の金融機関や信販会社には硬直的な対応をするところがあるようです。金融債権者の対応については、全倒ネットのメーリングリストを利用するのも有益と思われます。また、個人の債権者の場合は、債務者の行動、過去の交渉履歴、債権者の感情的軋轢などから、再生計画案に反対することもあり得ます。

　大口債権者から反対の意向を聴いた場合には、他の手続（任意整理、給与所得者等再生、破産）をとった場合との利害得失（弁済率が低下すること、あるいは弁済率が上昇しても履行可能性が低下するおそれなしとしないこと）を債権者に説明して、同意を求めていくこととなります（**Q72**参照）。

〔大原弘之〕

Q11 個人再生手続の再度の申立て

① 債務者は給与所得者ですが、可処分所得が多く給与所得者等再生手続では弁済総額が多額になるため、小規模個人再生手続を申し立てる予定です。しかし、大口債権者の反応が厳しく、再生計画案が否決されるおそれがあります。再生計画案が否決された場合、その後に、債権者による決議が不要な給与所得者再生手続を改めて申し立てることは可能でしょうか。

② 債務者は収入の変動が大きいため、給与所得者等再生手続を行うことは困難です。小規模個人再生手続において再生計画案が否決されてしまった場合、再度、小規模個人再生手続を申し立てることは可能でしょうか。

1 設問①の場合

(1) 再度の申立ての可否

1度目の個人再生手続が終了しており、給与所得者等再生手続の再申立ての期間制限に抵触しない限り、再度の個人再生手続の申立ては可能です（**Q107**参照）。

近時、通常再生手続のみならず小規模個人再生手続でも、一部の金融機関や消費者金融会社が、再生計画案に反対することが散見されます（**Q10**参照）。再生計画案を裁判所に提出し、裁判所が債権者の決議に付す旨の決定をした後には、大口債権者の反対などにより可決の見込みが低いことが判明しても、一度提出した再生計画案の修正はできません（民再167）。また、再生計画案が否決された場合、同一の手続内で再生計画案を再提出することはできません。

そこで、ひとたび再生計画案が否決されても、自宅を手放したくないなどの理由によって、破産手続ではなく個人再生手続を望む場合には、改めて個人再生手続の申立てを行うことになります。多くの裁判所では、個人再生手続において、再生計画案が否決されて手続が終了しても、直ちに牽連破産（民再250Ⅰ）とはせず、再度の個人再生手続の申立てを許容しています（**Q119**参照）。

そして、設問①のように、給与取得者等再生手続では家族構成等によっては弁済総額が多額になるため、小規模個人再生手続の申立てを行ったものの、再生計画案が否決された場合、債権者の決議が不要な給与所得者等再生手続を改めて申し立てることが考えられます。

(2) 再度の申立ての要件

設問①のように、小規模個人再生手続が再生計画案の否決によって終了した後に、改めて給与所得者等再生手続を申し立てる場合、「給与又はこれに類する定期的な収入を得る見込みがある者であって、かつ、その額の変動の幅が小さいと見込まれるもの」（民再239Ⅰ）に該当するなど、給与所得者等再生手続の一般要件（**Q2**

参照）を充たす必要があることは当然です。また、給与所得者等再生手続における弁済額は、可処分所得要件の関係で、小規模個人再生手続における最低弁済額より多くなることがあります。家計の状況及び今後の収支の見込みから弁済原資を確保できるかを、小規模個人再生手続よりもいっそう慎重に検討する必要があります。

以上の給与所得者等再生手続の一般要件に加えて、再度の申立ての場合は、以下の要件が課されます。

ア　１度目の個人再生手続が終了していること

１度目の再生手続が終了していないと、再度の再生手続の申立てを行うことはできません（民再39Ⅰ）。よって、小規模個人再生手続について廃止決定（民再237Ⅰ）が確定（民再９参照）した後に、申し立てることになります。

イ　再申立ての期間制限に抵触しないこと

給与所得者等再生手続の申立てには、以前に行った手続に応じて、以下の期間制限が設けられています（民再239Ⅴ②）。

【前回の手続】	【制限期間の起算日】	【期間】
給与所得者等再生	再生計画認可決定確定日	７年
小規模個人再生＋ハードシップ免責	再生計画認可決定確定日	７年
破産における免責	免責決定確定日	７年

2　設問②の場合

小規模個人再生手続の申立てには、上記のような期間制限はないため、１度目の個人再生手続の廃止決定確定後であれば、再度の申立てが可能です。

ただし、再生計画案が１度目と同様では、また否決されてしまいます。そこで、可決の見込みがある再生計画案を作成できるか、その内容に従った弁済が可能かなどを十分に検討することが必要です。

3　主要債権者との事前協議の重要性

個人再生手続の再度の申立ては許容されています。裁判例でも、１年あまりの間に、最初の給与所得者等再生手続が不認可決定により、次の小規模個人再生手続が不同意廃止により終了した者について、改めて給与所得者等再生手続開始決定をした原決定に対する即時抗告が棄却されています（名古屋高決平26.1.17公刊物未登載）。

しかし、個人再生手続を２回行うと、債務者の経済的再起が遅れ、手続費用の負担も増加します。そのような事態はできるだけ回避すべきです。

再度の個人再生手続申立てを余儀なくされる事案の多くは、１度目の個人再生手続の際に、主要債権者との協議や意向の確認が不十分な場合が多いと思われます。再生計画案を提出する前に、主要債権者と協議を行い、債務者の収支の状況と見通し及びそれに基づく再生計画案の内容について説明して理解を求め、必要であれば計画案を修正するなどして、１度目の個人再生手続で債務者がフレッシュスタートできるよう、最大限配慮・努力することが重要です。

〔柚原　肇〕

Q12 個人再生手続の申立代理人弁護士の委任契約の内容

委任契約書には、受任する事件として「個人再生事件」とだけ記載し、個人再生手続開始を申し立て、再生計画案が認可され、確定しました。しかし、その後、次のような事態が発生し、申立代理人弁護士に債権者から問合せがありました。どのように対処すればよいでしょうか。

① 弁済開始3か月後から、債務者（依頼者）は、再生計画に基づく弁済を怠り始めた。

② 弁済開始6か月後には、債務者（依頼者）は、再生計画に基づく弁済をまったくしなくなった。

③ ②に加え、弁済開始1年後には、債務者（依頼者）と連絡がとれなくなってしまった。

1 委任契約書の記載と内容

設問の事案では、申立代理人弁護士との委任契約書には、委任事項として「個人再生事件」との記載があるだけです。このような場合の委任契約の内容が、個人再生手続開始の申立てから再生計画の認可決定の確定による再生手続の終結（民再233、244）までを含むことには、問題がありません。問題は、再生手続の終結後の事務についても、委任契約の内容として含まれているかどうかです。

弁護士と債務者（依頼者）との間の委任契約の内容は、再生手続終結後の弁護士の職務内容としてどこまでの事務を取り込むかという観点から大別し、①終結時点までとするものならびに②終結時点以降の再生計画に従った弁済完了までの間の債権者との連絡調整及び債権者への弁済金の支払の代行をするものがあるといえます（『個再手引』447頁〔田川淳一〕には、4つの委任契約の類型が示されています）。

この点、再生手続の終結後にも、弁済を怠れば債権者との連絡が必要となりますし、再生計画の変更（民再234、244）や計画遂行が極めて困難になった場合の免責（ハードシップ免責。民再235、244）の問題、場合によっては、再生計画の取消し（民再236、242）の問題が起こり得ます。これらの問題に適切に対処するには弁護士の力が必要であり、委任契約書に明文の記載がなくても、委任契約の合理的意思解釈として、再生手続の終結後の対応までの事項も委任契約の内容であると解することも考えられます。しかし、再生計画の遂行がされたとき又は再生計画の認可決定が確定した後3年を経過したときに再生手続の終結決定がなされる監督委員選任の通常再生の場合（民再188Ⅱ）とは異なり、個人再生手続は、再生計画の認可決定の確定によって当然に終結するのであり、委任契約書において、終結時点以降の再生計画に従った弁済完了までの間の債権者との連絡調整及び債権者への弁済金の支払の代行について明文の規定がない限り、再生手続の終結時点で委任関係が終了すると

解されます。もちろん、弁護士としては、このような解釈問題が生じないように、委任契約書に終結後も弁護士が業務を行うか否か、また、何らかの業務を行う場合はその内容について明確に記載することが望ましいと思います。

したがって、委任契約書に受任する事件として「個人再生事件」と記載しただけの設問①〜③の場合には、個人再生事件の委任関係の終了後に、弁護士はどこまで債権者の問合せ等に対処するかが問題となります。

2 債務者（依頼者）が再生計画に基づく弁済を怠ったとき（設問①）

委任関係は終了していますので、債務者（依頼者）が弁済を怠ったとしても特に弁護士がすべきことはない、ということになりそうです。しかし、委任契約の内容に含まれていないとしても、債務者（依頼者）の経済生活の再生を図るという再生手続の趣旨（民再1）からすると、弁護士は、債務者（依頼者）から弁済を怠った事情を聴取し、債権者に対し、弁済を怠っている理由等について説明し、理解を求めることが適切な場合が多いと思われます。

3 債務者（依頼者）が再生計画に基づく弁済をまったくしなくなったとき（設問②）

債権者との間の弁済期限の繰延べ交渉や再生計画の変更（民再234、244）の問題が生じます。これらの手続は、債務者（依頼者）が自ら対応することは難しいでしょうから、弁護士は、債務者（依頼者）と協議し、必要な対応をすることになります。もちろん、設問の場合には、これらの対応は当初の委任契約の内容とはいえません。特に、債権者との間の弁済期限の繰延べ交渉を超えて再生計画の変更を申し立てるには、裁判所への新たな申立てが必要となりますので、債務者（依頼者）と弁護士との間で、別途委任契約を交わし、必要があれば弁護士報酬の取決めもして申立てをすることになります。

債務者（依頼者）が、弁済期限の繰延べ交渉等について弁護士と誠実に協議しないときの債権者から問合せへの対応は、次の4の場合と同様と考えられます。

4 債務者（依頼者）との連絡がとれなくなったとき（設問③）

委任関係は終了していますので、弁護士としては特にすべきことはない、とも考えられます。しかし、債権者に対する関係では、注意すべき点があります。

債権者のうちの貸金業者となる債権者は、貸金業法により、債務者が債務の処理を弁護士や弁護士法人等に委託等をし、弁護士等からその旨の通知を受け取った場合には、正当な理由がなければ、債務者に対し、弁済等の要求を直接することができなくなります（貸金21Ⅰ⑨）。債権者は、委任関係が再生計画に基づく弁済の期間中にも継続しているのかどうかは分かりません。すなわち、債権者は、弁済計画による弁済がなされなくなった場合でも、直接、債務者に対して弁済等の要求をしてよいかどうかが分からないので、弁済等の直接の要求の機会を逸します。そこで弁護士としては、債権者の問合せに応じ、問合せのあった債権者に対し委任関係が終了した旨の通知をすることが望ましいです。このことは、弁護士が介入している以上、弁護士を通じてしか請求できないと思っている債権者もいると考えられますので、貸金業者以外の債権者から問合せがあった場合も同様です。　　〔山田尚武〕

Q 13 個人再生事件の管轄

① 次の3つの場合に、債務者が個人再生手続開始申立てをするのは、どの地方裁判所でしょうか。
  i 債務者は、岐阜市内に自宅があり、名古屋市内にて唯一の営業所を構えて、人を雇い、個人として建築業を営んでいる場合
  ii 債務者は、現在、名古屋市内のアパートに住んでおり、ここに住民票をおいているが、就職が決まり、2か月後に、東京都内のアパートに引越しをする予定の場合
  iii 債務者は、富山市内に自宅があり、当該自宅住所に住民票をおいているが、毎年1～3月の3か月間は、妻子を自宅に残して愛知県豊田市にある自動車メーカーの社宅に居住し、当該自動車メーカーで期間工として働いている場合
② 債務者が、日本法人のシンガポール支社に勤務している日本人で、日本国内に住民票をおいていない場合、日本の地方裁判所に個人再生手続開始申立てをすることはできるでしょうか。日本の地方裁判所に申立てをすることができる場合、どの地方裁判所に対して申し立てればよいでしょうか。

1 個人再生事件の管轄

個人再生事件の管轄は通常の再生事件と同じです。具体的には、民事再生法4条に国際倒産管轄についての規定があり、民事再生法5条が国内管轄に関して、職分管轄が地方裁判所であることを規定するとともに、土地管轄について規定しています。なお、同条が規定する国内管轄は、専属管轄です（民再6）。

設問①のi～iiiは、土地管轄が問題となり、設問②は国際倒産管轄及び土地管轄が問題となります。

2 営業者であり、かつ営業所のある債務者の場合（設問① i）

債務者が営業者であるときには、その主たる営業所の所在地を管轄する裁判所が土地管轄を有します（民再5Ⅰ前段）。

設問① i の場合、債務者は営業者に当たり、主たる営業所が名古屋市内にあるのですから、同市を管轄する名古屋地裁に対し、個人再生手続開始の申立てをすることになります。

3 営業者ではない債務者の場合（設問①ii・iii）

(1) 営業者ではない債務者の土地管轄

債務者が営業者ではないときには、債務者の普通裁判籍の所在地を管轄する裁判

所が土地管轄を有します（民再5Ⅰ後段）。そして、自然人の普通裁判籍は、まずは住所により、日本国内に住所がないとき又は住所が知れないときは居所により、日本国内に居所がないとき又は居所が知れないときは最後の住所により定まります（民訴4Ⅱ）。

このうち住所については、生活の本拠を意味します（民22）。住民登録や本籍地といった形式的基準によらずに、実質的に生活をしている場所を住所とする実質主義を採用したものです。具体的な住所がどこにあるかは、定住の事実という客観的事実のみに基づいて判断すればよいとする客観説（客観主義）が通説であり、判例も客観説の傾向を示していると解されています（四宮和夫＝能見善久『民法総則〔第9版〕』84頁（弘文堂、2018年）、谷口知平ほか編『新版注釈民法(1)〈総則1〉〔改訂版〕』404頁〔石田喜久夫＝石田剛〕（有斐閣、2002年））。また、住所の個数については、現代人の複雑に分化した生活状態を考慮して、複数の住所を認める考え方が支配的です（四宮＝能見・前掲84頁、谷口ほか編・前掲406頁〔石田＝石田〕）。

(2) **設問①ⅱについて**

設問①ⅱの場合、客観説を前提とすれば、東京都内への引っ越しを予定しているといっても現実に転居していない以上、名古屋市内に住所があると解さざるを得ません。したがって、同市を管轄する名古屋地裁に対し、個人再生手続開始の申立てをすることになります。

もっとも、現時点で名古屋地裁に申し立てても、名古屋に居住している間に手続終結まで至るのは困難です。また、事案の内容によっては、申立後、裁判所や個人再生委員等との面談が必要となることも考えられます。そうした点を考慮すると、現実に転居し東京地裁の土地管轄を得てから、同裁判所に対し、個人再生手続開始の申立てをすることも考えられます。

(3) **設問①ⅲについて**

設問①ⅲの場合、毎年4〜12月の9か月間は富山市の自宅に居住していることから、富山市の自宅に定住の事実が認められます。もっとも、具体的な生活実態から複数の住所を認めて差し支えないと解されるところ、毎年1〜3月の3か月間は愛知県豊田市内の勤務先の社宅に住んでいるということから、当該社宅にも定住の事実があるということができます。

したがって、富山市を管轄する富山地裁又は愛知県豊田市を管轄する名古屋地裁岡崎支部のどちらかの裁判所を選択して、個人再生手続開始の申立てをすることができると解されます。

4 海外に赴任している日本人債務者の場合（設問②）

(1) **国際倒産管轄について（設問②前段）**

債務者が個人である場合には日本国内に営業所、住所、居所又は財産を有するときに限り、日本の裁判所が再生事件に関して国際倒産管轄を有すると規定され（民再4Ⅰ前段）、民事訴訟法の規定により裁判上の請求をすることができる債権は、

日本国内にあるものとみなすと規定されています（民再4Ⅱ）。

設問②の場合、債務者が日本法人のシンガポール支社に勤務している会社員であることから、勤務先である日本法人に対し給与債権という財産を日本国内において有していると認められ（民訴3の2Ⅲ、民再4Ⅱ）、民事再生法4条1項前段により、日本の裁判所に国際倒産管轄が認められることになります。したがって、日本の地方裁判所に個人再生手続開始の申立てをすることができます。

もっとも、設問のように、日本の裁判所に国際倒産管轄が認められたとしても、日本国内にわずかな財産しか存在しないようなケースにおいては、実効性のある再生計画案を策定できない事態も予想されます。そのような場合、再生手続開始の申立てが棄却されることもあり得ますから（民再25③、『新注釈上』25頁以下〔花村良一〕参照）、その点について慎重な検討が必要です。

(2)　土地管轄について（設問②後段）

前述したように、営業者ではない債務者については、債務者の普通裁判籍の所在地を管轄する裁判所が土地管轄を有しており（民再5Ⅰ後段）、自然人の普通裁判籍については、日本国内に住所がないとき又は住所が知れないときは居所により、日本国内に居所がないとき又は居所が知れないときは最後の住所により定まるとされています（民訴4Ⅱ）。加えて、ここでいう最後の住所とは、その人の日本における最後の住所地を指すと解されています（兼子一ほか『条解民事訴訟法［第2版］』82頁〔新堂幸司ほか〕（弘文堂、2011年））。

よって、債務者は、日本国内に居所があるときは当該居所を管轄する裁判所に対して、日本国内に居所がないときは日本国内に有していた最後の住所地を管轄する裁判所に対して、個人再生手続開始の申立てをすることになります。

〔小川洋子〕

Q14 個人事業者の小規模個人再生申立ての留意点

個人事業者について、小規模個人再生の申立てを検討しています。どのような点に留意すればよいでしょうか。

1 通常再生との違い:手続選択

小規模個人再生では、通常再生と比べて、①監督委員の不選任(民再238)、②簡略な債権届出・調査手続の採用(民再224以下)、③開始時貸借対照表の提出不要(民再228)、④否認規定の適用除外(民再238)、⑤予納金が低廉であるなどの特徴があり、手続面・費用面での負担軽減が図られています。他方、再生計画の内容に関して、⑥最低弁済額要件(民再231Ⅱ③・④)、⑦弁済方法・期間の制限(民再229Ⅱ)、⑧形式的平等原則の採用(民再229Ⅰ)等の通常再生にはない制約があります。また、小規模個人再生を利用するには、通常再生の要件(民再21、25)に加え、(i)将来において継続的に又は反復して収入を得る見込みがあり、(ii)再生債権の総額が5000万円を超えない、との特有の要件を充たす必要があります(民再221Ⅰ)。

債務者代理人としては、上記(i)、(ii)の要件適合性を検討するとともに((i)について後記2、(ii)についてQ7参照)、上記①〜⑧の特徴を踏まえて、通常再生と小規模個人再生の手続選択を行わなければなりません(Q114参照)。

2 事業再生の可能性の検討

(1) 事業継続の可否の検討

個人事業者の場合、将来の事業収益が再生債権の弁済原資になることから、前記(i)の要件に関連して、事業再生の可能性について検討することになります。

小規模個人再生の申立てを行えば、通常、個人事業者の信用は大きく毀損します。ⓐ取引先や顧客の離反を防ぎ従前の取引関係を維持できるのか、ⓑ従業員の協力を得られるのか、ⓒ工場・店舗その他の事業供用財産の使用を継続できるのか、などの点を慎重に見極める必要があります。その上で、ⓓ手続開始後の短期的な資金繰り確保の見通しを立てるとともに、ⓔ中長期的な事業収益の見通し(事業採算性)と、ⓕ再生計画案の作成・認可の見込みを検討することが求められます。

(2) 資金繰り・事業採算性の検討

再生手続期間中の資金繰りの確保の見通しを立てることは、最も重要な事項です。ⓓの検討に当たっては、一般優先債権である公租公課・労働債権等の弁済資金、事業継続に不可欠な財産を確保するための別除権協定に基づく弁済資金(後記7参照)等を織り込む必要がありますし、反対債権との相殺や、取引先からの支払サイトの短縮要請に伴う支払時期の繰上げを考慮すべき場合もあります。

債務者代理人としては、上記の資金繰りの検討を踏まえて、申立ての可否を判断

するとともに、日々の資金残高や商取引債権の弁済対応（後記6）等を総合的に勘案して、受任通知の発出・申立てのタイミングを検討することとなります。

このほかⓓ、ⓔについては、通常再生事案における事業再生可能性の検討と類似しますので、参考になります（『通常再生Q&A』Q1〔小林信明＝大石健太郎〕）。

(3) 再生計画案の認可・遂行可能性の検討

法定可決要件（民再230Ⅵ）の見通しもさることながら、「3月に1回以上の分割払いの方法で、最低弁済額を3年（特別の事情がある場合には5年）以内に弁済する」という、前記⑥、⑦の制約を踏まえた再生計画の策定が求められますので、その遂行可能性を検討する必要があります。遂行可能性を見出し得ないときは、基本的には前記(i)の要件を欠くものと判断されます（『新注釈下』409頁〔鈴木嘉夫〕）。

3 運転資金の確保：相殺回避のための資金移動・滞納処分への留意

申立代理人の重要な初動対応として、預金相殺回避のための資金移動があげられます。受任通知を発出すれば、ほどなく借入先金融機関の預金口座は凍結されますので、その前に資金移動をしておく必要があります（その他運転資金の確保に関する留意事項については『通常再生Q&A』Q12〔綾克己〕を参照してください）。

また、滞納公租公課がある場合には、早期の段階で滞納処分による預金・売掛金等の差押えを受けるおそれが高いので、分納合意等の対応についても事前に検討しておく必要があります（滞納公租公課の取扱いについてはQ9を参照してください）。

4 現場の保全等

個人再生手続では保全処分（民再30）は発令されないのが通例ですが、受任通知の発出ないし申立ての直後は、債権者が事業所等に押しかけ、在庫商品、什器備品等の持ち出し、リース物件等の引き揚げを図ろうとするおそれがあります。このため、債務者代理人としては、必要に応じて営業施設の施錠等の措置を講じたり、あらかじめ従業員に指示したりするなどして、債務者の業務が妨げられることのないよう現場の保全を検討しておかなければなりません。混乱を回避するためには、債権者説明会を開催することも考えられます（『通常再生Q&A』Q18〔竹越健二〕）。

5 申立時の提出書類

個人事業者の小規模個人再生の申立てに際しては、事業の内容・収支を明らかにしなければなりません（民再規112Ⅱ②）。この点、「事業に関する報告書」「事業収支実績表」等の書面の提出を求める運用を行っている裁判所もあり、これらの書式が参考になります（『大阪再生物語』164頁、『個人の破産・再生』358頁参照）。

申立書の添付書面としては、一般的な資料に加えて、直近の確定申告書、貸借対照表・損益計算書、資金繰表、財産価額の疎明資料等を提出する必要があります（民再規14、112Ⅲ）。このほか、申立てに際して準備・提出すべき資料に関しては、通常再生事案における添付書面が参考になります（『運用指針』69頁以下参照）。

6 商取引債務の弁済対応

商取引債務の支払を停止した場合、取引先が以後の取引を拒絶することも想定さ

れ、それによって事業継続に支障を来すおそれがあることから、商取引債務の弁済対応について事前に検討しておく必要があります。この点、商取引債務の再生手続上の処遇は、当該債務の原因となる取引がなされた時期（申立ての前後、再生手続開始決定の前後）に応じて異なりますので、以下、個別に検討します。

(1) **申立前の取引に基づく商取引債務**

支払不能後の偏頗弁済は否認対象行為に当たりますので（民再127の3）、受任通知の発出後は、この商取引債務の弁済は避けるのが原則的対応です。

当該商取引債務を弁済しなければ事業の継続に著しい支障を来すときには、例外的ではありますが、少額債権の弁済許可制度（民再85Ⅱ、Ⅴ前段・後段）により対応することが考えられます（**Q42**参照）。親族等から第三者弁済がなされることがありますが、再生債務者が実質的に弁済原資を拠出したと評価されることがあってはなりません（『個再手引』160、165頁〔下田敦史＝竹中輝順〕）。

債務者代理人としては、商取引債務の決済日を踏まえつつ、受任通知の発出や申立てのタイミングを見定めるべきですし、事案によっては通常再生と同様の密行型の（申立前に受任通知を発出しない）申立てを検討すべきでしょう。

(2) **申立後・開始前の取引に基づく商取引債務**

この商取引債務は、事業に不可欠である限り、基本的には民事再生法120条1項の請求権に当たると解されます。この場合、再生手続開始前であれば、当該商取引債務の弁済を認めるのが実務上の取扱いです（『個再手引』165頁〔下田＝竹中〕）。

この商取引債務も再生債権ですので、再生手続開始後に当該商取引債務を弁済する場合には、事前に裁判所から共益債権化の許可を得る必要があります（民再120Ⅰ）。実務上の処理としては、再生手続開始決定の時期について裁判所と協議の上、可能であれば開始前に当該商取引債務を完済しておくことが望まれます。

(3) **開始後の取引に基づく商取引債務**

この商取引債務は、共益債権に当たりますので（民再119②）、再生手続によらないで随時弁済することになります（民再121Ⅰ）。

7 別除権の対応：別除権協定の締結・中止命令の申立て

再生債務者に帰属する財産上の担保権は、別除権として処遇され、再生手続の拘束を受けることなく行使できるのが原則です（民再53）。事業継続に不可欠な財産が別除権の目的となっている場合、そのままでは事業の遂行に支障を来すことから、別除権者との間で別除権協定を締結するなどして、目的財産を受け戻す必要があります（**Q37**、**Q75**参照）。実務上、別除権協定の締結を検討すべき例としては、工場・店舗等の事業供用財産に抵当権が設定されている場合、事業供用中の車両・機械設備等がリース物件である場合、倉庫保管中あるいは運送中の在庫商品について倉庫業者・運送業者から商事留置権を主張される場合、などがあげられます。

別除権協定が未了の間の担保権実行に対しては、中止命令の申立て（民再31）を検討することになります。

〔籠池信宏〕

第2章

申立準備・
申立書作成

Q 15 住宅ローン債権者への通知・協議

① 住宅資金特別条項を定めた再生計画案を作成する予定です。住宅ローン債権者へ送付する受任通知書に記載すべき事項はありますか。
② 申立前に住宅ローン債権者と協議すべきことはありますか。
③ 保証会社による代位弁済がすでになされている場合、借入れをした金融機関・保証会社のどちらと協議をするのでしょうか。
④ 住宅ローン債権者が、すでに抵当権の実行として競売手続の申立てを行っている場合、どうすればよいでしょうか。

1　住宅ローン債権者への受任通知書の内容（設問①）

　債務者が居住する住宅の継続保有を希望し、再生計画案に住宅資金特別条項を設ける場合、住宅ローン債権者への受任通知書に記載すべき事項は、次の3点です。

　第1に、住宅ローン債権者は住宅に抵当権を設定しているため、抵当権の実行手続に着手しないよう、「住宅資金特別条項を定めた再生計画案を作成する予定であること」を記載します。

　第2に、住宅資金特別条項を定めた再生計画案の提出を予定している場合は、あらかじめ住宅ローン債権者と協議することが必要であるため（民再規101Ⅰ）、「再生計画案の作成についての協議・協力の依頼」を記載します。

　第3に、個人再生手続の開始決定により再生債権は弁済禁止になるところ（民再85Ⅰ）、住宅ローンについては、期限の利益を喪失していない場合に限り、裁判所の許可を得て支払うことができます（民再197Ⅲ）。そこで、「個人再生手続申立後も住宅ローンの支払を継続するか否か」を記載します。

2　住宅ローン債権者との事前協議（設問②）

(1)　協議の必要性・重要性

　債務者が個人再生手続を行うことは、信用の毀損を意味します。住宅資金特別条項を定めた再生計画案を作成し、住宅に設定された抵当権の実行を回避したいのであれば、住宅ローン債権者と協議を行い、十分な説明を行うことが大切です。他方、住宅ローンの残債務・利息・損害金と月々の支払額との関係は複雑であり、特にリスケジュール（支払期間・支払額の変更）を伴う住宅資金特別条項を再生計画案に定める場合、その内容を確定するためには住宅ローン債権者の協力が不可欠です。そこで、民事再生規則101条1項は「再生債務者は、住宅資金特別条項を定めた再生計画案を提出するときは、あらかじめ、当該住宅資金特別条項によって権利の変更を受ける者と協議するものとする」と規定しています。

　同条項は、申立前に協議を行うことは求めていません。しかし、上記の協議の必

要性・重要性、そして、住宅ローンの支払を継続するか否かを表明するため、受任通知発送の段階から、住宅ローン債権者に連絡して協議を始めるとよいでしょう。
  (2) 住宅ローン債権者と事前に協議すべき事項
    ア　予定している住宅資金特別条項の内容（民再199Ⅰ～Ⅳ参照）
　これまで住宅ローンの支払に遅延がなく、今後も約定どおりの支払を継続する場合はともかく、そうでない場合には、遅延分の支払方法の検討や毎月の支払額の低減・支払期間の延長等（リスケジュール）が必要です。そこで、予定している住宅資金特別条項の内容（**Q78**参照）を伝えます。
    イ　リスケジュール案の作成依頼
　支払期間や毎月の支払額の変更を行う場合は、住宅ローン債権者の協力を得ることが不可欠です。そこで、債務者の今後の収入及び支出の見込みに基づき、住宅ローン債権の支払に充てられる金額を住宅ローン債権者に伝え、債務者の年齢等を考慮したリスケジュール案の作成を依頼し、内容の協議を行います。
    ウ　住宅ローンの支払を継続する場合は、支払方法の確認
　前述のとおり、住宅ローンは、期限の利益を喪失していない場合、個人再生手続開始の申立後も、裁判所の許可を得て支払うことができます。ただし、住宅ローンは口座引落しで支払うことが多いところ、今後の支払方法（口座引落しの継続・振込み・窓口への持参等）を住宅ローン債権者に確認することが必要です。
　また、口座引落しを継続する場合、住宅ローン以外の再生債権の弁済は禁止されるので（民再85Ⅰ）、必要に応じて、口座の変更や他の再生債権についての口座引落しを停止するなどの措置を講じます。

3　代位弁済がされている場合（設問③）

　申立前にすでに代位弁済がなされている場合、その時点での債権者は保証会社です。ただし、代位弁済から6か月を経過する日までに再生手続を申し立てて、住宅資金特別条項を含む再生計画の認可決定が確定すれば、保証債務の履行はなかったものとみなされ（いわゆる「巻戻し」。民再198Ⅱ。**Q96**参照）、その後の住宅ローンの支払は借入れをした金融機関に対して行います。また、リスケジュールのシミュレーションは、一般に保証会社ではなく金融機関が行います。
　そこで、申立前の段階では、借入れをした金融機関・保証会社の双方に連絡をするべきですが、住宅資金特別条項の内容についての協議は、主に金融機関と行うことになるものと思われます。

4　競売手続の申立てがされている場合（設問④）

　個人再生手続の申立てをしただけでは、競売手続は停止しません。そこで、住宅ローン債権者と協議を行っても、競売手続の任意の取下げに応じてもらえない場合は、個人再生手続の申立てとともに、抵当権実行手続中止の申立て（民再197Ⅰ）を行い、抵当権実行の中止命令を得ることが必要です（**Q97**参照）。

〔柚原　肇〕

Q 16 受任通知後の積立ての要否

① 申立代理人から受任通知を発送し、債権者への弁済を停止しました。受任通知発送から個人再生手続申立て・開始決定までの期間、再生計画による弁済予定額相当額の積立てを行う必要はありますか。
② 積立ては、どのような方法で行えばよいですか。また、個人再生の申立てに当たり、積み立てた金額を清算価値に計上する必要はありますか。
③ 再生債務者から、「同居の家族の入院代に必要なので積立金を引き出して使いたい」と求められました。申立代理人として認めてもよいでしょうか。積立口座から了解なく出金して入院代を払ってしまった場合は、どうしたらよいでしょうか。

1 開始決定後の積立ての必要性

(1) 積立ての運用

再生手続開始決定後に、予定する計画弁済額相当額を積み立てさせる運用を行っている裁判所があります。例えば、個人再生委員を全件選任する東京地裁では、個人再生委員名義の口座に分割予納金として毎月送金し（『個再手引』104頁〔木村匡彦＝千葉健一〕。Q113参照）、個人再生委員が必置とされていない大阪地裁では、後記4のとおり、主として代理人口座に積立てを行います（『はい6民』449頁）。

(2) 履行テストとしての機能

このような積立ては、再生計画案の履行可能性（住宅資金特別条項を定める場合、履行可能性の存在が積極的に認められなければ不認可となるのに対し、定めない場合には、履行可能性の見込みがないことが不認可事由となります。民再230Ⅱ、174Ⅱ②、240Ⅰ①、241Ⅱ①、202Ⅱ②）の検証を主な目的として行われています。東京地裁では、積立ての結果を個人再生委員による履行可能性の意見に反映させており、大阪地裁では、再生計画案提出時に積立ての実施状況を報告させ、再生計画の認可要件としての履行可能性の判断材料としています。

再生手続開始決定後は、弁済許可を得た住宅ローン債権以外の再生債権は弁済することができず（弁済禁止効。民再85Ⅰ）、再生債務者の家計には余裕が生じているはずですので、通常、積立てを行うことは難しくありません。もっとも、給与が差し押さえられている場合（再生計画認可決定の確定までは差押えは中止するに過ぎず、この間、再生債務者は差し押さえられた部分の給与を受領することができません。Q116参照）や一般優先債権となる滞納公租公課の弁済を行っている場合、申立代理人に対する着手金を分割で支払っている場合など、計画弁済額全額の積立てができないことについてやむを得ない事情があることがあります。このような場合には、積立て

を実施できていないことのみをもって履行可能性がないと判断されることはありません。期間工など不定期な収入のため、年間を通じた収入から弁済原資を確保することを予定している場合も、開始決定の時期によっては同様であるといえます。

ただし、個人再生委員に対して納付する分割予納金が履行テストとしての機能を有する東京地裁では、不納付の理由を問わず、履行可能性がないものとして申立て棄却、再生手続廃止、再生計画不認可となることがあります（Q113参照）。

(3) **現実の履行を担保する機能**

再生計画認可決定確定の翌月を初回弁済日として3か月に1回の弁済を行う再生計画を立案した場合にも、積立金から第1回の弁済を行うことで、認可決定確定後の月々の収入だけでは初回の3か月分の弁済原資の確保ができないという事態を避けることができます。つまり、積立てには、現実の履行を担保するという側面もあります。

(4) **個人再生委員報酬分納としての機能**

個人再生委員を全件選任する東京地裁では、その報酬に充てるための分割予納金としての機能も有しています（『個再手引』104頁〔木村＝千葉〕。Q113参照）。

2 受任通知後開始決定までの積立ての必要性

大阪地裁などの裁判所では、開始決定後だけでなく、申立代理人が受任して債権者への支払を停止した後の積立てを推奨しています（『はい6民』450頁）。

履行可能性は、再生計画認可の要件ですが、再生手続の開始の要件とはなっていません。しかし、申立代理人が受任通知を発送すると、貸金業者だけでなく（貸金21Ⅰ⑨）、ほとんどの債権者からの取立てが止まりますので、開始決定を待たずとも家計に余裕が生じます。予定する計画弁済額相当額を確保する生活を習慣付けさせ、開始決定後の積立てや再生計画の履行に備えるためには、受任通知後の積立てが有用であることから、このような運用が行われているものです。

もっとも、積立てを行うことができない事情があり得ることは、開始決定後の積立てと同様です。加えて、従前多重債務の弁済のために子どもの学資や老朽化した家財道具の買換えなどの必要不可欠な支出を控えていた債務者も多く、特に受任通知直後は、これら有用の資に充てるために積立てが一時できない場合も少なくないでしょう。

3 積立金と清算価値

(1) **開始決定後の積立て**

積立金は再生債務者の財産であり、形式的には清算価値に含まれるべきものです。しかし、明示的に開始決定後の積立てを求める裁判所では、積立金を清算価値に含めない運用を採用しています（『個再手引』107頁〔木村＝千葉〕、『はい6民』450頁。Q45参照）。

(2) **開始決定前の積立て**

これに対し、受任通知後開始決定前の積立てを推奨する大阪地裁では、これを清

算価値に含むとしています(『はい6民』438頁)。もっとも、現金及びこれに準じる普通預金については、破産手続における本来的自由財産を考慮し、99万円までを清算価値から除外するとしていますので、申立準備が長期間にわたるなどしない限り、実際に清算価値が増大する場面は多くはないといえます。

4 積立ての方法

個人再生委員の下で積立てを行う運用下では、個人再生委員が開設し管理する口座に入金を行います(『個再手引』104頁〔木村＝千葉〕。Q113参照)。

これに対し、申立代理人が積立てを管理する運用では、①申立代理人が当該再生債務者専用の預り金口座を開設して振り込ませる方法、②申立代理人の業務用預り金口座に振り込ませる方法、③再生債務者に積立専用口座を開設させて入金させる方法などがあり得ます。履行可能性の判断や再生計画認可直後の弁済原資の確保のためには、いったん積み立てた金員を出金しないことが重要です。したがって、積立金の管理を申立代理人が行うために、①又は②の方法によるべきです。さらに、再生計画案の提出とともに積立状況の報告を行う必要があり、積立用口座の通帳写しの提出が必要な裁判所では、①の方法が好ましいといえます。仮に再生債務者本人の口座に積み立てさせる事情がある場合も、他の財産との混同を防ぐため、少なくとも専用口座を作らせるべきです。

5 積立金の取崩し

個人再生委員の下での積立ては、分割予納金としての性質を有しているため、取り崩すことは想定されていません。

他方、申立代理人が管理する積立金については、有用の資に充てるためであれば取り崩すことも可能です。もっとも、真にやむを得ない支出であって、積立金を取り崩さないと他に手段がないかどうかを検証する必要があります。同居の家族の入院代がやむを得ない支出に当たることはいうまでもありませんので、積立金からでなければ再生債務者だけでなく他の家族の誰もがこれを支出することができないのであれば、積立金を取り崩すことに問題はありません。もっとも、裁判所に対しては、単発的な臨時支出であり、再生計画案の履行可能性に影響を及ぼさないことについて資料を添えて十分に説明することが必要です。

なお、積立ての方法を前記4の①又は②の方法による場合には、再生債務者が無断で取り崩すことはあり得ないはずです。しかし、③の方法をとった場合には、申立代理人の了解なく積立金を引き出し、入院代に充てる事態も生じ得ます。このような場合であっても、有用の資としての支出であること、再生計画案の履行可能性に影響がないことを裁判所に説明すべきことは、上記と同様です。もっとも、再生債務者による無断引出しを避けるためにも、できるだけ③の方法はとるべきではなく、やむを得ず③の方法による場合も、再生債務者に対し、申立代理人の了解なく引き出さないよう厳重に説明してくことが求められます。

〔新宅正人〕

Q17 給料の差押えへの対応

① 個人再生手続の申立てをしたところ、給料の差押えを受けてしまいました。どのような対応策がありますか。差押命令と転付命令が同時に発令された場合はどうですか。差押えではなく仮差押えの場合はどうですか。
② 貸金業者に執行認諾文言付きの公正証書を作らされてしまったのですが、その貸金業者から「給料の差押えをされたくなかったら支払をせよ」と迫られています。どのような対応策がありますか。

1 申立後開始決定前の中止命令

再生手続開始決定があると、再生債務者の財産に対して再生債権に基づく強制執行をすることはできず、すでにされている強制執行は中止されます（民再39Ⅰ）。しかし、再生手続の申立てから開始決定までに（実務上2～3週間程度の場合が多いと思われます）、再生債権者が強制執行を完了してしまうことがあります。

再生債務者（申立人）の給料は、再生債務者の経済生活の再生（民再1）の原資です。これが差し押さえられると、それ以降の再生手続を進めることが事実上困難になってしまうおそれがあります。そこで、開始決定前であっても強制執行等の他の手続に対する中止を命ずる制度が用意されています（民再26）。

強制執行が中止されるのは、再生債権者に「不当な損害を及ぼすおそれがない場合」に限られています（民再26Ⅰ柱書ただし書）。「不当な損害」とは、中止によって受ける再生債務者及び他の債権者などの関係人の利益に比して、中止によって被る債権者側の損害が著しく大きい場合をいい、速やかに執行、換価しなければ、対象の価値が大きく減少する場合が想定されています（『条解』127頁〔瀬戸英雄＝上野尚文〕）。この点、再生債務者の経済生活の再生には給料差押えを中止する必要性が高いのに対し、給料は速やかに執行、換価しなければ価値が大きく減少するとはいえないので、差押債権者の被る損害が著しく大きいとはいえず、不当な損害を及ぼすおそれが認められる場面は想定しにくいと思われます。実務では、中止の申立後速やかに中止命令が発令されているようです（Q116参照）。

したがって、設問①については、再生手続開始の申立てと併せて中止命令を申し立てることで、執行手続を停止することができると思われます。中止命令が発令されたら、再生債務者（申立人）は、執行裁判所に対し、中止命令の決定正本を提出して執行停止の申立て又は上申をする必要があります（民執39Ⅰ⑦）。

なお、強制執行がなされる前に包括的に強制執行の禁止を命じる制度もあります（民再27）。しかし、開始決定までそれほど長期に及ばないこともあり、通常は個別に中止命令で対応すれば足りるため（『個再手引』139頁〔古谷慎吾＝竹中輝順〕）、実

務上、包括的禁止命令が利用されることはまれなようです。

2 取消命令

強制執行の中止命令は、執行手続がそれ以上進行することを止めるにとどまります。そこで、再生債務者が直ちに給料を受け取るためには、取消決定を得る必要があります（民再26Ⅲ）。ただし、開始決定より前の取消決定には、「再生債務者の事業の継続のために特に必要がある」と認められ、かつ、必ず担保を立てる必要があります（同項）。「事業の継続のために特に必要がある」とは、例えば在庫や原材料の差押えから解放することを想定しており（『条解』128頁〔瀬戸＝上野〕）、単に生活費が足りないというだけでは「事業の継続のために特に必要がある」とはいえないように思われます。もっとも、再生手続開始決定に至れば担保なしで取消決定を得ることができるので（民再39Ⅱ）、開始決定前にあえて取消しまで得なければならない場合は限られるでしょう。

3 仮差押えの場合

仮差押えは、取立てができませんが、法的整理の申立てが遅れている場合などになされることがあります。そして、差押えとは異なり、通常、差押債権者は担保を立てています（民保14）。しかし、差押債権者が担保を速やかに回収したくても、担保の取消しには差押債務者の同意が必要です（民保4Ⅱ、民訴79Ⅱ）。そこで、仮差押えをした債権者に対し、担保取消しの同意をすることと引き換えに仮差押えを取り下げてもらうことも検討すべきでしょう（『大阪再生物語』193頁）。

4 偏頗弁済の禁止

設問②については、再生債務者が執行停止等の後に再生債権に対する弁済を行うと偏頗弁済となって、再生手続の利用が認められなくなったり、最低弁済額に影響を及ぼしたりするおそれがありますから（**Q20**、**Q65**参照）、債権者の要求は断らなければなりません。仮に、貸金業者が差押えに及んだ場合は、上記の対応をとることになります。

5 実務的な工夫

中止命令等の手続をとることは、それ自体が申立人の負担となります。そこで、事案によっては、以上のような対抗手段があって差押えに実効性がないことを債権者に説明して差押えをしないように説得し、また裁判所に事情を説明して早期に開始決定を得られるように努めることも必要でしょう（**Q116**参照）。

〔神谷慎一〕

Q 18 受任通知後の預金口座に関する留意点

① 普通預金口座から、ⅰ水道光熱費、ⅱクレジットカード代金、ⅲ生命保険料、ⅳ住宅ローンの自動振替をしていますが、個人再生手続の申立てに当たりどうしたらよいですか。
② 借入れのある銀行の普通預金口座に給与や年金の振込入金がありますが、受任通知後に振り込まれた給与も銀行に相殺されてしまいますか。

1 受任通知の預金契約に対する影響

　債権者である金融機関に債務整理や個人再生を予告する受任通知を送付した場合、通常は同時に支払も停止しますので、実務上、多くの場合、直ちに預金口座が凍結されます。凍結は、預金の引出しができなくなるだけではなく、入金もできなくなる場合もあります。入金ができなくなった場合には、振替口座を変更するか、現金払いにしてもらう必要があります。債務がなく債権者ではない金融機関に対して受任を通知することはありませんが、このような金融機関は、個人再生手続の開始決定が官報に公告されて支払不能を知っても、通常は預金口座の凍結は行いません。そのため、口座振替を利用している場合は、そのまま振替が継続されます。

2 振替の継続・中止

　再生債務者が、支払停止等の後に再生債権に対する弁済を行うと、偏頗弁済となって、再生手続の利用が認められなくなったり、最低弁済額に影響を及ぼしたりするおそれがあります（Q20、Q65参照）。共益債権や一般優先債権であれば、このような問題は発生しません。そのため、支払停止等をした再生債務者は、債権の種類に応じて自動振替を継続するものと中止するものとを峻別する必要があります。
　自動振替を継続する場合、振替口座を債権者に知られていて差押えを受けるおそれがあるときなどには、振替口座を変更する必要があります。
　自動振替を停止する場合、銀行に対して振替を止めるよう依頼します。銀行に対する預金口座振替依頼の法的性質は委任契約ですから、預金者は、いつでも銀行に対して振替を止めたいものについて振替の停止を要求できます（民651Ⅰ）。

3 設問①について

　預金口座が凍結されない場合は、それまで同様に自動振替によって支払が継続されるので、自動振替の停止の必要があるものは停止の手続をとります。
　(1)　水道光熱費は、継続的給付を目的とする双務契約であり、再生手続開始決定前にした給付に係る請求権は開始の申立ての日の属する期間内の給付を含めて共益債権となり（民再50Ⅰ）、申立前6か月の給付に係る債権は共益債権であるものを除いて一般優先債権となります（民再122Ⅰ、民310）。そこで、自動振替を継続して

も問題を生じない場合が多いと思われます。しかし、残高不足等によって前月分以前の水道光熱費の自動振替がなされていなかった場合には、再生債権に対する弁済となるおそれがありますので、振替を止める方が無難だと思われます。

(2) クレジットカード代金の引落しについては、原則として再生債権者に対する弁済となりますので、自動振替を止める必要があります。振替停止が間に合わずに振替が実行されてしまった場合は、法の趣旨を説明して返金交渉することも検討することになりますが、破産と異なり否認制度が適用されない点には注意が必要です。もっとも、実務上、破産になった場合には否認対象行為になることを説明して交渉し、任意の返還を受けられる場合もあるようです。

(3) 生命保険契約は、双方未履行双務契約ですから、再生債務者がその継続を希望する場合には、生命保険料は共益債権となるので（民再49Ⅳ）、申立日を含む期間より以前の未納分は自動振替がなされても問題を生じないと思われます。

(4) 住宅ローンについては、住宅資金特別条項を用いる場合には、開始決定前にローンの支払を遅滞して期限の利益を喪失することを避ける必要がある場合があります（**Q92**、**Q78**参照）。そこで、この場合にも自動振替を継続することが便宜です。しかし、当該口座が他の再生債権の自動振替にも利用されていると、住宅ローンを弁済するつもりで入金しても、他の再生債権の支払に充当されてしまうおそれがあります。それを避けるためには、他の再生債権の振替を止める必要があります。また、住宅ローンの支払を窓口で現金払いとしてもらえるように金融機関と交渉することもあります。

(5) ところで、これらの支払を続ける必要があっても、当該口座が開始決定前に差し押えられてしまうおそれがあります。また、差押えのおそれがあると、預金口座に預金を残しておくことができず、引き出しておくべき場合もあります（年金受給権自体は差押禁止です（国年24、厚年41等）が、預金口座に振り込まれた後は、差押え可能です。最三小判平10.2.10金判1056号6頁。差押え後につき民執153参照。なお、児童手当に関し、広島高松江支判平25.11.27金判1432号8頁参照）。そこで、預金口座の差押えが見込まれる場合、支払継続の必要があるものについては、自動振替を諦めて現金払いとせざるを得ない場合があります。

4　設問②について

受任通知とともに支払を停止した後に入金された部分については、仮に当該銀行に対する債務があっても相殺は禁止されるので（民再93Ⅰ②・③）、相殺されません。ただし、入出金の可否の確認や出金手続に時間を要するなどの事実上の不利益を受けることがありますし、開始決定を受けるまでは預金の差押えもあり得ます。そのため、当該口座を入金先として使用し続けるのか、入金された残高をそのまま当該口座に残すかは、検討の必要があります。

〔神谷慎一〕

Q19 近年の最高裁判決を踏まえた所有権留保の自動車の扱い

再生債務者が所有権留保された自動車を保有しています。登録上の所有者の名義は販売会社ですが信販会社が割賦代金を立替払いしており、所有権を留保する条項が契約書に記載されています。
① 受任通知を発送したところ、信販会社から自動車の引き揚げを求める連絡がありましたが、これに応じても問題はないでしょうか。
② 申立前に引き揚げに応じたところ、再生手続において、偏頗弁済であるとして車両の価額を清算価値に加算するように裁判所から指示がありましたが、どのように対応すればよいでしょうか。

1 所有権留保

購入者が自動車を購入する場合、その代金を分割払いとし、自動車の売買契約と同時に販売会社・購入者・信販会社が三者契約を結び、購入者に対する代金債権の担保を目的として販売会社又は信販会社が自動車の所有権を留保し、債務不履行があった場合には自動車を引き揚げ、その自動車の評価額をもって代金債務に充当できるという約定をすることがあります。

購入者が売買代金を完済する前に売買目的物の占有が購入者に移転する場合、販売者が売買代金債権を担保するために、購入者が売買代金を完済するまで売買目的物の所有権を販売者に留保する方法を「所有権留保」といいます。所有権留保については売買代金の担保を目的としていることから、実務では再生手続上、別除権として扱われています（『条解』285頁〔山本浩美〕）。

信販会社が留保所有権者となる契約の類型としては、信販会社が購入者の販売会社に対する売買代金債務につき連帯保証し、購入者が割賦金の弁済を怠って残代金についての期限の利益を喪失したときに信販会社が保証債務を履行する方式（連帯保証方式）や、三者契約締結直後に信販会社による立替払いがなされる方式（立替払方式）などがあります。

2 所有権留保と対抗要件

所有権留保は、契約当事者間では第三者対抗要件を備えていなくても有効ですが、再生手続上別除権として認められるためには、再生手続開始の時点で別除権者が第三者対抗要件を具備していることが必要となります。

軽自動車、小型特殊自動車及び二輪の小型自動車（以下「軽自動車等」といいます）以外の自動車は、道路運送車両法4条に基づく自動車登録ファイルへの登録が第三者対抗要件とされています（道路運送車両5）。したがって、軽自動車等以外の自動車の所有権留保については、登録上の所有者が別除権者の名義になっているこ

とが対抗要件となります。軽自動車等は、一般の動産と同様に引渡しが第三者対抗要件になります（民178）。対抗要件としての引渡しには占有改定（民183）も含まれるので（最一小判昭30．6．2民集9巻7号855頁）、現実の引渡しがない場合でも、売買契約書等により再生債務者から別除権者に対する占有改定が認定できるかどうかを判断すべきことになります（『大阪再生物語』229頁）。

3 別除権の行使方法

別除権は、再生手続によらないで行使することができます（民再53Ⅱ）。所有権留保の場合、第三者対抗要件を備えている別除権者は留保された所有権に基づき購入者に当該自動車の引渡しを求めることができます。

4 2つの最高裁判例

信販会社が再生手続開始後に別除権の行使として所有権留保自動車の引き揚げを行うに当たり信販会社自身が対抗要件を備えている必要があるかについては、最二小判平22．6．4（民集64巻4号1107頁。以下「平成22年判決」といいます）がこれを肯定しています。この判決は、信販会社が購入者の販売会社に対する売買代金債務を立替払いし、購入者に対する債権を担保するため、自動車の所有権を信販会社に留保することなどを内容とする三者間契約が締結された一方、当該自動車の登録名義は販売会社のままとされていたところ、購入者について個人再生手続が開始され、信販会社が、別除権の行使として、留保した所有権に基づき購入者（再生債務者）に自動車の引き揚げを請求したという事案です。

最高裁は、信販会社は再生手続開始の時点で所有者として登録されていない限り、販売会社を所有者とする登録がなされていても留保所有権を別除権として行使することは許されないと判示して、この請求を棄却しました。もっとも、平成22年判決は、上記の三者間契約の合理的意思解釈として、販売会社、信販会社及び購入者の三者間において、販売会社に売買代金残額の立替払いをした信販会社が、売買代金残額相当の立替金債権に加えて手数料債権を担保するため、販売会社に留保された自動車の所有権について販売会社から代位によらずに移転を受け、これを留保する旨の合意をしたと判断したものと評価されています。したがって、信販会社が販売会社の売買代金残債権とともに留保所有権を法定代位（民500、501）により取得した場合については、信販会社を所有者とする登録なくして別除権を行使できると解する余地が残されました。

その後、平成22年判決を受けて、自動車の割賦販売契約の実務上、売買契約書の約款を修正したものが現れています。平成22年判決以前の約款（以下「旧約款」といいます）は、留保所有権の被担保債権として販売会社に発生した債権以外にも信販会社の立替払手数料等の債権が含まれており、所有権は信販会社に留保されているのが特徴でした。これに対し、平成22年判決より後の約款（以下「新約款」といいます）は、留保所有権の被担保債権を販売会社に発生した債権に限定し、所有権は販売会社に留保され、民法の規定に基づきこれに代位する旨を明示的に規定して

いるという特徴があります。

このような新約款のうち連帯保証方式のケースについて、近時、破産手続の事例ではありますが、最一小判平29.12.7（民集71巻10号1925頁。以下「平成29年判決」といいます）が出されました。この判決は、自動車購入者の売買代金債務を連帯保証した信販会社が、保証債務の履行として販売会社に売買代金残額を支払い、販売会社に留保されていた自動車の留保所有権を法定代位により取得したと主張して、当該支払後に破産手続開始の決定を受けた購入者（破産者）の破産管財人に対し、別除権の行使として自動車の引き揚げを求めた事案です。

平成29年判決は、自動車の購入者と販売会社との間で当該自動車の所有権が売買代金債権を担保するため販売会社に留保される旨の合意がされ、売買代金債務の保証人たる信販会社が販売会社に対し保証債務の履行として売買代金残額を支払った後、購入者の破産手続が開始した場合において、その開始の時点で当該自動車につき販売会社を所有者とする登録がなされているときは、保証人たる信販会社は、上記合意に基づき留保された所有権を別除権として行使することができるものと解するのが相当であると判示しました。その理由として、保証人たる信販会社は、主債務である売買代金債務の弁済をするについて正当な利益を有しており、代位弁済によって留保所有権を法律上当然に取得し、求償権の範囲内で売買代金債権及び留保所有権を行使することができること（民500、501）、購入者の破産手続開始の時点において販売会社を所有者とする登録がされている自動車については、所有権が留保されていることは予測し得るというべきであり、破産債権者に対する不測の影響が生ずることはないことをあげています。

この平成29年判決の理由付けは再生手続においても妥当すると考えられるため、少なくとも新約款の連帯保証方式については、信販会社は、購入者の再生手続開始決定時点において販売会社を所有者とする登録がされていれば、売買代金残額を代位弁済することにより、法定代位によって販売会社の留保所有権を取得し、当該留保所有権を別除権として行使することで、再生手続開始決定後に信販会社を所有者とする登録なくして再生債務者（購入者）に自動車の引き揚げを求めることができることが明らかにされたといえます。

平成29年判決を受けて、今後は新約款の契約がさらに増加するものと考えられますが、新約款であったとしても、立替払方式の場合にも信販会社が信販会社を所有者とする登録をせずに別除権を行使できるのかといった問題があり、旧約款の契約も依然として残存すると考えられますので、契約書の内容を精査して慎重に対応する必要があります。

5　再生手続開始決定前の自動車の引き揚げ

一方、受任通知後、再生手続開始決定前に購入者が信販会社から自動車の引き揚げを求められた場合に購入者がこれに応じてよいかについては、受任通知後、購入者が信販会社からの自動車の引き揚げ要請に応じた後に破産手続が開始した事案に

おいて、車両の引渡し行為が「債務の消滅に関する行為」に当たるとして破産管財人による否認（破162Ⅰ①イ）を認めた裁判例があります（神戸地判平27.8.18金法2042号91頁）。これは立替払方式であり法定代位構成を明記していない契約の事案ではありますが、三者間契約の当事者間では第三者対抗要件を備えていなくとも契約上の義務に基づき自動車の引渡しに応じる義務があると考えられるにもかかわらず、否認対象行為となる場合があることを示しています。平成29年判決の事例のように、再生手続開始決定後に信販会社が信販会社を所有者とする登録をせずに購入者に自動車の引き揚げを求めることができる場合には、有害性を欠き否認対象行為とならないとの判断もあり得ると考えられますが、事案ごとに、契約内容や受任通知と引き揚げの先後など諸般の事情を考慮して慎重に対応することが求められるといえます。

6　設問の検討

　設問①について、再生手続開始決定前に信販会社から自動車の引き揚げを求められた場合、購入者は、信販会社を所有者とする登録の有無にかかわらず、当事者間の契約上の義務に基づき信販会社に自動車を引き渡す義務があるとも考えられます。もっとも、これに応じた場合には、上記5記載のように三者間契約の内容いかんによっては否認対象行為となるおそれがあります。購入者としては、契約内容等を踏まえて慎重に対応を決定する必要があります。

　設問②について、上記のような検討を十分に行わないままに購入者が信販会社からの要請に応じて自動車の引き揚げに応じてしまった場合、偏頗弁済として否認対象行為に該当し得ることになります。否認対象行為に該当する場合には、当該自動車の評価額につき、清算価値に上乗せする必要があります。

〔谷貝彰紀〕

Q20 否認対象行為

再生債務者は、受任通知発送後、上司に借りていたお金の返済を迫られたため、生命保険を解約して全額返済してしまいました。偏頗弁済としてこの上司から返還を受ける必要があると思いますが、上司は返還に応じようとしません。このことは個人再生手続にどのような影響を及ぼすでしょうか。

1 否認に関する規定の適用除外

再生債務者が、支払不能に陥った後に特定の債権者に弁済（偏頗弁済）を行ったような場合には、通常再生手続では、債権者間の平等を害する行為として否認権行使の対象となります（民再127以下）。しかし、個人再生手続では、個人債務者について、簡易・迅速な再生を図るという観点から、否認権に関する規定の適用が除外されています（民再238、245）。

2 否認対象行為の取扱い

(1) 再生手続開始前における取扱い

否認対象行為の存在が再生手続開始前に判明している場合には、破産手続による否認権行使を回避するという不当な目的で再生手続開始の申立てがなされたものとして、当該申立てが棄却されるおそれがあります（民再25④。Q21参照）。

設問のような、特定の債権者との人間関係に基づく偏頗弁済は、実務でもありがちなケースだと思われますが、申立代理人としては、相談及び受任の段階から、そのような行為が行われないよう、再生債務者に対して、どのような行為が偏頗弁済に該当するのか、偏頗弁済が債務者本人や弁済先を含むすべての関係者にとっていかに有害無益な行為であるかなどを、十分に指導・助言しておくことが望ましいと思われます（『地位と責任』103頁以下〔籠池信宏〕）。また、否認対象行為の存在が判明している場合には、申立てに当たり、偏頗弁済のあった事実を裁判所に報告し、それが不当な目的による申立てに当たらないことを疎明することが望ましいと思われます（『地位と責任』107頁以下〔籠池〕参照）。

設問の事例では、その事情の詳細は不明ですが、勤務先の上司と部下という関係や上司から返済を迫られたといった事情には、同情の余地がないとまではいえず、不当な目的による申立てとまではいえない場合も多いものと思われます。

なお、このようなケースでは、裁判所の判断により、事案の調査のために個人再生委員（民再223）が選任されることもあります。

(2) 再生手続開始後における取扱い

再生手続が開始された後は、前記のとおり個人再生手続に否認権に関する規定の適用はなく、また、否認対象行為があること自体を理由に直ちに手続が廃止される

わけではありません。

しかし、否認対象行為がある場合には、再生計画案の作成に当たり、清算価値保障原則との関係で考慮が必要です。すなわち、現存する財産の額に、否認権の行使によって回復されるであろう財産の額（通常は否認対象行為により逸出した財産の額）を加算した額を上回る弁済を行う計画としなければ、清算価値保障原則に反することとなります。したがって、再生債務者としては、当該否認対象行為を前提とした再生計画案を作成しなければなりません（Q59参照）。否認対象行為を前提としない再生計画案を提出した後に否認対象行為が判明した場合には、そのような再生計画案は決議に付することはできず（民再230Ⅱ、174Ⅱ④）、また、再生計画案の不認可事由となります（民再231Ⅰ、174Ⅱ④、241Ⅱ②）。東京高決平22.10.22判タ1343号244頁）。さらに、否認対象行為により逸出した財産の価額が多額で、これを考慮すると弁済額が多額となって再生債務者の収入、財産では到底弁済できないといった場合など、決議に付するに足りる再生計画案の作成の見込みがない場合には、その時点で再生手続は廃止されることとなります（民再191①）。

したがって、再生計画案提出前に否認対象行為の存在が判明した場合には清算価値保障原則を考慮した再生計画案を作成し、また、再生計画案提出後付議又は付意見決定前に否認対象行為の存在が判明した場合には否認対象行為を考慮した修正案を作成して再度提出し直すべく、裁判所と協議すべきです。

なお、否認対象行為による逸出財産が比較的少額であって、これを考慮しても清算価値が最低弁済額要件や給与所得者等再生における可処分所得要件による弁済額を下回る場合（例えば、現存する清算価値が10万円で、否認権行使により回復されるであろう額が50万円の場合には、最低弁済額100万円を下回ります）には、結果として、否認対象行為は手続には影響しないこととなります。

否認対象行為を考慮した再生計画案を作成した場合でも、100％の弁済を受けた上司と他の再生債権者との間の不平等の問題は残りますが、清算価値の面で否認対象行為を正しく考慮した場合には、否認対象行為がない場合と比較して他の債権者が受ける計画弁済額に不利益が生じるわけではないので、そのような再生計画案も許されるものと考えます。なお、再生手続が開始された後は、債権者間の公平を図るために、再生債権の個別的な権利行使は許されないものとして（民再85Ⅰ、86Ⅰ参照）、再生債権者が手続外で別途、詐害行為取消権を行使することはできないものとされています（東京高判平22.12.22判タ1348号243頁）。

3　上司に対する返還請求

以上の点とは別に、上司に対して偏頗弁済金の返還を請求できるかどうかという問題があります。否認規定の適用がないので、弁済の効力自体を自ら否定することは、法律上は難しいと思われますが、申立代理人としては、上司に対し法律の趣旨を説明し、返還してもらえるよう交渉することも検討するべきでしょう。

〔辻顕一朗〕

Q21 受任通知後の新規借入れ・支払

多重債務を負った債務者が、個人再生手続の申立てを弁護士に依頼し、すでに各債権者に受任通知も発送されましたが、その直後、債務者が、勤務先の同僚から数年前に借りたお金を「今すぐ返してくれ」と執拗に要求されました。この借金のことをすっかり忘れていた債務者は、弁護士に相談することなく、それまでに使用したことのなかったクレジットカードを利用して借入れをし、全額を同僚への返済に充ててしまいました。この借入れ及び返済は、今後の手続にどのような影響を及ぼしますか。

また、多重債務の原因及び新規借入れの目的がいずれもパチンコで、かつ借入額をすべてパチンコで費消してしまったという場合はどうですか。

1 問題の所在

設問では、弁護士の受任通知発送後に債務者が借入れをし、その借入金を同僚に弁済し、あるいは、その借入金をすべてパチンコに費消してしまったというものですが、再生手続との関係では、①受任通知を発送した後に借り入れた借入金債務を、非減免債権（非免責債権）として取り扱う必要があること（民再229Ⅲ①）、②債務者の一連の行為が「不当な目的」又は「誠実にされたものでない」と評価されれば、申立てが棄却されるおそれがあること（民再25④）を検討する必要があります。

2 再生手続への影響

(1) 非減免債権

設問において、クレジットカードを利用して発生した債権（以下「本件債権」といいます）は、受任通知後に発生した債権ですので詐欺的なものと評価されるおそれが高く、「再生債務者が悪意で加えた不法行為に基づく損害賠償請求権」（民再229Ⅲ①）として、非減免債権として取り扱う必要があると解されます。

本件債権が非減免債権だとしても、申立代理人は、他の再生債権と同様、申立時に債権者一覧表へ記載する必要があります。そして、再生手続のなかで債権確定手続を経た上で、確定した債権（無異議債権及び評価済債権）は、弁済期間中は再生計画で定められた一般的基準に従って弁済を行い、弁済期間満了時に弁済期間中の弁済額を控除した残額を一括して弁済することになります（民再232Ⅳ）。それ以外の非減免債権は、再生手続内で未確定のため、弁済期間中の弁済はできず、弁済期間満了時に当該非減免債権全額を一括で弁済する必要があります（民再232Ⅴ）。いずれにしても、債務者は弁済期間満了時には非減免債権全額を弁済しなければなりませんので、弁済期間中に当該弁済金を積み立てて準備しておく必要があります（**Q71**参照）。

(2) 民事再生法25条4号

民事再生法25条4号の適用が問題となった裁判例としては、いずれも非減免債権規定（民再229Ⅲ）の施行前のものですが、①札幌高決平15.8.12（判タ1146号300頁）、②名古屋高決平16.8.16（判時1871号79頁）などがあります。①は、総債権額のうち高い比率（60％）を占める再生債権が、故意の不法行為に基づく損害賠償請求権であったために、申立てが「不当な目的」であるとして再生手続開始の申立てが棄却された事例、②は、債務者が、1度目の申立時に債権者一覧表に記載しなかった債権者から申立後に新たな借入れをし（1度目の申立ては再生計画案未提出のため廃止）、その後に2度目の申立てをしたもので、申立てが誠実になされたものではないとまではいえないとして再生手続開始が認められた事例です。

(3) 設問の検討

前段の場合では、債務者は借入金を同僚へ返済していますが、支払停止後になされた弁済は、偏頗弁済に該当します。個人再生手続では、小規模個人再生、給与所得者等再生のいずれにおいても否認の規定は適用除外となっていますので、再生手続開始後に偏頗弁済金の回復が図られることはありません（清算価値への計上についてはQ59を参照してください）。この点、債務者の受任通知後の借入れや偏頗弁済が民事再生法25条4号に該当するかが問題となりますが、設問の場合では、偏頗弁済の原資は借入金であり清算価値から逸出したものではなく、カード会社からの借入金を非減免債権として全額を弁済することになれば、債務者の行為が不当・不誠実な申立てと評価されて申立てが棄却されるおそれは低いと考えます。

他方、申立代理人は債務者の受任通知後の借入れや偏頗弁済を防止する責務を負っており、場合によっては申立代理人の責任が問われることも考えられますので、注意を要します（『地位と責任』102頁以下〔籠池信宏〕、116頁以下〔佐藤昌巳〕）。

後段の場合では、借入金の使途がすべてパチンコですので、破産との比較の観点からは、免責不許可事由として不当・不誠実な申立てに該当するのではないかとも考えられます。しかし、個人再生には免責の概念はなく、借金の目的が問われることも通常ありません。また、民事再生法25条4号について、裁判例（東京高決平19.9.21判タ1268号326頁、東京高決平24.3.9判時2151号9頁）は、同号の不当・不誠実な申立てとは、その「申立てが、本来の目的から逸脱した濫用的な目的で行われた場合をいうと解される」としており、債務の目的や使途によって同号の適用が判断されるものではないと解されます。したがって、借金の目的がパチンコであるからといって、直ちに申立てが棄却されることはないと考えられます。

以上のとおり、設問では、前段後段いずれの場合でも申立てが棄却されるおそれは低いと考えます（ただし、前掲札幌高決平15.8.12のように問題となる債権の割合が高い場合は例外です）。とはいえ、棄却にはならないとしても、適正な再生計画案（履行可能性も含め）を作成できるか否かという視点で、裁判所が個人再生委員を選任することは考えられます（民再223Ⅰ・Ⅱ）。

〔室木徹亮〕

Q22 債権者からの少額支払残額免除の申出

個人再生手続開始決定の前に、一部の債権者から、「今月末までに債権額の５％を一括で支払ってくれれば残額を放棄する」という申出がありました。この申出に応じても問題はないですか。
開始決定後に、同様の申出があった場合はどうですか。

1 問題の所在

再生手続開始決定後は、債権者平等の原則から、原則、再生計画によらない再生債権の弁済を禁止しています（民再85Ⅰ）が、開始決定前には禁止規定はありません。

そこで、開始決定前には設問の申出に応じても問題がないように見えます。また、開始決定後には設問の申出に応じる余地はないのかが問題になります。

2 開始決定前の場合

開始決定前は法的に弁済が禁止されているわけではありません。しかし、法的に弁済が禁止されていないからといって、安易に設問のような申出に応じることができると判断するのではなく、申立代理人としては、今後の再生手続にどのような影響を与えるかを考え、応じるか否かを検討するべきでしょう。

設問の申出に応じれば、一部の債権者のみ優先的に弁済をすることになり、当該弁済は、偏頗弁済として評価されることになります。

債務者が偏頗弁済をしている場合、再生手続との関係では、①当該弁済のために、「不当な目的で再生手続開始の申立てがされたとき、その他申立てが誠実にされたものでないとき」と判断されれば、申立てが棄却されるおそれがあり（民再25④）、②当該弁済が債権者の一般の利益に反するものと判断されれば再生計画が不認可になるおそれがあります（民再231Ⅰ、174Ⅱ④、241Ⅱ②）。また、③一部の債権者のみに弁済したことを知って、これを理由に他の債権者が再生計画案に同意をせず、再生計画案が否決されるおそれもあります（民再237Ⅰ）。

申立代理人としては、偏頗弁済が再生手続に以上の影響を与えるおそれがあることを念頭に置き、設問の申出に応じるか否かを検討することになりますが、基本的には偏頗弁済額と再生計画案の予定弁済率を考慮することになります。

例えば、設問の申出の提案先の債権額が10万円で、再生計画案の予定弁済率が20％であったというような場合、偏頗弁済額（5000円）は再生計画案に基づく弁済額（2万円）を下回り、かつ少額ですので、上記①・②には該当しないと考えられます。上記③については、同意・不同意は各債権者の個人的な意向も影響しますので、必ずしも金額面の評価だけで判断はできませんが、申立代理人とすれば当該申

出に応じることが結果的に総債権者の利益に資することを理解してもらえるように努め、理解してもらえるようであれば、申出に応じることは十分に可能です。

　なお、設問のような申出に応じる場合、それが、申立後、開始決定前であるときは、すでに裁判所に提出済みの債権者一覧表を差し替え、当該債権者を除外しておく必要があります。これをしないと、民事再生法225条により、当初の債権者一覧表によって届出があったものとみなされてしまい、別途、債権者に取下書を提出してもらう必要が生じます（『大阪再生物語』248頁）。

3　開始決定後の場合

　再生手続開始決定後は、原則、再生債権は弁済をすることができません（民再85Ⅰ）。例外的に、「この法律に特別の定めがある場合」には開始決定後の弁済を認められていますが、「この法律」の「特別の定め」とは、民事再生法85条2項・5項及び相殺権の行使（民再92）などが該当すると解されています（『条解』423頁〔杉本和士〕）。

　設問では、このうち民事再生法85条2項や同条5項の適用が考えられるところですが、いずれも裁判所の許可を必要とし、許可の要件は、85条2項では「再生債務者を主要な取引先とする中小企業者が、その有する再生債権の弁済を受けなければ、事業の継続に著しい支障を来すおそれがあるとき」に、同条5項では「少額の再生債権を早期に弁済することにより再生手続を円滑に遂行することができるとき」又は「少額の再生債権を早期に弁済しなければ再生債務者の事業の継続に著しい支障を来すとき」に限定されています。

　設問からは具体的な背景事情は明らかではありませんが、一般に、手続の円滑や事業継続の必要性といった事情があるとは思えませんので、申出に応じることはできないと考えられます。

〔室木徹亮〕

第3章

債権者一覧表・再生債権

Q 23　再生債権額確定の流れ

個人再生手続において、再生債権の額は、どのような手続を経て確定するのでしょうか。

1　個人再生における債権額確定手続の概要

簡易・迅速という個人再生手続の趣旨に鑑み、債権額の確定手続においても、通常の再生手続とは異なる手続が設けられています（民再238、245による通常再生の債権調査規定（第4章第3節、第4節）の適用除外）。通常再生における債権確定に関する規定も除外されており、個人再生手続においては債権の実体的確定（実体的に債権の額・内容等が確定されること）は行われず、議決権の額や最低弁済額等の算定の基礎となる再生債権額及び担保不足見込額を手続内でのみ確定することとしています（手続内確定。届出をしない再生債権も失権せず、債権調査の結果に確定判決と同一の効力が付与されることもありません）。

手続の流れの順に見ると、①申立人による債権者一覧表の提出、②債権届出（みなし届出又は債権者自らによる届出）、③異議の申述、④再生債権の評価、となります。以下、順に検討します。

2　債権者一覧表の提出・債権届出

個人再生手続においては、再生債権の総額が5000万円を超えていないかという手続利用の要件（民再221Ⅰ）の判断資料として、債務者に債権者一覧表の提出が義務付けられています（民再221Ⅲ）。

民事再生法は、この債権者一覧表を活用することにより、再生債権者の債権届出という手続上の負担を軽減しています。すなわち、債権者一覧表に記載されている再生債権者は、あえて自ら債権届出をしなくても、裁判所が定める債権届出期間（民再222Ⅰ）の初日に債権者一覧表の記載内容と同一の内容で再生債権の届出をしたものとみなされます（みなし届出。民再225）。

もちろん再生債権者は、通常の再生手続と同様、自ら債権届出をすることもできます。債権者一覧表に記載されていない再生債権者が、自身の債権の内容について届出をすることもできます。この場合、みなし届出の規定は適用されず、再生債権者が行った届出が債権届出の内容となります。

3　異議の申述

裁判所は、再生手続開始決定と同時に、届出があった再生債権に対して異議を述べることのできる期間（一般異議申述期間）を定めます（民再222Ⅰ）。

再生債務者・届出再生債権者は、届出（みなし届出を含みます）のあった再生債権の額又は担保不足見込額について異議がある場合は、この期間中に、裁判所に対し

て異議を述べることができます（民再226Ⅰ）。ただし、再生債務者が、自らが債権者一覧表に記載した再生債権額又は担保不足見込額について異議を述べるには、異議の留保をしておく必要があります（民再226Ⅰただし書、221Ⅳ）。異議の留保については**Q28**も参照してください。

　異議申述期間内に再生債務者及び再生債権者から異議が述べられなかった再生債権は、当該再生手続内では、その届出どおりの債権額及び担保不足見込額が存在するものとして確定します（無異議債権。民再230Ⅷ）。

4　再生債権の評価

　異議申述期間内に異議を述べられた再生債権については、当該再生債権を有する再生債権者は、裁判所に対し、異議申述期間の末日から3週間以内に、再生債権の評価の申立てをすることができます（民再227Ⅰ）。ただし、当該再生債権が執行力ある債務名義又は終局判決のあるものである場合は、異議を述べた者が評価の申立てをしなければなりません（民再227Ⅰただし書）。

　評価の申立てがなされた場合、裁判所が当該再生債権の存否及び額、担保不足見込額を定め（民再227Ⅶ）、これをもって、当該再生手続内においては再生債権の存否及び額、担保不足見込額が確定します（評価済債権。民再230Ⅷ）。

　なお、異議が述べられたにもかかわらず、評価の申立てがなされなかった場合、執行力ある債務名義や終局判決がある再生債権については、届出のとおりに再生債権の存否及び額、担保不足見込額が確定します。他方、これら以外の債権については、異議が述べられている部分は、再生計画における弁済期間内は弁済を受けることができません（民再232Ⅲ）。

　異議の申述、評価については**Q29**、再生債権の評価については**Q112**も参照してください。

5　住宅ローン債権の取扱い

　住宅資金特別条項を利用する場合の住宅ローン債権については、債権者には議決権がなく（民再201Ⅰ）、最低弁済額等の算定の基礎となる再生債権の総額にも含まれません（民再231Ⅱ②～④）。

　そのため、住宅ローン債権は、異議及び再生債権の評価の対象から除外され（民再226Ⅴ、227Ⅹ）、個人再生手続における債権確定手続の対象とされていません（住宅ローン債権者は異議の申述もできません。民再226Ⅵ）。したがって、住宅ローン債権者との間で債権額等に争いがある場合には、個人再生手続外の訴訟等によって確定を図ることとなります。住宅ローン債権者との間に争いがあることは、再生計画の遂行可能性の判断（民再231Ⅰ、202Ⅱ②）に影響を及ぼすことも考えられますので、事前に協議しておくことが必要です（民再規101。住宅ローン債権者への通知・協議については**Q15**を参照してください）。

〔石田光史〕

Q 24　申立前の債権調査

個人再生手続の申立てを予定していますが、申立前に、どの程度債権額の調査をする必要があるでしょうか。

債権者がなかなか取引履歴を開示しない場合はどう対応すべきでしょうか。

1　申立前の債権調査

(1)　必要的記載事項

債権者一覧表の提出がなければ個人再生手続は開始されません。そして、債権者一覧表には債権額を記載しなければなりません（民再221Ⅲ、244）。

(2)　みなし届出

債権者一覧表の送付を受けた債権者は、債権届出期間内に当該債権の届出又は当該債権を有しない旨の届出をした場合を除き、債権届出期間の初日に、債権者一覧表の記載内容と同一の内容で再生債権の届出をしたものとみなされます（みなし届出。民再225、244）。

つまり、債権者からの届出がなければ債権額は債権者一覧表記載のとおりとして手続が進み、同金額をもとに最低弁済額等が計算されることになります。

したがって、申立人としては申立前に可能な限り調査を尽くし、正確な債権額を記載すべきです。

2　利息制限法に基づく計算

(1)　利息制限法に基づく利息の引直し計算

利息制限法の定める制限利息を超えて貸付けを行っていた貸金業者については、一連の最高裁判決（最三小判平17.7.19民集59巻6号1783頁、最二小判平18.1.13民集60巻1号1頁等）以降、みなし弁済（改正前の貸金業の規制等に関する法律43）の主張がほぼ認められなくなりました。

そこで、これらの業者については債権者一覧表に記載する債権額も、利息制限法に基づいた利息での残額を記載することになります。

また、みなし弁済規定は2010年6月の改正貸金業法の完全施行により撤廃されており、同時期以降については認められる余地はなくなりました。

(2)　受任通知での注意点

利息制限法の定める制限利息内での貸付けであることが明らかな貸金業者を除き、少なくとも2010年6月以前の取引がある貸金業者については、受任通知において、取引開始時からの履歴の開示を求めるとともに、利息制限法に基づいた利息での計算をする必要があります。

3　取引経過の開示が遅いないし不十分であるなど債権額が確定困難な場合

(1) 開示義務

貸金業者の取引履歴の開示義務は貸金業法19条の2に明文化され、24条の6の4第1項2号で行政処分が、49条6号において罰則がそれぞれ定められています。その他、金融庁の監督指針や民事再生規則119条にも同種の規定があります。最高裁も貸金業者の取引履歴開示義務を認め、これに違反した場合には不法行為を構成すると判示しています（最三小判平17.7.19民集59巻6号1783頁）。これらを根拠に全履歴の開示を求めていくことになります。

(2) 異議の留保

再生債権者からの取引経過の開示が一部であったり、開示までに時間が掛かったりする場合、ある程度待っても開示が出揃わなければ申立てを検討します。

そして、申し立てる際には、債権者一覧表に当該額の全部又は一部について異議を述べることがある旨を記載することを検討します（異議の留保。民再221Ⅳ、244。Q28参照）。

異議を留保する場合には、債権者一覧表の「異議の留保」欄にチェックします。後に、取引経過の開示が整い債権額が把握できたところで、異議を申述するか決めます。

開示された取引の内容に疑義がある場合も同様です。

(3) 0円での申立て

あるいは、異議の留保をせずに、「0円」と記載して申し立てる方法もあります。

債権額0円での申立てについては、債権がないのでこれを認めないという扱いの裁判所もありますが、多くの裁判所ではこれを認める運用がなされています（『個再手引』112頁〔重政伊利ほか〕、『大阪再生物語』208頁）。債権者はこれに不満があれば債権届出をすることができます。

取引経過不開示のまま債権届出があった場合、申立代理人は、この債権届出に対して異議の申述をすることができます。異議の申述に対して債権者が不満であれば、債権者自身が評価の申立てができますが、予納金は債権者が負担することになります（民再227条Ⅰ・Ⅲ・Ⅳ）。評価の申立てがなされれば、個人再生委員が選出され（民再223Ⅰただし書）、個人再生委員は資料提出を求める権限に基づき（民再227Ⅵ）、結局、債権者に対して取引当初からの経過開示を要求することになります。債権者が正当な理由なくその提出を拒めば、10万円以下の過料による制裁の対象となります（民再266Ⅱ）。

取引履歴の開示に応じない債権者には上記のとおりになることを、あらかじめ説明して速やかな開示を促すとよいと思われます。なお、異議の申述、評価についてはQ29、再生債権の評価についてはQ112を参照してください。

【受任通知の例】

●年●月●日

債 権 者 各 位

〒●●●-●●●●
●●県●●市……
●●法律事務所
弁護士 ●●●●
TEL ***-***-****
FAX ***-***-****

受任通知（個人再生）

拝啓　時下御社におかれましてはますます御清栄のことと存じます。
　私は，
　　契約時住所　××県××市……
　　契約時氏名　××××（×年×月×日生）
の債務整理につき委任を受けた弁護士として本書面をお送りします。

　さて，同人は消費者金融，信販会社等に対し，弁済能力を超えた負債があり，今日約束どおりの元利の返済ができません。現在，当職が債務整理の委任を受けて<u>個人再生の申立ての準備を開始した段階</u>です。
　したがって，債権者の皆様には大変御迷惑をお掛けしますが，御社の債権を別紙債権調査表に御記入の上，契約書写とともにFAXあるいは郵便で御返送ください（御社所定の用紙でも結構です）。<u>完済分，借増し，借替えがある場合は，最初の借入分からの支払金額も御記入</u>をお願いします。その他の資料についても，併せてお送りいただければ幸いです。取引経過開示は，貸金業法19条の2，24条の6の4第1項2号，49条6号で，業者の方々に義務付けられているものです。取引期間途中からの開示しかいただけない場合には，再度こちらより開示依頼をいたしますので，当初より最初からの借入分の御開示をいただきますようお願いします。
　また，当職は，利息制限法引直し計算後の残額という形で，債権者一覧表の記載をいたしますので，御社にて引直し計算書を添付の上，御開示いただければ幸いです。
　なお，貸金業法上，今後，本人及び関係者への直接の請求等は行うことができませんので，念のため申し添えます。したがって，お問い合わせ等がございましたら，私あてお申し出ください<u>（電話ですと，当職が不在の際に御迷惑をお掛けしますので，できるだけ，郵便又はファックスにて御照会いただきますようお願いします。）</u>。
　よろしく御協力くださいますよう，お願いいたします。

敬 具

【取引履歴開示要求（督促）の例】

●年●月●日

債権者各位

〒●●●-●●●●
●●県●●市……
●●法律事務所
弁護士　●●●●
TEL ***-***-****
FAX ***-***-****

取引履歴開示のお願い

拝啓　時下御社におかれましてはますます御清栄のことと存じます。
　私は，
　　契約時住所　××県××市……
　　契約時氏名　××××（×年×月×日生）
の債務整理につき委任を受けた弁護士として本書面をお送りします。

　さて，先日当職より，同人の個人再生手続申立てにつき受任通知を送付した際，重ねて取引経過の御開示をお願いいたしましたが，御社からは十分な開示をいただいておりません。
　つきましては，▲▲年▲▲月以降の取引経過を御開示いただきますようお願い申し上げます。ご承知おきのとおり貸金業法19条の2は取引履歴の開示義務を定めその違反に対しては行政処分（同法24条の6の4第1項2号）や罰則（同法49条6号）も科せられます。また，最高裁も取引履歴不開示について，不法行為となるものと判示しています（最判平成17年7月19日）。
　万一，資料送付に応じていただけない場合には，やむを得ず，申立ての際債権者一覧表に0円と記載するなどの対応をいたしますので，あらかじめ御了承ください。
　また，取引履歴の開示がない場合には，監督官庁（財務局ないし都道府県金融課）に監督権行使を求める申告書を提出することがありますので、念のため申し添えます。
　なお，今後の御連絡ですが，電話ですと当職が不在の際に，御迷惑をお掛けすることになりますので，できるだけ郵便又はファックスを御利用いただきますようお願いします。
　よろしく御協力くださいますよう，お願いいたします。

敬　具

〔波多江愛子〕

Q 25　債権者一覧表の記載 ①

① 債権者一覧表を作成するに当たっての留意点について教えてください。また、債権額の記載方法について、利息や遅延損害金、ヤミ金、過剰与信のクレジット債権について、それぞれどのように記載すべきか教えてください。
② 再生債務者が、自らが加入する生命保険から解約返戻金の枠内で借入れをしている場合、この借入れは再生債権として債権者一覧表に計上しなければならないのでしょうか。

1　債権者一覧表の作成

個人再生手続では、債権者一覧表の作成が義務付けられています（民再221Ⅲ、244、民再規114Ⅰ、140）。再生手続開始後に、債権者一覧表に漏れていた債権者から債権届出があれば、基準債権額が変動し、再生計画における最低弁済額が変動するおそれもあるため、債権者に漏れがないように記載しなければなりません（『個再手引』109頁〔重政伊利ほか〕には、債権者一覧表の作成に関する全般的な注意事項があげられています）。

2　利息と遅延損害金の計算

再生手続開始決定前の利息損害金については、再生手続開始前の原因に基づいて生じた債権として再生債権となります。再生手続開始後の利息損害金も、再生債権とされています（民再84Ⅰ・Ⅱ）。しかし、再生手続開始後の利息損害金は本体的な再生債権に派生又は付随するものであり、再生計画で債務減免を検討するに際して劣後的に取り扱うことも合理性を有すると考えられ、不平等扱いが容認されています（民再229Ⅰ、244）。そのため、多くの裁判所で利用されている再生計画案の書式では、開始決定日以降の利息損害金は全額免除という取扱いになっています。

また、開始決定までの利息損害金についても、常に厳密な計算を要求していては、かえって申立てが遅れたり、申立後に再計算を要することになったりして煩雑です。他方、債権者には債権届出の機会が与えられていますので、仮に低い金額が記載されている場合には、債権者の方で正当な債権額を届け出ることでも対応できます。そのため、必ずしも債権額の厳密な計算をする必要はないといえるでしょう。もっとも、債務の残額について利息制限法の制限利率に引き直した金額を前提に開始原因があるかどうかを判断した福岡高決平18.11.8（判タ1234号351頁）があることから、受任通知を発送する際に利息制限法の制限利率に引き直した金額での回答を要求したり、最終弁済時までの引直し計算をしたりするなどした上で、引直し計算後の債権額を債権者一覧表に記載しておくことは必要だといえます。

3 債権者がヤミ金の場合

ヤミ金(ヤミ金の定義には争いがありますが、ここでは無登録業者と出資法違反の利率で貸付けを行っている者を指すこととします)の貸付けは、公序良俗に違反する暴利行為を要求するもので無効と解されます(貸金42、民90)。また、不法原因給付(民708)にも当たり、元本の返還請求も認められないと解すべきです。この点、最三小判平20.6.10(民集62巻6号1488頁)はヤミ金への支払は貸付金の元金を含めて損害賠償請求の対象となることを認めています。そのため、多くのヤミ金の貸付けは、支払に応じる必要の一切ない債権と評価できますので、債権額としては「0円」として記載してもよいことになります。なお、大阪高判平20.7.10(公刊物未登載。兵庫県弁護士会ウェブサイト参照)は、利息の約定が84.49%であったケースについて、貸付元本の返還義務を否定しています。

規則上は、債権者の住所や電話番号・ファックス番号の記載が必要(民再規114Ⅰ①)ですが、これが分からないヤミ金については不要でしょう。すると、債権者一覧表を送付できないことが考えられますし(民再222Ⅳ、244)、0円と記載するのであれば、そもそも一覧表に記載しないとの運用も考えられます。この場合の取扱いについては、申立後に、債権者一覧表に記載していない債権者が発見された場合と同様ですので、**Q27**を参照してください。

4 過剰与信によるクレジット債権

クレジットの普及には目を見張るものがありますが、一部に、判断能力が不十分な高齢者などを狙って、不必要なリフォーム契約を結ばせたり、次々に着物を売りつけたりしてクレジットを組ませるなどの被害事例も見られました。

もっとも、いかなる場合が過剰与信として支払を免れるものであるのか、画一的判断基準はありません。判例等に照らした個別判断になりますが、0円ないし一定の額を記載して異議や評価で確定させるほかないでしょう。

この点は、債務者又は債権者が個人再生手続内で確定した額に不満があれば、後に裁判上で債務の存否を確認することも可能です。その場合、再生計画案の定めた減免率や支払方法は実体法上効果がありますが、債権額自体には実体法上の効果はないことに注意する必要があります。

5 保険会社からの借入れ

再生債務者が、自らが加入する生命保険会社から借入れをしている、いわゆる契約者貸付の場合、これは解約返戻金等の前払いに過ぎませんので、債権者一覧表には計上しないこととなります(『個再手引』256頁〔石田憲一=伊藤康博〕)。

なお、債権者一覧表に記載しない場合でも、申立前後に、再生債務者が契約者貸付を受け、解約返戻金の額を減少させるなどして、清算価値算出に当たり不誠実な態度をとるようなことは望ましくありませんので注意が必要です(民再25④の申立棄却事由に当たるおそれもあるといえます)。財産目録への記載については、**Q47**を参照してください。

〔桑原義浩〕

Q 26　債権者一覧表の記載 ②

小規模個人再生手続を申立予定ですが、再生計画案に反対することが見込まれる債権者がいるため、次の対応をしても問題ないでしょうか。
① 本当は父親と祖父から援助（贈与）を受けた留学費用を、貸付金として、父親と祖父を債権者一覧表に載せる。
② 別の債権者の債権を一部分割譲渡してもらい、再生計画案に同意する議決権者数を増やす。
③ 消滅時効が完成している再生債権につき、時効を援用せずに債権者一覧表に記載する。

1　問題の所在

(1)　はじめに

小規模個人再生では、再生計画案に同意しない議決権者が議決権者総数の半数に満たず、かつ、その有する議決権の額が総額の2分の1を超えないときには、再生計画案の可決があったものとみなされます（民再230Ⅵ）。また、債権者一覧表に記載されている再生債権は、その記載内容と同一の内容で再生債権の届出がされたものとみなされる旨の規定があります（みなし届出。民再225）。設問は、債務者が、申立予定の小規模個人再生手続において再生計画案に反対する債権者が議決権者総数の半数以上を占め、又は議決権の総額の2分の1を超える議決権の額を有することにならないようにする意図の下に①〜③の対応をしようとするものです。

(2)　参考判例

最三小決平29.12.19（民集71巻10号2632頁）は、民事再生法231条が、小規模個人再生において、少額債権者の保護を図り、ひいては再生債権者一般の利益を保護するため、再生債権者の決議によって再生計画案が可決された場合になお、裁判所が後見的な見地から認可・不認可の決定をすることとしていることを確認した上、①再生計画の不認可事由である「再生計画の決議が不正の方法によって成立するに至ったとき」（同事案では再生計画案に住宅資金特別条項の定めがあったため民再202Ⅱ④、それ以外の場合であれば民再174Ⅱ③）には、議決権者が詐欺、強迫又は不正な利益の供与等を受けたことにより再生計画案が可決された場合はもとより、信義則に反する行為に基づいて再生計画案が可決された場合も含まれること、②小規模個人再生の手続内で確定した再生債権であっても、上記信義則違反の判断に当たっては、当該債権の存否を含めて改めて判断することができること、③再生債務者が、実際には存在しない貸付債権を意図的に債権者一覧表に記載するなどして再生計画案を可決に至らしめた場合には、上記信義則違反を認定できることを判示しま

た。
　また、この最高裁決定は、これに先立つ最一小決平20．3．13（民集62巻3号860頁）を参照していますが、同決定は、通常再生について、民事再生法174条が、再生計画案が可決された場合になお、裁判所が認可・不認可の決定をすることとした趣旨は、後見的な見地から少額債権者の保護を図り、ひいては再生債権者一般の利益を保護しようとするものであることを確認して、①信義則違反の行為に基づく再生計画案の可決が再生計画の不認可事由（民再174Ⅱ③）に含まれること、②再生計画案の可決要件である議決権者の過半数の同意（民再172の3Ⅰ①）を得られることが見込まれない状況下で、再生手続開始申立直前に、再生債務者の取締役の1人が回収可能性のない債権を譲り受けるとともに、その一部を再生債務者の他の取締役に譲渡することによって上記頭数要件を充たした場合には、再生計画案の可決要件として、議決権額の過半数を有する者の同意（民再172の3Ⅰ②）のみでは足りず、議決権者の頭数についても過半数の同意が必要であるとされた少額債権者保護の趣旨を潜脱し、信義則に反する行為に基づいて再生計画案の可決がされたものと認定できることを判示していました。

2　設問の検討
⑴　信義則違反による再生計画不認可事由の該当性を検討する必要があること

　上記の各判例を踏まえると、設問についても、信義則違反の行為に基づく再生計画案の可決として、再生計画の不認可事由に該当しないかを検討する必要があります。

　ア　設問①について

　再生債務者が、実際には存在しない貸付債権を意図的に債権者一覧表に記載する場合であり、前掲最三小決平29.12.19によれば、これによって再生計画案を可決させたときには、信義則違反の行為に基づく再生計画案の可決として再生計画の不認可事由に該当することになると考えられます。

　なお、当該信義則違反の行為がなければ再生計画案は否決される事案であったことが前提となります。以下のイ及びウにおいても同様です。

　イ　設問②について

　通常再生についての前掲最一小決平20．3．13の判示するところは、基本的に、小規模個人再生にも当てはまるものと考えられます。

　したがって、再生債務者が関与して、自らの息のかかった者に対する債権の一部譲渡を実現し、再生計画案に同意する議決権者を増やすことによって再生計画案を可決させた場合には、信義則違反の行為に基づく再生計画案の可決として再生計画の不認可事由に該当することになると考えられます。

　ウ　設問③について

　消滅時効が完成している再生債権につき、時効を援用せずに債権者一覧表に記載することは、実際には存在しない債権を債権者一覧表に記載することには当たりま

せん。しかし、前掲最一小決平20.3.13は、債権が有効に存在することを前提にしながらも、当該債権の取得経緯が信義則違反と認定されたものです。また、同決定に対する判例評釈において、「決議を左右させる主観的意図のもと」「申立て直前に廉価な物品を高価な対価で売却して多額の売掛債権を生じさせる場合」なども、議決権額の「水増し」として信義則違反に該当するという見解も示されています（服部敬「判批」民商法雑誌139巻（2009年）3号388頁）。

　再生債務者が、再生計画案を可決させる主観的意図の下に、あえて消滅時効が完成している再生債権の時効を援用せず、債権者一覧表に記載し、これによって再生計画案が可決された場合、議決権額の「水増し」であり、信義則違反の行為に基づき再生計画案が可決されたものであるとして再生計画の不認可事由に該当するおそれがあります。

　(2)　民事再生法25条4号について

　設問の各行為が行われて小規模個人再生手続が申し立てられた場合、そもそも申立棄却事由である「不当な目的で再生手続開始の申立てがされたとき、その他申立てが誠実にされたものでないとき」に該当しないかも問題となり得ますが、一般的には、申立てを棄却することについて裁判所は慎重と思われます（東京高決平19.7.9判タ1263号347頁など）。

　また、申立段階において、設問①及び②の事情を裁判所や個人再生委員が把握することは難しい場合もあると思われます。設問③の債権の消滅時効が完成していることは、裁判所や個人再生委員において把握可能とも思われますが、再生債務者が再生計画案の決議を左右させようとする主観的意図を有していることについては、やはり把握することが難しい場合もあると思われます。

3　申立代理人や個人再生委員が留意すべきこと

　申立代理人や個人再生委員には、上述のような観点から、債権者一覧表に不自然な債権者があがっていないか注意してよく確認することが推奨されます。特に、再生計画案に反対する債権者の存在が判明した場合には、いっそう注意した方がよいでしょう。

　なお、再生債務者に再生計画案の決議を左右させようとする主観的意図がない場合には、信義則違反の行為に該当することはありませんが、申立代理人としては、小規模個人再生手続を円滑に進められるよう、裁判所や他の債権者にそのような疑いを抱かれないかについても注意を払った方が賢明です。

〔森山善基〕

Q27 新たに発見された再生債権者

債権者Xの債権については、申立書の債権者一覧表に記載していませんでした。申立後にXの債権が判明した場合、どのように対処すべきでしょうか。個人再生手続の段階に従って教えてください。

1 新たに発見された再生債権者

設問のような債権者の記載漏れが発生しやすい場合として、再生債務者が保証債務や勤務先に負担している債務を申告していないケースなどがあります。

このような無届出再生債権の存在は、最終的な再生計画の遂行に支障を来し、再生計画に協力した他の再生債権者の不利益となるおそれもありますので、手続係属中に判明した場合には、可能な限り再生手続内において取り扱うように調整することが肝要であり、再生計画が認可された段階で判明した場合には、再生債権者の権利行使を制限する必要があります。

2 申立後手続中に判明した場合

個人再生手続中のどの時点で判明したかにより対応が異なります。

(1) 個人再生手続開始決定前

民事再生法には債権者一覧表の訂正等に関する規定が存在しないため、法律はその訂正等を想定していないという見解もあります（『個再手引』124頁〔乾俊彦＝新部正則〕）が、再生債権者への影響が少ない再生手続開始前の段階においては、その裁量によって、債権者一覧表の訂正等を認めている裁判所が多いようです。

(2) 個人再生手続開始決定後

ア 債権届出期間経過前

個人再生手続開始決定後は、再生債務者において、債権者一覧表を訂正することはできません。そこで、再生債務者において、当該債権者に対して、仮に債権届出をしない場合には後述する劣後化等の不利益を受けることを説明するなどして、債権届出を届出期間内に提出するように促すことが必要です。

イ 債権届出期間経過後、再生計画案の付議決定又は意見聴取決定前

(ア) 債権届出の追完

再生債権者が、その責めに帰することができない事由によって債権届出期間内に届出をすることができなかった場合には、その事由が消滅した後1か月以内に限り、その届出を追完できます（民再95Ⅰ）。

しかし、債権届出の追完は、小規模個人再生手続における再生計画案の付議決定（民再95Ⅳ）や、給与所得者等再生手続における意見聴取決定（民再240Ⅲ）がされた後には行うことができませんので、その時点が終期であるといえます。

この終期までの間に届出をした債権者の帰責事由のないことの主張が相当と認められる場合には、当該再生債権者からの官報公告費用の予納を待って（民再226Ⅳ、103Ⅱ、244）、特別異議申述期間を定める決定をすることになります（民再226Ⅱ、95Ⅰ、244）。なお、帰責事由の有無については、実務上比較的緩やかに解する裁判所がある（『大阪再生物語』213頁、『はい6民』509頁）一方で、厳格に解する裁判所もある（『破産民再実務（再生）』418頁）ため、注意が必要です。

　　(イ)　自認債権とする方法
　東京地裁では、通常の民事再生と同様に個人再生においても自認債権（民再101Ⅲ）を認める扱いをしており、新たに発見された再生債権についても多くは一般異議申述期間の初日までに提出する債権認否一覧表に記載することで自認債権として処理していることから、この方法によることも考えられます。
　もっとも、自認債権には議決権がなく、また、基準債権にも含めることができないため、計画弁済総額の下限（最低弁済額）算定の基礎とすることができない点に注意が必要です（『個再手引』208頁〔石田憲一＝蓑川雄一〕、212頁〔松本智子＝蓑川雄一〕、221頁〔増井俊満＝岡智香子〕）。

　　ウ　再生計画案の付議決定又は意見聴取決定後
　この場合には、前記イの債権届出の追完等もできないことから、以下に述べる再生計画が認可された後に判明した場合と同様の取扱いになります。

3　再生計画が認可された後に判明した場合

　個人再生手続においては、通常の民事再生の場合と異なり、このような無届出再生債権に関しては、免責されません（民再238による178の適用除外）。
　ただし、再生計画の権利変更の一般的基準の定めはすべての再生債権者に適用されます（民再232Ⅱ、244、156）ので、一般的基準に定める「減免率」が適用になり、判明した債権全額を支払う必要はありません。
　そして、無届出等につき債権者に帰責事由がある場合には、「劣後化」され、再生計画上の弁済期間が満了する時までは、弁済等が禁止されますが（民再232Ⅲ、244）、帰責事由がない場合には、「劣後化」されず、再生計画上の弁済期間満了以前においても、弁済等を受けることができます（民再232Ⅲただし書、244）。
　また、再生計画上の一般的基準に定める「分割支払等の定め」も適用があると解されています（劣後化される場合に関しては反対説もありますが、債権者に何らかの帰責事由が存在することから、分割支払とされてもやむを得ないと解されています。『新注釈下』488頁〔付岡透〕）。
　なお、新たに判明した再生債権によって、再生計画上の減免率自体が変更されることはありませんので、再生債務者が負担するトータルの支払総額は増加する場合が多く、劣後化されない場合には再生計画の遂行に支障を来すことも考えられます。その場合には、再生計画の変更の申立て（民再234、244）を行うことも考えられます。

〔中原昌孝〕

Q 28 異議の留保

異議の留保をするかどうかは、どのように判断したらよいのでしょうか。

1 異議の留保の意義

　個人再生の申立人は、債権者一覧表を提出しなければならず（民再221Ⅲ、244）、債権者一覧表に記載されている再生債権者は、自ら債権届出をしない場合でも、債権者一覧表の記載内容と同一の内容で債権届出をしたものとみなされます（みなし届出。民再225、244）。

　再生債務者は、債権者一覧表に異議を述べることがある旨の記載（民再221Ⅳ、244）をしていると、一般異議申述期間内に届出があった再生債権の額又は担保不足見込額について、異議を述べること（異議の申述）ができますが、異議をとどめていない場合は、異議の申述ができなくなってしまいます（民再226Ⅰ、244）。この債権者一覧表上の異議を述べることがある旨の記載のことを「異議の留保」といいます。

2 異議の留保と注意点

　異議の留保をしないことによって、異議の申述ができなくなるというデメリットがある一方、異議の留保をすることによるデメリットはありませんので、申立代理人としては、債権者一覧表のすべての再生債権について異議を留保しておくべきということになります。

　もっとも、とりあえず異議の留保をしておけば、きちんと債権調査をしなくてもよいというものではありません。申立前に適切に調査をしていなかったがために、債権者一覧表に記載された金額と実際に届け出られた再生債権の額とが大きく異なってしまうと、当初想定していた計画弁済額では再生計画案を立てることができなくなってしまい、場合によっては再生手続廃止につながるおそれもあります。

　なお、異議の留保をしていないことで異議の申述ができなくなるのは、債権者一覧表に記載した再生債権の額及び担保不足見込額であって、これを超える額の債権届出がされた場合には、超える部分については、異議の留保をしていなくても、異議の申述は可能です。

3 異議の留保をしておくべき場合、しておいた方がよい場合

　前述のとおり、申立代理人としては、債権者一覧表のすべての再生債権について異議を留保しておくべきですが、特に異議の留保をしておくべき場合、しておいた方がよい場合は以下のとおりです（『個再手引』199頁〔石田憲一＝箕川雄一〕）。

(1) 債権者からの取引履歴の開示がなされない場合又は不完全な場合

　債権者から取引履歴が開示されない、あるいは、取引途中からの一部の取引履歴

しか開示されず、債権者一覧表に記載すべき正確な債権額が分からないという場合が、異議の留保をしておくべき本来的な場面ということになります（Q24参照）。債権者一覧表には、判明している範囲で債権額を記載し、異議の留保をしておくということになります。場合によっては、債権者一覧表には債権額「０円」で記載しておくという方法も考えられますが、この場合には異議の留保は不要です。

　もっとも、債権者一覧表にあまりに概算額や０円での記載が多い場合は、前述のとおり再生計画案の立案に支障を来すおそれがありますので、可能な限りの債権調査は尽くすべきでしょう。

(2)　**保証会社の代位弁済等が予想される場合**

　債権者一覧表に原債権者を記載していた場合、原債権者が実際には債権届出を行わないときでも、原債権者のみなし届出が成立します。この状態で、保証会社等が、届出名義の変更（いわゆる承継届出。民再96）ではなく、通常の債権届出をしてくると、同一の債権が、二重に届け出られている状態となります。

　原債権者が債権届出の取下げに任意に応じてくれたり、保証会社等が自らの債権届出の取下げ及び原債権者の届出名義の変更に任意に応じてくれたりすれば同一債権についての二重届出状態は解消され、それほど支障はありません。

　しかしながら、これが期待できない場合や時間を要する場合には、異議の留保をしておけば、原債権者に対して代位弁済等により債権者でなくなった旨の異議の申述をすれば足り、再生債務者限りで二重届出状態を解消できることになります。

(3)　**リース債権等について別除権協定（弁済協定）を予定している場合**

　リース物件が再生債務者の事業継続のために不可欠なものである場合には、申立代理人としては、リース料債権者との間で、別除権協定（弁済協定）を締結することを検討することになります。

　申立段階では、通常、別除権協定を締結する予定であるリース物件の評価額・担保不足額は未確定ですし、別除権協定の締結によって変動が見込まれる部分ですので、異議の留保をしておくべきということになります。

　別除権協定が成立した後の別除権協定に基づく受戻代金請求権の法的性質については争いがあるところですが（**Q37**参照）、別除権協定が、一般異議申述期間経過までに成立したときは、異議理由を「別除権協定成立」として、当該別除権協定の内容に従って異議を申述し、まだ成立していないときは、「別除権協定協議中」として、債権額全額について異議を申述することになります。

(4)　**保証債務について主債務者が弁済を続けている場合**

　保証債務について主債務者が弁済を続けている場合、主債務者が申立てから開始決定前までの間に弁済を行い、開始決定時の債権額が債権者一覧表に記載した債権額よりも減少することがあるため、異議の留保をしておくべきということになります（Q30参照）。

〔佐田洋平〕

Q 29　異議の申述、評価

個人再生を申し立てた後、再生債務者は、どのような場合に異議の申述をすべきでしょうか。
また、異議を申述した後の手続はどのように進むのでしょうか。その後の手続の流れや効果、特に評価の手続の内容、効果について教えてください。

1　再生債務者が異議の申述をすべき場合
(1)　再生債務者の異議の申述
再生債務者は、一般異議申述期間内に、裁判所に対し、届出があった再生債権の額又は担保不足見込額について、書面で異議を述べることができます（民再226Ⅰ本文、244）。なお、債権者一覧表に異議を留保する旨を記載していない場合は、異議を述べることができませんので（民再226Ⅰただし書、244）、注意が必要です。

(2)　異議の申述をすべき場合
再生債権者から債権者一覧表の記載と異なる内容の債権の届出があった場合、異議の申述がない再生債権は届出があった額で確定しますので、再生債務者は、異議の申述をすべきかどうかを検討します。

再生債務者は、必要に応じて、当該再生債権を有する再生債権者に対し、再生債権の存否及び額ならびに担保不足見込額に関する資料の送付を求めることができ、再生債権者は、速やかにこれに応じなければなりません（民再規119）。

再生債務者は、客観的資料等により確認した債権額が再生債権者の届出額と異なる場合や、再生債権者が資料を送付せず、再生債権の存否・額を確認することができない場合は、異議の申述をする必要があります。

もっとも、再生債務者は、申立時に提出する債権者一覧表を作成するに当たり、取引履歴及び契約書等を再生債権者から入手し、これらの資料に基づいて再生債権の存否・額等をあらかじめ把握し、再生債権者と情報を共有できている場合も多く、再生債務者が異議の申述をすべき場合は、そう多くはないと考えられます。大阪地裁の場合、再生債務者から異議の申述がされる事件は、全体の数パーセント程度とされています（「『大阪再生物語』刊行後の運用」78頁）。

2　異議を申述した後の手続
(1)　評価の手続の内容
再生債務者が異議を申述した後、当該再生債権を有する再生債権者は、裁判所に対し、異議申述期間の末日から3週間の不変期間内に再生債権の評価の申立てをすることができます（民再227Ⅰ本文、244）。ただし、当該再生債権が執行力ある債務名義又は終局判決のあるものである場合には、異議を申述した者が評価の申立てを

しなければなりません（民再227Ⅰただし書、244）。

上記不変期間内に再生債権の評価の申立てがなかった場合又は当該申立てが却下された場合は、異議はなかったものとみなされます（民再227Ⅱ、244）。

裁判所は、評価の申立てを不適法として却下した場合を除き、個人再生委員を選任しなければならず（民再223Ⅰただし書、244）、選任された個人再生委員は、再生債権の評価に関し裁判所を補助し（民再223Ⅱ②）、調査の結果を裁判所に報告し、意見を述べます。個人再生委員は、調査に際し、再生債務者及び再生債権者等に対して資料の提出を求める権限があり（民再227Ⅵ、244）、提出を求められた者が正当な理由なく資料の提出を拒んだ場合は、10万円以下の過料に処せられます（民再266Ⅱ、244）。

裁判所は、個人再生委員の調査結果と意見を聴いた上で、評価の申立てがされた再生債権の存否及び額又は担保不足見込額を決定します（民再227Ⅶ・Ⅷ、244）。

評価の決定に対しては、不服申立ては認められていませんが、評価の決定の効果は、あくまで手続内における確定にとどまり（手続内確定）、債権の内容を実体的に確定するものではありませんので、債権額を別途、訴訟で争うことができます。

(2) 評価の手続の効果

ア 評価された債権（評価済債権）

裁判所が評価手続で債権の額又は担保不足見込額を定めた再生債権（評価済債権）は、異議の申述がなされなかった債権（無異議債権）と同様、その額に応じて議決権を行使することができ（民再230Ⅷ）、再生計画による権利変更や弁済もそれを基準として行われます（民再232Ⅰ～Ⅲ参照）。

イ 評価されなかった債権（未評価債権）

評価手続でその存在が認められなかった債権部分（未評価債権）は、手続内では、原則として顧慮されなくなります。しかし、評価の手続は債権の存否・額等を実体的に確定するものではありませんので、後の訴訟でその存在を認める確定判決を得た場合は、権利変更された（民再232Ⅱ、244）上で、無異議債権や評価済債権と同等の地位で再生計画に基づく弁済を受けることができます（民再232Ⅲただし書、244）。

ウ 評価の申立てをしなかった又は申立てをしたが却下された債権（異議債権）

評価の申立てをしなかった場合又は評価の申立てをしたものの却下された場合（異議債権）は、認可決定により権利変更はされます（民再232Ⅱ、244）が、手続内では顧慮されなくなります。すなわち、議決権を行使することはできず、再生計画期間中に弁済を受けることもできない（民再232Ⅲ本文、244）という劣後的扱いを受けることになります。

〔南谷博子〕

Q30 保証債務の取扱い

再生債務者の負債のなかに保証債務がありますが、主債務者が弁済を継続しています。この場合の留意点について教えてください。また、保証会社の求償権を保証している場合は、どうでしょうか。

1 再生手続における保証債務の取扱い

再生債務者が子どもの奨学金や配偶者の住宅ローンの連帯保証人となっていることがあります。保証人となっている再生債務者について再生手続開始決定があったときは、債権者は開始決定時に有する保証債務履行請求権全額について手続に参加することができます（民再86Ⅱ、破104Ⅰ、105）。

主債務が上記のように利息の定めがある確定期限付債権である場合、主債務者が弁済を継続していれば、期限の利益は喪失されず、保証契約等において保証人が再生手続開始決定を受けたときは直ちに履行請求ができる等の特約が置かれていない限り、保証債務履行請求権は期限付再生債権として取り扱われ、現在化されません（『新注釈上』462頁〔中井康之〕、『条解』449頁〔杉本和士〕）。そして、再生計画認可決定が確定すると、すべての再生債権者の権利が権利変更の一般的基準（民再156）に従って変更される結果、期限付再生債権である保証債務履行請求権も他の債権と同じ期限となります（民再232Ⅱ、244。Q101参照）。

主債務者が弁済を継続している場合の留意点は、以下のとおりです。

2 債権者一覧表の記載

上記1のとおり債権者は開始決定時の債権全額について再生手続に参加できることから、債権者一覧表には、すでに期限が到来している分だけでなく、開始決定時における保証債務全額を記載します。

その際、主債務者が申立後から開始決定前までの間に弁済を行い、開始決定時の債権額が債権者一覧表に記載した債権額よりも減少していることがあります。こうした場合に備えて、保証債務については債権者一覧表において異議の留保をしておき（Q28参照）、実際に主債務者が弁済していたときは、債権認否の際に債権額について異議の申述を行う必要があります（Q29参照）。

これに対して、開始決定後に主債務者が弁済を行った場合は、開始時現存額主義（民再86Ⅱ、破104Ⅱ）の結果、全額弁済でない限り、債権者は開始時の債権額を行使することができるため、債権額について異議を述べることはできません。

3 保証債務を再生計画案の基準債権の総額から控除することの可否

主債務者が弁済を継続しており、債権者も積極的に保証債務履行請求を行ってこない場合、再生計画案の作成に際して基準債権の総額（民再231Ⅱ④、241Ⅱ⑤）から

保証債務額を控除できないかという問題があります。控除できれば最低弁済額を低く定めることができる場合もありますが、基準債権の総額から除外される再生債権は限定されており（民再230Ⅷ・226Ⅴ、231Ⅱ③等）、主債務者の弁済継続を考慮することは民事再生法の条文上予定されていないことなどから、このような控除は認められないと考えられます（Q73、Q101参照。『個再手引』319頁〔下田敦史ほか〕）。

4　再生計画に基づく弁済と主債務者による弁済の調整

主債務者が弁済を継続している場合に、再生債務者が再生計画に基づいて保証債務の履行を行うと、主債務者に対する求償権が発生することになるため、両者の弁済が並行して行われると、迂遠な結果を招きかねません。

そこで、再生計画案では、主債務者が遅滞なく弁済を継続している間、再生計画に基づく弁済を留保する旨の条項を定め、両者の弁済を調整することが考えられます（Q73、Q101参照。『新注釈上』463頁〔中井〕）。弁済留保条項を定める際は不利益を受ける当該債権者から事前に同意を得る必要があります（民再229Ⅰ、244）。

5　再生計画に基づく弁済金の取扱い

弁済留保条項を定めた場合、再生計画履行中に主債務者が弁済を遅滞すると、再生債務者は、その時点までの弁済留保金を債権者に一括して支払うほか、それ以後は再生計画に基づく弁済を行うことになります。また、弁済留保条項を定めずに再生計画に基づく弁済を行おうとしても、主債務者の弁済継続中は、債権管理の問題等を理由に債権者が弁済を受領しないこともあります。

申立代理人としては、将来債権者から弁済を求められたときに備えて、弁済留保金等は別途保管するよう再生債務者に説明しておく必要があります。場合によっては、申立代理人の預り金口座等に保管することも考えられます（Q101参照。『個再手引』320頁〔下田ほか〕。申立代理人による再生計画の履行補助についてはQ99を参照してください）。

6　保証会社の求償権を保証している場合の留意点

再生債務者が保証会社の求償権を保証している場合、主債務者が弁済を継続していれば、保証会社の主債務者に対する法定の事前求償権（民460①～③）は発生しておらず、将来の請求権（法定の停止条件付債権）にとどまり、保証会社の再生債務者に対する保証債務履行請求権も附従性により「将来の請求権」に該当します。この場合、開始決定時の評価額が債権額とされるとともに（民再221Ⅴ、87Ⅰ③ヘ）、再生計画の認可確定により権利変更されることになります（民再232Ⅰ）。そのため、保証債務履行請求権の評価を行うに当たって、主債務者が弁済を継続している事情を考慮する余地があります（『大阪再生物語』234頁）。

もっとも、保証会社と再生債務者との保証委託契約において、保証人の再生手続開始申立て等が事前求償権の発生事由として定められている場合は、開始決定時において当該約定に基づく事前求償権が現在の請求権として発生していることになります。この場合は上記1～5と同様の取扱いとなります。

〔染谷　翼〕

Q31 保証人がいる場合の取扱い

再生債務者の負債のなかに、保証人が付いている債務があります。この場合の留意点について教えてください。

1 再生計画が保証債務に及ぼす影響

再生計画は、再生債権者が保証人に対して有する権利に影響を及ばさないのが原則です（民再177Ⅱ。例外、民再203Ⅰ）。

2 受任時の留意点

まず、債務者が保証人の有無について正確な認識を有していない場合があるので、契約書などを収集した上で、保証人の有無を正確に把握する必要があります。

また、受任に伴う主債務者の支払停止により、保証人は債権者から弁済の請求を受けるようになるのが通常です。このような保証人の返済義務の具体化に備え、受任時には、保証人への事情説明の要否、保証人による保証債務の返済の可否、弁済可能な場合には返済方法、そうでない場合には保証人の倒産手続の検討をする必要があります。ただ、主債務者と保証人との間に人的つながりがない場合（保証人が保証会社の場合など）には、これらの検討の必要性は低くなります。

3 債権者一覧表の記載方法

保証人による代位弁済が完了している場合、原債権の消滅、保証人の求償権は現実化されているので、現実化された権利関係を債権者一覧表に記載します。

他方、保証人による代位弁済未了の場合、原債権の消滅、保証人の求償権は将来のものであるため、保証人の求償権の債権者一覧表への記載は不要とも思えます。しかし、保証人の将来の求償権を債権者一覧表に記載することにより、保証人にも開始決定の決定書などが送付され、保証人は主債務者の個人再生手続開始を知ることができ、債権届出の機会を保障される利点があります。そこで、保証人の将来の求償権を原債権とともに債権者一覧表に記載するのが望ましいでしょう。

将来の求償権の債権者一覧表への記載方法は、原債権のすぐ下の段に記載し、備考欄などに「債権者番号○番の保証に基づく将来の求償権である」と記載する方法が読み手に分かりやすいでしょう。また、将来の求償権の債権現在額は、原債権の債権現在額の欄に原債権の残高を計上するため、二重の計上とならないよう「0円」とします。さらに、後に保証人が代位弁済した上で原債権の届出名義の変更（民再96）ではなく求償権を債権届出してきた場合、原債権の債権届出の取下げがない限り、みなし届出（民再225）の効果により、求償権のみならず実体上消滅しているはずの原債権も手続的に確定するおそれがあるので、これを避けるため原債権に異議を申述できるよう、原債権については異議の留保をしておく必要がありま

す（『大阪再生物語』137、159、208頁、「『大阪再生物語』刊行後の運用」75、93頁、『はい６民』429頁。**Q28**参照）。

以上の方法が望ましいところですが、多くの裁判所では記載の有無について決まった運用はないようです。ただ、運用を定めている裁判所もあり、なかには記載しないことを原則とする裁判所（福岡、熊本地裁など）もあるので注意が必要です。

なお、東京地裁では、保証会社が住宅資金貸付債権について保証をしていて、代位弁済未了である場合は、保証会社の将来の求償権を債権者一覧表に記載しないこととしています（『個再手引』111頁〔重政伊利ほか〕）。

4 保証人が弁済した場合の留意点

(1) 保証人の弁済が全額の場合

申立後開始決定前は、申立人は債権者一覧表を訂正し、弁済の結果を債権者一覧表に反映させることができます。開始決定後は、申立人は債権者一覧表の訂正はできませんが、通常は保証人から債権届出又は届出名義の変更が行われます。再生計画の遂行段階で全額弁済があった場合は、弁済により原債権は消滅するので、再生債務者は、以後、原債権の弁済をする必要はなくなります。再生債務者は保証人に対し再生計画に基づき変更された原債権と同じ範囲の求償債務を負います。

(2) 保証人の弁済が一部にとどまる場合

申立後開始決定前は、全額弁済の場合と同じく、申立人は債権者一覧表を訂正できます。開始決定後は、申立人は債権者一覧表の訂正ができない点は全額弁済の場合と同じですが、全額弁済の場合と異なり保証人からも債権届出又は届出名義の変更はできません。これは保証人による権利行使が原債権の全額を消滅させた場合に限られているためです（民再86Ⅱ、破104Ⅳ）。同じ理由から、再生計画の遂行段階で一部弁済があった場合は、再生計画に影響はなく、再生債務者は再生計画どおりに原債権の弁済をする必要があります。再生債務者は保証人に対して求償債務を負うことはありません。

保証人が一部弁済（分割弁済）を続けている場合は、**Q100**を参照してください。

(3) 原債権が共益債権、一般優先債権の場合

この場合、保証人が取得した求償権が再生債権に過ぎなくても、保証人は、代位により取得した共益債権、一般優先債権である原債権を再生手続によらないで行使することができると解されます（共益債権につき最一小判平23.11.24民集65巻8号3213頁）。なお、一般優先債権のうち租税債権の第三者納付の場合は、原債権である租税債権の第三者への移転自体を否定する見解が有力であり、この見解によると第三者は租税債権である原債権を再生手続によらないで行使することはできないとの結論になります（『個再手引』287頁〔島岡大雄＝松本美緒〕）。

設問とは異なり、保証人が個人再生手続を行う場合の留意点については、**Q30**、**Q73**、**Q101**を参照してください。

〔花田茂治〕

Q32 債権の二重譲渡があった場合の取扱い

Aが再生債務者Bに対して有する債権を、CとDへ二重に譲渡しました。C・Dとも、Bに対して確定日付ある証書による通知を行いましたが、Cの通知がDの通知より1日早くBに到達しました。

その後、DがCに対しA・C間の債権譲渡の有効性を争う訴訟を提起しましたが、Bが再生手続開始申立書を提出した時点では、まだ訴訟上ではCとDのいずれが債権者か確定していません。また、譲受債権の債権額についてもCとDで主張（金額）が異なります。このような場合、債権者一覧表にどのように記載すればよいでしょうか。

1 債権者一覧表の意義と債権譲渡事案における注意点

(1) 債権者一覧表の意義

個人再生では、再生債務者の作成した債権者一覧表に記載された債権は、債権者がこれと異なる届出をしない限り、同記載内容の債権届出があったものとみなされます（みなし届出。民再225、244）。

このように個人再生における再生債務者による債権者一覧表の作成・提出は、通常再生と異なり債権届出手続を簡略化する機能を有し、また再生債権総額が5000万円以下であるという手続開始要件（民再221①）の判断にも必要となるため、非常に重要であり、申立時の提出義務が法律で定められています（民再221③、244）。

(2) 債権譲渡事案の注意点

このように、申立段階において正確な債権者一覧表の作成が求められることから、申立ての準備に当たっては、申立代理人等が債権者に受任通知を送付し、債権調査票の回答を受けて作成するのが望ましいといえます。

もっとも、債権譲渡が生じている場合は、設問のように各債権者からの回答に相違が生じるケースが考えられます。

このような場合、実体法上の債権譲渡対抗要件の有無を確認するとともに、債権者一覧表においてどの債権者を債権者として扱うか、債権額の記載及び異議を留保（民再226①、244）する旨の記載の有無等について注意が必要です。また、債権者との間で再生債権に関する訴訟手続が係属している場合には、個人再生では、再生手続開始決定によっても訴訟手続は中断せず（民再238、245による民再40の適用除外）、個人再生における再生債権の確定は手続内確定にとどまりますので（Q29参照）、その関係でも留意が必要です。

2 債権の帰属に争いがある場合

債権譲渡事案では、申立前の債権調査の際、債権者からの回答や対抗要件（民

467）の具備を確認するなどして、債権の帰属を判断できるのが通常です。しかし、なかにはそれのみでは必ずしも確定的な判断ができないような、悩ましい事案もあります。

　設問のような事案では、C・D双方を債権者一覧表に記載し、判断を債権評価手続に委ねる方法があります。債権額は、便宜上双方とも「0円」とし、C・Dの債権届出を待つという対応が考えられます。その後は、債権者（C又はD）が異議申述期間内に債権額について異議を述べた上で、裁判所に再生債権の評価の申立てを行い、個人再生委員の選任を受けて再生債権の評価の裁判を受けることで、債権の帰属及び額を確定させることとなります（民再227）。

　しかし、この方法では債務者が手続費用（個人再生委員の報酬等）を負担させられるおそれがある上、評価手続に要する時間も負担となります。そこで、Cの対抗要件を信頼して、Cのみを債権者として記載するという方法もあるでしょう。

　なお、再生債権の評価手続でCのみが再生債権者であると確定しても、後日訴訟でDが真正な債権者であることが確定した場合には、Dも他の再生債権者に劣後することなく、再生計画案に基づく弁済を受けることができます（民再232③ただし書）。言い換えれば、それまでにCに対して行った弁済が債権の準占有者に対する弁済（民478）として有効にならない限り、Bには二重払いの危険が生じることがあるということになります。

　申立代理人としては、係争当事者の主張の当否や債権額、負担するリスクの内容等、種々の事情を考慮して、最適な判断をしていく必要があります。

3　債権額に争いがある場合

　上記のとおり、債権者一覧表の債権額の記載は、みなし届出の効力が生じる結果、再生債権者又は再生債務者が異議を述べない限り、その記載内容が再生債権として手続内で確定します。

　したがって、債権額の特定に疑義がある場合、債権者からの債権調査票の回答額に沿って債権者一覧表の債権額を記載するとしても、最低限異議を留保する必要があります。もっとも、後に再生債務者から異議を述べることが確実なのであれば、異議を述べることを失念する危険等を避けるためにも、当初より債権者からの債権調査票の回答額には従わず、再生債務者の見解による債権額を記載すべきです。

　とはいえ、設問のように二重債権譲渡が生じている事案では、債権者双方について再生債務者の見解による債権額を記載しただけでは、債権者双方にその額が確定してしまいますので対応として不十分です。そこで、優先すると考えられる債権者についてのみ再生債務者の見解による債権額を記載し、他方債権者は「0円」と記載するか、優先関係の判断がつかない事案では、債権者双方について便宜上0円と記載し、各債権者からの債権届出を待つということもやむを得ないと思います。

〔入坂剛太＝川瀬典宏〕

Q33 別除権の取扱い ①

再生債務者のなかに、別除権付きの債権（住宅ローンではありません）がありますが、この場合、担保不足見込額はどのように算定したらよいでしょうか。また、再生計画案の条項はどのように作成したらよいでしょうか。その他、具体的弁済方法等について教えてください。

1 別除権付債権の担保不足見込額の算定

別除権は、再生手続外で行使することができますが（民再53Ⅱ）、再生債権者としての権利行使が認められるのは、競売等の別除権の行使によっては弁済を受けられない「担保不足額」についてのみとなります（民再88、182）。しかし、実際に競売をするなどして「担保不足額」を確定しようとすると、多大の時間を要することになります。

そのため、債権者一覧表に記載する際は、備考欄に、別除権の目的及び不足見込額（別除権の行使によって弁済を受けることができないと見込まれる額）を記載します（民再221Ⅲ②、244。『個再手引』115頁〔重政伊利〕、311頁〔石田憲一＝土屋毅〕）。

そして、この「不足見込額」は、議決権額（民再230Ⅷ）、個人再生手続の条件としての「上限5000万円」の算出対象（民再231Ⅱ②）、最低弁済額算出の対象（民再231Ⅱ③・④）とされています。

「不足見込額」の算定は、被担保債権額から担保目的物の評価見込額を控除する方法で行います。

担保目的物の評価見込額の算定については、「処分価額」が基本とされており、不動産の場合には固定資産税評価額を参考にしつつ、必要に応じて不動産仲介業者の見積りなども考慮することになるでしょう。裁判所の運用は必ずしも統一されておらず、申立ての際に不動産仲介業者の見積りなどの提出を求める裁判所もありますし、固定資産税評価額を基準とする場合にも、原則としてその1.2倍を評価見込額としている裁判所もあります。

他方、担保目的物が動産の場合には、取扱業者の査定（見積り、評価書など）から評価を検討することになるかと思いますが、評価の客観性を確保するため、複数業者に査定をしてもらうように要求されることが多いと思われます。

「上限5000万円」の範囲に収めるという観点からは「不足見込額」を少なく算定した方がよいということになりますが、逆に、いわゆる通常再生と異なり、「不足見込額」を少なく算定すると再生債権の弁済率が上がって結果的に債務者の負担が重くなることもありますので、その算定については十分留意する必要があります。

なお、債権者一覧表への記載方法についてはQ34を、リース物件の取扱いについ

てはQ37及びQ75を、それぞれ参照してください。

2 別除権付債権の再生計画の条項

前述のとおり、別除権付債権の場合、不足見込額をもって最低弁済額を算出しますが、再生計画の作成においては、その後に不足額が確定した場合における権利行使に関して適確な措置（「適確条項」などと呼ばれます）を定めなければなりません（民再160Ⅰ）。この「適確な措置」とは、不足額の取扱いが他の再生債権と対比して平等かつ衡平で、しかも再生計画全体の履行が不安定にならない措置であるとされています。実務上は、以下のような内容を記載しています（『大阪再生物語』284、297頁）。

> ① 再生債権者○○の再生債権について、別除権が行使されていない。
> ② 不足額が確定した場合には、再生債権の弁済方法に関する定めを適用する。
> ③ 再生債権者から不足額が確定した旨の通知を受けた日に、すでに弁済期が到来している分割金については、その通知を受けた日から2週間以内に支払う。

3 別除権付債権の弁済方法

別除権付債権については、不足見込額に基づいて再生計画を作成しますが、実際の弁済は不足額が確定してからになります（民再182。『大阪再生物語』226頁）。

したがって、不足見込額が500万円で、再生債権の8割が免除となり、4年間で弁済するという再生計画であれば、不足見込額の500万円の2割に当たる100万円を別除権者に4年間で弁済する計画になりますが、不足額の確定まで弁済はしません。

そして、この事例で、不足額の確定の通知が弁済の履行開始から1年後に届いたとすると、その通知が届いた日から2週間以内に、すでに弁済期が到来している25万円を支払い、その後は他の再生債権と同様に残りの3年間、分割弁済していくことになります。そのため、別除権付債権に対する履行確保のためには、弁済期ごとに弁済予定の金額をプールさせておくなどの注意が必要です。

なお、不足額の確定の通知が届いた後は、「確定した不足額」を再生債権の額として弁済していきますので（先の例でいえば、確定した不足額が800万円であれば、4年間で160万円を支払うことになります）、不足額を少なく見積もり、確定額がそれを大きく上回った場合には、弁済の履行が不可能になり、再生計画が頓挫することもあり得ます。このことからも、「不足見込額」については、その算定時に十分留意する必要があります。

〔辻　泰弘〕

Q34 別除権の取扱い ②

再生債務者所有の不動産に、信用保証会社の将来の求償権を被担保債権とする抵当権が設定されています（住宅ローンではありません）。そのような場合の債権者一覧表の記載方法を教えてください。また、銀行からの債権届出に対してはどのように対応すべきでしょうか。

1 将来の求償権を被担保債権とする抵当権の債権者一覧表への記載方法

いわゆる求償権担保型の融資形態において、いまだ保証会社が代位弁済を行っていない場合には、代位弁済が行われていない以上、まず銀行を債権者一覧表に掲げ、金額は現時点の額を記載します。

また、保証会社も債権者一覧表に掲げます。手続開始後、保証会社が代位弁済したときの債権届出の機会を保障するためです。なお、債権者一覧表に保証会社の求償権を記載せず、銀行の債権のみを記載した場合、債権調査を経て基準債権となるのは銀行の債権となり、保証会社が代位弁済後に名義変更届出（民再96）をしても、保証会社に移転するのは別除権のない債権であるため、再生計画案で別除権付債権として扱えなくなってしまうため注意が必要です（『破産民再実務（再生）』378頁。ただし、現在の東京地裁の運用では、保証会社を一律に債権者一覧表に記載する取扱いとはなっていません。『個再手引』313頁〔石田憲一＝土屋毅〕）。

保証会社の求償権の債権者一覧表への記載方法ですが、再生債権額は「0円」、担保不足見込額も「0円」と記載し、保証会社が代位弁済を行った場合の債権額を予測できるよう、備考欄に「代位弁済がなされた場合には、別除権の行使により弁済が見込まれる額は〇〇円、担保不足見込額は〇〇円」というように、代位弁済がなされた場合の弁済見込額と不足見込額を注記しておきます（『大阪再生物語』227頁）。

2 銀行からの債権届出に対する対応

再生手続開始後、保証会社が代位弁済後に名義変更届出をせず、自身の求償権を届け出てきた場合、銀行が債権届出を取り下げない限り、みなし届出（民再225）の効果で銀行の債権も手続に載せることになってしまいます。こうした事態を避けるため、銀行の債権に対しては、あらかじめ異議留保しておく必要があります（Q28参照）。そして、銀行が債権を取り下げないときは、異議留保しておいた銀行の債権に対して異議申述します。

もし、銀行の債権に対して異議の留保をしていなかった場合は、その後に異議を述べることはできませんので（民再226Ⅰただし書、244）、銀行に対して、債権届出を取り下げるよう促すことになります。　〔福田恵巳〕

Q 35 住宅に住宅ローン以外の抵当権が設定されている場合の別除権協定の可否

住宅に住宅ローン以外の債権を被担保債権とする抵当権が設定されている場合、住宅を失わずに済む方法はありますか。

1 住宅ローン以外の債権を被担保債権として住宅に設定される抵当権

住宅資金特別条項は住宅資金貸付債権を変更する再生計画の条項であり、住宅資金貸付債権は、住宅の建設もしくは購入に必要な資金又は住宅の改良に必要な資金の貸付けに係るローンであって、当該ローン又はその保証会社の求償権を担保するための抵当権が住宅に設定されているものです（民再196③・④。Q78参照）。

したがって、いわゆる諸費用ローン、買替えの場合の前住宅の残ローン、住宅販売会社に売買代金を分割払いする場合などは形式上、住宅資金貸付債権に該当しないことが原則です。これらについて実務上、ローン全体に占める割合、使途その他を総合考慮して住宅資金特別条項の利用が可能と解する例（Q83、Q84参照）もありますが、原則どおり利用不可能となることもあります。まして個人事業主が住宅ローンの後順位に事業資金のための担保設定をする場合など、住宅資金貸付債権に該当しない例もあります（Q84参照）。

2 別除権協定

住宅資金特別条項が利用できなければ、原則どおり再生手続開始により債務弁済は禁止されるので（民再85Ⅰ）、これを被担保債権とする抵当権が実行されると住宅は失われてしまいます。これを防ぐ方法として、別除権協定を締結して抵当権の被担保債権を弁済することが考えられます。

3 別除権協定に基づく受戻代金請求権の性質をめぐる議論

別除権協定に基づき、抵当権者（別除権者）は再生債務者に対して受戻代金請求権を有するので、再生債務者はこれを再生手続外で弁済します。この受戻代金請求権の法的性質については説が分かれています。①共益債権説は、再生債務者と別除権者との間で締結した新たな合意に基づいて生じる共益債権と解します。計画外弁済が可能となることを端的に説明できますが、もともとは再生債権である被担保債権を、当事者の合意によって共益債権に変更することについて理論的な説明が困難との批判もあります。②再生債権説に立つ場合、計画外で弁済可能な説明が必要です。別除権協定を「別除権の目的である財産の受戻し」であると解した上、裁判所の許可（民再41Ⅰ⑨）を得ることによって「この法律に特別の定めがある場合」（民再85Ⅰ）に該当することとなり、再生債権弁済禁止の例外として弁済が許容される、と説かれます。

4 住宅ローン以外の債権を被担保債権とする抵当権者との別除権協定の可否

　住宅資金特別条項は、再生債権弁済禁止の特則として当該住宅ローン債権全額を弁済可能とする仕組みです。一方、別除権協定は、共益債権説であれ再生債権説であれ、別除権者の把握する担保価値の範囲内で再生手続によらず受戻代金相当の弁済を認めるものです（『伊藤』900頁）。両者は趣旨も要件も異なっており、住宅資金特別条項の利用可否は、当該被担保債権（住宅ローン以外）についての別除権協定の可否とは連動しません。

　住宅ローン以外の何らかの債権（又は、いわゆる住宅ローンであっても「住宅資金貸付債権」の厳格な定義には該当しない債権）を被担保債権とする抵当権が、住宅以外の不動産に設定されている場合において、別除権協定を締結することは民事再生法上許容されると解されるところ、不動産が住宅か否かの差によって別除権協定締結の可否に理論的な相違が生じることは不合理です。そのため、住宅ローン以外の債権を被担保債権として、住宅に抵当権が設定されている場合において、住宅資金特別条項が利用不可であったとしても、そのこと自体によって別除権協定の締結は何ら妨げられることがありません。

5 住宅の評価額を被担保債権額が下回る場合に限られること

　注意すべきは、共益債権説であれ再生債権説であれ、別除権の受戻しとしての計画外弁済が認められるのは、別除権者が把握する担保価値の範囲内に限られることです。住宅の評価額を被担保債権額が下回る場合（アンダーローン）は、担保価値内に被担保債権全額が収まりますが、被担保債権額の方が大きい場合（オーバーローン）、その超過部分を弁済する内容の別除権協定を締結することは、弁済禁止原則や債権者平等原則に抵触するおそれがあります（住宅資金特別条項であれば、オーバーローンであっても直ちに不可とはされません。ただし担保割れ部分まで全額弁済するので、計画弁済を含めた総弁済額が増加し、履行可能性の検討が必要です）。

　ゆえに、住宅ローン以外を被担保債権とする担保権について別除権協定を締結して住宅を維持しようとする場合、担保評価額が被担保債権を上回っていなければなりません。かといって正常価額をも超えるような高額な評価により、無理に被担保債権を支払おうとすれば、債務者の資金繰りを圧迫し、履行可能性に悪影響を与えるおそれもあります。別除権協定の可否については、担保目的物の評価、他の再生債権者の一般の利益を害するおそれ、住宅確保の必要性、再生計画の策定・履行可能性などを総合的に検討すべきであり、個別事案ごとの慎重な判断が必要です（『個再手引』285頁〔岡伸浩＝堀田次郎〕、『はい6民』537頁）。資金繰上げも無理のない分割弁済による合意が整い、締結が相当であれば、裁判所許可を停止条件とした別除権協定を締結して、受戻しの許可を得ます。

〔清水祐介〕

Q36 マンション滞納管理費の別除権協定、住宅資金特別条項との関係

マンションの滞納管理費について、マンション管理組合と別除権協定を締結して分割弁済することはできますか。また、住宅資金特別条項との関係で留意すべき点はありますか。

1 マンション管理費債権の民事再生法上の分類

分譲マンションの管理組合（以下「管理組合」といいます）は、管理費や修繕積立金など区分所有者に対して有する債権（以下「管理費等」といいます）について、債務者の区分所有権及び建物に備え付けた動産の上に特別の先取特権を有しています（区分所有7Ⅰ）。そして、別除権（民再53Ⅰ）には、特別の先取特権が含まれることから、管理費等は、別除権付再生債権です。

2 別除権協定締結の可否

管理費等の先取特権は、債務名義なしに、当該区分所有権に対し、不動産競売を申し立てることができるので、個人再生手続中に、管理組合による不動産競売の申立てを避けるためには、別除権協定により、分割払いの合意をすることが考えられます。

別除権協定は、個人再生手続においても、締結が禁じられるものではありません（『個再手引』282頁〔岡伸浩＝堀田次郎〕。Q35参照）。

ただし、管理費等に基づく先取特権は、登記された抵当権に対抗できないところ（区分所有7Ⅱ、民336）、当該不動産に抵当権が設定され、その抵当権が担保割れ状態（いわゆるオーバーローン）であれば、管理組合が有する先取特権は担保価値を把握していないことになるため、別除権協定締結による分割弁済は、再生債権の弁済禁止（民再85Ⅰ）、あるいは債権者平等原則（民再155Ⅰ本文、229Ⅰ、244）に抵触するおそれが生じます（『個再手引』285頁〔岡＝堀田〕）。

3 住宅資金特別条項を利用する場合の留意点

住宅の上に別除権である担保権が存するときは、住宅資金特別条項がある再生計画の認可を決定することはできません（民再198Ⅰただし書）。この点、東京地裁では、管理費等の滞納が解消されるか、あるいは再生計画認可決定時までに滞納を解消する相当の見込みがあり、個人再生委員が開始相当の意見を提出した場合に再生手続を開始するという取扱いです（『個再手引』405頁〔下田敦史＝堀田次郎〕）。そして、不認可事由がある再生計画案は、書面決議に付し、又は意見聴取することができないため（民再230Ⅱ、240Ⅰ）、遅くとも、付議決定又は意見聴取決定の時期までに、管理費等の滞納を解消する必要があります。

親族等の援助による第三者弁済であれば問題ありませんが、申立人が支払不能後

に弁済することは、破産手続においては否認対象行為となります（破162Ⅰ）。この場合、被担保債権がオーバーローンであれば、弁済額を清算価値に計上する必要があります（Q59参照）。他方、被担保債権が担保価値を下回っており、管理費等の先取特権が当該住宅に対して担保価値を把握している状態であれば、申立人の管理組合に対する弁済は有害性を欠き否認対象行為とはならないため、清算価値に計上する必要はないと解されます（山本和彦「個人再生手続の現状と課題」『倒産の法システム(2)』296頁）。

4　別除権協定締結による住宅資金特別条項利用の可否

　管理組合と別除権協定を締結し、管理費等を再生計画とは別に分割して弁済し、その弁済が滞りなくなされる限り担保権を実行しないことを合意することにより、管理組合の担保権実行を避けることはできますが、住宅の上に担保権が存する場合に住宅資金特別条項を利用することができない（民再198Ⅰただし書）こととの整合性が問題となります。

　ここで、住宅に他の担保権が存する場合に、住宅資金特別条項を利用できないとする趣旨は、住宅に設定されている他の担保権が実行されることにより、住宅資金特別条項が無意味になることを回避することにあります。このことから、他の担保権の実行のおそれがない場合には、住宅資金特別条項の利用を可能とする運用が実務上なされる場合があります。このような運用が認められる事例として、夫婦や二世帯住宅の親子など、1棟の住宅に対して、両名がペアローンを組み、その一方が個人再生を申し立てる場合があげられます（『新注釈下』249頁〔江野栄〕）。

　また、住宅に付されている他の担保権が物上保証である場合においては、その債務者が弁済を継続できる見込みがあり、担保権実行のおそれが事実上ないと認められる場合は、住宅資金特別条項の利用を認めるべきとの見解もあります（山本・前掲296頁）。

　しかし、住宅の上に、再生債務者自身を被担保債権の債務者とする担保権が設定されている場合とは、事情を異にするとの注釈が付されており（山本・前掲311頁）、住宅資金特別条項の利用を認める運用に、一定の限界があることは否定できません。

　住宅資金特別条項を利用する個人再生手続の申立人は、弁済により滞納を解消した上で、申し立てているケースが多いと思われ、全国で滞納管理費等を別除権協定を締結した上で住宅資金特別条項を定めた再生計画が認可された事例の有無は不明であり、今後の事例の集積が待たれるところです。

〔日髙正人〕

Q 37　事業用リース等と別除権協定（弁済協定）

再生債務者が、事業上必要なリース物件を有しています。個人再生手続上の取扱いについて教えてください。また、事業上必要な不動産について、抵当権が付されている場合の取扱いについても教えてください。

1　リース料債権の性質

再生債務者が事業上必要な物件についてフルペイアウト方式のファイナンスリース契約を締結していた場合、このリース料債権の法的性質が問題となりますが、実務上は、ファイナンスリース契約のリース料債権は別除権付再生債権として取り扱うのが大勢と考えられます。会社更生法に関する最二小判平7.4.14（民集49巻4号1063頁）は、ファイナンスリース契約のリース料債権は全額が更生債権になるとしました（民事再生法に関する下級審判決である大阪地判平13.7.19判時1762号148頁、東京地判平15.12.22判タ1141号279頁も同旨です）。

2　再生手続開始申立てを解除事由とする特約の効力

フルペイアウト方式のリース契約のなかには、ユーザーについて再生手続開始の申立てがあったことを契約の解除事由とする特約を定めている場合があります。

この点、最三小判平20.12.16（民集62巻10号2561頁）は、このような特約は再生手続の趣旨、目的に反するものであり無効であるとしています。したがって、このような特約に基づくリース会社からの返還請求は拒絶することができます。

3　別除権付再生債権の取扱い

ファイナンスリース契約のリース料を別除権付再生債権と解すると、事業上必要な不動産に抵当権が付されている場合と同様に考えられることになります（なお、クレジットにより物件を購入している場合については、Q19を参照してください）。

債権者一覧表には、別除権行使による弁済見込額（リース物件の時価）、担保不足見込額（残リース料からリース物件の時価を控除した額）、別除権の目的を記載することが必要です（民再221Ⅲ②、244）。別除権付再生債権に未払いがある場合、再生債務者は弁済が禁止され（民再85Ⅰ）、別除権者は再生手続によらないで権利行使が可能となります（民再53Ⅱ）。よって、別除権者は、別除権を行使して、リース物件の引き揚げ又は競売申立てをしてくることになり、当該物件が事業に不可欠なものであれば、事業継続が困難となります（引き揚げ後の処理についてはQ75を参照してください）。

そこで、このような事態を回避するための方法が必要になります。

4　別除権協定（弁済協定）の締結

再生債務者は別除権者との間で、担保物の評価及び処分方法について別除権協定

（ないし弁済協定）を締結し、再生債権ではあるものの「この法律に特別の定めがある場合」（民再85Ⅰ）として、あるいは「再生手続開始後の再生債務者の業務、生活並びに財産の管理及び処分に関する費用の請求権」（民再119②）又は「再生債務者財産に関し再生債務者等が再生手続開始後にした資金の借入れその他の行為によって生じた請求権」（民再119⑤）に該当するため、共益債権として（民再121Ⅰ・Ⅱ）、弁済を継続することが認められます（『個再手引』280、282頁〔岡伸浩＝堀田次郎〕、『大阪再生物語』231頁。**Q35**参照）。

　個人再生手続においては監督委員は選任されないことから、別除権協定の締結自体は再生債務者の判断で締結することになりますが、必要な要件を欠く協定を締結してその支払をすることは、弁済禁止（民再85Ⅰ）に違反し、後に再生計画の不認可事由となるおそれもあります（民再231Ⅰ、174Ⅱ①）。

　そこで、協定を締結する際に不認可事由に該当しないよう慎重に判断する必要があります。この点、東京地裁では、「別除権の目的である財産の受戻し」を裁判所の要許可事項（民再41Ⅰ⑨）に指定し、協定を締結する際は個人再生委員の意見を聴いた上で裁判所の許可を必要とする取扱いとしています（『個再手引』282頁〔岡＝堀田〕）。他方、大阪地裁では、要許可事項とはせずに、上申書を提出させる取扱いとしています（『大阪再生物語』231頁）。

5　別除権協定（弁済協定）の締結が許される場合

　東京地裁では、受戻代金額が担保目的物の適正な評価を前提として、その適正な価値相当額の範囲内にあることを要求しています（『個再手引』278頁〔下田敦史＝堀田次郎〕、『運用指針』265頁）。

　また、事業継続に必要不可欠か否かという観点からも判断されることになります（『大阪再生物語』231頁）。例えば自動車のリース契約について、当該自動車そのものを事業に供しているような場合、すなわち、個人タクシー事業者や個人運送業者などはその必要性が認められますが、単に通勤に使用するための自動車という程度では必要性は認められないことが多いようです（例外については「『大阪再生物語』刊行後の運用」79頁注16を、また札幌地裁での運用や災害下での取扱いについては**Q120**を参照してください）。

6　再生計画案における記載方法

　再生計画案提出までに別除権協定が締結されたことにより不足額が確定している場合には、その不足額が再生債権として扱われ、再生債権弁済計画表に記載されることになるので、別除権付債権一覧表には記載しません（『民再手引』298頁）。別除権協定の内容については、再生計画案において触れないか、概略を説明する程度であるとされています（須藤英章監修『民事再生QA500＋300［第3版］』209頁〔髙井章光〕（信山社、2012年））。

　他方、協定に基づく共益債権化を肯定する立場では、再生計画案には、共益債権の項目に、「甲（リース会社）のリース料債権については、平成○年○月○日締結の

別除権協定(弁済協定)により、平成○年○月から平成○年○月まで、毎月末日限り○円ずつ合計○円を支払う」と記載し、弁済計画表の確定債権額欄には、「別除権協定(弁済協定)締結」と記載することになります(『大阪再生物語』281、295頁)。

7 事業上必要な不動産について抵当権が付されている場合

　このような場合には、別除権協定を締結することを検討することになります。その際、①別除権協定時の被担保債権額の確認、②担保目的財産の評価(受戻価額)、③受戻価額の弁済による担保権の解除と登記等の抹消、④受戻価額の分割弁済(その分割期間や方法を含みます)、⑤分割弁済中の担保権の不行使、⑥分割弁済完了時の担保権解除と登記等の抹消、⑦分割弁済に不履行があった場合や別除権協定の解除条件など協定の終了事由、⑧新たな約定利息や遅延損害金の利率などが合意されます(『民再実務』264頁〔山本陽一〕。協定書の書式については木内道祥監修『民事再生実践マニュアル』351頁(青林書院、2010年)を参照してください)。解除条件をどこまで詳細に定めるべきかについて、最一小判平26.6.5(民集68巻5号403頁)は、再生手続廃止決定がされることなどを別除権協定の解除条件とする旨の合意は、再生計画の履行完了前に再生手続廃止決定を経ずに破産手続開始決定がされた場合を解除条件として明記していなくても、このような場合を解除条件から除外する趣旨であると解すべき事情がうかがわれないなどの事情の下では、破産手続開始決定時に別除権協定は効力を失うとしました。別除権協定の契約当事者の合理的意思解釈の問題ですが、トラブルを避けるためには、締結時に想定し得る事項を可能な限り定めておくことが必要です。

8 被担保債権についての登記の要否

　別除権協定の内容に被担保債権の減額が含まれる場合において、被担保債権の範囲を受戻額内に確定させる旨の登記が必要か否かについては争いがあります。近時は、被担保債権の減少については対抗問題を生じないことや、登記を必要とすると早期の協定締結を妨げられることなどを理由に不要説をとる運用もあるようです(『はい6民』535頁、『民再手引』299頁)。

〔下山和也〕

Q38 非減免債権(非免責債権)の取扱い

再生債務者は、個人再生手続前に離婚しており、養育費や慰謝料を支払う必要があります。この場合、個人再生手続上の養育費や慰謝料の取扱いはどのようになるのでしょうか。

1 非減免債権(非免責債権)

非減免債権(非免責債権。以下「非減免債権」といいます)とは、要保護性の高い債権について、形式的平等を基本とする個人再生手続ではこれらの債権を優遇するような取扱いも困難であることから、再生計画においても当該再生債権者の同意がある場合を除き、減免の対象とならないものとされた債権です。具体的には、再生債務者が悪意で加えた不法行為に基づく損害賠償請求権(民再229Ⅲ①)、再生債務者が故意又は重大な過失により加えた人の生命又は身体を害する不法行為に基づく損害賠償請求権(民再229Ⅲ②)、養育費請求権を含む再生債務者の扶養義務等の請求権(民再229Ⅲ③)があります。離婚に伴う養育費や慰謝料については、上記の非減免債権に該当するものと考えられます。

非減免債権も、再生債権であることに変わりはなく、弁済禁止効が及びますし(民再85Ⅰ)、再生手続開始の要件である5000万円の要件や最低弁済額を算定する際の基礎になるため(民再221Ⅰ、231Ⅱ②・④)、債権者一覧表に記載する必要があります。なお、非減免債権の再生計画案上の取扱いについては**Q71**を参照してください。

2 養育費について

個人再生手続開始の申立てに当たって養育費の取扱いを検討するには、再生手続開始決定前にすでに発生して未払いとなっている養育費請求権と、再生手続開始決定後の将来の養育費とを区別しなければなりません。

(1) 再生手続開始決定前に発生し、未払いとなっている養育費請求権

再生手続開始決定前に発生し、未払いとなっている養育費請求権は、債権者の同意がない限り、再生計画において債務の減免その他権利に影響を及ぼすことができないものとされており、再生計画が認可されても債務は減免されず(民再232Ⅱかっこ書)、ハードシップ免責が認められた場合も免責の対象となりません(民再235Ⅵかっこ書)。

しかし、非減免債権がいつでも権利行使ができるとすると、再生計画の履行に支障を来すおそれがあるため、非減免債権のうち債権調査を通じて手続内で確定した債権については、再生計画に定められた弁済期間中、再生計画に定められた一般的基準に従って弁済することで足り、弁済期間満了時に残額を支払うことになります

（民再232Ⅳ）。したがって、再生計画においては、非減免債権の有無に関係なく、権利変更の一般的基準のみを定めることになり、非減免債権に関する条項が個別に定められることはありません。弁済計画表にも、非減免債権について一般弁済期間内における弁済の内容を記載することになります（民再規130の2）。

　これに対して、非減免債権のうち、債権調査において手続内確定をしなかった債権については、劣後化し（民再232Ⅲ）、再生計画で定められた弁済期間満了時に全額を弁済することになります（民再232Ⅴ）。

　このように、非減免債権については、弁済期間満了時に残額を一括払いすることを要しますので、非減免債権に関する債権者と協議したり、弁済期間満了時の支払に充てる原資を確保したりするなどの対策が必要となります。

(2) 再生手続開始決定後の将来の養育費請求権

　将来の養育費請求権は、要扶養状態が存在することによって日々発生する債権であり、共益債権と解されることから（民再119②・⑦。『個再手引』317頁〔石田憲一＝土屋毅〕）、再生手続に拘束されることなく、随時弁済することが必要となります。将来の養育費請求権は随時弁済することで再生計画の履行に影響を与えるものですので、家計表等に記載し、その支払を前提として、再生計画案を策定することが必要です。

3　慰謝料について

(1) 慰謝料発生原因

　離婚慰謝料の発生原因としては、不貞、暴力、遺棄、婚姻生活の維持に協力しない、性交渉拒否などの様々な理由が考え得るところですが、これが悪意の不法行為に基づく損害賠償請求権（民再229Ⅲ①）、故意又は重過失で生命身体を害する不法行為に基づく損害賠償請求権（民再229Ⅲ②）に該当する場合には、非減免債権とされ、2(1)と同じ取扱いがなされることになります。

(2) 悪意の不法行為

　悪意の不法行為の「悪意」（民再229Ⅲ①）とは、一般的に単なる故意ではなく他人を害する積極的な「害意」を意味するものとされており（『新注釈下』463頁〔岡精一〕）、夫婦間の離婚に至る経過等によっては、「害意」の有無について評価が分かれる場合もあるものと考えられます。当該債権が非減免債権か否かについては債権調査の対象とならないため（『破産民再実務（民再）』427頁）、再生債務者が非減免債権か否かを争う場合には、通常訴訟（債権者提起の訴訟のなかで、再抗弁として悪意の不法行為に該当する旨の主張立証をしたり、請求異議訴訟を提起したりするなど）で争うことになります（『はい6民』403頁）。他方、非減免債権か否かの前に、慰謝料額など債権額について争いがある場合には、債権者一覧表に債権者主張の債権額を記載した上で、異議の留保を行い、異議を申述して争うことになります。

〔吉原　洋〕

Q39 年金担保貸付の取扱い

再生債務者が、自らの年金を担保に借入れをしている場合、この借入れは、再生債権として債権者一覧表に計上しなければならないのでしょうか。また、その他、個人再生手続上留意する点があれば教えてください。

1 適法な年金担保貸付

年金受給権の譲渡や担保提供は、法律で禁止されています（国年24、厚年41Ⅰ、労災12の5Ⅱ等）。

ただし、いわゆる年金担保貸付のうち例外的に法律で適法に認められているのが、独立行政法人福祉医療機構法に基づく年金担保貸付と、株式会社日本政策金融公庫が行う恩給担保金融に関する法律に基づく恩給・共済年金担保融資です（なお、沖縄県では、沖縄振興開発金融公庫が取り扱っています）。

なお、福祉医療機構による年金担保貸付事業は2010年12月の閣議決定で制度の廃止が決定され、以後、事業規模の縮小等が図られてきています。

2 債権者一覧表への計上、その他の留意点

年金担保貸付に係る債権は再生債権ですので、債権者一覧表に計上する必要があります。ただし、これは年金受給権を担保とする別除権付債権となり、債務者に支給される年金で完済されます。したがって、担保不足額は0円となり、再生計画上の弁済は行いません（『個再手引』315頁〔石田憲一＝土屋毅〕。別除権の取扱いについてはQ33を参照してください）。一方、債務者は、年金担保貸付に係る債務を完済するまで満額の年金を受け取ることができません。その間、債務者の手取り収入は回復しないことになりますので、再生計画を立てる上で注意が必要です。

3 違法な年金担保貸付

上記制度に基づくもの以外の、年金受給権を担保とする貸付けは違法です（以下「違法な年金担保貸付」といいます。貸金20の2（禁止規定）、48（罰則）参照）。違法な年金担保貸付は、債務者の生活を脅かす極めて悪質な犯罪行為であり、公序良俗に反するものとして無効と解されます。

そして、裁判上主張し得ない請求権は再生債権とはなり得ないので（『破産民再実務（民再）』199頁）、違法な年金担保貸付の場合、債権者一覧表に一応記載した上で、債権額を0円とする取扱いも多くなされています（債権者がヤミ金の場合についてはQ25を参照してください）。なお、高松高判平19.12.11（公刊物未登載。兵庫県弁護士会ウェブサイト）は、違法な年金担保貸付の被害者がその弁済額全額について不法行為に基づく損害賠償を求めた事案で、「本件貸付が公序良俗に反し…各貸付分を損益相殺として考慮・控除し得ない」と判示しています。　〔塩地陽介〕

Q40 勤務先や共済組合からの借入金の取扱い

再生債務者が、勤務先や勤務先の共済組合から借入れをしている場合の留意点を教えてください。

1 原則

(1) 勤務先や共済組合からの借入れも再生債権に当たる

再生債務者に対して再生手続開始前の原因に基づいて生じた財産上の請求権は、共益債権及び一般優先債権を除き再生債権となります（民再84Ⅰ）。再生債務者が、勤務先や勤務先の共済組合等（以下「勤務先等」といいます）から借入れをしている事例は多く見られますが、これらの債権も再生債権であり、個人再生手続の申立てに当たっては、債権者一覧表に記載しなければなりません（『個再手引』119頁〔石井芳明＝千葉健一〕）。そして、再生債権である以上、再生手続開始後は、再生計画に定めるところによらなければ、弁済をすることは許されません（民再85Ⅰ）。

(2) 弁済を継続した場合

再生手続開始前であっても、弁護士受任後に、勤務先等に対してのみ弁済することは偏頗弁済に当たり、勤務先等が支払不能等を知らなかった場合等を除き、破産法上は否認の対象となります（破162Ⅰ①）。そのため、破産手続であれば否認権行使により回復されるであろう返済額は、清算価値の算定に当たり上乗せする必要が生じ（**Q59参照**）、また、否認権を回避するために再生手続が申し立てられるなど、不当な目的が認定されるような場合には、当該申立てが棄却されることがあるという指摘がなされています（『個再手引』121頁〔下田敦史＝千葉健一〕）。

また、再生手続開始後には、再生債権の弁済は禁止されますので（民再85Ⅰ）、勤務先等に返済をした場合、その程度が軽微といえないときは、法律の規定に違反したものとして、再生計画不認可の決定がなされることもあります（民再174Ⅱ①、231Ⅰ、241Ⅰ）。

2 給料天引きや退職金担保の契約の取扱い

勤務先等が、従業員の福利厚生の一環として労働者に貸し付ける長期・低利の貸付けにおいては、返済方法が給料天引きとされ、返済途中で退職するときは退職金で全額返還する旨の約定がなされているのが通常です。

(1) 給料天引きの場合の対処法

給料からの天引きは、労使協定又は労働者の自由な意思に基づく同意を前提になされているものですから、当然に再生債権の一部弁済と見られることになり、上記1(2)の問題が生ずることになります（**Q59参照**）。また、地方公務員共済組合の組合員である地方公務員の給与から貸付金残額を控除して組合に払い込む行為は、破産

法上、否認の対象となるとする判例もあります（最一小判平2．7．19民集44巻5号837頁）。したがって、再生債務者は、受任通知後ないし再生手続開始後直ちに、勤務先等に対して給料天引きの停止を申し出る必要があります。多くの場合、代理人弁護士名で申し出れば天引きは停止されますが、停止されないときには、損害賠償請求訴訟を予告するなどして、強く停止を申し入れ、それでも応じない場合は、弁済禁止の保全処分も検討するべきです（『個再手引』122頁〔下田＝千葉〕）。

(2) いわゆる退職金担保の契約がある場合

返済途中で退職するときは退職金で全額返済する旨の相殺の約定がある場合については、給料・退職金の全額払いの原則（労基24Ⅰ）との関係で、その有効性が問題となります。この点、①労使間の書面による賃金控除協定がある場合（労基24Ⅰただし書）又は②合意による相殺が労働者の自由な意思に基づいてなされたものであると認めるに足りる合理的な理由が客観的に存在するときは、相殺は全額支払原則に反しないものとされています（最二小判平2．11.26民集44巻8号1085頁）。

したがって、これらの要件を欠く場合には、当然に相殺予約の効力を認めることはできず、通常の再生債権として処理することになります。

また、上記の要件を充たしている場合でも、民事再生法が再生計画遂行のための弁済原資の確保と再生債権者間の平等の観点から相殺できる場合を限定していること（民再92、93）に照らせば、このような相殺予約を非典型担保の別除権付債権として取り扱うのは困難であり、無担保の再生債権として処理すべきであると考えられます（『大阪再生物語』216頁）。

(3) 退職金請求権に質権を設定していると主張されている場合

退職金請求権に勤務先等が質権を設定していると主張している場合には、そもそも担保の設定が有効か否かを慎重に検討する必要があります（『個再手引』120頁〔石井＝千葉〕）。仮に、別除権付債権として扱うべき場合には、勤務先等は、別除権行使によって弁済を受けることができない債権の不足部分についてのみ再生債権者としての手続参加が認められることになります（民再88）。再生計画案作成時に不足額が未確定である場合には、再生計画において、不足額についての権利行使について的確な措置を定めなければなりません（民再160Ⅰ。Q33参照）。勤務先等は、質権実行によって残額が確定したときに限り、権利を行使し得ることになります（民再182本文）。

3 財産目録における退職金の清算価値の記載方法

財産目録における退職金の清算価値の記載に当たっては、相殺・質権実行後の金額の8分の1を計上させる運用が多いようです（『個再手引』541頁、『大阪再生物語』217頁。Q48参照）。

〔河野　聡〕

Q 41　滞納家賃、光熱費の取扱い

① 再生債務者が家賃を滞納している場合、滞納家賃は再生債権に該当しますか。また、再生手続開始後に、家主から契約解除をすることができますか。解除可能だとしたら、家賃滞納を解消するため、開始後に家賃を支払うことはできますか。
② 手持ち資産で滞納家賃を支払ってから申立てをすることはできますか。
③ 光熱費を滞納したまま申し立てた場合はどうですか。

1　設問①について

(1)　再生手続開始前の滞納家賃債権の性質

手続開始前の使用収益についての滞納家賃は、手続開始前の原因に基づくものですから、再生債権に該当します（民再84Ⅰ）。

賃貸借契約は双務契約ですから、賃借人である再生債務者は履行と解除の選択権を有し（民再49Ⅰ）、履行を選択した場合の手続開始後の賃料は共益債権となります（民再49Ⅳ）が、開始前の滞納家賃が共益債権化されるかについては、議論があります。通説は、賃貸人の使用収益させるという債務とその対価としての賃借人の賃料支払債務は、一定期間ごとに可分として双方未履行に該当するか否かは部分給付ごとに判断すべきであり、手続開始前については相手方の使用収益させる債務の履行は終了していることから双方未履行には当たらず、手続開始前の滞納家賃は共益債権化されずに再生債権にとどまるとしています（『破産民再実務（再生）』141頁）。通説を前提とすると、手続開始時に相手方の債務の履行が終了している範囲、すなわち、賃貸借契約の給付内容が可分とされる単位が問題となりますが、年・月など賃料支払の単位と定めた期間ごとに可分として当該期間の賃料債権すべてが共益債権となるとする考え方と、日単位で可分として手続開始日で区分して日割計算する考え方があり、実務ではいずれの処理も見られるようです。

(2)　再生手続開始後の家主からの契約解除

民事再生法49条は、手続開始のときに双方未履行の双務契約について、再生債務者等にのみ解除又は履行の選択権を認め、手続開始を理由とする相手方の法定解除権は定めていません。また、手続開始前の滞納家賃がある場合でも、手続開始時点で解除権が発生していると認められない場合には、手続開始前の使用収益に係る滞納家賃は再生債権となり、弁済禁止効（民再85Ⅰ）が働きますから、その滞納を理由に新たに解除権は発生しないと解されます。ただし、手続開始前に、賃料未払等の債務不履行が生じて催告もなされ、信頼関係を破壊するに至らない事情も見当たらないなど、すでに解除権が発生しているときには、家主は、手続開始後に解除権

を行使することができると解されます(『新基本法コンメ』117頁〔髙田裕成〕)。なお、手続開始の申立てを無催告解除事由とする解除条項が定められている場合には、この条項によって手続開始前に解除権が発生しているのではないかが問題となりますが、賃貸借契約についての再生手続開始申立てを無催告解除事由とする条項の効力は否定されると解されます(『破産民再実務(民再)』141頁)。

(3) 再生手続開始後の開始決定前滞納家賃支払の可否

手続開始前の滞納家賃は再生債権に該当しますから、弁済禁止効が働き(民再85Ⅰ)、再生計画に従わずに再生債務者が支払うことはできません。事業者である再生債務者が、店舗等の賃貸借について家賃を滞納していた場合で、「少額の再生債権を早期に弁済しなければ再生債務者の事業の継続に著しい支障を来すとき」(民再85Ⅴ後段)に該当する場合には、裁判所の許可を受けて支払うことが考えられますが、少額債権の弁済許可の要件を充たす限られた事案のみが対象となり、東京地裁においても、民事再生法85条5項の弁済許可をした実績はほとんどないとされています(『個再手引』163、161頁〔下田敦史＝竹中輝順〕)。

なお、家族等の援助を得られ、家族等が実際に金銭を拠出して第三者弁済をする場合には、弁済禁止効には抵触しないことになります(『大阪再生物語』219頁)。

2 設問②について

申立前に手持ち資産で滞納家賃を支払うこと自体は可能です。

ただし、当該弁済が、破産手続であれば偏頗弁済(破162)として否認権が行使され破産財団を増殖させることができる行為と評価される場合には、清算価値保障原則(民再231Ⅰ、174Ⅱ④、241Ⅱ②)に違反しないようにするため、清算価値の算定において偏頗弁済相当額を上乗せし、これをもとに最低弁済額を算定する必要があります(**Q59**参照)。なお、偏頗弁済の程度が著しく、個人再生手続開始申立ての目的が再生手続による経済的更生を図ることではなく否認権行使を回避することにあるような、本来の目的から逸脱した濫用的な目的での申立てといえる場合には、不当な目的で再生手続開始の申立てがなされたものとして、民事再生法25条4項により申立てが棄却されるおそれもあります(『はい6民』454頁注2)。

3 設問③について

(1) 給付の時期と債権の性質

ア 再生手続開始の申立前の給付に係る光熱費

手続開始前の原因に基づく債権ですから、原則として再生債権に該当します(民再84Ⅰ)。ただし、手続開始前6か月間の生活に必要な供給については、民法306条4号、310条により一般先取特権が成立し、一般優先債権に該当しますから(民再122Ⅰ)、再生手続によらず随時弁済できます(民再122Ⅱ)。

イ 申立てから再生手続開始までの間の給付に係る光熱費

民事再生法50条は、「継続的給付を目的とする双務契約」についての特則を定め、同条2項は、申立後開始前にした給付に係る請求権(一定期間ごとに債権額を算

定すべき継続的給付については、申立ての日の属する期間内の給付に係る請求権を含みます）を共益債権とする特則を定めています。

　民事再生法50条が適用されるのは、当事者の一方が一定の種類のものを一定期間又は期間を定めずに継続して給付する義務を負い、他方の当事者がそれに対し、給付ごとにあるいは一定の期間を区切って、それに対する対価を支払う義務を負う契約です。電気、ガス、水道の供給契約が典型ですが、電気通信役務契約等もこれに該当します（ただし、携帯電話機の販売代金を分割払いとして利用料金と併せて支払をしている場合でも、同条の対象となるのは利用料金だけですから、販売代金残額は再生債権です）。電気、ガス等の供給に係る契約は同条の適用を受けますから、この期間に係る給付についての光熱費は原則として共益債権となり、再生手続によらずに随時弁済できます（民再121Ⅰ）。ただし、手続開始決定前に解除等により契約が終了している場合には、同条の適用はなく、申立てから契約終了までの間の給付に係る光熱費は再生債権に該当すると解されます（『破産民再実務（再生）』156頁）。

　手続開始後に再生債務者が民事再生法49条1項に基づき解除を選択した場合に、申立てから手続開始までの給付の対価が共益債権化されるか否かについては、見解が分かれています。共益債権化の規律が適用されるとする見解が一般的ですが（『新注釈上』278頁〔中島弘雅〕）、履行選択をした場合にのみ民事再生法50条が適用されるとする見解も有力に主張されており（『新基本法コンメ』120頁〔水元宏典〕）、東京地裁は解除を選択した場合には同条は適用されず共益債権化しないとしています（『破産民再実務（再生）』156頁）。なお、破産法55条2項について、供給者が直ちに供給を停止することができないことが財団債権化を正当とする根拠であり、法令又は契約により容易に供給の停止あるいは解除又は解約が認められない契約のみがその対象となるとする解釈の可能性が示されていますが（中島弘雅＝村田典子「特殊な契約」『破産法大系(2)』389頁）、電気やガスは事業者が供給義務を負っており（電気事業法18、ガス事業法16）、しかもその供給は認可を受けた供給約款に基づくものとされているため（電気事業法118、ガス事業法17）、容易に供給の停止等は認められませんから、この考え方によった場合にも電気・ガス料金は共益債権化されることになると考えられます。

　ウ　再生手続開始後に履行を選択した場合の開始後の給付に係る光熱費
　民事再生法49条4項により、共益債権となります。

(2) 供給拒絶の可否

　手続開始時までに契約が終了している場合を除き、手続開始後は、民事再生法50条1項により、申立前の料金未払いを理由として供給を拒むことはできません（『個再手引』164頁〔下田＝竹中〕）。また、同条の反対解釈により、①申立後の料金が未払いの場合は開始後も相手方は供給を拒むことができ、また、②開始前は、申立後であっても、料金未納を理由に供給を拒むことができると解されます（『条解』258頁〔西澤宗英〕）。

〔松永和宏〕

Q 42 買掛金等の商取引債務の取扱い

再生債務者が個人事業者である場合に、個人再生手続の開始決定前あるいは開始決定後に、買掛金等の商取引債務を弁済することはできるでしょうか。

1 開始決定前の弁済

(1) 否認規定の適用除外

再生債務者が個人事業者の場合（個人事業者が小規模個人再生を申し立てる場合の留意点についてはQ14を参照してください）に、債務者が取引先との関係悪化を懸念して、買掛金等の商取引債務の弁済を希望する場合がありますが、開始決定の前には、民事再生法85条1項のような弁済そのものを禁止する規定はありません。

また、破産や通常再生を利用する場合には、支払停止後等に一部の債権者に対して偏頗弁済をすれば、後に破産管財人や監督委員による否認の対象となりますが（破160以下、民再127以下）、個人再生手続においては手続の簡易迅速のために否認権の規定が適用除外となっています（民再238、245は、第6章第2節を適用除外としています）。

さらに、他の債権者から、偏頗弁済について民法424条（改正民424の3）に基づいて詐害行為取消権を行使されることが考えられますが、小規模個人再生手続開始後は、再生債権者は再生手続外で詐害行為取消権を行使することはできないとする裁判例があります（東京高判平22.12.22判タ1348号243頁）。

(2) 個人再生手続上の取扱い

しかしながら、破産手続では否認権を行使されるのでこれを回避しようとして個人再生手続が申し立てられたような場合には、「不当な目的で再生手続開始の申立てがされたとき」（民再25④）に該当するものとして申立てが棄却されることがあります（『個再手引』76頁〔大澤加奈子〕、80頁〔佐藤三郎〕、165頁〔下田敦史＝竹中輝順〕、『大阪再生物語』191頁）。

この点、明らかに濫用的目的が認められる場合でなければ、手続棄却事由の判断は慎重になされるべきであると指摘されています（『新注釈上』122頁〔髙井章光〕）ので、事業継続のために必要不可欠な取引により発生した、さほど高額ではない商取引債務については、これを弁済していたからといって、安易に申立てを棄却するのは相当ではないと考えます（『個人の破産・再生』183頁〔千綿俊一郎〕）。

また、個人再生手続における弁済は、破産した場合に配当できる金額を上回らなければならないという清算価値保障原則（民再230Ⅱ、231Ⅰ、174Ⅱ④、241Ⅱ②）がありますので、清算価値の算定に当たっては、破産した場合に否認権の対象となるべき偏頗弁済の額を、認可決定時点の清算価値に上乗せすべきことになります

(『個再手引』225頁〔吉田真悟＝新部正則〕。Q43、Q59参照)。

もっとも、再生債務者が事業を継続するなかで、日常的・継続的に発生する商取引債務の債権者は、支払不能や支払停止の事実を認識していないことも多く、否認の要件を充たさないために（破162Ⅰ①イ）、当該商取引債務の支払金額を清算価値に上乗せすべきではない場合も考えられます。

(3) 申立代理人の対応

申立代理人の立場としては、個人再生の申立ての相談・依頼を受けた際には、商取引債務の有無・内容を聴き取って、受任通知の発出の要否・時期・内容について十分に検討しておくべきです（発出のタイミング等については『個人の破産・再生』182頁〔千綿〕参照）。

具体的には、①取引停止されてもかまわない取引先には通知を出して支払を停止する、②取引停止されると困る取引先であれば、未払いが解消してから受任するなど、事前に相談者と打ち合わせをしておく必要があります。そして、③解消できないほどの未払いがあれば、原則として受任時に通知を出して支払を停止せざるを得ません。この点、④事業継続のために必要不可欠な取引先であることが明確にできれば、受任通知に「支払は継続するので取引継続をお願いしたい」という趣旨の文言を加えるなどして事情を説明し、受任後も支払を継続することが考えられますが、取引を停止されるリスクが残ることは否めません（『個人の破産・再生』182頁〔千綿〕）。

いずれにしても、申立代理人は、否認対象行為がある場合には、再生債務者に対して最低弁済額が増加するおそれがあることを説明すべきであり、偏頗弁済を助長するような指導を行うことは問題であろうとも指摘されています（『倒産処理と弁護士倫理』292頁〔野村剛司〕）。

また、偏頗弁済をすることは再生債務者にとってリスクが伴うことであるため注意が必要ですし、偏頗弁済があることが判明した場合には、裁判所に対して誠実にその具体的な内容を報告しておくべきです。

(4) 密行的に申立てをする場合の留意点

事案によっては、通常再生の場合と同様に、密行型の（申立前に受任通知を発出しない）申立てをすることも検討されるべきでしょう。

この場合は、利息制限法の引直し計算等、事前の債権調査が不十分にならざるを得ませんので、残額が不明の債権者については、異議の留保（民再221Ⅳ）を付したまま申立てをすることになります（『個人の破産・再生』184頁〔千綿〕）。

2 開始決定後の弁済

(1) 申立前の取引に基づく商取引債務

申立前の取引に基づく商取引債務は再生債権となりますので（民再84Ⅰ）、開始決定後は原則として再生計画の定めるところによらなければ弁済することはできません（民再85Ⅰ）。したがって、原則として、開始決定後は再生計画認可の決定が

確定するまで弁済をすることはできません。

　例外的に、①再生債務者を主要な取引先とする中小企業が、その有する再生債権の弁済を受けなければ、事業の継続に著しい支障を来すおそれがあるとき（民再85Ⅱ）、②少額の再生債権を早期に弁済することにより再生手続を円滑に進行することができるとき（民再85Ⅴ前段）、③少額の再生債権を早期に弁済しなければ再生債務者の事業の継続に著しい支障を来すとき（民再85Ⅴ後段）には、裁判所の許可を得て弁済をなすことが認められます（『運用指針』166頁以下参照）。

　しかしながら、個人事業者の事案では、①や②の事情が認められる場合はまれであるものと思われます。

　そこで、③の活用が望まれますが、具体例としては、原材料の供給業者が限られている場合、廃棄物処理について代替できる業者がいない場合、一定の地域内の運送業者が限られている場合などが例示されています（『新注釈上』453頁〔森恵一〕）。

(2) 申立後開始決定前の取引に基づく商取引債務

　申立後開始決定までの間に、個人事業者が原材料の購入等をなす場合、それが「再生債務者の事業の継続に欠くことができない」（民再120Ⅰ）といえるのであれば、裁判所の許可を得て、共益債権とすることができます。

　この許可を得ていれば、開始決定後であっても、他の再生債権に先立って、再生手続によらないで随時弁済することができます（民再121Ⅰ・Ⅱ）。

　そして、再生債務者としては、事前に個人再生委員や裁判所と十分な協議が必要であり、個別の債権を特定して許可を申し立てるか、包括的に申し立てる場合でも、債権の発生原因、発生時期、予想される総額等の特定をなすべきとされます（『個再手引』166頁〔下田＝竹中〕）。

(3) 開始決定後の取引に基づく商取引債務

　開始決定後に発生した商取引債務については、「再生手続開始後の再生債務者の業務、生活並びに財産の管理及び処分に関する費用の請求権」（民再119②）として共益債権に該当し、再生債権に先立って、再生手続によらないで随時弁済することができます（民再121Ⅰ・Ⅱ）。

〔千綿俊一郎〕

第4章

財産目録・清算価値保障原則

Q43 滞納公租公課の存在と清算価値保障原則

個人再生手続を利用しようとしていますが、800万円の退職金見込額（その時点で退職すれば支給される退職金の額）があり、自宅（オーバーローンではありません）を所有している一方で、固定資産税・都市計画税を80万円滞納しています。このことは、個人再生手続での最低弁済額にどのように影響するのでしょうか。

1　計画弁済額の下限は何で決まるか（清算価値保障原則の登場）

　計画弁済額の下限を定める基準は、第一に、小規模個人再生では、基準債権の総額に対する計画弁済額の比率であり（民再231Ⅱ）、給与所得者等再生では、これに加えて再生債務者の収入の手取額から政令で定める生活費を控除したものの2年分の額です（民再241Ⅱ⑦、Ⅲ）。その基準によって算定される額を下回ると再生計画は付議されず、また付議され可決されたとしても不認可となります（民再230Ⅱ、231Ⅰ）。

　ただ、この基準だけですと、再生債務者が現に有する資産は考慮されません。個人再生手続は、将来において継続的・反復的に収入を得る見込みのある債務者がその収入によって弁済することを前提とするものですが、破産手続に優先して行われ、債権者から破産手続による配当を受ける機会を奪うものですので（民再39、184）、破産手続により債権者が受ける満足を下回る弁済しかされない再生計画は、債権者の利益の観点から許容することができません。

　負債総額が少なく、あるいは、将来得る収入が少ないために、第一の基準では計画弁済額の下限が少額である債務者でも、現に多額の資産を有しており、その資産を換価すれば、負債の相当割合（場合によっては全額）の弁済が可能な事案があります。設問の債務者のように退職金見込額があり、オーバーローンではない自宅があるという事案を想定すれば、第一の基準だけによる再生計画が許容されないことは容易に理解できます。

　そこで、破産手続により債権者が得られる弁済以上の弁済が再生計画によってなされなければ、再生計画は付議されず、可決されても不認可となるという第二の計画弁済額の下限の基準が登場するのです。これが、「清算価値保障原則」と呼ばれるものであり、法文では「再生債権者の一般の利益に反する」という表現がされています（民再174Ⅱ、230Ⅱ、231Ⅰ、241Ⅱ）。

2　清算価値保障原則への適合性のチェック

　個人再生手続の申立書の書式は、裁判所によって異なりますが、清算価値保障原則への適合性のチェックは、財産目録上の付加記載によって行う方式と、別に「清

算価値算定シート」を作成する方式があります。

　そのいずれも、従来の書式では、不動産については被担保債権額を控除する、退職金見込額についてはその8分の1を清算価値として計上するなど、資産については、破産での運用と共通の取扱いをすることが意識されている一方、負債をどのように取り扱うかについては意識されていないと思われ、負債は記載事項に登場していないようです。

　しかし、清算価値保障原則の意味が、破産手続により債権者が受ける満足を保障するということである以上、負債についても、破産手続と同様に、財団債権、優先・一般・劣後の破産債権という区別をして、債権者が受ける満足が害されるか否かを検討すべきです。

　固定資産税・都市計画税の滞納分は、破産手続では、財団債権ないし優先的破産債権であり、一般破産債権に優先します。したがって、設問の滞納分80万円は、清算価値の算定では控除されるべきです（『個再手引』266頁〔石田憲一＝伊藤康博〕も同旨）。

　設問の債務者が、個人事業者であったとすれば、従業員の労働債権など、公租公課以外の優先債権にも未払分が生じていることが考えられますが、それについても同様に、清算価値の算定では控除されるべきです。

　多額の滞納公租公課が存在する場合には、再生計画の履行可能性に問題が生ずることがあり得ますので、申立代理人としては、分納合意を取り付けるなどの手当てが必要です（『個再手引』267頁〔石田＝伊藤〕参照）。

　公租公課、労働債権以外に破産管財人報酬相当額が清算価値の算定で控除されるべきであると思われます。個人再生で清算価値保障原則が問題となるのは、基準債権額に基づく最低弁済額100万円を上回る清算価値がある場合であり、その場合には、原則として同時廃止ではなく管財事件となります。破産管財人報酬の決定は裁判所の裁量によるとはいえ、最低ラインの報酬額は事実上定まっており、少なくともそれに相当する額を清算価値から除外することは、債権者の立場を考えても、認められるべきです。これを否定する見解もあります（『個再手引』266頁〔石田＝伊藤〕）が、この程度の報酬額となる破産事件のほとんどは異時廃止案件であって債権者に対する配当がなされないのに対し、個人再生では、前記の基準債権額に基づく最低弁済額の弁済はなされるのですから、破産管財人報酬相当分を控除することが債権者にとって不利益となるものではありません。

3　清算価値保障原則の基準時

　個人再生手続の申立てをした債務者の資産状態は、申立時、開始決定時、認可決定の確定時で、それぞれ異なることが考えられます。

　破産手続での弁済以上を保障するといった場合に、どの時点でそれを判定するかという問題があります。

　個人再生手続の立法に当たって、再生計画の取消事由として、再生計画認可の時

点で、破産手続が行われた場合の配当総額を下回ることが定められました（民再236、242）。

　通常再生における清算価値保障原則の基準時が手続開始の時点なのか計画認可の時点なのかについては見解の対立がありますが、個人再生における清算価値保障原則の基準時は、この規定を受けて計画認可時と解されています（『個再手引』225頁〔吉田真悟＝新部正則〕、235頁〔石田憲一＝堀田次郎〕）。

　実務上は、清算価値保障原則に触れるか否かの判定は、申立後開始決定までの間の資料によって行われています。債務者が開始決定後に相続財産を得たなどの特別な事情がない限り、清算価値を改めて再生計画認可時にチェックすることは、個人再生手続では想定しておらず、実際にも、行われていないと思われます（**Q49**参照）。

〔木内道祥〕

Q44 財産目録の作成

財産目録作成に当たっての留意点について教えてください。

1 財産目録作成の意義・機能と清算価値保障原則

個人再生の申立てに際しては、添付書類として財産目録を作成する必要があります。

財産目録は、申立時における財産を確認し、その適正な評価額を記載することにより、申立時点における手続開始の要件（破産手続開始の原因たる事実の生じるおそれなど。民再21Ⅰ）を確認すると同時に、清算価値を把握するために作成するものであり（清算価値保障原則。民再174Ⅱ④、241Ⅱ②）、財産目録の記載漏れや不正の記載は手続廃止となる場合があります（民再237Ⅱ、244）。

破産手続において債権者が得られる弁済と比較するという性質上、財産目録の作成方法、記載内容は個人破産の申立ての場合に準じることとなります（清算価値保障原則の趣旨と基準時についてはQ43を参照してください）。

2 財産目録として記載すべき項目とその評価

財産目録として記載すべき項目としては、①現金、②預貯金、③保険等、④積立金等、⑤賃借保証金・敷金、⑥過払金・貸付金・売掛金等の金銭債権、⑦退職金、⑧不動産、⑨自動車、⑩その他の動産及びその他の財産があります（申立人が個人事業主である場合についてはQ60を参照してください）。

財産目録作成に当たっては、財産として記載するかどうかという問題と、記載した財産の清算価値をどう計上するかという問題があり、両者を意識することが肝心です。なお、清算価値算定の書式としては、財産目録に清算価値を付加して記載する方式と、財産目録とは別に清算価値算定シートを作成する方式とがあり、申立先の裁判所がどちらを採用しているか確認が必要です。

各項目ですが、現金については、申立日を基準時とし、金額にかかわらず一律に記載を要するというのが一般的です。破産手続では99万円までの現金は本来的な自由財産とされている（破34Ⅲ①）ことから、清算価値としては手持ち現金から99万円を控除した金額を計上することになります（Q45参照）。

預貯金は、申立人名義のものはすべて財産目録に記載する必要があります。ただ、普通預金（や通常貯金）に関しては、破産手続では残高（払戻見込額）が20万円を超えない場合は基本的に換価不要として取り扱われている関係上、個人再生手続においても清算価値として計上する必要はないという裁判所（東京地裁）と、残高にかかわらず財産として記載した上で、清算価値としては現金と合算して99万円を控除した金額を計上するという裁判所（大阪地裁等）があります。

保険（共済）契約に関しては、自賠責保険を除き、解約返戻金がない場合も申立人が契約者のものはすべて財産目録への記載が必要です（契約者貸付金等の処理についてはQ47を参照してください）。なお、解約返戻金の見込額が20万円を超えない場合の保険契約の清算価値については預貯金と同様の問題があります。

　賃借保証金・敷金については、居住用物件で今後も居住することが見込まれる場合は清算価値を０円と評価する裁判所（仙台地裁）や、事業用も含め契約上の返戻金額から60万円を控除し、さらに滞納賃料額を控除した金額を清算価値として計上している裁判所（大阪地裁）があります（Q53参照）。したがって、居住用物件該当性と継続利用の見込みを考慮し、破産の場合に回収が見込まれる額を清算価値として計上することになります。

　金銭債権のうち、過払金については、その他の財産として計上するのが一般的です（清算価値の評価についてはQ46を参照してください）。貸金や売掛金等は、契約書等原因証書がなくても記載する必要がありますが、その回収可能性については債権の性質や債務者の状況、従前の弁済経過等を考慮して判断することになり、回収可能性がない場合には清算価値は「０円」と計上すれば足ります（Q49参照）。

　退職金も記載する必要がありますが、破産手続では差押禁止財産は破産財団を構成しないため（破34Ⅲ②）、差押禁止の範囲を除く部分（４分の１）を上限とした上で、支給の蓋然性を考慮して見込額の８分の１（蓋然性が高い場合は４分の１）を清算価値として計上するのが一般的です（Q48参照）。

　不動産は、登記名義にかかわらず申立人が実質的に所有している物件（例えば相続登記未了物件など）も記載する必要があります（共有名義の場合についてはQ51を参照してください）。なお、借地権付建物ないし借地権負担のある土地を所有する場合は、借地権を考慮した清算価値を計上することになります（Q52参照）。

　自動車の清算価値については、初年度登録からの経過年数が５年（ないしは７年）以内で、新車価格が300万円以上である場合には、査定書等で疎明する必要があります（車両に所有権留保特約が存在する場合についてはQ50を参照してください）。

3　否認対象となる弁済等が存在する場合

　偏頗弁済等、否認対象行為が存在するケースで、破産手続では否認権が行使されるので、それを回避する目的で個人再生の申立てをした場合には「不当な目的」による申立てとして棄却されることがあります（民再25④）。

　また、否認対象行為がある場合には財産目録の作成に当たっても考慮が必要です。清算価値保障は、破産手続において債権者が得られる弁済と比較するという性質のものであり、個人再生の申立ての際も否認権が行使されることを前提に財産として記載し清算価値を計上する必要があります。したがって、申立代理人としては否認対象行為の有無と内容につき十分に確認する必要があります（否認対象行為と清算価値保障原則についてはQ19、Q20、Q59を参照してください）。

〔池上哲朗〕

Q45 財産目録の作成と現金

財産目録の作成に当たって、現金はどのように取り扱われますか。申立直前に払い戻して現金化した預貯金も現金として取り扱ってよいでしょうか。

1 財産目録作成における現金の取扱い

財産目録には、再生債務者が申立日現在に保有している現金の合計額を記載する必要があります。財産目録の金額欄の記載方法としては、金額の多寡にかかわらず手持ち現金のすべてを記載するという取扱いをしている裁判所が一般的です。

清算価値の計上については、破産手続において99万円までの現金は本来的自由財産とされていますので（破34Ⅲ①、民執131③、民執施行令1）、個人再生手続においても99万円以下の現金は清算価値から除外すべきであり、多くの裁判所では99万円を控除した金額を記載する取扱いになっています（東京、大阪、京都地裁など）。

なお、普通預金（通常貯金）を現金に準ずるものとして取り扱う大阪地裁では、「現金＋普通預金（通常貯金）－99万円」の部分を清算価値に計上するという取扱いがなされています（『にい6民』438頁参照）。

2 申立直前に払い戻した預貯金の取扱い

再生手続開始の申立ての直前等の危機時期に、預貯金を払い戻して現金化した場合の取扱いは、大きく分けて2つの運用があります。ひとつは、①現金化前の預貯金の状態を前提に清算価値を計算する運用、もうひとつは、②直前現金化の場合にもその現金性を肯定し、99万円までの部分は原則として清算価値の対象としない運用です。

従来、多くの裁判所は、①の運用を採用していました。①の運用に対しては、実際の生活の場では給料も振込みがほとんどで、預貯金が「財布代わり」に利用されている実態からすれば、預貯金は現金と同視すべきであり、預貯金を直前現金化した場合でも99万円までに現金として取り扱うべきであるとの批判もありました。

現在では、②の運用を採用している裁判所（東京、名古屋、福岡地裁など）も増えてきています。もっとも、申立てをする際には、申立先の裁判所の運用について確認をする必要があります。東京地裁の運用では、生活費の確保等の観点から現金化が必要であることも考えられるため、99万円までの部分は原則として清算価値の算定の対象とはなりませんが、直前に現金化した者とそうでない者との間に著しい不公平が生じることは避ける必要があるので、例えばことさらに清算価値を下げるためだけの目的で他の財産を現金化した場合など、債務者の生活状況その他の事情に照らして不合理な換金行為があったときは、現金化された額について換金がなかったとすれば清算価値に算入されたであろう相当額を清算価値の算定の対象に含める

のが相当な事案もあります（『個再手引』239頁〔石田憲一＝堀田次郎〕参照）。
　また、大阪地裁では、普通預貯金を直前現金化した場合、現金化前の状態を前提に普通預貯金として取り扱うものの、清算価値の評価においては、普通預貯金を現金と同視するため、結果として、現金として取り扱う場合と異ならないことになります。
　なお、直前現金化した預貯金について、相当な範囲での申立費用（予納金・弁護士費用等）、医療費及び転居費用等の有用の資に充てたことを理由に清算価値から除外すべきと主張する場合には、その使途について資料とともに具体的に書面で明らかにすべきことになります。

3　その他

　申立前に回収されて現金化された過払金を現金として取り扱うことができるかどうかについては、Q46を参照してください。
　大阪地裁などでは、履行可能性確保のために、申立代理人が受任して債権者への支払を停止した後の積立てを推奨しています。このような積立金は、預貯金として積み立てられる場合が多く、形式的には清算価値に含められるべきものですが、明示的に開始決定後や受任後開始決定前の積立てを求める多くの裁判所では、積立金を清算価値に含めない運用を採用しています（Q16参照）。なお、大阪地裁では、再生手続開始決定前の預貯金による積立金については、預貯金として清算価値に計上されますが、現金と同視する結果、清算価値は増大しないことが通常です。

〔宮﨑純一〕

Q46 過払金の評価方法

① 回収済みの過払金の清算価値の算定に当たり、回収額から弁護士報酬や実費を控除することは認められますか。また、回収済みの過払金のうち99万円の範囲内のものについては、すでに現金になっているとして清算価値に含めないことは認められますか。
② 未回収の過払金の清算価値はどのように算定すべきですか。額面額全額を清算価値としなければなりませんか。未回収の場合でも、仮に回収できた場合に発生することが予想される弁護士報酬や実費の見込額を控除することはできますか。
③ 貸金業者との取引が長く、過払いとなっている可能性が高いのですが、業者が取引履歴を全部開示しないため、過払金の存否及び金額が確定できません。この場合過払金の清算価値はどのように算定すべきですか。

1 はじめに

かつて利息制限法所定の制限利率を超える、いわゆるグレーゾーン金利での貸付けを行っていた貸金業者に対する過払金返還請求権は、特に2005年以降の一連の最高裁判決等によって回収可能性が高い財産と認識されるに至りました。その後2006年12月に改正貸金業法が成立したことにより、グレーゾーン金利は廃止されることになりましたが、現在でも、取引期間が長い債務者や取引が終了してもいまだ時効期間が経過していない債務者については、過払金が発生していることがあります。

過払金返還請求権も債務者の財産ですから、財産目録に記載の上、その清算価値を算出する必要があります（財産目録の作成についてはQ44、清算価値保障原則についてはQ43、申立書類への過払金の記載方法については『はい6民』444〜448頁を参照してください）。

2 回収済みの過払金の評価（設問①）

(1) 回収に要した弁護士報酬及び実費の控除の可否

過払金回収に係る弁護士報酬や実費は過払金回収のために必要な費用であり、個人再生手続開始の申立てに係る弁護士報酬も申立てに当たっては通常必要な費用と考えられます。したがって、個人再生の申立以前に回収した過払金の清算価値の算定に当たり、回収した過払金から個人再生の申立てや過払金回収にかかる弁護士報酬や実費を控除することは、その金額が相当な範囲であると認められる限り「有用の資」に充てていると考えられ、通常控除が認められると考えられます。

なお、回収した過払金の一部を生活費等に費消した場合においても、当該生活費等が必要かつ相当な範囲である限り「有用の資」に充てていると考えられ、清算価

値算定に当たっては控除が認められるのが一般的です（**Q45**参照）。

(2) 回収済みの過払金を現金と同視できるか

99万円以内の現金については、破産法上本来的自由財産とされており（破34Ⅲ①）、個人再生手続においても通常は99万円以内の現金については清算価値に含めないとされていますが、申立直前に換価されて現金化した場合には、当該財産を現金としては評価せずに換価前の財産状態で把握する取扱いとなっている裁判所が多く見られます（**Q45**参照）。このような裁判所の運用には異論があり、直前現金化の場合にもその現金性を肯定する取扱いを採用する裁判所も増えてきているところです（**Q45**参照）。しかし、申立直前の換価について換価前の財産状態で把握する取扱いとなっている裁判所においては、申立前に回収した過払金については、たとえ現金で保管されていたとしても、現金と同視して清算価値から控除することは認められないことになります。

3 未回収の過払金の評価（設問②）

未回収の過払金の清算価値については、再生手続開始時における財産の価額の評定は「財産を処分するものとしてしなければならない」（民再規56）とされていることから、「早期回収価額」としての現実の回収見込額を清算価値とすべきと考えられます。

昨今は貸金業者の経営状態が悪化して倒産・廃業等が相次ぎ、法的整理・私的整理手続に至る業者も相当数に上っている状況であることから、そもそも回収自体不可能と考えられる場合や、仮に勝訴判決を得ても全額の回収が困難と見込まれる場合もあります。また、貸金業者から消滅時効の主張や取引の分断等の主張がなされていて、過払金の額に争いがある場合などについては、債務者が計算した額面額から回収の困難性等の程度に応じて、相当額を減額して現実の回収可能額を清算価値とすべきと考えられ、事案によっては「0円」と評価することも許容されると考えます（『個人の破産・再生』135頁〔野村剛司〕。回収困難な金銭債権の評価方法についてはQ49を参照してください）。ただし、額面額よりも減価して評価する場合には、減価した理由について説明すべきでしょう。

未回収の過払金についても、申立時に和解が成立している場合は設問①の回収済みの場合と同様、個人再生の申立てにかかる弁護士報酬のほか、過払金回収に当たり発生が予想される弁護士報酬や実費見込額等についても、その金額が相当な範囲であり、かつ、費用等の金額が判明している場合には、清算価値算定に当たって額面額から控除できると考えられます。なお、申立時に和解が成立していない場合は、回収費用等を控除できないとしている裁判所がありますが、その場合でも早期回収価額としての減価は認められるべきといえます（『個人の破産・再生』35～36頁〔新宅正人〕）。

ただし、たとえ個人再生の申立前に貸金業者との間で和解が成立していたとしても、通常は将来の生活費等に充てることを理由に当該将来の生活費等を和解金額か

ら控除することはできないとされています（『はい6民』445頁参照）。

4　存否や金額が不明な過払金の評価（設問③）

　最三小判平17.7.19（民集59巻6号1783頁）は、貸金業者に対して取引履歴の開示義務を認め、貸金業法改正により取引履歴の開示が義務化されました（貸金19の2）が、「1994～95年以前の古い取引履歴は保存されておらず開示できない」などと回答するなど、取引履歴の全面開示に応じない貸金業者も存在します。貸金業者が取引履歴の全面開示に応じない場合には、過払金の存否及び金額を確定することが極めて困難になり、清算価値をどのようにして算定すべきかが問題となります。

　この点は、前述のとおり未回収の過払金については、「早期回収価額」としての現実の回収見込額が清算価値となりますので、必ずしも正確な額面額の算出までは必要なく、取引履歴が全面開示されていないことを前提として清算価値を算定するしかないと考えます。具体的には、開示されている取引履歴や明らかになっている取引期間から推測される過払金の概算額を基礎として、取引履歴が非開示であることから生じる回収の困難性その他の事情の程度に応じて相応の減額を行った上で清算価値を算出すべきと考えます（過払金の有無が確定していない場合の申立書類への記載方法については『はい6民』447頁を参照してください）。

〔久米知之〕

Q 47 財産目録の作成と保険

① 解約返戻金が150万円ある生命保険に加入していますが、この保険から100万円の契約者貸付を受けています。財産目録には、貸付金額を控除することなく150万円と記載すべきでしょうか。それとも貸付金額を控除して50万円と記載すべきでしょうか。また契約者貸付金100万円については、債権者一覧表に記載する必要はあるでしょうか。
② 加入している保険が簡易保険の場合、何か留意すべきことはありますか。
③ 終身年金保険を受領している場合には、その保険は財産としてどのように評価すべきでしょうか。

1 契約者貸付制度を利用している場合の保険解約返戻金の取扱い（設問①）

　生命保険契約においては、多くの場合に、解約返戻金額の一定の限度で保険契約者が生命保険会社から貸付けを受ける制度が設けられており、再生債務者がこの契約者貸付を利用していることがありますが、申立代理人としては、財産目録にどのように記載すべきでしょうか。

　この点は、契約者貸付の法的性質を金銭消費貸借と捉えるか、保険金又は解約返戻金の前払いと捉えるかの争点とも関連します。しかし、契約者貸付は、貸付金額が解約返戻金の範囲内に限定され、保険金等の支払の際に元利金が差引計算されることから、少なくともその経済的実質においては、保険金又は解約返戻金の前払いと同視することができます。そこで、実務上、債権者一覧表への記載は不要であり、解約返戻金額から契約者貸付金を控除した金額を財産目録に記載すれば足りるとされています。

　福岡高決平15.6.12（判タ1139号292頁）は、給与所得者等再生手続で生命保険契約による契約者貸付による債権が再生債権となるかが争われた事案において、再生債権該当性を否定しました。これは、契約者貸付契約の申込書に、貸付条件として、「保険契約者について民事再生の開始決定があった日に貸付金の返還期日が到来し、かつ保険契約はその効力を失うとともに、貸付元利金は、会社が支払うべき金額と相殺して精算するという趣旨の定め」があり、貸付債権が合意に基づき再生手続開始決定時に相殺されて消滅していることを理由とするものですが、実務上、契約者貸付の際には必ず同様の貸付条件が付されているようです。

　したがって、財産目録には、貸付金額100万円は控除して、解約返戻金50万円と記載すべきです。契約者貸付金100万円について債権者一覧表に記載する必要はあ

りません。

2 簡易保険の場合の留意点（設問②）

　簡易生命保険（簡易保険）は、旧簡易生命保険法に基づき、国あるいは日本郵政公社が過去に販売していた生命保険です。いわゆる郵政民営化後に株式会社かんぽ生命が販売した保険は、簡易保険ではありません。

　1991年3月31日以前に効力が発生している簡易保険契約の保険金又は還付金請求権は、差押禁止財産とされています（1990年改正前の旧簡易生命保険法50）。すなわち、破産手続では本来的自由財産に該当するものですので（破34Ⅲ②）、清算価値には算入しないことになります。ただし、確認のため財産目録には記載の上、差押禁止財産である旨を説明すべきでしょう。

　これに対し、簡易保険であっても、契約者配当金、未経過保険料等は差押禁止財産ではありませんので、これらがある場合には財産目録へ記載し、清算価値にも算入することになります。

3 終身年金保険の評価（設問③）

　終身年金保険は、民間保険会社が販売し、年金受取人が亡くなるまでの間、一生涯年金を受け取ることができる年金保険です。解約が可能であれば一般の保険と同様に解約返戻金を評価の基準とすることができますが、年金受給開始後は解約できないものが多いため、評価方法が問題となります。

　まず、終身年金保険によって継続的に給付を受ける債権の4分の3に当たる部分は差押禁止であり（民執152Ⅰ①）、清算価値として評価する必要はありません。

　問題は、差押可能部分の清算価値をどのように評価すべきかですが、現在のところ、実務運用は定まっていないようです。

　ひとつの考え方としては、再生債務者が平均余命で死亡すると仮定し、当該年齢までの差押可能額について中間利息を控除したものを清算価値として評価する方法があります。しかし、民間の保険とはいえ年金であり、給料と同じく再生債務者の生活の糧であることを重視すると、今後受給する終身年金保険を、生涯にわたり借入金の弁済原資として考慮するのは不当だとの批判もありそうです。

　次に、再生計画に定める弁済期間に相当する期間の受給年金額のうち差押可能部分を清算価値として評価する方法も考えられます。しかし、今度は、生涯受給できる終身年金保険の考慮期間として短きに過ぎないかという逆の批判があり得ます。

　このように、終身年金保険の清算価値の評価方法には定説や確固たる実務運用がなく、事件ごとの事情に応じ個別に判断されることになります。したがって、申立てに際しては、当該保険の約款等を収集し契約内容を確認しておくとともに、当該事案において具体的にどのように評価するのが妥当であるのか申立代理人として十分検討した上で、裁判所とも協議する必要があります。

〔柴田眞里〕

Q 48　退職金の評価方法

① 将来受給する見込みである退職金は、清算価値としてどのように評価すべきでしょうか。
② 再生手続中に定年を迎え、退職金をすでに受け取った場合、また近々退職する予定で、退職金が支給される見込みである場合はどうですか。
③ 会社からの借入れについて、退職時に退職金と相殺する旨の約定がある場合はどうですか。
④ 会社から、退職金見込額の証明書の発行を受けられない場合、退職金の金額をどのように疎明すればよいでしょうか。

1　退職金の清算価値としての評価（設問①）

再生計画においては清算価値の保障が法律上の要件とされるところ（Q43参照）、破産法においては、差押禁止財産は破産財団に属しないとされているため（破34Ⅲ②）、自己都合退職金相当額のうち差押禁止範囲以外の部分（4分の1）のみが破産財団に属することとなります（民執152Ⅱ参照）。しかし、破産手続開始決定時において実際に退職していない場合、退職金債権の不確実性（退職時までに勤務先が倒産するおそれ、本人が懲戒解雇されるおそれ等）ゆえ、多くの裁判所においては、破産手続開始決定時に自己都合退職した場合の退職金額の8分の1を財団に組み入れればよいという運用がなされています。よって、そのような裁判所においては、清算価値として8分の1の金額を計上すればよいことになります。

ただし、企業年金については、確定給付企業年金法34条1項、確定拠出年金法32条1項等や民事執行法152条1項、2項により差押えが禁止されている場合があります。このような場合には清算価値算定の対象には含めません。

2　清算価値保障原則の基準時（設問②）

この問題に関しては、清算価値保障原則の基準時をいつと考えるかによって結論が変わってきます。

この点については諸説あります（『新注釈上』690頁〔服部敬〕参照）が、基準時を計画認可時とする説（『破産民再実務（再生）』413頁参照）をとると、計画認可時までに退職金を受領した場合には、現金あるいは預金等として受領した金額全額が計上の対象となります。もっとも、手続開始後認可時までに退職金が支給された場合に個人再生委員の「破産手続との比較や債務者の生活状況をも考慮して退職金の3分の1を清算価値とすべき」との意見書を添付して債権者の書面決議に付したところ、債権者1名から不同意の意見が出たものの、否決要件を充たさず、認可され確定したという事案もあるようです（西謙二＝中山孝雄編『破産・民事再生の実務［新

版〕（下）〈民事再生・個人再生編〉』408頁〔松井洋〕参照（金融財政事情研究会、2008年））。このような例を参考にし、個別具体的に裁判所と協議することも考えられます。

　計画認可の時点で、退職したか、退職することが確定していて近々退職金受領が見込まれる場合は、前述の退職金債権の不確実性が失われるため、8分の1基準が採用されている裁判所においても4分の1の計上が求められます。

3　退職金について相殺約定等がある場合の取扱い（設問③）

　従業員が会社から借入れをする場合、退職金で清算する旨の約定がなされている場合があります。給料・退職金の全額払いの原則（労基24Ⅰ）との関係で、社内融資と退職金の相殺がそもそも認められるのか問題となりますが、①労使間の書面による賃金控除協定がある場合（労基24Ⅰただし書）又は②合意による相殺が労働者の自由な意思に基づくものと認めるに足りる合理的な理由が客観的に存在する場合（最二小判平2.11.26民集44巻8号1085頁）には、労働基準法24条1項に違反しないとされています。とすれば、このような場合には、会社は貸付金と退職金とを相殺することができますので、清算価値評価に当たっては相殺されることを前提として考えてよいことになり、相殺後の退職金見込額の8分の1（すでに退職したが未支給の場合又は近くの退職予定の場合は4分の1）を清算価値とするのが実務の取扱いです（『個再手引』541頁）。

　上記の検討は、退職金債権に質権が設定されているケースについても同様に当てはまるものと考えられます。ただし、質権の設定が社内融資の約款等で明確にされているか否かを確認してください（『個再手引』542頁）。

4　退職金見込額の証明・疎明方法（設問④）

　退職金見込額について、原則としては、勤務先に計算してもらい証明書を出してもらうべきでしょうが、なかなか勤務先に依頼することができないケースも多いのが実情です。

　そのような場合には、勤務先の退職金規程の写しと併せて退職金規程に基づく計算結果を提出することで、これに代えます。

〔兼光弘幸〕

Q 49 債権の評価方法

① 私は友人に100万円を貸していますが、再三督促しても返してもらえません。この友人にはまったく資産もなさそうです。このように回収見込みの低い貸付金も財産目録への記載が必要なのでしょうか。必要だとすると額面でしょうか、回収見込額でよい場合はどう算定すべきでしょうか。疎明資料は何を準備すればよいですか。売掛金の場合はどうでしょうか。
② 私は離婚した元夫から養育費として毎月5万円の送金を約束してもらっていて、今後10年受給予定です。財産目録において養育費はどう扱われるのでしょうか。離婚前で婚姻費用としていた場合はどうですか。
③ 再生債務者が保証債務を負っている場合の求償権は、どのように評価すればよいでしょうか。主たる債務者（法人）が営業を継続している場合と破産見込みの場合とでは異なるでしょうか。

1 回収困難な貸付金・売掛金の取扱い（設問①）

(1) 財産目録への記載の要否

財産目録は「再生債務者に属する一切の財産」を対象としていますので（民再124Ⅰ・Ⅱ）、回収見込みが低い貸付金や売掛金であっても、記載する必要があります。回収見込みは財産価額の評定（民再124Ⅰ）において検討します。

(2) 評価方法

財産価額の評定（民再124Ⅰ）は「財産を処分するものとして」（民再規56）なされ、債権であれば権利の実在性や回収可能性を勘案しつつ評価減を行います（『新注釈上』692頁〔服部敬〕）。具体的には、貸付金や売掛金の場合、回収に問題ないときは額面を評価額としても、回収見込みがないときや回収困難なときは、破産の場合の減価要因や相手方の資力等も加味し、回収可能性や回収費用相当額を考慮して評価します（『個人の破産・再生』135頁〔野村剛司〕）。

設問のように、貸付先・売掛先が任意の支払をせず、財産も収入もまったくないという場合は0円評価でよいでしょう。仮にわずかな収入を得ていても、任意の支払意思を見せない限り、回収見込額が回収費用に満たないことも予想されますから、このような場合も0円評価でよいでしょう。

(3) 疎明資料

相手方無資力の疎明としては、相手方住所地の不動産の全部事項証明書を取り寄せて相手方所有でないことを確認する、相手方と交渉して所得証明書や決算書を提供してもらう、相手方所在地を訪れて生活や事業の状況を確認し、これらを報告書にする、といった方法が考えられます（『個再手引』542頁）。

2 養育費・婚姻費用の取扱い（設問②）
(1) 財産目録作成と清算価値算定の基準時
　財産評定や財産目録の作成は、いずれも「再生手続開始の時」を基準時とします（民再124Ⅰ・Ⅱ）。この財産評定等は清算価値の算定を目的とするところ、個人再生における清算価値の算定基準時は、通常再生と異なり、計画認可時とされています（『個再手引』225頁〔吉田真悟＝新部正則〕）。財産目録の作成基準時とはずれますが、実務上は、申立後の清算価値に大幅な変動がない限り、申立時に算定した清算価値を利用しています（**Q43**参照）。

(2) 基準時後の発生分の除外
　養育費請求権や婚姻費用分担請求権は、義務者に扶養能力があることを主要な原因事実として日々発生する権利であるとされ、破産手続においては、開始前の未履行分は破産財団に属するものの、開始決定後の発生分は破産手続に関わらない新得財産であると解されています（『個人の破産・再生』99頁〔木内道祥〕）。
　そうすると、個人再生手続においても、基準時後（上記のとおり実務上は財産目録作成後）に発生する部分は、そもそも債権として発生していないので財産目録に記載する必要がありません。

(3) 基準時前の発生分の取扱い
　財産目録作成時までに発生した請求権部分は、財産目録に記載が必要です。
　もっとも、その評価については、未払いになっている養育費・婚姻費用であれば相手方も資力欠乏・行方不明かつ滞納額も僅少で回収困難なことも多いことや、これらの請求権は生計維持のため給付（民執152Ⅰ①参照）としての性格を有すること、破産であれば自由財産拡張相当であろうことに鑑み、清算価値不算入とすることが現実的に妥当と考えます。

3 求償権の取扱い（設問③）
　基準時における再生債務者の保証債務が未履行であれば求償権も未発生と解されますので、求償権を財産目録に記載する必要はありません（『個再手引』542頁参照）。設問前段のように主債務者が営業継続中で遅滞なく支払を継続している場合、保証債務履行請求権は再生計画による弁済の対象になりますが（再生計画に基づく弁済金の取扱いについては**Q30**を参照してください）、この場合も基準時において保証債務を履行していない限り、上記同様、求償権の財産目録への記載は不要です。
　これに対して、基準時において再生債務者が保証債務を履行済みの場合は、求償権を財産目録に記載する必要があります。ただし、この場合の求償権の評価は、設問①と同様、回収可能性や回収費用を考慮します。したがって、設問後段のように主債務者が破産見込みである場合、そもそも回収可能性がないので０円評価でよいでしょう。

〔中川　嶺〕

Q 50 再生債務者名義の自動車と所有権留保

再生債務者Aは、自動車を所有しています。自動車はどのように評価すべきですか。
再生債務者Aは販売会社Bから普通乗用自動車を購入したのですが、自動車ローン債権者の所有権留保特約が付いており、自動車ローンが残っている事例においては、どのように取り扱われますか。購入した車両が軽自動車の場合はどうですか。

1 自動車の評価

自動車の評価は中古自動車販売店等が作成した査定書や「オートガイド自動車価格月報」（通称「レッドブック」）、日本自動車査定協会の査定書等により適正額を評価して財産目録に記載します。

時価の評価の方法としては売却価格と再取得価格がありますが、再生手続の場合の時価評価としては売却価格が一般的です。なお、年式が古い自動車（裁判所によって基準が定められていますが、外車などの高級車やトラックなどの価格の高い自動車の場合を除いて、おおむね初年度登録から5年以上経過している場合）の場合は、「資産価値なし」として査定書の提出が必要でない場合があります。

2 所有権留保特約のある自動車と再生手続上の取扱い

自動車は比較的高額ですから、現金での一括支払ではなく、ローンを利用して購入することが多いといえます。このようにローンを利用して購入した自動車の場合、車検証の所有名義が誰になっているか、所有権留保特約がなされているかによって、以下のような注意が必要になります。

自動車の売買においては、代金を完済するまで目的物の所有権を販売会社ないし自動車ローン債権者に留保しておく旨の所有権留保がなされていることがよくあります。所有権留保は、売買目的物の代金等を完済するまで目的物の所有権を売主に留保する法形式ですが、実質が売買代金の担保としての機能を果たすことから、個人再生手続上も別除権の一種として扱われています。

所有権留保特約は契約当事者間においては第三者に対する対抗要件を備えていなくても有効ですが、個人再生手続において所有権留保が別除権として認められるためには対抗要件を備えることが必要です。別除権は再生手続によらないで行使することができる（民再53②）という優越的地位を与えられているからです。

普通乗用車の場合は、道路運送車両法4条による登録が第三者対抗要件とされています（道路運送車両5Ⅰ）。車検証の所有者欄を販売会社ないし自動車ローン債権者とし、使用者欄を購入者と登録することで、購入者がローンを払い終えないまま

勝手に転売することを防ぐことができます。

　なお、自動車ローン債権者からの自動車の返還請求について、自動車ローン債権者自身が対抗要件を備えている必要があるかについては、自動車ローンが連帯保証方式か立替払方式か、自動車ローン債権の契約書の内容がどのようになっているかによって異なりますので、**Q19**を参照してください。

　これに対して、軽自動車、小型特殊自動車及び二輪の小型自動車（以下「軽自動車等」といいます）は、登録が対抗要件とされていないので（道路運送車両4かっこ書）、引渡しが対抗要件になります（民178）。対抗要件としての引渡しには占有改定（民183）も含まれますので（最一小判昭30.6.2民集9巻7号855頁）、再生債務者が軽自動車等を現実に占有している場合でも、売買契約書等において再生債務者から販売会社ないし自動車ローン債権者に対する占有改定がなされている場合には、対抗要件を備えていると評価されて、再生手続上は別除権付再生債権として扱われることになります。

3　財産目録への記載方法

　所有権留保が第三者対抗要件を備えている場合には、別除権の行使により弁済が見込まれる額、担保不足見込額、別除権の目的を所定の欄に記載し、時価は中古自動車販売店等が作成した査定書等による評価額から自動車ローン債権の残額を控除した額を記載します。

　所有権留保が第三者対抗要件を備えていない場合には、財産目録には中古自動車販売店等が作成した査定書等による評価額をそのまま記載して、自動車ローン債権の残額等を控除することはできません。

4　自動車が再生債務者の生活によって必要不可欠な場合

　個人事業や商店を営んでいて事業に自動車が必要な場合や、地方で公共交通機関がなく日常生活を営む上で自動車が不可欠な場合には、裁判所の許可を得て自動車ローン債権者と別除権協定を締結して、個人再生の手続外で全額支払っていく方法もあります（民再121①。別除権協定については**Q37**を参照してください）。

〔野垣康之〕

Q51 不動産の評価方法

① A（再生債務者）・Bが各2分の1を共有する不動産があります。不動産の評価額は1200万円で、不動産には、C銀行のAに対する債権残額400万円について抵当権が設定されています。Bは、この債務の連帯保証人兼物上保証人です。この場合、Aの不動産の清算価値はどのように評価するのですか。

② ①の事例で、A・Bが共働き夫婦であり、それぞれの収入で返済するものとしてA・Bが連帯債務者として住宅ローンを組んで本件土地建物を購入し、共有持分は2分の1ずつとした場合、A・Bおのおのの不動産の清算価値はどのように評価するのですか。

③ Aが単独所有する評価額1200万円の不動産に、C銀行のDに対する債権残額400万円の抵当権が設定されている場合、Aの不動産の清算価値はどのように評価するのですか。

1 はじめに

個人再生手続においては、再生債権者の一般の利益に反しないように再生計画を定める必要があり（民再231Ⅰ、174Ⅱ④、241Ⅱ②）、計画弁済総額が破産配当以上でなければなりません（清算価値保障原則）。

再生債務者が担保権の付された不動産を所有している場合には、当該不動産に設定されている担保権の被担保債権の額が同不動産の評価額を超えている場合（いわゆるオーバーローンの場合）を除いて、住宅資金特別条項（民再196④）を利用するか否かにかかわらず、不動産の評価額を清算価値に反映しなければならず、そのため、申立てをする際には不動産の評価を示す査定書などの提出を要します。

2 設問①の場合

Bは連帯保証人兼物上保証人ですから、Aとの関係で負担部分がゼロであることを前提とします。この場合、不動産が競売された場合を想定して清算価値を評価すべきと考えますが、その評価方法には大まかに分けて2つの説があります。

第1説は、設例のような場合、民法392条1項が類推適用され、当該不動産の各持分の価額に被担保債権額を按分して割り付けるとの立場です。この立場では、Aの持分の評価額600万円（1200万円の2分の1）からAに割り付けられる被担保債権額200万円（400万円の2分の1）を控除した額400万円が清算価値となります。この第1説は、東京地判平25.6.6（判タ1395号351頁）と親和性のある考え方であり、東京地裁はこの考え方で運用されているようです（『個再手引』243頁〔石田憲一＝鹿田あゆみ〕）。

第2説は、設例のような場合、民法392条1項は適用ないし類推適用されず、被担保債権の額を、主債務者の持分の価額に割り付けるとの立場です。この立場では、Aの持分の評価額600万円（1200万円の2分の1）に被担保債権額400万円を割り付けた残額200万円が清算価値となります。この第2説は、大阪地判平22.6.30（判時2092号122頁）が採用する考え方であり、大阪地裁はこの考え方で運用されているようです（『はい6民』463頁）。

　なお、第1説を基本としつつ、不動産が競売となった場合であって、物上保証人の地位を有するBにおいて代位権行使の可能性が高い場合には、第2説の結論となるとの考え方もあるようです。

　いずれにしても、東京地裁と大阪地裁でその運用が異なる状況にあると考えられますので、申立て等の際には、管轄裁判所と相談すべきであると考えます。

3　設問②の場合

　設問①と異なり、A・Bがおのおのの収入で返済するものとして各自が連帯債務者として住宅ローンを組んでいることから、A・B間では負担部分がおのおの2分の1であるとの合意が成立しているか、合意がなくとも各自の受けている利益が平等であるため、負担部分はおのおの2分の1であると認められます（大判大5.6.3民録22輯1132頁）。

　そのため、この不動産が競売により1200万円で売却された場合には、C銀行に支払うべき400万円は、Aの持分（600万円相当額）とBの持分（600万円相当額）におのおの2分の1ずつ割り付けられることになり、その結果、C銀行に弁済後の剰余金800万円は、Aに400万円、Bに400万円交付されることになるため、A・Bおのおのの不動産の清算価値は400万円と評価されるのが妥当と考えられます（『大阪再生物語』203頁、『はい6民』463頁、『個再手引』243頁〔石田＝鹿田〕参照）。

4　設問③の場合

　Aは物上保証人であるため、Dに対する債権がA所有の不動産に対し実行された場合には、AはDに対して求償権を有することになります（民372、351）。そのため、Aの不動産の清算価値を考えるに当たっては、AのDに対する求償権の価値（回収可能性）を考慮する必要があります。設例の場合には、Aの単独所有する不動産の評価額1200万円から被担保債権残額400万円を控除した金額に求償権の価値（回収可能な額）を加えた金額が清算価値となります（『大阪再生物語』203頁、『はい6民』465頁参照）。

〔髙橋直人〕

Q 52 所有者が異なる共同抵当目的不動産の評価方法（借地権付建物を題材に）

Aは、Bから土地を賃借し、土地上に自宅建物を所有しています。A所有の建物及びB所有の土地には、Aの住宅ローンの共同抵当が設定されています。

Aが個人再生の申立てをする場合、借地権付建物の清算価値はどのように算出すればよいでしょうか。Bが個人再生の申立てをする場合における土地の清算価値についてはどうですか。Aが土地を使用貸借で借りている場合はどうですか。

1 設問の個人再生手続における位置付け

設問のように所有者が異なる複数の不動産に共同抵当が設定されているケースで、不動産全体の価値が被担保債権の額より高額である場合（すなわちオーバーローンでない場合）、各不動産の清算価値をどのように算出するかが、ここでの問題です。

2 借地権付建物の評価方法

設問の検討に当たっては、借地権付建物の評価額（及びその裏返しとして土地の価値から借地権の価値を控除した底地の評価額）を算出することが出発点となります。

個人再生手続では、手続の簡便性の観点から、不動産鑑定士が作成した不動産評価書を要求することなく、不動産会社が作成した査定書（複数要求する裁判所が多いようです）の査定額に路線価図の借地権割合を乗じることで、借地権付建物の評価額を求めるのが一般的です（例えば、東京地裁の運用について『個再手引』241頁〔石田憲一＝鹿田あゆみ〕を参照してください）。

それでは、複数の査定書の査定額が異なる場合、例えば設問において、①Bの土地価格を1050万円、Aの建物価格を450万円とする甲社作成の査定書と、②Bの土地価格を950万円、Aの建物価格を550万円とする乙社作成の査定書が提出されたときには、どうするのでしょうか。

この場合には、土地の価格はその中間値である1000万円（＝（1050万円＋950万円）×1/2）、建物の価格はその中間値である500万円（＝（550万円＋450万円）×1/2）と算出します。その上で、路線価図による当該土地の借地権割合が6割とすると、土地の価格1000万円に6割を乗じた600万円が借地権価格となり、底地価格は400万円（＝1000万円－600万円）となります。

したがって、Aが所有する借地権付建物の評価額は、建物価格500万円に借地権価格600万円を加えた1100万円となります。

3 所有者が異なる不動産に共同担保が設定されている場合の清算価値の算出方法

(1) この場合の清算価値の算定方法は、競売実務と密接に関連するとされています。

共同担保が設定された所有者が異なる不動産の競売について、最高裁は民法392条1項が適用されることを認していると解されています（加藤就一「共同抵当の配当関係」判タ1239号〔2007年〕52頁）。すなわち、この場合「売却された各不動産の価格に応じて被担保債権を案分して割付け、不動産ごとの被担保債権の負担額を定め、この負担額を上限として配分」するのであり、「各物件の所有者が異なる場合…、民事執行法86条2項、188条が適用される」ことになります（『執行実務（不動産）下』243～244頁）。

東京地裁は、個人再生手続における清算価値の算定において、この競売実務を前提にした方法を原則としています。すなわち、設問で住宅ローン残高が1200万円であったとした場合を例に考えると、上記2の不動産評価額をもとにしたAが所有する借地権付建物の清算価値は次のとおり、220万円となります。

【借地権付建物が負担する住宅ローンの額】

1200万円（住宅ローン）× $\dfrac{1100万円}{1500万円}$（不動産価格割合）＝ 880万円

【借地権付建物の清算価値】

1100万円 － 880万円（負担する住宅ローン額）＝ 220万円

もっとも、東京地裁では事案の個別性に応じて柔軟な運用がなされていますので（『個再手引』243頁〔石日＝鹿田〕）、例えば、共同担保となっている土地の取得費用をBが実際に負担している事情がある場合などには、主債務者である再生債務者が所有する不動産の評価額を優先して被担保債権に充当しているようです。

(2) 一方、大阪地裁では、再生債務者所有不動産の評価額を優先して被担保債権に充当して清算価値を算出することを原則にしています（『大阪再生物語』205頁）。大阪地裁の競売実務では、このような場合に民法392条1項の適用や類推適用はなく主債務者の持分に相当する代金からまず配当する運用となっているとのことであり、清算価値の算定方法は、この競売実務を前提とした運用となっています。

この算定方法によれば、設問のケースでは、まずAが所有する借地権付建物の評価額1100万円を1200万円の住宅ローンに充当することになりますので、その清算価値は0円となります。

(3) このように、この場合の清算価値の算定方法は競売実務と密接に関連するものの、必ずしも不動産競売実務の運用からストレートに結論が導き出されるものではありません。各地において、それぞれの事案に応じた妥当な解決が志向されています。

4 Bが個人再生を申し立てる場合とAの土地利用権が使用貸借である場合

Bが個人再生を申し立てる場合には、上記3の裏返しの問題となります。

すなわち、上記3の大阪地裁の運用を例にすると、Bが所有する土地（底地）の清算価値は、土地の価値400万円から住宅ローンのうちB所有地に割り付けられる100万円（＝1100万円－1200万円）を控除した300万円となり、さらに、Aに対する100万円の求償権のうち回収可能な金額を清算価値に加えることとなります。

執行実務において、使用貸借契約に基づく土地利用権の評価額は、事案によるものの一般には土地の価格の1割程度とされています。そこで、個人再生手続における清算価値を算定する上でも、土地価格の1割程度とされているのが一般です（『大阪再生物語』205頁、『個再手引』244頁〔石田＝鹿田〕）。

5 最後に

設問のような事案では、清算価値の算定方法が一義的とはいえず、裁判所によって、あるいは事案に応じて異なります。

したがって、裁判所（及び個人再生委員）との十分な協議をもとに、評価額を算出するよう心がけることが大切です。

〔村松　剛〕

Q 53　敷金返還請求権の評価方法

現在、賃貸住宅に入居しており、敷金として50万円を差し入れています。今のところ転居の予定はなく、当分この住宅に居住を続ける予定です。この敷金返還請求権についても、財産目録に記載し、清算価値に加える必要はありますか。3か月後に退去することが決まっているような場合はどうですか。また、事業用不動産の敷金返還請求権についてはどうですか。

1　敷金返還請求権の性質

　敷金は、賃貸借に基づいて生じる賃借人の賃貸人に対する金銭債務を担保するために、賃借人から賃貸人に交付する金銭です。賃貸人は、賃貸借が終了し、かつ、賃貸物の返還を受けたときは、賃借人に対し、未払賃料、賃料相当損害金、原状回復費用等の金銭債務の額を控除した残額を返還しなければならず（改正民622の2Ⅰ①参照）、敷金返還請求権は、その残額があることを停止条件として発生する債権です（最二小判昭48.2.2民集27巻1号80頁）。

　このように、敷金返還請求権は、再生債務者の財産ですので、原則として財産目録に記載する必要があります（Q44参照）。もっとも、居住用家屋の敷金については、財産目録への記載そのものを不要とする扱いをしている裁判所もあるようです。

2　清算価値の算定方法

　敷金返還請求権を財産目録に記載するとしても、次にその清算価値（評価額）の算定方法が問題となります。

(1)　原状回復費用等の控除

　前述のとおり、敷金返還請求権は、賃借人の未払賃料等の金銭債務の額を控除した残額の返還請求権です。そうすると、敷金返還請求権の清算価値は、賃借物件を明け渡したと仮定し、明渡し時点における賃借人の金銭債務の予定額を差し引いて算出された額ということになります。ただし、その予定額を算出するには、具体的な契約条項に基づき、原状回復の範囲やその費用等を試算する必要があります。

　この点、大阪地裁では、再生債務者の居住用物件の敷金返還請求権は、敷金の額から滞納賃料を控除し、さらに原状回復費用等を考慮して60万円を控除した金額をもって評価額としています（『はい6民』439頁）。原状回復費用等の実額を疎明してこれを控除することもできますが、より簡明なみなし控除を認めるものです。ほかにも60万円又は一定額のみなし控除を認める扱いをする裁判所があるようです。

(2)　清算価値の算定対象としない扱いについて

　一方、破産手続による場合との均衡を考慮して清算価値を算定する扱いも行われ

ています。すなわち、清算価値保障原則（**Q43**参照）は、破産手続により債権者が得られる弁済以上の弁済がなされることを求めるものですので、破産手続における換価基準において換価しない（債権者への配当原資とならない）とされているものは、個人再生手続においても清算価値には含めない、という扱いです。

東京地裁では、居住用家屋の敷金については、破産手続上の取扱いとして、原則換価しない財産としていることから、個人再生手続においても清算価値の算定の対象には含めない扱いをしています（『個再手引』238頁〔石田憲一＝堀田次郎〕）。東京地裁と同様の扱いをしている裁判所も多いと思われます。

この扱いによると、居住用家屋の敷金については、ほとんどのケースで清算価値に含めないことになると考えられます。設問の場合も同様です。

3　退去予定がある場合

再生債務者が近く賃借物件から退去する予定がある場合はどうでしょうか。

これが破産手続である場合には、間もなく条件成就により敷金返還額が定まることなどから、敷金返還請求権は当然には換価しない財産になりません。したがって、個人再生手続上、これを清算価値に含めることになると考えられます。

ここにいう近々の退去予定とは、清算価値保障原則の基準時が再生計画認可時点であると解されていること（**Q43**参照）などから、再生計画認可決定ころまでの退去予定が想定されています。そして、実務上、清算価値の算定は、開始決定までに行われるのが一般的です（**Q43**、**Q55**参照）。つまり、ここでの議論は、開始決定時、いまだ退去していないけれども、認可決定時ころまでには退去予定である場合についてのものです（設問の場合もこれに当たると考えられます）。

退去予定がある場合の敷金返還請求権の清算価値は、退去予定時点で予定される滞納賃料及び原状回復費用等の額を差し引いた額となります。

なお、大阪地裁の算定方法では、退去予定がある場合も、原状回復費用等が発生すること（また、そのみなし額が60万円であること）には変わりがないので、敷金の額から60万円を控除した金額を清算価値とすることができると考えられます。

4　事業用不動産の場合

個人事業主が事業用不動産を賃借していた場合の敷金返還請求権は、これまで述べた居住用家屋の敷金返還請求権に関する考え方は妥当しません。事業用不動産の敷金返還請求権は、破産手続では換価の対象となりますので、個人再生手続では清算価値に含まれることになります。その算定は、原則どおり、敷金の額から退去時点で予定される滞納賃料及び原状回復費用等の額を差し引く方法によります。

事業用不動産の賃貸借の場合、権利金・保証金等の名目で高額な金員が授受されていることもあり、そもそも敷金の性格を有する部分がどの範囲かについて争いとなることもあります。また、中途解約の場合の違約金・没収条項等が定められていることもあります。事業用不動産の敷金については、個別の判断が必要です。

〔森　雄亮〕

Q54 定期借地の保証金の評価方法

定期借地契約を締結し、その土地上に建物を所有しています。保証金として、金500万円を賃貸人に差し入れており、定期借地契約終了時には返還を受けられることになっています。保証金は清算価値としてどのように評価すべきですか。清算価値を算出するに当たり、建物撤去費用や引越費用を控除することは可能でしょうか。また、住宅ローンがある場合、保証金の清算価値に影響はあるでしょうか。普通借地契約の保証金の場合はどうですか。

1　定期借地契約の保証金

借地権設定の際に賃借人から賃貸人に対して一時金が交付される場合、普通借地契約では、返還義務のない「権利金」として交付されることが通例であったようですが、定期借地契約（借地借家22）では、賃借人から賃貸人に対して一時金が交付される場合に、土地の返還が確実であること、保証金に対する課税回避という税務上の要請等から、返還義務がある「保証金」として交付されることが多いようです。ただし、「保証金」という名称であっても、実質は貸金の性質を有するもの、返還義務がないものなどがあり得ますので、まずは契約条項等を精査して、保証金の法的性質を定める必要があります。本問では、返還義務のある保証金という前提で論じます。

2　定期借地契約の保証金の評価

定期借地契約の保証金の返還義務が現実化するのは数十年後の将来です。また、差入保証金額は建物賃貸借の敷金と比較して高額です。保証金が現実化するのは数十年後であるのに、比較的高額な保証金を現時点で全額清算価値として把握しなければならないとすれば、個人再生申立ての大きな障害となります。そのため、定期借地契約における保証金をどのように評価するかが問題になります。

この定期借地契約の保証金の評価に関し、相続税額算出のために相続財産評価額から保証金価額を控除する際の保証金の現在価額算出方法について争われた裁判例（東京高判平17.2.17訟月52巻4号1217頁）では、過去10年にわたる長期国債の応募者利回り等を参考にした利率（この裁判例では年4.5％）を用いて中間利息を控除して現在価値を計算すべきであるとしました。この裁判例の考え方を参照すると、民事法定利率の複利現価率を用いて現在価値を計算するのが簡便であり、また法的根拠に即したものとして合理的です（『個再手引』254頁〔石田憲一＝藤原典子〕）。

ところで、改正民法（2020年4月施行）では、法定利率が年3％に改定されました（改正民404Ⅱ）。加えて、金利動向を踏まえた変動制が採用され（改正民404）、中間利息控除が法定利率によって行われることが明文化されるなど（改正民417の

2)、法定利率が実情に沿ったものとなります。そこで、改正民法施行後には、現在価値算出時点における法定利率を参照して、保証金の現在価値を計算するのが相当です。

2020年4月時点で、保証金500万円、定期借地権の期間満了まで40年、年3％（法定利率）として、保証金の現在価値を考えると次のとおりです。

> 複利現価率＝1÷（1＋0.03)^{40}≒0.3066
> 500万円×0.3066＝153万3000円

ところで、定期借地権付建物の査定書等では、定期借地権付建物の価額に保証金返還請求権の現在価値を加算して、査定額・評価額が記載されている場合があります（東京競売不動産評価事務研究会『競売不動産評価マニュアル［第3版］〈別冊判例タイムズ30〉』66頁以下（判例タイムズ社、2011年）参照）。このような場合に、査定書等に記載された価額に、さらに保証金の現在価値を加えてしまうと、保証金の二重計上となり清算価値が過大になってしまいます。したがって、定期借地権付建物の査定書等において、保証金がどのように取り扱われているか確認するとともに、当該査定書等における保証金の評価方法などについても念のため確認しておくとよいでしょう。

3　建物撤去費用や引越費用の取扱い

建物撤去費用や引越費用が、保証金返還請求権から控除されるべきかどうかをまず検討します。契約条項の解釈によって異なることもありますが、定期借地契約終了後は土地の明渡しが予定されていますから、建物撤去費用は一般には原状回復費用として控除され、一方、引越費用は保証金によって担保される債務とはいえないでしょう。

控除の仕方ですが、建物撤去費用を見積もり、上記2の方法で建物撤去費用の現在価値を算出して控除すべきです。上記2の例で建物撤去費用が200万円と見積もられるとすると保証金の現在価値は次のとおりとなります。

> （500万円×0.3066）－（200万円×0.3066）＝91万9800円

4　住宅ローンがある場合

住宅ローンがある場合、建物抵当権の効力が定期借地契約における保証金返還請求権にも及ぶのかどうかが問題となります。

建物抵当権の効力が保証金返還請求権にも及ぶとすれば、例えば借地権付建物の評価額1000万円、保証金の評価額200万円で住宅ローン残額が2000万円という場合、保証金を含めてもオーバーローンとなり、清算価値に含める必要はありません。一方、建物抵当権の効力が同請求権には及ばないとすれば、上記事例で200万円は清算価値として把握すべきことになります。

この点、保証金（敷金）関係は、賃借人が交代した場合、特段の事情がない限

り、新賃借人には承継されないと解されていること（最二小判昭53.12.22民集32巻9号1768頁）、保証金返還請求権発生の基礎となる保証金（敷金）契約は、借地契約とは別個の契約であること等から、原則として、同請求権は建物の従たる権利とはいえず、建物抵当権の効力は同請求権には及ばないと考えられます。

　ただし、定期借地契約において、保証金返還請求権は建物所有権あるいは賃借権と分離して譲渡することはできないと定められている事例が多いようです。このような契約条項の場合には、定期借地権付き建物譲渡に伴い当然に同請求権も譲渡されることから、同請求権は建物の従たる権利として建物抵当権の効力が及ぶというように解釈することができるでしょう。このような契約条項がある定期借地契約の事案において、大阪高決平19.6.12（公刊物未登載）は、原審神戸地裁の判断を取り消し「建物の抵当権の効力は保証金返還請求権にも及ぶ」と判示しました。上記の考え方や裁判例を踏まえ、賃貸借契約の趣旨・条項などを考慮しつつ、裁判所と協議をして手続を進めるべきでしょう（『個再手引』254頁〔石田＝藤原〕）。

5　普通借地契約の保証金の場合

　普通借地契約では、借地借家法等の規定による更新があり得ることから、借地権の残存期間をどのように把握するかが問題になります。

　この点、更新されないことを前提とするのが借地権の残存期間を短く考えることになり、清算価値を高く評価することにつながって、清算価値保障原則を充足することが確実であり、また明確な指標となることから、次のように残存期間を捉えるのが妥当と考えられます。すなわち、契約期間が30年未満の場合は30年（ただし、旧借地法が適用されるケースで堅固な建物の借地契約である場合は60年）、それ以上の場合は契約による借地期間から既経過期間を差し引いた期間を残存期間として、2の方法により現在価値を算定すべきと考えます。

〔阿部弘樹〕

Q 55 開始決定後再生計画案提出までの財産の増減

① 個人再生手続開始決定後、再生計画案提出前に、妻が入院することになり、入院費用支払のため、生命保険から契約者貸付を受けました。その結果、解約返戻金額が減少してしまいましたが、個人再生手続上、どのようにすべきですか。
② 個人再生手続開始決定後、再生計画案提出前に、妻が入院することになり、入院費用を支払った結果、保険を解約しなければ、履行テストの積立金を積み立てることができなくなってしまったのですが、保険を解約してもよいのでしょうか。
③ 住宅資金特別条項付きの個人再生申立てを行い、開始決定が出ました。ところが、再生計画案提出前に、住宅ローンの連帯債務者となっていた父が死亡し、住宅ローンが保険により完済となりました。個人再生手続上、どのようにすべきですか。
④ 個人再生手続開始決定後、再生計画案提出前に、父が死亡し、遺産分割協議の結果、私は預金を取得しました。その一方で、私は喪主となり、葬儀費用を支出することになりました。葬儀費用を、遺産として取得した預金から支払うことは許されますか。また、この場合、遺産の清算価値はどのように計算すべきですか。

1 清算価値保障原則

本問では、個人再生手続開始決定後に、再生債務者の財産に増減が生じた場合の処理が問題となっており、いわゆる「清算価値保障原則」との関係が問題となります。

清算価値保障原則とは、再生手続における弁済率は破産手続における予想配当率を下回ってはならないというものです。そして、清算価値把握の基準時については、個人再生では再生計画認可決定があった時点で破産手続が行われた場合における予想配当額を下回ることが明らかになることが再生計画の取消事由とされていることから（民再236、242）、再生計画認可決定時と解されています（**Q43**参照）。

この見解によれば、再生手続開始決定後再生計画認可決定時までの間に発生した財産の増減は、原則として、清算価値に影響を及ぼすことになります。もっとも、実務上は、再生手続開始決定後に大幅な財産の増減がない限りは、申立書添付の財産目録の記載に基づき清算価値を算出するという取扱いが一般的です（清算価値保障原則の詳細については**Q43**を参照してください）。

2 設問①について

　清算価値把握の基準時を再生計画認可決定時とする見解によれば、設問においては再生計画認可決定前に財産の減少が発生していますので、原則として減少後の解約返戻金額を清算価値とすることも許容されると考えられます。

　この点、契約者貸付を受けた金員を妻の入院費用として支出した行為が破産手続における否認対象行為になるとすれば、その支出額を清算価値に計上する必要が生じることになります（Q59参照）。しかし、妻の入院費用の支出という行為は有用の資に充てたものと評価することが可能と考えられ、通常は詐害性が認められず、破産手続においても否認の対象とはならないと考えられます。したがって、入院費用として支出した金額については、清算価値に加える必要はないと考えられます。

　以上より、生命保険から契約者貸付を受けたこと及びその貸付金を入院費用として支出したことを疎明する資料（保険会社からの通知書、契約者貸付金が入金された通帳の写し、入院費用支払の領収書等）を添付し、経過を説明した上で、解約返戻金減少後の金額を記載した財産目録を作成し、その清算価値に基づいた再生計画案を作成すればよいと考えます。もっとも、清算価値の減少が最低弁済額に影響を及ぼさないような場合には、財産目録を再提出する必要まではない場合もあろうと考えられます。

3 設問②について

　設問①と状況が似ていますが、設問①と異なる点は、履行テストの積立金を積み立てることを目的として保険の解約を行うことができるかが問題となっている点です。

　しかしながら、積立金を積み立てられなくなった原因が妻の入院費用の支出にあるのであれば、実質的には、妻の入院費用支払のために保険を解約し、その金員から入院費用を支出した場合と同視し得るものと考えられます。したがって、この場合も保険を解約すること自体は可能であり、それが妻の入院費用を支出したことに原因がある場合には、入院費用相当額については清算価値に計上しなくともよいと考えます。ただし、解約返戻金額が入院費用として支出した金額を上回る場合には、その超過額について有用の資に充てられたものと評価できる事情がない限りは清算価値に計上すべきものと考えられます。

　もっとも、妻の入院費用支出という特殊事情があったとはいえ、保険を解約しなければ履行テストの積立てができないという状況は、履行可能性に疑義が生じ得る事情ともいえます。したがって、この場合には、保険の解約が必要となったのはあくまでも妻の入院という特殊事情が生じたためであり、仮に再生計画が認可された場合における履行可能性には問題がないことを、具体的に説明すべきものと考えます。

4 設問③について

　住宅ローンの抵当権等が設定されている不動産については、通常、不動産の時価

額から抵当権等の被担保債権残額を控除した金額をもって清算価値とします。

　しかし、再生計画認可決定前に住宅ローンが完済された場合は、不動産の時価額から控除すべき被担保債権額が0円になったことを意味しますので、その結果として、清算価値が増加したことになります。したがって、清算価値把握の基準時を認可決定時とする見解によれば、不動産の時価額をそのまま清算価値として計上すべきことになります。

　なお、清算価値が増加した結果、最低弁済額が非常に高額となり計画弁済の見通しが立たなくなった場合は、裁判所にその旨を上申して廃止決定をもらい、個人再生以外の方法も検討するべきでしょう。

5　設問④について

　清算価値把握の基準時を認可決定時とする見解に従えば、設問においては認可決定前に遺産の取得により財産が増加していますので、原則として、取得した遺産の価額を清算価値に加える必要が生じます。

　では、葬儀費用として支出した金額を遺産の清算価値から控除することはできるのでしょうか。この点、再生開始決定後に発生した葬儀費用は、「再生手続開始後の再生債務者の生活に関する費用の請求権」（民再119②）として共益債権に該当するものと考えられ、随時優先弁済が可能とされていること（民再121Ⅰ・Ⅱ）からすると、再生開始決定後に取得した遺産のなかから葬儀費用を支出することは可能であり、同支出額について清算価値からの控除も認められると考えられます。

　以上より、原則として、遺産の価額から葬儀費用として支出した額（疎明資料として葬儀費用等の支出を裏付ける領収書等を提出すべきでしょう）を控除した残額を清算価値として計上し、財産目録及び再生計画案を作成すればよいと考えられます。もっとも、取得した遺産の価額が少額である場合には、実務上、財産目録の再提出までは要しないこともあろうと思われます。

〔小向俊和〕

Q56 相続放棄・遺産分割協議と清算価値保障原則

個人再生申立後、父が死亡し、相続が発生しました。兄が家業を継ぐことになっているので、私は相続放棄をしようと思っているのですが、再生手続中に相続放棄をすることは可能でしょうか。また、仮に可能であるとして、実際に相続放棄をした場合、再生手続上、清算価値はどのように考えるべきでしょうか。さらに、相続放棄ではなく、「遺産を取得しない」という内容の遺産分割協議をした場合、清算価値をどのように考えるべきでしょうか。

1 個人再生と相続放棄

(1) 相続放棄の可否

相続放棄するかどうかは、相続人の自由意思に委ねられている相続人自身の固有の権利です。そして、民事再生法上、相続放棄を制限する規定はありません。したがって、相続人が相続放棄をすること自体は、再生開始決定の前後を問わず可能と考えられます。

(2) 相続放棄と清算価値保障原則

ア 清算価値保障原則

再生手続は、再生債権者に対し破産手続以上の満足を与えるところに存在意義が認められていることから、その解釈として、再生計画による再生債権者の満足が破産の場合の配当を下回ってはならないとする「清算価値保障原則」が認められています（清算価値保障原則の詳細についてはQ43、Q44を参照してください）。なお、この清算価値把握の基準時については、一般的に再生計画認可時と解されています（『破産民再実務（民再）』408頁）。

同原則の要請から、認可決定前に破産手続上の否認対象行為がある場合は、否認権行使により回復が見込まれる価値を清算価値に上乗せする必要があります。

イ 相続放棄は否認の対象になるか

相続放棄するか否かは相続人自身の固有の権利ですから、破産手続開始前になされた相続放棄については、破産債権者がその効果を覆すことは認められておらず、否認の対象にはならないと考えるべきです（『伊藤』92頁）。

この点、否認権と責任財産回復の点で共通の目的を有する詐害行為取消権に関し、相続放棄は取消しの対象とならないとした最高裁判例があります（最二小判昭49.9.20民集28巻6号1202頁）。相続放棄は、財産を積極的に減少させる行為というより、消極的にその増加を妨げる行為に過ぎないこと、相続の承認・放棄のような身分行為は、他人の意思で強制すべきでないことを理由としています。この判決が判示した趣旨は、破産手続における否認権行使についても同様に妥当します。

ウ　結　論

　以上のとおり、破産手続開始決定前に破産者が行った破産放棄は否認権行使の対象にはならないと考えられますので、個人再生手続上、再生債務者が相続放棄を行ったとしても、清算価値には影響を与えないものというべきです。

　よって、再生債務者としては、相続が発生したが相続放棄をした旨を、裁判所に疎明資料（戸籍（除籍）謄本、相続放棄申述受理証明書等）を添付して報告すればよいものと考えます。

2　個人再生と遺産分割

　遺産分割に対する詐害行為取消権の行使を認める最高裁判例があります（最二小判平11.6.11民集53巻5号898頁）。否認権の行使も、その実質において、詐害行為取消権の行使と同視し得るので、遺産分割に対する否認権行使自体は認められると考えられます。

　この点、下級審裁判例ではありますが、遺産分割協議が、詐害行為取消しの対象となり得るだけでなく、否認の対象となり得ることを前提としつつも、「原則として破産法160条3項の無償行為には当たらないと解するのが相当である」と判示した上で、「遺産分割協議が、その基準について定める民法906条が掲げる事情とは無関係に行われ、遺産分割の形式はあっても、当該遺産分割に仮託してされた財産処分であると認めるに足りるような特段の事情がある時には、破産法160条3項の無償行為否認の対象に当たり得る場合もないとはいえない」とし、「本件遺産分割協議は、破産法160条3項の無償行為には当たらないから、本件否認権行使は理由がない」としたものがあります（東京高判平27.11.9金判1482号22頁）。本判決は、遺産分割協議に至る詳細な認定事実を踏まえ判断しており、同種ないし類似の事案の解決に参考になると思われます。

　そこで、「遺産を取得しない」という内容の遺産分割協議を行った場合には、そのような遺産分割協議に至った経緯を踏まえ、民法906条が掲げる事情と無関係に行われ当該遺産分割に仮託してされた財産処分であると認めるに足りるような事情が認められる場合には、否認権行使によって回復が見込まれる価値を清算価値に計上する必要があると考えます。

　このように、相続放棄と遺産分割協議とでは考え方が異なりますので注意が必要です。再生債務者が相続人となったが遺産を取得する意思がないような場合には、遺産分割協議ではなく相続放棄を行うべきと考えられます。

3　認可決定時までに相続放棄を行わなかった場合

　なお、再生債務者が、認可決定時までに相続放棄を行わなかった場合は、清算価値把握の基準時において相続人たる地位を有していたことになりますので、原則として、法定相続分の割合に応じた遺産の評価額を清算価値に計上すべきことになります。したがって、相続放棄を行うのであれば、遅くとも認可決定時までに行うべきです。

〔若杉裕二〕

Q 57 第三者が出捐した債務者名義の保険・預金の評価方法

債務者Ａの母Ｂが、Ａ名義で保険契約をしていた場合の解約返戻金は、個人再生手続においてはＡの清算価値として把握しなければなりませんか。
母Ｂが、Ａ名義で預金をしていた場合の当該預金はどうでしょうか。

1 保険の場合

設問のような事態は、当該保険契約の契約者は名義人Ａなのか（そうだとすると清算価値に含まれます）、それとも出捐者である母Ｂか、という問題として把握されています。

この点、保険契約者は保険者に対し、契約に基づき解約返戻金請求権を有するところ、債務者Ａ名義の保険契約があったとしても、必ずしも、保険証券等に表示された「Ａ」が保険契約者と認められるわけではありません（名義人以外の者を契約者と認定した近時の裁判例として東京高判平24.11.14判時2171号48頁があります）。

ところで、母親が子ども名義の保険の保険料を払っている場合は、類型的には、①母親が、子どもの使者あるいは（無権）代理人として署名代理の方法により、子どもに契約の効果を帰属させる意思で保険料を払っている場合（子どもが契約者とされます）と、②子ども名義は、あくまで自己を表示する他人名義の名称の使用であって、自分のために利用したものであり、子どもに契約の効果を帰属させる意思がない場合（母親が契約者とされます）が考えられます。どのような事情があれば、上記②に該当するとしてＡの清算価値から除外されるのでしょうか。

まず、母親が保険料を出捐していた事実を客観的な証拠により証明する必要があるでしょう（形式的に母親の預金通帳等から払っていても、母と名義人の家計が同一ですと、母親が出捐しているといえるかが問題になります）。

そして、仮に母親が保険料を出捐していた事実を証明できても、当該出捐が子どもに対する贈与と評価されるような場合には、母親が名義人である子どもの使者ないし代理人として保険契約を締結し、名義人に対して保険料相当額を贈与していたものと認められることが多いようです（①の場面と把握されます。一方、子どもが当該保険契約の存在を知らないならば、贈与契約は成立していないといえます）。

この点、『はい６民』32頁によれば、名義人が、生命保険契約について、「(1)所得金額の計算上、生命保険料控除を受けている場合、(2)契約者貸付を受けている場合、(3)特約に基づく給付金を受領している場合等は、名義人が当該生命保険契約の存在を認識していることが明らか」と評価されるので、知らないとはいえず、「むしろ、裁判所は名義人が保険契約者であるとの認定を行うことが多いと思われます。」（同33頁）とあります（ただし、給付金が直ちに母親に渡されるなどの事情はない

かなど、確認されるべきとは考えられます)。

　もっとも、子どもが保険契約の存在自体は知っていても、子どもにおいてもその保険は母親のものだと認識していて、贈与を受ける意思が存しなければ、贈与契約は成立せず、母親から子どもへの財産移転は発生しないはずです。

　出捐者である母親はどのような考えで当該保険契約を締結したのか、母親のライフプランを踏まえた満期が設定されているなど、母親の受益を想定した契約となっていないか、よく確認すべきでしょう。例えば、母親が、将来子どもに扶養してもらえなくなるような事態に備えて(贈与目的ではなく)子どもを被保険者とし、自分を受取人として契約を締結して保険料を払い続け、(贈与の意思表示なく)届出印等も母親が保管しており、他方、子ども自身は、母親と別居し、その保険契約から利益を基本的に得ていない(受贈の意思表示もない)ような場合であれば、その保険契約は母親が自らの利益のために子ども名義を使ったものであるとして、母親が保険契約者として認められ、Ａの清算価値からの除外が認められる場合もあるでしょう。

2　預金の場合

　預金の場合も、やはり当該預金契約の当事者の確定(預金債権の帰属)という事実認定の問題です。

　そして、類型的には、①母親が子どもに契約の効果を帰属させる意思で預金している場合と、②子ども名義を自分のために利用し子どもに契約の効果を帰属させる意思がない場合が考えられ、保険と同様、当該事案ごとに検討することになります。

　まず問題になるのが、母親による預金(出捐)の事実、そして、母親の子どもに対する贈与の有無であることも、保険の場合と同様です。この点、子どもが、その預金の存在自体を知らなければ、受贈の意思表示がないため、贈与契約は成立しません。

　したがって、母親が当該預金の出捐をした事実を証明でき、かつ、子どもに預金の存在をまったく知らせないまま、子ども名義の預金をしていたような場合には、当該預金は子どもに対して贈与されたものとはいえず、子どもＡの清算価値には含まれないことになるものと考えられます。

　なお、預金について、その債権の帰属は、預金原資の出捐関係、預金開設者、出捐者の預金開設者に対する委任内容、預金口座名義、預金通帳及び届出印の保管状況等を確認した上で、誰が自己の預金とする意思を有していたかが認定されるべきで、出捐の事実や名義といった事情のみで一律の判断がされるものではないとの見解も、近時提唱されています。そして、定期預金・普通預金を問わず、これらの要素を総合的に勘案した上で認定判断すべきとの見解もあります(福井章代「預金債権の帰属について」判タ1213号(2006年) 25頁)。

〔東　忠宏〕

Q 58 損害保険金の支払請求権と清算価値

損害保険契約の契約者（被保険者）が個人再生の開始決定を得ましたが、その申立前に事故を起こし、損害賠償責任を負っていました。この場合、被害者の損害賠償請求権は再生手続においてどのように取り扱うべきでしょうか。また、この場合、加害者である再生債務者の保険金請求権について清算価値に加算する必要があるのでしょうか。

1 被害者の損害賠償請求権の再生手続上の取扱い

再生手続開始決定前に起きた事故による損害賠償請求権は、「再生債務者に対し再生手続開始前の原因に基づいて生じた財産上の請求権」（民再84Ⅰ）であるため、再生債権となり、再生手続によって権利変更を受けることになります。

もっとも、民事再生法は、破産法の非免責債権（破253Ⅰ）と同様に、当該再生債権者の同意がある場合を除き、再生手続によっても債務の減免の定めその他権利に影響を及ぼす定めをすることができない非減免債権（民再229Ⅲ）を定めています。すなわち、設問の事故が「悪意で加えた不法行為」（民再229Ⅲ①）の場合や、「故意又は重大な過失により加えた人の生命又は身体を害する不法行為」（民再229Ⅲ②）に該当する場合には、非減免債権となり、再生計画に基づく弁済の後に、残債務を一括で支払うことになります（非減免債権の具体的な取扱いについてはQ38を参照してください）。

他方、上記に該当しない物損や軽過失による事故の場合は、通常の再生債権として、再生計画により変更された内容で支払うことになります。

2 債務者が損害保険契約を締結していた場合の、被害者の損害賠償請求権の再生手続上の取扱い

加害者である再生債務者が自動車保険、個人賠償責任保険等の被保険者であった場合、再生債務者は、賠償責任を負うことによって被る損害について、保険会社に対する保険金請求権を有することになります。したがって、再生手続開始前に保険事故が発生していた場合には、当該保険金請求権も再生債務者の財産となります。

2010年4月1日に施行された保険法22条1項は、「責任保険契約の被保険者に対して当該責任保険契約の保険事故に係る損害賠償請求権を有する者は、保険給付を請求する権利について先取特権を有する」と規定しており、施行日以降に保険事故が発生した場合には同法が適用されます（同法附則3Ⅲ・Ⅳ）。すなわち、被害者は再生債務者の保険金請求権について特別の先取特権を有することになるため、個人再生手続上は別除権者となります（民再53Ⅰ）。

したがって、この場合、被害者の再生債務者に対する損害賠償請求権は、別除権

付再生債権（民再88、94Ⅱ）として取り扱われることになり、上記1で述べたような再生手続による影響を受けることなく、被害者は再生手続外において先取特権を実行することができますので（民再53Ⅱ）、直接保険金請求権に対して権利行使をすることが可能となります。

3 債務者の保険金請求権は清算価値に加算する必要があるか

　上述したとおり、再生手続開始前に保険事故が発生した場合には、当該保険金請求権も加害者である再生債務者の財産となります。そのため、この保険金請求権を再生手続における清算価値（民再174Ⅱ、230Ⅱ、231Ⅰ、241Ⅱ）に計上する必要があるかどうかが問題となります（清算価値保障原則については**Q43**を参照してください）。

　責任保険契約についての再生債務者の保険金請求権は、上記2に述べたように別除権の目的物となりますが、被保険者が損害賠償責任を負担することによって被る損害を塡補するものであり（保険17Ⅱ参照）、被害者の損害賠償請求権を超えることは想定し難いので、被担保債権と等価であるとして清算価値は「0円」として計上することになると思われます。

　また、保険法22条3項は、責任保険契約に係る保険金請求権に対する差押えを、被害者自身による場合等を除き禁じています。これは、責任保険契約に係る保険金請求権は被害者が損害を被ることによって生じ、専らこの損害の塡補に充てられるべきものだからです。そのため、被害者以外による差押えを禁じ、一般債権者の弁済の引当てとはならないことが示されることによって、立法的に被害者保護が図られたものです。そして、差押禁止財産は破産法上の破産財団に属しないため（破34Ⅲ②）、再生手続上も清算価値には含まれないと解されます。

　一方、再生債務者の保険会社に対する保険金請求権が、人身傷害保険金、車両保険金等の再生債務者自身の人的・物的損害を塡補するものである場合は、清算価値に加算する必要があると解されますので、注意が必要です。

〔舘脇幸子〕

Q59 否認対象行為と清算価値保障原則

清算価値の算定に当たり、否認対象行為となる弁済等が存在する場合の留意点について教えてください。また、給与からの天引きがなされている場合にはどのように考えればよいのでしょうか。

1 否認対象行為と個人再生手続

債務者が、支払能力を欠いている場合に、贈与や廉価売却といった行為によりその財産の減少をもたらすと、当該財産を引当てにしようとする債権者の利益を害することになります。また、債務者が、特定の債権者にのみ弁済をすると、他の債権者との平等を害することになります。そこで、破産手続及び通常再生手続においては、詐害行為否認（破160、民再127）、偏頗行為否認（破162Ⅰ、民再127の3Ⅰ）等の制度が設けられています。

他方、個人再生手続では、否認権の行使を認めると手続の簡易・迅速性にそぐわないことから、その適用が除外されています（民再238、245による第6章第2節の適用除外）。この点、債務者が否認対象行為を行っており、否認権行使の回避のためにその申立てがなされた場合には、不当な目的による再生手続開始の申立てがされたものとして、当該申立てが棄却されることになります（民再25④）。また、再生手続開始後に否認対象行為が判明した場合には、否認権行使によって回復されるはずの財産額を加算した以上の弁済をする再生計画案が提出されない限り、再生債権者一般の利益に反する（民再174Ⅱ④）ものとして、再生計画案は認可されないことになります。

そこで、個人再生手続では、否認権の行使を認めなくとも不都合は生じないとされています（『倒産法概説』575頁〔笠井正俊〕）。

2 否認対象行為と清算価値保障原則との関係

上記のとおり、個人再生手続においては否認権の制度の適用が除外されていますが、個人再生手続においても、清算価値保障原則の適用があり（**Q43**参照）、この点において否認対象行為を考慮しなければなりません。すなわち、個人再生手続における再生債務者によって否認対象行為がなされていた場合、清算価値の算定の場面において、否認権を行使したと仮定した場合に増殖したであろう再生債務者の財産を基準として考慮することとなります（『個再手引』249頁〔石田憲一＝藤原典子〕。東京高決平22.10.22判タ1343号244頁）。

財産目録の作成に当たっても、否認権が行使されたことを前提に財産として記載し清算価値を計上する必要があるとされています（**Q44**参照）。

3 再生債務者代理人としての考え方

(1) 総　　論

　一般論としては上記のとおりですが、否認対象行為があった場合でも、その個別具体的な事情を勘案せずに、すべて清算価値に計上するのは不合理です。また、再生債務者の意思に基づかない要因がある場合においてまでこれを計上するとすれば、清算価値を外部的な要因によりいたずらに引き上げることとなり、結果として個人再生手続の利用を阻害することにもなりかねません。再生債務者代理人としては、清算価値に計上するべき事情がある事案か検討の上、仮に計上するとしても、相手方からの回収可能性や回収にかかる費用相当額等を考慮した評価をすべきです（『個人の破産・再生』135頁〔野村剛司〕）。

(2) 清算価値への計上の要否について

　まず、清算価値に計上するべきかどうかという点について、否認の対象となり得る行為の内容を精査し、否認権の成立要件を充たすかどうかの確認をする必要があります。否認権の成立については、種々の要件が必要であり、例えば、偏頗弁済の場合には、主観的要件が必要となります（破162Ⅰ①ただし書、民再127の3Ⅰ①ただし書）。受任通知が送られた後であれば主観的要件を充たすことが多いと思われます。また、否認権には個々の規定における要件のほか、一般的要件として、有害性や不当性の要件（『伊藤』503頁）に加え、債務者の行為の要否が問題となることがあり（同508頁）、これらについても勘案すべきです。その結果、否認権の成立要件を充たさないのであれば、清算価値に計上すべきではないということになります。

　この点、例えば、再生債務者が勤務先から借入れをしていた場合に、その給与から返済について天引きがなされていると、一般的には、天引きは偏頗行為否認対象行為になり得るものとして、清算価値に計上すべきとされています（『個再手引』250頁〔石田＝藤原〕）。しかし、このような天引きについては、どのような態様でなされ、いかなる行為が否認の対象となるかの検討が必要となります。

　例えば、最高裁は、使用者が、労働者たる破産者の同意を得て、労働者に対する貸付債権を自働債権、労働者の退職金債権を受働債権として行った相殺につき、当該使用者の相殺権の行使自体は否認権行使の対象となるものではないと判示しました（最一小判平2.11.26民集44巻8号1085頁）。この判示は、破産債権者のした相殺権の行使自体は破産者の行為を含まず、否認権の対象となり得ないと解されていることなどに基づくものであるとされています（高橋利文「判解」『最判解民（平成2年度）』412頁）。他方で、最高裁は、地方公務員共済組合の組合員の給与支給機関が、給与を支給する際、その組合員の給与から貸付金の金額に相当する金額を控除して、これを組合員に代わって組合に払い込んだ行為については、否認対象行為となると解しています（最一小判平2.7.19民集44巻5号837頁）。これらの事案からも、判例は、天引きの仕組みを行為の主体や法的性質から分析的に捉えて、否認対象行為に当たるかどうか検討しており、天引きであれば直ちに否認対象行為になる

と解しているわけではありません。この点に関連する実務運用として、大阪地裁では、公務員である債務者の給与から共済組合の貸付金返済のため天引きがなされている場合の清算価値の計上につき、債務者自身で容易に回避できないものと考えられるとして、天引き合計額から20万円を控除することを認めています（『はい6民』461頁）。このような取扱いも清算価値の計上に際し参考となる考え方です。

　なお、天引きは、その事情によっては相殺禁止規定（民再93、93の2）に抵触するおそれがあります。この点、判例は、相殺禁止と否認権の関係について、相殺禁止に触れない限りなされた相殺の効果は確定的であって、重ねて否認の対象となる余地はないと解されています（最一小判昭40.4.22判時410号23頁、最二小判昭41.4.8民集20巻4号529頁）。

(3) 清算価値への計上の方法について

　否認対象行為を清算価値に計上するとしても、より合理的な算定方法で行うべきです。この点、破産手続や通常再生手続においては、偏頗行為否認の結果、相手方の債権は、相手方が受けた給付の返還等を行ったときに原状に復します（破169、民再133）。しかし、破産手続における実務として、否認の訴え等における和解に際し、将来の配当の見込みも加味し、配当見込額相当額を控除した額の返還を受けることも行われています（『破産管財マニュアル』257頁）。個人再生手続においては、否認権行使の制度が存在しないことから、債権の復活の制度は存在しませんが、清算価値の算定においても、同様に配当見込額相当額を控除した返還額を計上するのが合理的です（『個人の破産・再生』135頁〔野村〕）。例えば、再生債権総額が500万円、清算価値が200万円であったところ、親族からの借入れに対して100万円の偏頗弁済が発覚したという事案を考えましょう。この場合、仮に親族から100万円が返還されれば、債権の復活により再生債権総額が600万円となり、清算価値は300万円となります。このような場合において、清算価値として300万円そのものを計上するのではなく、配当見込額相当額を控除した返還額を計上することが考えられます。すなわち、上記の例でいえば、弁済率は50％であり、上記親族の100万円の債権への配当見込額である50万円を清算価値として計上し、再生債権総額500万円、清算価値250万円とすることが合理的です。

(4) 再生債務者代理人として行うべきこと

　個人再生手続において否認の対象となり得る行為をどの程度清算価値の算定に当たり考慮するかは、否認することができる可能性やその回収可能性等を総合しての判断となり、個人再生委員が選任されている場合にはその意見を踏まえて行うことになります。したがって、再生債務者代理人としては、否認の対象となり得る行為について機械的に清算価値に計上するのではなく、以上のような視点も踏まえて、再生債務者が否認の対象となり得る行為をするに至った事情、否認の成立可能性、回収可能性といった個別具体的な事情を詳しく説明することができるようにしておく必要があります（『個再手引』249頁〔石田＝藤原〕参照）。　　　　　〔横路俊一〕

Q 60 個人事業者の財産の清算価値の算定

個人事業者の小規模個人再生において、財産の清算価値の算定につき一般的にどのような点に留意すればよいでしょうか。また、以下の財産については、どのような点について留意すべきでしょうか。
① 現金・原材料・半製品・製品・売掛金等の事業用流動資産
② 敷金・保証金
③ 機械工具

1 再生債務者が個人事業者である場合の考慮要素

再生債務者が個人事業者である場合は帳簿があるはず（白色申告の個人事業主については、従前、事業所得などの合計が300万円以下の場合、帳簿をつける義務がありませんでしたが、2014年1月以降は、白色申告をする人全員に、「帳簿への記帳」と「記録の保存」をすることが義務化されています）ですから、その帳簿を手がかりに財産の存在とその評価をしていくことになります。もっとも、実際には帳簿を付けていなかったり、帳簿は付けているものの、帳簿に載せていない財産があったりする場合がありますので、それらの存否の確認及び評価もする必要があります。

民事執行法131条は差押禁止動産を列挙していますが、4号の「主として自己の労力により農業を営む者の農業に欠くことができない器具、肥料、労役の用に供する家畜及びその飼料並びに次の収穫まで農業を続行するために欠くことができない種子その他これに類する農産物」、5号の「主として自己の労力により漁業を営む者の水産物の採捕又は養殖に欠くことができない漁網その他の漁具、えさ及び稚魚その他これに類する水産物」、6号の「技術者、職人、労務者その他の主として自己の知的又は肉体的な労働により職業又は営業に従事する者（前2号に規定する者を除く。）のその業務に欠くことができない器具その他の物（商品を除く。）」、12号の「発明又は著作に係る物で、まだ公表していないもの」が差押禁止財産となっており、清算価値の算定の対象とならないことに注意する必要があります。

また、再生債務者が事業を行っている場合、破産手続において財団債権ないし優先的破産債権となるべき公租公課、従業員の労働債権の未払分などが比較的多額に及ぶ場合がありますが、これらは清算価値の算定に当たって控除されます（Q43参照）。破産管財人報酬相当額については、現在は非控除とする運用もあります（『個再手引』266頁〔石田憲一＝伊藤康博〕）が、控除を認めることも相当といえます（Q43参照）。

なお、再生債務者が個人事業者である場合、財産が譲渡担保や所有権留保等の別除権の対象となっている場合も多く、その場合、被担保債権の範囲内の財産の価額

は清算価値に含めません。

2 現金・原材料・半製品・製品・売掛金等の事業用流動資産（設問①）

(1) 評価時点と評価方法

　清算価値評価の基準時は、個人再生手続においては再生計画認可決定時と解されています（民再236、242）が、実務上は、開始決定後に大幅な財産の増減がない限り、再生手続開始決定時の評価に基づいて清算価値を算出する取扱いがされています（**Q43**、**Q55**参照）。個人事業者が、原材料を仕入れて製品化して販売する場合には、「現金→原材料→製品→売掛金→現金」のサイクルで事業用流動資産が変動します。資産ごとに清算価値算定の掛け目が異なり得るため、いずれの時点の財産を対象として評価すべきかの問題が生じ得ますが、小規模個人再生の対象となる個人事業者においては、開始決定時から認可決定時までに大幅な財産の増減や財産内容の変動は生じないことが通常と考えられます。このような場合、開始決定時に存在する事業用流動資産を前提に、各資産項目について、清算価値を算出することで足りると考えられます。

　そして、清算価値算定の前提となる財産評定は、原則として財産を処分するものとしてしなければならず（民再規56Ⅰ本文）、処分価格とは、市場で売却する際の正常な価格（正常価格）ではなく、再生債務者の事業を清算して早期に処分を行うことを前提とする価格（早期処分価格）をいいます（『個再手引』235頁〔石田憲一＝堀田次郎〕。**Q49**参照）。資産ごとの算定方法は、通常再生における方法（『通常再生Q&A』Q41〔北原潤一〕）が参考になります。

(2) 各流動資産の評価方法

　再生債務者の有する売掛金は、原則として額面を清算価値に算入することとなりますが、回収見込みがないことが明らかな場合や回収困難な場合には、その全部又は一部を算入する必要がない場合があります（『個再手引』258頁〔石田＝伊藤〕。**Q49**参照）。なお、個人事業者の破産手続において、給与所得者である場合との比較から、売掛金のうち、破産者の生計にとって不可欠な部分について、自由財産の拡張を認められ得るものの（『破産管財手引』148頁〔堀毅＝長谷川健太郎〕）、個人再生手続においては、自由財産の範囲の拡張の裁判に相当する制度はないことなどから、再生債務者の生計にとって不可欠な部分についても、清算価値に算入せざるを得ないと考えられます（『個再手引』240頁〔石田＝堀田〕参照）。原材料・半製品・製品についても、財産の評価は、早期処分価格で算定することとなります。現金は当然に額面となりますが、そのうちいくらを清算価値に含めるかについては、**Q45**を参照してください。

3 敷金・保証金（設問②）

　居住用家屋の敷金返還請求権は、各裁判所における破産手続における取扱いを斟酌して清算価値の算定の対象としなかったり、一定の控除が認められたりする取扱いがされていますが、事業用不動産（事務所・店舗・倉庫等）の敷金・保証金につい

ては、清算価値に含める必要があります（**Q53**、**Q54**参照）。住居と事業兼用の場合については、公表された基準はないようですが、主従や利用面積の割合などを考慮して清算価値に含めるべき場合もあるものと考えられます。

4　機械工具（設問③）

早期処分価格で算定することとなりますが、前記の差押禁止財産が清算価値に算入されないことに注意が必要です。

〔田川淳一〕

第5章

給与所得者等再生

Q61 給与所得者等再生の要件

収入が不定期である場合や変動がある場合は給与所得者等再生を利用できないのでしょうか。また、過去に破産免責決定を受けている場合は給与所得者等再生を利用できないのでしょうか。

1 給与所得者等再生の要件

給与所得者等再生手続は、通常の再生手続及び小規模個人再生手続の特則であることから、通常再生の要件及び小規模個人再生の要件に加え、以下の給与所得者等再生固有の要件を充たす必要があります（『個再手引』410頁〔進藤光慶＝堀田次郎〕）。

① 給与又はこれに類する定期的な収入を得る見込みがあり、収入額の変動の幅が小さいと見込まれること（民再239Ⅰ）
② 再生手続開始の申立ての際に給与所得者等再生を行うことを求める旨の申述をしたこと（民再239Ⅱ）
③ 再申立ての制限に抵触しないこと（民再239Ⅴ）

本問では、①と③について解説します。なお、小規模個人再生と給与所得者等再生の違いや手続選択については、**Q2**、**Q10**を参照してください。

2 収入の定期性と安定性（要件①）

(1) 給与所得者等再生は、再生債務者の可処分所得の2年分以上の額を弁済原資とすること（民再241Ⅱ⑦）を条件として、再生債権者による再生計画案の決議を省略することによって、小規模個人再生よりもさらに手続を簡素・合理化しようとするものです。よって、その利用対象者は、源泉徴収票、給与明細表等の客観的な資料に基づき、その将来の収入の額を確実かつ容易に把握できる者である必要があります。この点、定期収入を得る見込みがある者であっても、収入の変動の幅が大きい場合は、過去の収入とほぼ同額の収入を将来も得るという見通しが立たず、将来の収入を確実かつ容易に把握することはできないため、給与所得者等再生を利用させるのは相当ではありません（『一問一答』278頁）。

そこで、給与所得者等再生は、「給与又はこれに類する定期的な収入を得る見込みがある者であって、かつ、その額の変動の幅が小さいと見込まれる」ことを要件としています（収入の定期性と安定性。民再239Ⅰ）。

(2) **収入の定期性：給与又はこれに類する定期的な収入を得る見込みがある者**

「給与又はこれに類する定期的な収入を得る見込みがある者」とは、会社員等の定期給与を得る者が典型ですが、労働の対価に限る旨の定めはありませんので、定期的収入には年金や恩給による収入も含まれるほか、定期的に受領する家賃収入も含まれると解されています（『新注釈下』〔野村剛司〕527頁）。なお、具体例について

はQ4を参照してください。

(3) 収入の安定性：額の変動の幅が小さいと見込まれるもの

「その額の変動の幅が小さい」といえるかどうかは、手続開始の申立時に債務者から提出される源泉徴収票や給与明細表などをもとに、再生債務者の職種、給与の算定基準、過去及び現在の収入の状況、経済情勢などを総合的に考慮して判断されることになります（『一問一答』277頁）。例えば、過去に比較的大きな収入の変動があっても、それが短期間の特殊な事情によるものであり、将来的には安定した収入が見込まれるようなケースでは、変動の幅が小さいといえる場合もあるでしょうし、反対に、過去の収入の変動が小さくても、経済情勢の変化等で将来の収入が大きく変動することが予想されるケースでは、変動の幅が小さいとはいえない場合もあるでしょう（『条解』1223頁〔田頭章一〕）。

一般的には、計画弁済総額の基礎となる可処分所得の算定に当たって、定期的な収入の額が5分の1以上の変動があった場合に可処分所得の特別な算定方法が定められていることから（民再241Ⅱ⑦イ）、少なくとも変動が年収換算で5分の1未満の場合には、「その額の変動の幅が小さい」と解されています（『一問一答』278頁）。ただし、転職や再就職により収入が減少し、年収換算で5分の1以上の変動が生じたとしても、現在の仕事により安定した収入が見込まれるときは、「その額の変動の幅が小さい」と認められることもあります。

3 再申立制限（要件③）

給与所得者等再生においては債権者による再生計画案の決議が省略されていますが、過去に破産免責等を受けた者に対して、短期間のうちに、債権者の多数の同意なしに再度の免責を得させることはモラルハザードを招来することになります。そこで、①給与所得者等再生における再生計画が遂行された場合は当該再生計画認可決定の確定日から（民再239Ⅴ②イ）、②小規模個人再生又は給与所得者等再生において計画遂行が極めて困難になった場合の免責（いわゆるハードシップ免責）の決定が確定している場合は当該免責の決定に係る再生計画認可決定の確定日から（民再239Ⅴ②ロ）、③破産法252条1項に規定された免責許可決定が確定している場合は当該決定の確定日から（民再239Ⅴ②ハ）、それぞれ7年間は、給与所得者等再生を利用することはできません。

〔森　智幸〕

Q62 給与所得者等再生における「可処分所得額」の基本的な考え方

給与所得者等再生における可処分所得の金額はどのように算出するのでしょうか。また、算出上で注意すべき点はどのような点でしょうか。算出した結果、可処分所得がゼロ又はマイナスになった場合、給与所得者等再生手続を利用することができるでしょうか。

1 可処分所得の算出方法（『大阪再生物語』197頁参照）

可処分所得は、おおまかにいえば、収入から公租公課と生活費を差し引いた額です。このうち生活費は、法文上「再生債務者及びその扶養を受けるべき者の最低限度の生活を維持するために必要な1年分の費用の額」（以下「最低生活費の額」といいます）とされ、「最低生活費の額」は政令（民事再生法第241条第3項の額を定める政令）の定めるところにより算定されます。具体的な金額は、可処分所得額算出シート（Q63参照）を作成して求めることができます。

この可処分所得の額の算出方法は、再生計画案の提出前2年間の途中で発生した事情により3つに分かれます。

(1) 再生計画案の提出前2年間に特に変化がなければ、可処分所得は、「再生計画案の提出前2年間の再生債務者の収入の合計額」から「これに対する所得税等に相当する額」を控除した額を2で除した額から「最低生活費の額」を控除した額に2を乗じて算出した額です（民再241Ⅱ⑦ハ）。「所得税等」というのは、「所得税、個人の道府県民税又は都民税及び個人の市町村民税又は特別区民税」ならびに「所得税法第74条第2項に規定する社会保険料」のことです。

(2) 再生債務者に、再生計画案の提出前2年間の途中で、再就職その他年収について5分の1以上の変動を生ずべき事由が生じた場合には、「当該事由が生じた時から再生計画案を提出した時までの間の収入の合計額」から「これに対する所得税等に相当する額」を控除した額を1年間当たりの額に換算し、その額から「最低生活費の額」を控除した額に2を乗じて算出します（民再241Ⅱ⑦イ）。

(3) 再生債務者が、再生計画案の提出前2年間の途中で「給与等の額の変動が小さいと見込まれるもの」に該当することになった場合（上記(2)に掲げる区分に該当する場合を除きます）には、「給与等の額の変動が小さいと見込まれるもの」に該当した時から再生計画案を提出した時までの間の収入の合計額から「これに対する所得税等に相当する額」を控除した額を1年間当たりの額に換算し、その額から「最低生活費の額」を控除した額に2を乗じて算出します（民再241Ⅱ⑦ロ）。「給与等の額の変動が小さいと見込まれるもの」というのは、「給与又はこれに類する定期的な収入を得ている者でその額の変動の幅が小さいと見込まれるもの」のことです。

2 可処分所得基準

　裁判所は、給与所得者等再生の申立てがあれば、不認可事由が認められる場合を除き、再生計画認可の決定をしますが、その不認可事由のひとつに「可処分所得基準」があります。可処分所得を前提とする弁済計画が合理的なものであると確認できるものでなければならないのです。

　再生債務者は、可処分所得をもとに弁済計画を立てますが、その計画弁済総額は、可処分所得額の2年分以上の額でなければなりません（民再241Ⅱ⑦柱書）。給与所得者等再生では、この要件と小規模個人再生における最低弁済額と同様の要件（民再241Ⅱ⑤、231Ⅱ③・④）とが重畳的に適用されます。そもそも、給与所得者等再生手続は、経済的に破綻した個人の生活の再生を円滑に進めるために、小規模個人再生手続を簡易化・合理化した手続なのですが、債権者の一定割合の同意を要件とすることなく債権者の権利の一部を強制的に減縮して債務者が弁済可能な再生計画を立てられるようにしていることが特色です。これは、個人債務者が、その可処分所得を前提とする精一杯の弁済を行うという計画を作成した場合には、当該計画についての拒否権を債権者に与える必要はないと考えられるためです。したがって、可処分所得額がいくらになるかを誰もが予測できることが重要になります。可処分所得基準は、再生計画による弁済額が、債務者の支払能力に適切に対応したものであり、債権者が合理的に許容し得るものであるかどうかをチェックしようとする要件なのです。

　この要件を充たさなければ申立ては不認可となりますが、いったん認可された後、抗告審において再生計画認可決定が取り消された場合には、申立てからやり直さなければならないかが問題になります。再生計画案の修正は裁判所の再生債権者に対する意見聴取の決定時までしかできない（民再240Ⅲ）とされているからです。この点、再生債権者に不利な影響を与えない限り、再度再生計画案修正の段階からやり直して認可決定を受けることができる余地がある、とする裁判例があります（福岡高決平15.6.12判タ1139号292頁）。

3 可処分所得と履行可能性の関係

　可処分所得は、上述の算定式によって自動的に算出されますので、ゼロ又はマイナスになることがあります。その場合、履行可能性がないとして再生計画案が不認可にならないかが問題になります。しかし、履行可能性は、債務者の生活実態に基づく個別判断ですから、その判断の際に収入から差し引く生活費は、当該債務者が現に必要とする実際の生活費であり、その額が「最低生活費の額」よりも低いのであれば、履行可能性は実際の生活費の額によって判断されます。可処分所得基準は、計画弁済総額の最低基準であることが役割であり、履行可能性の判断基準ではないのです（『大阪再生物語』199頁）。

　ただ、収入が少ないとか、多人数家族等で生活費が多いような場合には、この基準が申立ての適否の判断基準として機能しないため、履行可能性については慎重な判断を要します（『個再三引』424頁〔宮本さおり＝砂川麻紀〕）。　　〔森川和彦〕

Q 63 可処分所得額算出シートの作成方法

「可処分所得額算出シート」とはどのようなものでしょうか。また、どのような資料を参照して作成すればよいでしょうか。

1 可処分所得額算出シートとは
(1) 可処分所得額算出シートの機能
　給与所得者等再生においては、計画弁済額の総額が可処分所得額の2年分以上の額である必要があります（民再241Ⅱ⑦）。当初から小規模個人再生手続のみを検討している場合を除き、申立代理人としては、最低弁済額を判断するためだけではなく、申立人の家計収支から見て計画弁済が可能であるかどうか、ひいては選択すべき手続を判断する上でも、準備段階の早期に申立人の可処分所得を概算しておく必要があります。

　2年分の可処分所得額は、収入に大きな変動のない原則的な場合は——

$$\left(\frac{2年間の収入合計額 - 所得税 - 住民税 - 社会保険料}{2} - 1年分の最低生活費の額\right) \times 2$$

となります。

　この可処分所得を適切かつ容易に算出し、裁判所による検算の便宜のために、いずれの裁判所でも一般的に可処分所得額算出シートを申立書に添付する取扱いをしています。

(2) 可処分所得額算出シートに記入すべき金額
　可処分所得額算出シートを作成する上で、申立代理人が申立人からの聴取や資料収集によって把握しなければならない情報は、①過去2年間の収入合計額、②所得税額、③住民税額、④社会保険料額、⑤個人別生活費の額、⑥世帯別生活費の額、⑦冬季特別生活費の額、⑧住居費の額、⑨勤労必要経費の額です。①～④は手取り収入額を算出するため、⑤～⑨は最低生活費の額を算出するためのものです。

(3) 手取り収入額を算出する要素の調査方法
　上記の①～④は、申立人の過去2年分の源泉徴収票と課税証明書（都道府県・市区町村民税課税台帳記載事項証明書）から記入します。2年分の源泉徴収票の「支払金額」欄に記載された金額の合計が①過去2年間の収入合計額になります。②所得税額、③住民税額、④社会保険料額は、いずれも源泉徴収票に記載されている金額を記載します。可処分所得を算出するときの「収入」には、所得税法上認められている給与所得控除等は関係ないので、源泉徴収票に記載されている「給与所得控除後の金額」「所得控除の額の合計額」「生命保険料等の控除額」「地震保険料の控除

額」「住宅借入金等特別控除の額」を考慮する必要はありません。単に「源泉徴収税額」と記載されている場合、その金額は②所得税額を示しています。③住民税額が源泉徴収票に記載されていない場合は、市区町村から課税証明書を受け、それに記載された市区町村民税と都道府県民税の合計の「年税額」を参照します。

　申立人が過去２年分の源泉徴収票を用意することができない場合であっても、勤務先が源泉所得税の納付をしている場合は、納税証明書又は課税証明書を入手し、これに記載された総収入から所得税額を算出することができます。源泉徴収票が１年分しか用意できない場合も、入手できない年度については納税証明書又は課税証明書によって補充します。

　パートタイマー等のため給与から源泉徴収をされていない場合は、源泉徴収票が交付されておらず、課税証明書にも非課税と記載されています。このような場合は、給与明細や給与振込を受ける通帳などから手取り収入額を算出することになります。

　これらの参照した資料は、写しを申立書に添付して提出します。なお、いわゆるマイナンバー法によれば、従業員に交付する源泉徴収票にはマイナンバーを記載しないこととされていますが、勤務先が誤って記載したまま申立人に交付しているときは、裁判所に提出する写しのマイナンバーをマスキングします。

(4) 最低生活費の算出と可処分所得額算出シートの作成

　最低生活費については、主に、民事再生法第241条第３項の額を定める政令を参照して記載することになります。居住地域の区分や年齢、居住人数によって変化しますので、記入要領や政令を参照しながら作成します。典型的な給与所得者の申立人について、源泉徴収票及び課税台帳記載事項証明書（名称や書式は、自治体によって異なります）から把握した金額を記入した可処分所得額算出シートの例は、**図表１～図表３**のとおりです。このほか、『個再手引』425頁〔宮本さおり＝砂川麻紀〕には、さらに具体的な例を用いながら、記載方法が例示されています。

　申立人及び被扶養者の年齢については、再生計画案を提出した日以降の最初の４月１日における年齢を基準にする必要があります。１年間の住宅ローンの弁済見込総額と家賃支払見込総額については、住宅ローンの返済計画表や建物賃貸借契約書を申立人から入手して、金額を記入します。

　可処分所得額算出シートの書式については、『個再手引』552頁（書式９）にも掲載されており、日弁連のウェブサイトでもMS-Excelシートも公開されています。

　なお、最低生活費の算出には手間がかかるため、居住地、生年月日等の基本的な情報を入力すると最低生活費の額が自動的に計算され、可処分所得算出シートまで作成できるマクロ等が組み込まれたMS-Excelシートが私的に作成され、インターネットで公開されています。しかし、これらは作成者による最終の更新から長期間経過している場合もありますので、自治体区分や最低生活費の額などに変更がないかどうかを確認しながら使用する必要があります。

2　可処分所得額算出シート作成上の問題点
(1)　源泉徴収票の支払金額と課税証明書上の所得金額が異なる場合
　実際に振込等によって得られた給与の手取額から見て正確な所得金額が記載されているものを、申立人の収入と判断します。源泉徴収をする勤務先以外に、不動産所得や別の事業所からの所得等があるために金額の差異が生じている場合は、課税証明書上の所得金額を収入と判断します。
(2)　収入に通勤手当が含まれている場合
　通勤手当は原則として月額15万円まで非課税とされており、税法上は所得と考えられていません（所得9Ⅰ⑤、所得令20の2）。源泉徴収票の所得金額にも含まれていませんが、含まれている場合は控除することができます。収入から生活保護基準による最低生活費が差し引かれて可処分所得額が計算されることを考慮すると、通勤費用は給与所得を得るために必要な経費であり、最低生活費に含まれているとは考えられません。したがって、可処分所得を計算する場合には収入に含めなくともよいと思われます。

【図表1】 給与所得の源泉徴収票（サンプル）

平成 29 年分　給与所得の源泉徴収票

支払を受ける者	住所又は居所	大阪府大阪市○○区○○町2番2号		（受給者番号） 0001
				（役職名）
				（フリガナ） オツヤマ ジロウ 氏名　乙山 二郎

種別	支払金額	給与所得控除後の金額	所得控除の額の合計額	源泉徴収税額
給料賞与	内　　　円 5,500,000	円 3,860,000	円 1,659,915	内　　　円 125,000

控除対象配偶者の有無等		配偶者特別控除の額	控除対象扶養親族の数（配偶者を除く。）						16歳未満扶養親族の数	障害者の数（本人を除く。）		非居住者である親族の数
有	老人		特定		老人		その他			特別	その他	
○	従有	円	人	従人	内　人	従人	人	従人	2	内　人	人	内　人

社会保険料等の金額	生命保険料の控除額	地震保険料の控除額	住宅借入金等特別控除の額
内　　　円 846,915	円 50,000	円 3,000	円

(摘要)

| 生命保険料の金額の内訳 | 新生命保険料の金額 | 円 | 旧生命保険料の金額 | 120,000 | 介護医療保険料の金額 | 円 | 新個人年金保険料の金額 | 円 | 旧個人年金保険料の金額 | 円 |

| 住宅借入金等特別控除の額の内訳 | 住宅借入金等特別控除適用数 | | 居住開始年月日（1回目） | 年 月 日 | 住宅借入金等特別控除区分（1回目） | | 住宅借入金等年末残高（1回目） | 円 |
| | 住宅借入金等特別控除可能額 | 円 | 居住開始年月日（2回目） | 年 月 日 | 住宅借入金等特別控除区分（2回目） | | 住宅借入金等年末残高（2回目） | 円 |

| 控除対象配偶者 | （フリガナ）オツヤマ ハナコ
氏名　乙山 花子 | 区分 | 配偶者の合計所得 | 国民年金保険料等の金額 | 旧長期損害保険料の金額 |

控除対象扶養親族	1	（フリガナ） 氏名	区分		16歳未満の扶養親族	1	（フリガナ）オツヤマ コウジ 氏名　乙山 浩二	区分
	2	（フリガナ） 氏名	区分			2	（フリガナ）オツヤマ テツヤ 氏名　乙山 哲也	区分
	3	（フリガナ） 氏名	区分			3	（フリガナ） 氏名	区分
	4	（フリガナ） 氏名	区分			4	（フリガナ） 氏名	区分

未成年者	外国人	死亡退職	災害者	本人が障害者		寡婦		寡夫	勤労学生	中途就・退職				受給者生年月日				
				特別	その他	一般	特別			就職	退職	年	月	日	明	大	昭	平	年	月	日
																	○		52	1	1

| 支払者 | 住所（居所）又は所在地 | 大阪府大阪市○○区○○町 | |
| | 氏名又は名称 | 有限会社　□□鉄工 | （電話） |

【図表2】 市民税・県民税課税台帳記載事項証明書（サンプル）

平成 30 年度市民税・府民税証明書
(平成29年中の所得証明書)

納税義務者	住　所	大阪市○○区○○町2番2号
	平成30年1月1日現在住所（所在地）	同上
	氏　名	乙山　二郎

市民税・府民税額（円）　　　　　　　　　　　　　課税標準額（計）　¥2,200,000

区　分	所得割額	均等割額	税　額	年　税　額
市　民　税	¥176,000	¥3,500	¥179,500	【b】¥225,300
府　民　税	¥44,000	¥1,800	¥45,800	

所得金額（円）

給与支払金額	【a】¥5,500,000	以　下	余　白	（　　　　）
給与所得	¥3,860,000			
合　計	¥3,860,000	（　　　　）	（　　　　）	（　　　　）
	（　　　　）	（　　　　）	（　　　　）	（　　　　）

所得控除額（円）

雑　　　　損	¥0	生命保険料	¥50,000	障　が　い　者	¥0
医　療　費	¥0	地震保険料	¥3,000	配偶者・扶養	¥380,000
社会保険料	¥846,915	寡婦・寡夫・特別寡婦	¥0	配偶者特別	
小規模共済等掛金	¥0	勤　労　学　生	¥0	基　　　礎	¥380,000
				合　　　計	¥1,659,915

税額控除額（円）

区　分	市民税	府民税	区　分	市民税	府民税
調整控除	¥2,000	¥500	寄附金税額控除	¥0	¥0
配当控除	¥0	¥0	外国税額控除等	¥0	¥0
住宅借入金等特別控除	¥0	¥0	配当割額・株式等譲渡所得割額	¥0	¥0

控除対象配偶者	扶養親族	特定	老人（内同居）	16歳未満	その他	合計（配偶者除く）	本人該当	その他寡婦	特別寡婦	寡夫	勤労学生	事業専従者	
有・無		0人	0人(0人)	2人	0人	2人						区分	**
												専従者数	0人
特別障がい者（内同居）	その他障がい者	合計（本人除く）										給与額等	¥0
0人(0人)	0人	0人											

（備考）　空白

（参考）指定都市以外の所得割の標準税率に基づいた税額及び税額控除額（※この項目は証明書の提出先において使用する場合があります。）

区　分	所得割額	均等割額	税　額	年　税　額
市　民　税	¥132,000	¥3,500	¥135,500	¥225,300
府　民　税	¥88,000	¥1,800	¥89,800	

区　分	市民税	府民税	区　分	市民税	府民税
調整控除	¥1,500	¥1,000	寄附金税額控除	¥0	¥0
配当控除	¥0	¥0	外国税額控除等	¥0	¥0
住宅借入金等特別控除	¥0	¥0	配当割額・株式等譲渡所得割額	¥0	¥0

上記のとおり相違ないことを証明します。
税証第　　－　　号
平成３０年＊＊月＊＊日

大阪市長　甲野太郎

【図表3】 可処分所得額算出シート（日弁連ウェブサイト）（サンプル）

可 処 分 所 得 額 算 出 シ ー ト

		再生債務者	被扶養者	被扶養者	被扶養者	被扶養者
※	氏　　名	乙山二郎	乙山花子	乙山浩二	乙山哲也	
※	年　　齢 （平成30年4月1日現在）	41歳	37歳	9歳	6歳	
	続　　柄	本人				
※	同居・別居の別		同居	同居	同居	
※	居住地（別居の被扶養者のみ）	大阪府 大阪市				
※	居住地域の区分	第1区	第1区	第1区	第1区	
※	① 過去2年間の収入合計額	11,000,000円	①÷2＝5,500,000円　……図表2【a】×2			
	② 上記期間の所得税額相当額	250,000円				
	③ 上記期間の住民税額相当額	450,600円	……図表2【b】×2			
	④ 上記期間の社会保険料相当額	1,693,830円				
	⑤ 収入合計額から控除する額	2,394,430円	←②＋③＋④			
	⑥ 1年間当たりの手取収入額	4,302,785円	←（①－⑤）÷2			
※	⑦ 個人別生活費の額	47.8万円	49.9万円	48.2万円	44.2万円	円
※	⑧ 世帯別生活費の額	70.3万円				円
※	⑨ 冬季特別生活費の額	2.7万円				円
※	⑩ 住居費の額	65.3万円(D)	円(D)	円(D)	円(D)	円(D)
※	政令の住居費の額	65.3万円(A)	円(A)	円(A)	円(A)	円(A)

再 生 債 務 者 居 住 建 物

※	(1) 再生債務者が所有しているか	ⓗい → (2)へ進む　　　いいえ → (4)へ進む
※	(2) 競売又は任意売却により建物の所有権を失う可能性があるか	ⓗい → (3)・(4)は記載しない　　いいえ → (3)へ進む（(4)は記載しない）
※	(3) 一般弁済期間の全期間を通じてローンの弁済をする予定があるか	は い・いいえ　　1年間の弁済見込総額　　　　　　円(B)
※	(4) 一般弁済期間の全期間を通じて賃料の支払をする予定があるか	は い・いいえ　　1年間の支払見込総額　　　　　　円(C)

別 居 被 扶 養 者 居 住 建 物

※	(1) 再生債務者が所有しているか	は い → (2)へ進む　　　いいえ → (4)へ進む
※	(2) 競売又は任意売却により建物の所有権を失う可能性があるか	は い → (3)・(4)は記載しない　　いいえ → (3)へ進む（(4)は記載しない）
※	(3) 一般弁済期間の全期間を通じてローンの弁済をする予定があるか	は い・いいえ　　1年間の弁済見込総額　　　　　　円(B)
※	(4) 一般弁済期間の全期間を通じて賃料の支払をする予定があるか	は い・いいえ　　1年間の支払見込総額　　　　　　円(C)

※	⑪ 勤労必要経費の額	55.5万円				
	⑫ 上記合計額（1年分の費用額）	241.6万円	49.9万円	48.2万円	44.2万円	円
	⑬ ⑫の合計額					383.9万円
	⑭ 1年間当たりの可処分所得額（⑥－⑬）					463,785円
	⑮ 計画弁済総額の最低基準額（⑭×2）					927,570円

※印の記載に当たっては，別紙記載要領を参照して下さい。

〔兒玉浩生〕

Q 64 親族（同居・別居）に収入がある場合の可処分所得額算出方法

① 可処分所得額算出の際に、収入のある同居の親族を被扶養者とすることはできますか。
② 可処分所得額算出の際に、別居の親族を被扶養者とすることはできますか。その場合の算出はどのような方法でされるのでしょうか。
③ 同居の親族に収入がある場合に、その収入は可処分所得額算出の際に合算しなければならないのでしょうか。
④ 夫婦ともに給与所得者等再生を申し立てる場合には、一方の可処分所得額算出に当たって他方を被扶養者から外す必要がありますか。
⑤ 共働き夫婦のうち妻のみ申立てを予定しています。子どもについては夫の扶養親族として夫の税額算定に関して扶養控除の対象になっているのですが、このような場合に、妻の可処分所得の計算において子どもの生活費を考慮することはできますか。

1 被扶養者とは（設問①）

設問①は、可処分所得額算出時において再生債務者の給与収入からその生活費が差し引かれる「その扶養を受けるべき者」（被扶養者。民再241Ⅱ⑦）の収入要件の問題です。

被扶養者について、民事再生法あるいは民事再生法第241条3項の額を定める政令にもその定義は明らかにされていません。したがって、可処分所得額算出に際して、その趣旨から、当該対象者の生活に必要な費用の控除を認めるのが適当かという実質的な基準によって決すべきこととなります。

裁判所における実務上は、配偶者であれ親族であれ、再生債務者と生計を同一にし、年間の給与収入が103万円以下の者については、被扶養者に該当すると判断されています。その根拠は、所得税法上の配偶者控除の対象となるべき者あるいは扶養控除の対象となるべき者の収入要件が、いずれも年間103万円以下とされていること（所得28Ⅲ①、2Ⅰ㉝・㉞参照）にあります（『大阪再生物語』201頁参照）。そして、実際の判断基準としては、再生債務者が給与所得者であれば、提出した源泉徴収票の「控除対象配偶者の有無等」「控除対象扶養親族の数」及び「16歳未満扶養親族の数」の欄に記載がある者であれば、その者を被扶養者として可処分所得額を算出することが認められています。

なお、被扶養者と判断される収入要件を充たす親族についても、何らかの理由で源泉徴収票に記載されていない場合もあると思われますが、その場合には、記載されていない理由を裁判所に十分説明する必要があるでしょう。

2 別居の親族を被扶養者とできるか（設問②）

設問②は、可処分所得額算出の際に別居の親族を被扶養者とできるかの問題ですが、結論としては、再生債務者が当該親族と家計を同一にしていれば、可能であると考えられます。

なぜなら、民事再生法241条2項7号においても民事再生法第241条3項の額を定める政令においても、「再生債務者と同居している者でなければ被扶養者とは認められない」とは定められていないからです。

また、実質的に考えても、親族が別居している方が扶養者の経済的負担は重いことが多く、可処分所得額算出に当たって最低限度の生活を維持するために必要な費用を控除する際に、別居の親族の生活費をその対象から外すべき理由は見当たりません。

別居の親族を被扶養者として可処分所得額を算出する際、その親族は再生債務者とは独立して生活しているのですから、再生債務者とは別世帯を構成しているものと考えられ、同居の親族の場合とは異なり、個人別生活費のほかに、その居住地域等に応じて算出された世帯別生活費、冬季特別生活費及び居住費の額を加算するべきものと考えられます。

3 同居の親族の所得の扱い（設問③）

設問③については、同居の親族の収入を合算する必要はないと考えられます。なぜなら、民事再生法241条2項7号イ〜ハは、いずれも再生債務者の収入のみを計算の基礎とするように規定されているからです。

給与所得者等再生手続において、可処分所得額は最低弁済額を画するひとつの形式的な基準に過ぎず、再生債務者の家計全体の現実的な支払能力（履行可能性）を判断するためのものではありません。民事再生法が同居の親族の収入を加算しなくてよいとしているのは、給与所得者等再生手続において、再生債務者の2年分の収入からその扶養を受けるべき親族の最低限度の生活を維持するために必要な2年分の費用を差し引いた金額程度は、最低限再生債務者に弁済させるべきであるという価値判断に基づくものと考えられます。

4 夫婦で給与所得者等再生手続を申し立てる場合の可処分所得額の算出方法（設問④）

設問④の場合、例えば妻が夫の配偶者控除の対象者となっているときには、夫の可処分所得額算出に当たって妻を被扶養者から外す必要はありません。被扶養者であるか否かの判断は、その者に実際に被扶養性が存在するかの問題であり、その者がいかなる手続の申立てを行ったかとは直接関係のないものだからです。夫婦の一方が上記1に記載した被扶養者の要件を充たす限り、その者が給与所得者等再生の申立てをしているか否かに関係なく、他方の手続においても、その者を被扶養者として可処分所得額を算出できるのです。

ただし、同居の親族の被扶養者と判断される程度の収入しかない者も同時に給与

所得者等再生手続を申し立てる場合、実際上その再生計画の履行は他方の収入に負うところが大きいと思われますので、そのような者が給与所得者等再生手続を利用できるかについては、慎重な判断が必要になると考えられます。もっとも、給与所得者とは「給与又はこれに類する定期的な収入を得る見込みがある者であって、かつ、その額の変動の幅が小さいと見込まれるもの」（民再239Ⅰ）をいいますから、収入金額が低くても、この要件を充たし、同時に再生手続開始の申立てをした配偶者とともに、家計全体の収支状況に照らしてそれぞれの再生債権者に対する支払がいずれも可能と判断されるのであれば、履行可能性は認められるべきものと思われます。

5 申立てをしない配偶者の扶養に入っている子どもの生活費の考慮の可否（設問⑤）

設問⑤の場合、妻の可処分所得の計算において子どもの生活費を考慮することはできるものと考えられます。

所得税の控除に関しては、家計において主として収入を得ている者についてしか扶養控除を受けることはできませんが、可処分所得額の算定に際しては条文上「その扶養を受けるべき者」の生活費を控除できるとだけ規定されているに過ぎません。仮に子が夫の所得税算出のための被扶養者になっていたとしても、共働き夫婦の場合、その収入の多寡に関係なく実質上は夫婦共同で子を扶養しており、子を妻の「扶養を受けるべき者」と考えることも十分に可能だと思われます。

もっとも、前述のとおり裁判所の運用上は原則として源泉徴収票の各欄に記載があるものが被扶養者であるとされていますので、家計収支表を用いるなどして、実質的に、その子を夫婦共同で扶養しているということを十分に説明する必要があると思われます。

〔大植　伸〕

第6章

再生計画案

Q 65　再生計画案提出時の注意点

再生計画案を作成提出する際、一般的にどのような点に注意すべきでしょうか。

1　個人再生手続における再生計画案

個人再生手続における再生計画案は、再生債権者の権利に関し免除率や返済期間等の権利変更の一般的基準（民再154Ⅰ、156）等を記載した書面です。

個人再生手続の再生計画案は、通常再生の場合と異なり、再生債務者のみが作成し得るものであって、再生債権者の変更されるべき権利を明示する必要がなく、変更後の権利内容を定める必要はありません（民再245、238による民再157、163Ⅱの適用除外）。これは、個人再生手続が通常再生手続と比較して簡易な設計がなされていることによるものです。

2　再生計画案の作成に当たって注意すべき点

(1)　再生債権者を補正すること

再生手続内で確定した再生債権に関して、債権譲渡や代位弁済の通知があった場合、新旧債権者連名の債権承継届又は名義変更届（民再96）が裁判所へ提出されているかを確認し、提出されていない場合には新債権者に対して提出を促す必要があります。また、必要に応じて再生債権に対する異議の撤回を行い（民再規122①）、その上で再生計画案提出前に再生債権者の届出名義を補正する必要があります（『はい6民』294頁参照）。

(2)　最低弁済額に達していること

再生計画案の内容は、返済総額が最低弁済額に達していなければなりません。最低弁済額は、基準債権の総額から算出する額（民再231Ⅱ④、241Ⅱ⑤）、清算価値（民再174Ⅱ④、241Ⅱ②。偏頗弁済がある場合等については**Q59**を参照してください）、給与所得者再生の場合の可処分所得2年分（民再241Ⅱ⑦）のうち最も高い額となります（**Q66**参照）。

もっとも、再生計画案は確定債権総額から免除率を控除して権利変更を行う内容を前提としますし、免除率も複雑になることを避けるため一般的に小数点以下の数値を制限して運用されていますので、免除率を四捨五入したり切り上げたりしてしまうと、返済総額が最低弁済額に達しないこともあり得ます。そのため、免除率は切捨て計算をすることが必要です（表計算ソフトの自動計算機能をそのまま利用すると四捨五入されてしまうことがあります）。

また、申立時の債権総額と確定再生債権総額が変化することは多々ありますので、免除率を改めて算出するようにしてください。

(3) 再生債権者の平等を図ること

個人再生手続では、再生債権は一般的基準によってのみ権利変更されるのが原則であり、形式的平等が強く要請されています（民再156、229Ⅰ、244）。

もっとも、個人再生手続の場合でも、①不利益を受ける再生債権者の同意がある場合、②少額の再生債権者の弁済の時期（**Q74**参照）、③民事再生法84条2項の再生手続開始後の利息・損害賠償請求権（以上、民再229Ⅰ）、④非減免債権（民再229Ⅲ。**Q71**参照）については例外的取扱いが許されています。

(4) 一般優先債権・住宅資金特別条項等の記載をすること

弁済協定を締結した場合の共益債権の記載、公租公課がある場合の一般優先債権の記載（民再154Ⅰ②、民再規83）、別除権者の権利に関する定め（民再160Ⅰ）、住宅ローン支払を継続する場合の住宅資金特別条項の記載（民再198）が別途必要になります（『はい6民』296頁、『個再手引』293頁〔西林崇之＝砂川麻紀〕参照）。

なお、住宅資金特別条項には、同意型（民再199Ⅳ）のほか、民事再生法199条1～3項の各類型があります（**Q78**参照）が、いずれの場合でも住宅資金貸付債権者と協議を行い、あらかじめ承諾を得ておくことが重要となります。

住宅資金貸付債権者の了解が不十分なまま住宅資金特別条項を利用した場合に当該債権者から再生計画認可決定に対して即時抗告がなされた事例（福岡高決平27.3.20金法2040号89頁）では、民事再生法199条2項の要件を充たすものとして当該債権者からの抗告が棄却されています。もっとも、解釈上の疑義が生じるリスクを鑑みると、十分な事前協議を行うべきと思われます。

3 再生計画案の提出に当たって注意すべき点

個人再生手続における再生計画案の提出に当たっては、再生計画案を定められた提出期限までに裁判所に提出することが重要です（民再163Ⅰ）。これを1日でも徒過すると、裁判所は再生手続廃止決定をします（民再191②、243②）。この点を踏まえるならば、提出期限までに再生計画案の提出が困難な事情を生じた場合は、速やかに提出期限伸長の申立てを行うべきです（民再163Ⅲ）。以前は一部の裁判所において、提出期限の柔軟な取扱いがなされていたようですが、近時はそのような取扱いは見当たらないようです（『個再手引』338頁〔安齊浩男＝佐藤恵美〕、296頁〔西林＝砂川〕参照）。

なお、再生計画案の内容等に誤りがあった場合、決議に付する決定前であれば、裁判所の許可を得て内容を修正することも可能です（民再167）。

再生手続廃止決定がなされた場合にも、当然に牽連破産とされることはなく、再び個人再生手続開始の申立てをすることはできます。とはいえ、再度申し立てるといっても、手続に要する費用、期間、債権者への説明、依頼者との信頼関係の再構築などの問題があります。そのため、再申立てはできないという覚悟で再生計画案を期限までに提出してください。

〔木野村英明〕

Q 66　最低弁済額

個人再生の再生計画の立案に当たり、弁済すべき金額はどのように決まっているでしょうか。

1　計画弁済総額

小規模個人再生の場合、①基準債権から計算される最低弁済額、②清算価値のいずれか高い方、給与所得者等再生にあっては、①・②に加え、③可処分所得の2年分の最も高い金額を最低弁済額として定めなければなりません。

2　①基準債権（民再231Ⅰ Ⅱ③〜④）

(1)　計算方法

最低弁済額は、後述の基準債権の総額によって、下記の5段階に区分されます。

	【基準債権】		【最低弁済額】
i	100万円未満	……	基準債権の総額
ii	100万円以上500万円以下	……	100万円
iii	500万円超 1500万円以下	……	基準債権総額の1/5
iv	1500万円超 3000万円以下	……	300万円
v	3000万円超 5000万円以下	……	基準債権総額の1/10

基準債権は、条文上、「無異議債権及び評価済債権（別除権の行使によって弁済を受けることができると見込まれる再生債権及び第84条第2項各号に掲げる請求権を除く）」と定義されています（民再231Ⅱ③）。

(2)　留意点

ア　住宅資金貸付債権がある場合

前記区分については、厳密には基準債権ではなく、無異議債権及び評価済債権の額の総額（住宅資金貸付債権の額、別除権の行使によって弁済を受けることができると見込まれる再生債権の額及び民再84Ⅱに掲げる請求権の額を除きます）を基礎とし、基準債権の範囲と若干異なるため注意を要します。

これは、住宅資金貸付債権があり、住宅資金特別条項を利用しない場合に問題となります。例えば——

債権総額	6500万円	……①
うち一般再生債権	3500万円	……②
うち住宅資金貸付債権	3000万円	……③
（③の別除権行使による弁済見込額	2000万円）	……④

この場合、「①－③＝3500万円」となりますので前記区分のvに該当し、基準債権は「①－④＝4500万円」となりますが、最低弁済額は「（（①－③）×1/10＝350万円」となります。詳細はQ93、Q94、『はい6民』397頁以下を参照してください。

　イ　別除権付債権

担保不足見込額が基準債権の額となりますが、債務者と別除権者で担保価値の把握に違いがある場合は、申立前に協議を行うことが望ましいですし、債権者一覧表に記載した担保不足見込額と債権届出書に記載された担保不足見込額に乖離がある場合は異議の申述をするかどうかを検討することになります。異議の申述の手続についてはQ29を参照してください。

　ウ　開始決定後の利息、遅延損害金

これらは基準債権からは除かれます。なお、Q25も参照してください。

　エ　非減免債権（民再229Ⅲ）

基準債権に含まれますが、再生計画認可後の弁済については通常の再生債権とは異なる取扱いもされていますので、詳細はQ38、Q71を参照してください。

　オ　滞納公租公課

一般優先債権（民再122）として、再生手続によらないで随時弁済しなければならず、基準債権には含まれません（なお、清算価値保障原則との関係についてはQ43も参照してください）。

なお、滞納公租公課を保証人が代位弁済した場合、その求償権は、一般優先債権や共益債権に該当せず、通常の再生債権として、基準債権に含まれると考えられます（東京地判平17.4.15判時1912号70頁）。この点は関連する最高裁判例もありますので、詳細はQ31を参照してください。

また、第三者が立替払いをした場合、その立替金請求権も同様です（東京地判平18.9.12金法1810号125頁）。

3　清算価値保障原則

最低弁済額は、債務者が有する清算価値よりも高く設定しなければなりません。よく問題となるのは、①現金（Q45）、②退職金（Q48）、③受任後の積立金（Q16）、④過払金（Q46）、⑤解約返戻金（Q47）等です。これらの財産に関する清算価値の計上については、それぞれの解説を参照してください。

4　可処分所得の2年分

給与所得者等再生の場合は、可処分所得の2年分も最低弁済額を決める基準となります。具体的な計算方法等はQ61、Q62～Q63を参照してください。

〔井口直樹〕

Q 67 100％弁済と清算価値保障原則

清算価値が100％弁済額以上であった場合、どのように再生計画案を作成すればよいでしょうか。また給与所得者等再生において、可処分所得の2年分が100％弁済額以上であった場合はどうでしょうか。

1 100％弁済の個人再生をする場面

100％弁済の個人再生をすることについては、債権のカットが受けられないのに個人再生手続をする意味があるのか、また清算価値が再生債権の総額を上回る場合に、そもそも開始要件（民再21Ⅰ）が認められるのか、という疑問が生じます。

しかし、期限の利益を失って全額弁済を迫られたことにより支払不能に陥った場合や、住宅資金特別条項を利用したリスケジュールに主たる目的があるような場合など、100％弁済する場合であっても個人再生手続を利用するメリットがあるといえますし、また開始要件が認められる場合があるといえます（『大阪再生物語』245～246頁）。

もっとも、このような場面での手続選択に際しては、特定調停の利用を含めた任意整理との比較で、それぞれのメリット・デメリットを検討する必要があります。もし債権者が返済条件に合意する見込みが立つようであれば、返済額、返済期間、手続にかかる時間及び費用等の観点から、任意整理の方が合理的なケースも多いと思われます。

2 100％弁済の再生計画案

再生計画案を作成する場合、再生計画が再生債権者の一般の利益に反しないこと（民再231Ⅰ、174Ⅱ④、241Ⅱ②）、すなわち清算価値保障原則に反しないことが求められます。清算価値が再生債権の総額（住宅資金特別条項による弁済額及び別除権により担保される金額を除きます。以下も同様です）を上回っている場合、もちろん再生債権の総額を超えて清算価値相当額を支払わなければならないということではありませんが、このようなケースでは、債務の免除を受けることはできないと解されるので、再生債権の総額を弁済する再生計画案を作成しなければなりません。また、給与所得者等再生において、可処分所得の2年分が再生債権の総額を上回るような場合も同様です。

具体的には、元本、再生手続開始決定の日の前日までの利息・損害金及び再生手続開始決定の日以降第1回弁済日までの利息・損害金の合計額については分割して支払うとともに、第2回以降の各弁済日において、前記の分割金に、各弁済期間（前の弁済日の翌日から次の弁済日までの期間）に対応する利息・損害金を付して支払っていくことが考えられます（再生計画案の記載例については『個再手引』331頁

〔古谷慎吾＝鹿田あゆみ〕を参照してください）。第1回弁済日以降、元本は減っていくことになりますので（利息・損害金に充当される部分は除きます）、それに対応した利息・損害金を、弁済期ごとに計算しなければなりません。また利息ないし損害金の率は、債権者によって異なりますから、個別に契約書・債権届出書等で確認する必要があります。再生計画による返済計画表は、債権者ごとに、各弁済期における弁済額が分かるように作っておくのがよいでしょう。

3　補　足

上記2で記載した再生債権の総額には、再生債権の元本及び再生手続開始決定の日の前日までの利息・損害金のみならず、再生手続開始決定の日以降の利息・損害金についても含まれることに留意してください（民再84Ⅱ）。

この点、清算価値が元本及び再生手続開始決定の日の前日までの利息・損害金の総額を上回るものの、再生手続開始決定の日以降の利息・損害金を加えた合計額は下回る場合には、清算価値保障原則との抵触を生じない再生手続開始決定の日以降の利息・損害金部分については免除を受けることができると解されます（この場合の再生計画案の記載例については『個再手引』332頁〔古谷＝鹿田〕を参照してください）。

なお、これと似て非なる場合として、清算価値保障原則は充たしているものの基準債権の総額が100万円を下回るような場合があります。この場合、基準債権の総額（100%）を弁済する再生計画案を作らなければなりません（民再231Ⅱ④）が、再生手続開始決定の日以降の利息・損害金については、全額免除を受ける旨の再生計画案を定めることができます。基準債権には、民事再生法84条2項1号・2号の再生手続開始決定の日以降の利息・損害金は含まれないからです。

〔福田佐知子＝上升栄治〕

Q 68 再生計画の履行可能性

債務者の弁済原資となる収入が少なく、自分自身の支払は不十分であるものの、破産を避けて、何とか個人再生手続を行いたいという希望を持っています。親族などの支援を前提に再生計画を立案することも許されるのでしょうか。

1 再生計画の履行可能性

民事再生法は、「再生計画が遂行される見込みがない」ときには「再生計画不認可の決定をする」としています（民再174Ⅱ②、231Ⅰ、241Ⅱ①）。すなわち、再生計画が認可されるためには「再生計画が遂行される見込みがない」とはいえないことが必要であり（消極的要件）、これを「再生計画の履行可能性」といいます。

個人再生における履行可能性は、基本的に、債務者が毎月継続的に又は反復して得る収入額（給料、報酬、年金など）から支出額（生活費、事業経費など）を控除した金額が、再生計画において予定している毎月の弁済額を上回るか否かという観点から判断されます。例えば、弁済総額が100万円であり、再生計画の履行期間が3年（36か月）である場合には、毎月の弁済額は2万7778円（≒100万円÷36か月）です。そこで、毎月の収入額から支出額を控除した金額が2万7778円以上となるかどうかが目安となります。後記2の家計表を裁判所に提出することなどにより、毎月の弁済額を工面することが現実にできることを示します。

また、直近2年間程度の実績から見て定期的なボーナスを見込むことができる場合には、毎月の収入額に割り振って考えてもよいでしょうし、臨時支出（車検代、教育関連費、冬季の燃料代など）の支払に充てると考えてもよいでしょう。

なお、実際に再生計画を履行していくに当たっては振込手数料を要します。債権者が10名以上であれば1回の弁済当たり5000円を超えることもあり、注意が必要です。3か月に1回の支払とする（民再229Ⅱ①）ことも検討します。

また、住宅資金特別条項を定めた再生計画案の場合には、「再生計画が遂行可能であると認めることができないとき」には「再生計画不認可の決定をする」とされています（民再202Ⅱ②）。すなわち、住宅資金特別条項を定めない場合と異なり、再生計画が遂行される積極的な可能性が必要です（積極的要件）。その趣旨は、住宅資金貸付債権者には議決権が与えられず（民再201Ⅰ）、再生計画の成否にも関与できないため、その保護をするところにあります（園尾隆司ほか編『最新 実務解説一問一答民事再生法』142頁〔三村義幸〕（青林書院、2011年））。しかし、実務上、履行可能性の判断に際し、住宅資金特別条項を定めているか否かによる違いは大きくないと思われます。

2 家計収支の改善による履行可能性の向上

　履行可能性について不安が残る場合には、家計の改善を検討します。

　個人再生の申立書には、家計表（家計簿、家計収支表）を添付します（民再規112Ⅱ②、136Ⅱ③）。しかし、相談時点において毎月の家計簿をきちんと付けている相談者は、必ずしも多いとはいえません。代理人として個人再生申立てを受任するに当たり、債務者に対して家計簿を付けるようアドバイスをし、債務者本人に家計としっかり向き合ってもらいます。債務者代理人としてのアドバイスはとても重要であり、家計簿をもとに真摯に協議します（『個人の破産・再生』150頁〔石川貴康〕）。

　債務者の家計状況の収支に余裕がなく、毎月の弁済額を安定して工面することが難しそうな場合には、親族の援助が期待できる場合などを除き（後記3）、再生計画の履行可能性に不安があることになります。そこで、不要不急の買い物を控えたり交際費を見直したりし、毎月の弁済額を工面できるようにします。また、ボーナスなどの一時金の使い道を指導する必要性も高いといえるでしょう。債務者のなかには、例えば親族や友人に対して悪気なく偏頗弁済をしてしまう人もいます（その場合の事後対応についてはQ20、Q65を参照してください）。そのような事態を防ぐため、通帳などから一時金の受領時期や金額を予想し、その取扱いについて債務者とあらかじめ十分協議しておきます。

3 親族の援助を前提とする再生計画の立案

　家計の改善をできる限り図ってもなお、債務者が毎月の弁済額を安定して工面することに不安が残る場合もあります。そのような場合に、親族などの援助を前提とする再生計画を立案することはできるでしょうか。

　履行可能性は、債務者が実際に弁済していけるか否かという実質的個別的な判断です。そのため、履行可能性を判断する際に親族の収入・援助を考慮することも可能とされています（『大阪再生物語』200頁）。この点は、形式的な基準である給与所得者等再生における可処分所得額算出の場合（Q64参照）とは異なります。

　まず、債務者と家計を同一にしている親族の場合には、生活費を共通にしている場合が多いでしょう。そのため、当該親族の家計も踏まえた世帯全体としての家計表を作成し、それにより履行可能性を判断します。

　では、別居の親族や、同居していても家計が基本的に別である親族（二世帯、生活費を納める子など）からの援助はどうでしょうか。もちろん具体的な事情によりますが、例えば、①当該親族が弁済期間中継続して収入を得る見込みがあり、②その収入のうち一定額を継続的に債務者の家計に組み入れることが可能であることを示せば、裁判所の理解を得られることが多いでしょう。具体的には、当該親族の陳述書を作成し、その収入資料（源泉徴収票、所得課税証明書等）を添付して提出します（『個再手引』346頁〔新藤光慶＝土屋毅〕）。そして、家計表の収入として援助額を計上し、現実に援助を受けていることを示します。

〔横田大樹〕

Q 69 3年を超える弁済期間が認められる「特別の事情」

3年を超える弁済期間の再生計画を作ることもできますか。その際の「特別の事情」は、どのように考えたらよいですか。

1 個人再生における弁済期間、弁済方法

個人再生手続における弁済期間は、原則として再生計画認可の決定の確定から3年と規定されています（民再229Ⅱ②、244）。

ただし、条文上、「特別の事情」がある場合には、5年を限度として、3年を超える弁済期間を定めることが認められています（民再229Ⅱ②かっこ書、244）。

2 3年を超える弁済期間の認められる「特別の事情」とは

この「特別の事情」の典型例は、将来に向けて安定した収入の見込みがあるものの、3年の弁済期間では最低弁済額要件を充たす再生計画案の履行が困難である場合です（『個再手引』334頁〔岡智香子＝佐藤恵美〕）。

具体的には、見込まれる収入額から予想される支出額を控除し、弁済の原資となる毎月の余剰額を計算した結果、3年分を合計しても最低弁済額を下回るような場合です。特に、住宅資金特別条項を定めて住宅ローンの支払を継続する場合や、弁済期間中に子の教育費の増加が見込まれる場合などには、予想される支出額が多額となり、収入額によっては3年で最低弁済額以上の弁済を行うことが困難となるケースが出てくると思われます。

このような場合でも、弁済期間を3年より延長すれば最低弁済額以上の弁済が可能であり、かつ収入の継続性・安定性から弁済期間を延長しても再生計画案の遂行が可能である場合には、「特別の事情」が認められることになります。

したがって、3年を超える弁済期間を希望する場合には、「特別の事情」が存在することを示すため、3年の弁済期間では弁済が困難であること（必要性）のほか、弁済期間を延長しても再生計画案の遂行の見込みがあること（許容性）について、上申書などの方法で裁判所に対して説明を行うことが必要となります。

実務的に、「特別の事情」は広く認められる運用となっていますが、具体的な延長期間については裁判所から再検討を促されるケースも存在します。しかし、再生債務者と再生債務者代理人が実際の生活状況等を考慮し遂行可能性が高いと考えた弁済期間で再生計画案を作成したのであれば、基本的にはその判断が尊重されるべきであると考えます。

一方で、再生債務者代理人においても、希望する弁済期間について債権者及び裁判所の理解を得られるよう、関係資料や具体的事情に基づき当該弁済期間の必要性・許容性について十分に説明を行うべきでしょう。

〔齊藤佑揮〕

Q 70 弁済期間3年未満の再生計画、再生計画認可確定後の繰上一括弁済

① 弁済計画3年未満の再生計画は可能でしょうか。
② 弁済期間3年の再生計画が認可され確定した後、すべての再生債権者に対して繰上一括弁済することはできますか。
③ 弁済期間3年の再生計画が認可され確定した後、少額債権に該当しない一部の再生債権者にだけ繰上一括弁済し、その他の再生債権者には再生計画どおり弁済することはできますか。

1 弁済期間3年未満の再生計画作成の可否（設問①）

民事再生法229条2項2号及び244条は、再生計画で定める最終の弁済期について、「再生計画認可の決定の確定の日から3年後の日が属する月中の日」と定めており、同規定から、弁済期間が3年未満となる再生計画は認められないと解されています（『条解』1181頁〔佐藤鉄男〕、『解説個人再生手続』99頁〔佐藤鉄男〕）。

個人再生手続は、再生計画の認可により再生債権がカットされる等の不利益を債権者に与えるものであるため、債務者に対しては、将来の収入から3年間は精一杯の弁済を求めるのが相当と考えられます（『一問一答』209頁）。また、あまり短い期間の再生計画が許されるとすると、再生債権者からの圧力によって、再生債務者が無理な再生計画を立ててしまうことにもつながりかねません（『新注釈下』461頁〔岡精一〕）。

このような理由から、個人再生手続においては弁済期間3年未満の再生計画は認可されません。

2 再生計画認可確定後にすべての再生債権者に対して繰上一括弁済することの可否（設問②）

個人再生手続では、再生計画に基づく権利の変更は原則として再生債権者間で形式的に平等である必要があります（民再229①・244）。多数の者の利用が予測される個人再生手続において迅速な再生を実現するためには、個別の再生債権の実情に踏み込んだ判断を要する実質的平等主義を採用することはできないからです（『一問一答』209頁）。そのため、再生債務者は、原則として、再生計画で定めた時期に履行をする必要があります。

もっとも、資金的余裕ができたといった理由で、再生計画認可後の返済期間中にすべての再生債権者に一括して繰上弁済する場合には、債権者間の形式的平等が害されることはないため、このような繰上一括弁済は禁止されていないと解されます（『新注釈下』462頁〔岡〕）。

3 再生計画認可確定後に一部の再生債権者に対してのみ繰上一括弁済することの可否（設問③）

(1) 基本的な考え方

特定の再生債権者にのみ繰上一括弁済する場合、当該再生債権者だけが、再生計画に定めた弁済期までの利息相当額の利益を得ることになり、また、再生債務者の将来の無資力のリスクを負わなくて済むことになります。

また、民事再生法229条1項が、債権者間の形式的平等の例外として少額債権の弁済の時期についてあえて規定していることを考えれば（少額債権の取扱いについてはQ74を参照してください）、少額債権に該当しない特定の再生債権のみを繰上一括弁済することは法の予定するところではないと考えられます。

加えて、以下述べるように、将来再生計画の履行が頓挫した場合に、特定の再生債権者にのみ繰上一括弁済をしていたことが再生債務者の不利益となったり、破産手続において否認権行使の対象とされたりするおそれもあります。

したがって、再生計画認可確定後に再生債務者から、特定の再生債権者のみに対する繰上一括弁済の相談を受けた場合には、そのような弁済は控えるよう回答すべきでしょう。

(2) ハードシップ免責の申立てが棄却されるリスク

個人再生手続では、再生債務者がその責めに帰することができない事由により再生計画を履行することが極めて困難となり、かつ、所定の要件を充たした場合に、再生債務者の申立てにより残債務の免責を得ることができる、いわゆるハードシップ免責の制度が存在します（民再235、244。なお、ハードシップ免責についてはQ105を参照してください）。

この点、再生計画の遂行が極めて困難といえるかどうか、また、それが債務者の責めに帰することができないといえるかどうかは、最終的には個々の事案により判断されるべきと解されています（『新注釈下』503頁〔佐藤浩史〕）。場合によっては、特定の再生債権者のみに対して繰上一括弁済したことで、上記要件を充たさないと判断され、ハードシップ免責の申立てが棄却されてしまうリスクがあります。

(3) 破産手続が開始された場合に否認対象行為となるリスク

特定の再生債権者に対してのみ繰上一括弁済を行った後、再生計画に基づく弁済の履行が困難になり、再生債務者が自己破産の申立てを行った場合、破産手続において上記繰上一括弁済はどのように扱われるでしょうか。

この点、繰上一括弁済は、特定の債権者に対して、再生計画に定めた弁済期よりも前に弁済をしたことになりますから、当該弁済は、「その時期が破産者の義務に属しない行為」といえます。

そのため、当該弁済が支払不能になる前30日以内になされていれば、弁済を受けた再生債権者が弁済当時に他の債権者を害する事実を知らなかった場合でない限り、偏頗行為否認（破162Ⅰ②）の対象となるリスクがあります。　〔塩野大介〕

Q71 非減免債権（非免責債権）と再生計画

個人再生手続で減免されない債権はどのようなものなのでしょうか。その債権について、再生計画案の作成に当たり、留意すべき点はありますか。

1 非減免債権（非免責債権）の範囲

悪意で加えた不法行為に基づく損害賠償請求権、故意又は重大な過失により加えた人の生命又は身体を害する不法行為に基づく損害賠償請求権、扶養義務等に係る請求権は非減免債権です（民再229Ⅲ。養育費や慰謝料等の取扱いについてはQ38を参照してください）。

なお、租税等の請求権は破産手続では非免責債権（破253Ⅰ①）ですが、再生手続では随時弁済する一般優先債権（民再122）で非減免債権ではありませんので、破産手続の非免責債権と再生手続の非減免債権の範囲の違いに注意が必要です。

2 非減免債権の取扱い

非減免債権も再生債権であるため、手続開始要件である5000万円要件や再生計画の最低弁済総額を算定する基礎となり（民再221Ⅰ、231Ⅱ②・④）、債権者一覧表に記載が必要です。また、他の再生債権と同様の債権確定手続で手続内確定します。

もっとも、非減免債権か否かは再生債権調査の範囲外で、当該再生債権が非減免債権か否かを再生手続のなかで確定することはできないので、非減免債権か否かについて争いがある場合は、別途訴訟等により確定すべきことになります。

3 再生計画案作成における留意点

非減免債権も他の再生債権と同様に、手続開始決定後は手続外での弁済が禁止され（民再85Ⅰ）、再生計画案に弁済期間中の弁済内容を記載します（民再規130の2。再生計画案の条項記載方法については『個再手引』317頁〔石田憲一＝土屋毅〕を参照してください）。

非減免債権のうち、無異議債権及び評価済債権は、弁済期間中は、再生計画で定められた一般的基準に従って弁済を行い、弁済期間満了時に弁済期間中の弁済額を控除した残額を一括して弁済することになります（民再232Ⅳ、244）。これ以外の非減免債権は手続内で未確定のため、弁済期間中は弁済できず、弁済期間満了時に当該非減免債権全額を一括弁済する必要があります（民再232Ⅴ、244）。

このように、非減免債権については、本来弁済期間満了時の一括弁済が求められます。しかし現実問題として、一括弁済が可能な債務者は限られます。したがって、弁済期間中にもそれに向けて積立てを行うか、遅くとも弁済期間満了時までには当該債権者との間で弁済方法について事前に協議を行い、弁済期間満了後の弁済方法について合意をしておくことが望ましいといえます。

〔栗原　望〕

Q 72 小規模個人再生の再生計画案の決議

① 小規模個人再生の再生計画案の決議に当たり、留意する点はありますか。
② 再生計画案が否決された場合に取り得る手段はありますか。

1 再生計画案の可決要件

(1) 小規模個人再生手続の特徴

小規模個人再生手続では、再生債権者による決議の手続を経ない給与所得者等再生と異なり、再生債権者による決議の手続を予定しています。ただし、通常再生手続とは異なり、①書面決議（民再230Ⅲ）のみによるものとされ、いわゆる②消極的決議制度（民再230Ⅵ）がとられています。

(2) 可決要件

裁判所は、書面による決議に付する旨の決定をした場合には、議決権者（民再87）に対して、再生計画案に同意しない者は裁判所の定める期間内に書面でその旨を回答すべき旨を通知します（民再230Ⅳ）。

再生計画案に同意しない旨を回答した議決権者が、議決権者総数の半数に満たず、かつ、その議決権の額が議決権者の議決権の総額の2分の1を超えないときは、再生計画案の可決があったものとみなされます（民再230Ⅵ）。

2 設問①について

(1) 再生計画案に同意しない再生債権者の確認が必要です。

ア 債権者の属性の確認

一般個人が再生債権者である場合、金融機関や信販会社とは異なり、債務者が個人再生を申し立てた状況について説明のないままでは再生計画案に対する理解は期待できません。仮に破産手続に移行した場合の債権者である自らの不利益を理解していない場合には、感情的に反対されることもあります。最近では、信販会社やサービサーのなかにも、再生計画案に不同意の意見を述べる業者もあると聞きます。これらの業者が1社で2分の1を超える議決権を有する場合、その業者は不同意の意見を述べることがあるそうです。この点に関する情報収集は、全倒ネットメーリングリストや日弁連消費者問題ML（CAM）などが有用です。

イ 反対の意向を有する債権者への対応

具体的に再生計画案に反対の意向を事前に表明した債権者に対してはもちろんですが、属性から見て具体的に再生計画案に反対するおそれのある債権者に対しては、その意向確認を行った上、反対する意向であれば、後記(3)のとおり、事前の対策が必要です。特に、1社だけで2分の1を超える議決権を有している債権者がいる場合は、その意向確認と事前対策を行うことが望まれます。

(2) 再生計画案に反対するおそれのある債権者の事前確認は、小規模個人再生の申立前に行うことが必要です。議決権者の不同意による否決が見込まれるときは、再生債権者による決議を経ない手続である給与所得者等再生の申立て（Q10参照）や破産の申立てなどの経済的再建の方法を検討する必要があるからです。

(3) 決議に先立って不同意意見を述べる旨債権者から通告された場合

ア 債権者に対する説得

具体的には、破産を申し立てる場合との利害得失の比較を具体的に債権者に示すことなどが考えられます。再生計画案が、再生債権者にとって最も有利な案であることを、資料を示しながら説得することが考えられます。債務者が仮に給与所得者等再生の申立てを行った場合では、最低弁済額要件（2年分の可処分所得要件）をクリアできない家計状況である旨の説明まで準備するのが望ましいでしょう。説得に際しては、再生計画案の提出期限に留意しつつも、期間の伸長（民再163Ⅲ）を申し立てることも考えられます。

イ 別の手続による経済的再建の検討

債権者が説得に応じない場合には、裁判所に廃止決定を求める上申書を提出し当該手続を終了させ、債務者と協議の上、後記3(1)のように別の方法による経済的再建を行うことが考えられます。

3 設問②について

再生計画案が否決されたとしても、債務者の経済的再建手段がなくなったわけではありませんが、時間や費用の面で債務者の不利益ですから、否決されないよう十分な事前準備が望まれます。それでも何らかの理由で否決された場合は、以下の方法を検討することが考えられます。

(1) 給与所得者等再生手続を利用できれば、再生債権者による決議の手続がない同手続による再申立てを行うことが考えられます（Q11参照）。また、不同意意見を述べた債権者に対して、説得によって翻意させ、小規模個人再生を再度申し立てることも考えられます。説得によって債権者を翻意させられない場合は、依頼者と協議の上、もし可能であれば任意整理や破産免責を受ける方向に方針変更することも考えられます。

(2) 再生計画案が否決された場合についての裁判例（東京高決平21.3.17判タ1318号266頁）があります。この事例は、不同意の回答が議決権総額の2分の1を超えたとしてなされた廃止決定に対して、即時抗告を申立て、その審理終了までに再生計画案に対する同意を取り付け、信販会社から再生手続の進行を希望する旨の上申書が裁判所宛てに提出された事例です。東京高裁は、原決定後の事情変更を理由に廃止決定を取り消すとともに原審に差し戻し、再生計画案認可に向けて、個人再生手続の続行を図らせました。

このような裁判例の救済的解釈に頼る必要のないよう、十分な事前準備が望まれます。

〔佐藤真吾〕

Q 73 連帯保証人の再生計画

主債務者は順調に弁済継続中ですが、個人再生を申し立てた連帯保証人側で再生計画を作る際、どのようにするとよいのでしょうか。主債務者の弁済継続を前提に支払を要しない計画を立てることでよいのでしょうか。

1 問題の所在

ある債権について、他の債務の連帯保証をしている者が、個人再生の申立てをした場合に、当該個人再生手続において、その保証債務がどのように扱われるのかが問題となります。

特に、設問のように、主債務者が順調に弁済を継続している場合には、再生債務者が負担する他の債務と異なり、当該再生債権者にとっても、主債務者からの引き続いての弁済を期待することができます。また、個人再生手続が進行し、その後再生計画案に従って再生債務者により弁済がなされる期間においても、主債務者の弁済により、その債権額が減少していく性質を有しています。

そのため、そうした保証債務について、あえて、個人再生手続のなかで権利変更等を行った上で、連帯保証人が弁済を行うべきか、また、弁済を行うとして、その弁済額をどう算定すべきかなどの問題が生じます。

2 保証債務の位置付け

保証債務について上記の特性があるとしても、個人再生手続のなかで、その存在を無視することはできません。なぜなら、保証債務を無視すれば、民事再生法の定める形式的平等の原則に反することとなるからです（民再229Ⅰ、244。民再238、245における155Ⅰの適用除外）。

したがって、保証債権は、再生手続開始の要件のほか再生計画案認可の要件でもある負債総額の制限（5000万円以下。民再221Ⅰ、231Ⅱ②）の対象債権となります。

そして、再生計画が認可され、確定した場合には、当該保証債務も権利変更の対象となることとなります（民再232Ⅱ、156、244）。

以上から、個人再生手続において、保証債務は、その全額について基準債権に含まれるものとして、再生計画を立案する必要があることとなります（民再231Ⅱ②～④、241Ⅱ⑤）。

3 主債務者が弁済を継続している場合の保証債務の取扱い

再生債務者は、再生計画認可の決定が確定したときは、速やかに再生計画を遂行しなければなりません（民再186①）。

では、保証債務の場合も、速やかに弁済を開始しなければならないのでしょうか。

設問のように、主債務者が弁済を継続しているようなときに、保証人が重ねて保証債務を弁済すると、債権者にとって債権管理の上で余計な手間がかかる場合も考えられ、保証人である再生債務者も、主債務者に対して求償しなければならず迂遠です（Q30参照）。

　そこで、保証人である再生債務者としては、主債務者が弁済を継続している限り、当該再生債権者に対する再生計画の履行（弁済）を留保することが考えられます。弁済を留保するにはいくつかの方法が考えられます。

　1つ目は、再生計画案のなかに、当該保証債務について、「主債務に関する弁済が遅滞なく継続される限り本再生計画による弁済を留保する」「主債務に関して期限の利益が失われた場合には、留保されていた弁済を行う」等の趣旨を定めた条項を明記する方法です。なお、再生手続においては、破産手続とは異なり、再生手続開始の決定があっても弁済期未到来の再生債権の弁済期は到来しません。そのため、保証債務についても、特約のない限り、再生手続の開始によっては弁済期が到来しません。ただし、再生計画認可決定が確定したときには、民事再生法156条の一般的基準に従ってすべての再生債権者の権利が変更されるため（民再232Ⅱ、244）、本来であれば、保証債務履行請求権の弁済期も他の債権と同じ弁済期となると考えられます。したがって、再生計画案のなかに上記のような弁済留保条項を定める場合には、不利益を受ける当該保証債務に係る再生債権者の同意を要すると解されます（民再229Ⅰ、244。Q101参照）。

　2つ目は、再生計画案のなかには上記のような弁済留保について特に定めず、再生計画案が認可確定した後に、当該再生債権者の了解の下、事実上弁済を留保する方法です。

　いずれにしても、主債務者が弁済を遅滞したような場合などには、再生債務者は留保していた弁済を開始するようになります。そのような事態に備えるため、留保中の弁済金については、別途積立てを行うなど、適切な配慮が必要となります。

4　主債務者が弁済を遅滞している場合の保証債務の取扱い

　一方、主債務者が約定弁済を遅滞しており、今後も主債務者からの継続的な弁済が期待できないような場合には、原則どおり、再生債務者は、再生計画に則って保証債務を弁済せざるを得ないものと考えます。

5　清算価値が計画弁済額となっている場合等

　計画弁済総額が清算価値を基準に算定されている場合（民再174Ⅱ④）や、最低弁済基準が100万円、300万円などの定額となる場合で、上記3のような弁済を留保する取扱いを行うと、各再生債権に対する弁済額が低額にとどまることがあります。

　例えば、計画弁済総額が清算価値を基準に算定されている場合には、本来再生債務者は清算価値相当額全額について弁済を行うことになるはずです。しかし、上記3の取扱いにより弁済を留保した金額部分については、最後まで主債務者が弁済

を継続して完済したような場合には、結果として弁済がされないことになるにもかかわらず、他の再生債権の弁済額が増額されることもないことになります。そのため、本来であれば、清算価値や最低弁済基準額等の弁済が必要となるにもかかわらず、事実上、再生債務者はそれよりも低額の弁済にとどまることとなります。また、それによって、他の再生債権者は、弁済を受ける額が相対的に低下することとなり、不利益を被るようにも思われます。

　しかし、このような弁済の留保を行う場合においても、再生計画案の実行中に主債務の期限が喪失した場合には、留保されていた弁済が開始されることが予定されています。その点からすれば、再生計画案自体は清算価値保障原則・最低弁済基準を満たしているものと考えられ、また、再生債務者による弁済の留保は、他の再生債権者が受けるべき弁済額に影響を及ぼすものではないと解されます。

　なお、再生債務者が留保されていた弁済を開始した場合、当該債務者は主債務者に対して求償権を得ることとなります。この点に関連して、主債務者に対する求償権について、清算価値保障原則との関係で、どのような評価を行うべきかについては検討の余地があります。この点に関しては、主債務者に対する現実的な回収可能性を考慮すると、特別な事情がない限り、消極的な評価となる蓋然性が高いものと考えられます（**Q49**参照）。

〔三品　篤〕

Q74 少額債権の取扱い

再生計画案を作成するに当たり、すべての再生債権者について単純に分割弁済すると、1回当たりの弁済額が数百円にしかならない債権者が出てきます。振込手数料を考えますと、最初に2～3回に分けて支払うか、最初に一括して支払いたいと思いますが、そのようなことはできますか。

1 形式的平等主義とその例外

実質的平等主義がとられている通常再生手続（民再155①）の場合と異なり、個人再生手続の場合は原則として民事再生法229条1項、244条により形式的平等主義が貫かれています（民再238、245による155①の適用除外）。個人再生手続は、簡易・迅速な手続として制度設計されているため、個別債権者の具体的事情を考慮し実質的平等を図ることは簡易・迅速に手続を進めることが難しくなり、制度趣旨に反することになるからです。

ただし、形式的平等主義を貫くことが、必ずしも妥当でない場合について、民事再生法は例外規定（民再229①、244）を設けており、そのひとつとして少額債権の「弁済時期」について例外的な扱いをしています（もちろん、個別の再生債権の弁済率について例外を設けることは形式的平等主義の観点から認められていません）。少額債権の場合について例外を認める根拠としては、形式的平等主義を貫くと、1回当たりの弁済額が少額になり、振込手数料さえ下回る事態になってしまうこと、手続が煩瑣になるということがあげられています。もっとも、少額債権について早期に弁済を認めることは、他の債権者との比較では少額債権者が再生計画案に定められた弁済期前に弁済を受けることで、弁済期までの利息相当額の利益を得ること、再生債務者の将来における無資力のリスクも負わないことから有利に扱われていますが、この点は、少額債権ということで民事再生法が当然に許容するものです。逆に、少額債権について弁済時期を最後の2～3回にすること、最後に一括払いすることは、少額債権者に不利益を与えることから、少額債権者の個別の同意を得ない限りは認められません。

2 少額債権の範囲

少額債権として例外が認められる根拠は、前述のとおり、形式的平等主義を貫くと1回当たりの弁済額が少額になり、振込手数料さえ下回ることになることを避けるためといわれていますが、現在の振込手数料を基準にすると、実際にはそれよりも若干緩やかな基準で少額債権としての例外が認められているようです。

少額債権に当たるか否かの一般的な基準は、再生債務者の収入、生活状況、負債総額、債権者の分布、将来の弁済の見込み、弁済原資の調達等を考慮して決められ

る相対的なものです。
(1) 大阪地裁の運用基準
 1か月当たりの弁済額が1000円以下であることを基準としています（1か月当たりの弁済額を1000円以下とするので、3年間で弁済計画を作成する場合は「1000円×36か月＝3万6000円」以下、5年間で弁済計画を作成する場合は「1000円×60か月＝6万円」以下となります）。基準内の場合は、特に補足説明をする必要はありませんが、基準を超える場合は、その理由について補足説明書を再生計画案の別紙として添付することが必要になります。その場合、付議した際又は意見聴取の際の債権者の意見の有無・内容をも考慮した上で、当該事案に応じて認可・不認可の判断がなされます（『はい6民』495頁、『大阪再生物語』244頁）。

(2) 東京地裁の運用基準
 少額債権の「少額」とは、当該事件における他の一般の債権と比較して格段に額の少ない債権のことをいい、その範囲は個別の事案に応じた相対的なものであることから、東京地裁では、少額債権の上限を一定の金額とするような運用基準は設けていません（『個再手引』308頁〔石田憲一＝堀田次郎〕）。

(3) 記載例
ア 一括払いの場合
 「権利の変更後の再生債権の額が○万円未満の場合は、再生計画認可決定の確定した日の属する月の翌月の△日限り全額を支払う」。
イ 分割払いの場合
 「権利の変更後の再生債権の額が○万円未満の場合は、再生計画認可決定の確定した日の属する月の翌月から○か月間は、毎月△日限り、○分の1の割合による金額を支払う。（弁済期日ごとに生ずる100円未満の端数は切り捨て、最終弁済期日で調整する。合計○回）」。

(4) ま と め
 少額債権がいくらであるかについて、民事再生法は規定していませんが、大阪地裁の場合は3年の計画案の場合は権利変更後の再生債権の額が3万6000円以下、5年の再生計画案の場合は6万円以下であれば少額債権の特例を使うことができるといえます。それ以上の金額の場合は、弁済総額が高額の場合等には認められると思いますが、その際には、債権者や個人再生委員の意見を聴くことが必要となるでしょう。また、大阪地裁、東京地裁以外の裁判所の場合は運用が必ずしも明確ではないので、少額債権の特例を利用する場合には、事前に裁判所に問い合わせる方が無難でしょう。
 なお、少額債権の特例を利用せず、弁済時期を3か月に1度にするなどして、振込手数料の負担と手間を少なくする工夫も考えられます。

〔宮本勇人〕

Q 75 別除権者の債権についての対応

コピー機リースの残高が200万円あります。業者によれば、このコピー機の市場価格は50万円だそうです。この場合、このリース債権について、どのような再生計画を作成すればよいのでしょうか。

1 個人再生手続におけるリース料債権の取扱い

(1) リース契約の法的性質

未払リース料債権の取扱いについてはいくつかの見解がありますが、実務上、フルペイアウト方式（リース物件のリース期間満了時の残存価値をゼロと見積もり、そのことを前提にリース料金を算定しているリースのことです。コピー機のリースはフルペイアウト方式をとっていることが通常です）のファイナンスリース契約は、非典型担保であり、リース会社を別除権者、リース料債権を別除権付再生債権として取り扱うのが一般的な考え方です（**Q37**参照）。

(2) 別除権付債権の取扱い

別除権者は、再生手続によらないで別除権を行使することができるとともに、別除権の行使によって弁済を受けることのできない債権の部分（不足額）については、再生債権者として、その権利を行使することができます（民再88）。

リース会社は別除権の行使として、コピー機（リース物件）の引き揚げを行い、これを売却することができますが、再生債権として弁済を受けることができるのは、コピー機の売却代金を未払リース料債権に充当した残額（不足額）についてのみになります（民再182）。

本件で再生計画を作成する時点ですでにコピー機の引き揚げと売却・充当による清算が行われていれば、不足額は確定していますので、その不足額についてその他の再生債権と同様に弁済計画を立てればよいことになりますが、再生計画を作成する時点で不足額が確定していないことも考えられ、この場合の再生計画案の作成が問題となります。

2 適確条項

(1) 適確条項の意味

リース会社（別除権付債権者）は別除権行使によって不足額が確定しない限り弁済を受けることはできませんが、不足額が確定したときは、債権者平等の原則に反しないように他の再生債権者と同様の条件で支払を受けることが保証されなければなりません。

そこで、別除権付再生債権者の予定不足額については、不足額確定後の権利行使に関する適確な措置を定めなければなりません（民再160①）。この定めを「適確条

項」といいます。
　したがって、リース債権についても、将来不足額が確定した場合の弁済方法について、再生計画のなかで適確条項を定めておく必要があります。
　(2)　適確条項の定め方
　適確条項は、不足額となる再生債権がいつどのようなかたちで確定しても、再生計画での処遇内容及び履行確保の面で、他の債権者との不公平や履行上の不都合が生じないような確実な定めをしておくことを要求する趣旨から出たものと考えられています（『条解』961頁〔畑宏樹〕）ので、この趣旨に合致するように定めることになります。
　再生計画を作成する時点で不足額が確定していない場合は、①再生債権者（リース債権者）の再生債権について別除権が行使されていない、②不足額が確定したときは、再生債権の弁済方法の定めを適用する、③再生債権者から不足額が確定した旨の通知を受けた日にすでに弁済期が到来している分割金については当該通知を受けた日から2週間以内に支払う、というように規定することが通常です（『新注釈下』145頁〔馬杉栄一〕。なお、別除権協定を締結した場合の記載方法についてはQ37を参照してください）。
　また、履行確保上の観点から予定不足額について、権利変更の一般的基準に従って計算した各分割弁済額に相当する金額を、各支払日に積み立てて保管しておくことが必要になります。
　(3)　具体的な当てはめ
　200万円の未払リース料債権を有するリース会社が別除権の行使により、50万円の弁済を受けた場合、不足額は150万円となります。
　この場合、再生計画において再生債権の80％の免除を受けて、残り20％を3年間、3か月に1回ずつ当該末日限り分割して支払うことを定めていたとすると、当該リース会社に対して弁済すべき金額は30万円（1回当たり2万5000円の12回払い）となります。そして、リース会社が再生債務者に対し、不足額が確定した旨の通知をしたのが再生債務者の2回目の弁済後であった場合には、再生債務者は、リース会社に対して2回分の5万円について通知を受けた日から2週間以内に支払い、以後各弁済期に2万5000円を残り10回で支払うことになります。
　再生債務者としては、将来不足額が確定したときに備えて、その弁済に充てる予定の金額、すなわち、担保不足見込額に再生計画で定められた弁済率を乗じ、これを弁済回数で除した金額（本件では150万円×20％÷12回＝2万5000円）を弁済期ごとに積み立てておく必要があります。

〔石川貴康〕

Q76 再生債務者の死亡

個人再生手続開始前と開始後のそれぞれについて、再生債務者が死亡した場合、手続はどうなりますか。また、再生計画認可確定後に再生債務者が死亡した場合はどうでしょうか。

1 破産手続における債務者の死亡

　破産手続においては、申立後、破産手続開始決定前に債務者が死亡し相続が開始したときは、相続開始後1か月以内に関係者（相続債権者、受遺者、相続人、相続財産の管理人又は遺言執行者）から続行申立てがあれば、裁判所は相続財産についての破産手続を続行する旨の決定をすることができます（破226Ⅰ・Ⅱ）。そして、続行申立期間内に申立てがなかった場合にはその期間が経過した時に、同期間内に続行申立てがあった場合で当該申立てを却下する裁判が確定したときは、手続はその時に当然に終了します（破226Ⅲ）。

　続行申立権者は相続財産破産の申立権者でもあるところ、破産手続開始手続中は、相続財産破産を開始するか否かはこれら利害関係人の意思に委ねるのが適当であると判断されるところから、申立てにより続行するものとされた規定です。

　破産手続の続行をしない場合、相続人は債務者の債務を相続しますので、相続人としては、相続放棄ないし限定承認を検討する必要があります。

　他方、破産手続開始決定後に破産者が死亡し相続が開始したときは、その相続財産についての破産手続が続行されます（破227）。破産手続開始決定後が当然続行とされているのは、すでに開始決定がなされ破産財団が成立し、破産管財人が職務を遂行している以上、利害関係人の意思を問わず、相続財産について破産手続を続行することが相当であるからです。

2 個人再生手続における債務者の死亡

　個人再生手続は、債務者が定期収入のある個人であることを前提とし、その財産と収入から、債権者に対し一定の弁済を行う手続です。個人再生手続中に債務者が死亡した場合、将来の収入から継続的な弁済をすることができなくなりますので、手続を存続させることもできなくなります。破産手続と異なり、再生手続の場合は相続財産に独立の手続主体性が認められておらず（破222以下参照）、相続財産には再生能力は認められないと考えられます（『伊藤』758頁、『条解』82頁〔園尾隆司〕）。

　したがって、相続人は、再生債務者の死亡時の財産と債務は相続しても、再生債務者の地位を承継することはありません。

(1) 申立後開始決定前、開始決定後認可決定確定前の債務者死亡
ア　申立後、開始決定前に債務者が死亡した場合

申立後、開始決定前に債務者が死亡した場合には、再生手続の主体が存在しなくなりますので、手続は当然に終了します。上記のとおり、破産手続の場合には、相続財産について続行するか否かが利害関係人の意思に委ねられるという制度がありますが、個人再生手続の場合には、このような制度はありませんので、債務者の死亡により当然終了となります。

イ　開始決定後、再生計画認可決定確定前に債務者が死亡した場合

開始決定後、再生計画認可確定前に債務者が死亡した場合も、相続財産には再生能力が認められないことから、再生手続は終了します（『伊藤』758頁）。

このように、個人再生手続において債務者が死亡した場合は、再生手続開始決定の前であっても後であっても、再生手続は当然終了します（園尾隆司「債務者の死亡と倒産手続」田原睦夫先生古稀・最高裁判事退官記念『現代民事法の実務と理論(下)』490頁（金融財政事情研究会、2013年）、『はい6民』571頁）。

債務者の相続人としては、相続債務を免れるために、相続放棄ないし限定承認をするという解決策を検討する必要があります。

(2) 再生計画認可決定確定後の債務者死亡
ア　再生計画認可決定確定後に債務者が死亡した場合

再生計画認可決定が確定すれば、個人再生手続は当然に終結します（民再233、244）。これは、個人再生手続は、通常の再生手続のように再生計画の履行監督機関である監督委員や管財人を設けず、終結決定及びその公告をしないこととする（民再188Ⅰ・Ⅴ参照）など、費用対効果の観点から手続を簡素化した制度であるという政策的な理由によるものです。

再生計画認可決定確定後に債務者が死亡した場合も、相続人は、債務者の死亡時の財産と債務を相続するだけであり、再生債務者の地位は承継しません。

債務者の相続人は、再生計画認可決定の確定により変更された再生債務を相続します。相続人が変更後の再生債務の残額を再生計画の定めのとおりに再生債権者に支払えば、再生債権者に不利益はないからです。その相続債務を免れるには、上記と同じく、相続放棄ないし限定承認を検討する必要があります。

イ　再生債務者に対する債権の原状回復についての検討

上記アのとおり、再生計画認可決定確定後に債務者が死亡した場合、権利変更された再生債務の相続が開始することになります。この場合に、再生債権者に対する弁済はいかになされるのか、特に相続財産によって権利変更後の債権の全額弁済ができない場合はどうか、という点について検討します。

単純承認等によって相続人が債務を承継し、相続人の財産も再生債権者の（変更後の債権の）引当財産となる限り、相続人の債権者とのバランスを考えると、再生債権者の債権を原状回復させることは不相当です。この場合、再生計画の取消し

（民再189）は、（手続主体である再生債務者が存在しないことを無視したとしても）相続人が相続債務の履行をしないことは「再生債務者等が再生計画の履行を怠った」（民再189Ⅰ②）には該当しませんので、あり得ないことになります。

しかしながら、相続人が存在しなかったり、相続人の全員が放棄ないし限定承認をしたりすると、再生債権者にとっては相続財産だけが引当財産となります。相続財産の分離の請求がなされた場合にも、再生債権者は、相続人の固有財産については相続人の債権者に劣後しますので（民948）、ほぼ同様になります。

この場合でも、相続財産によって再生債権者の権利変更後の債権が全額弁済されるときには再生債権者に不利益はないといえます（相続財産による清算的弁済という性質上、再生計画の定める履行期に遅滞しないとは限りませんが、繰上弁済となる可能性もあります）。

しかし、相続財産によって再生債権者の権利変更後の債権の全額弁済ができないときには、再生計画の履行完了前に再生債務者に破産手続、新たな再生手続が開始された場合の再生債権者と新債権者（最初の再生手続開始後に生じた債権者）の公平な取扱い（ホッチポット・ルール類似の取扱い。例えば、再生債権者がまったく弁済を受けていないとすれば、再生債権者は権利変更後の債権額で手続参加し、新債権者は債権全額で手続参加し、それらが平等に扱われることは再生債権者にとって不利益です。他方、すでに再生計画によって相当額の弁済を受けている再生債権者が変更後の残債権で手続参加し、新債権者は債権全額で手続参加し、それらが平等に扱われることは新債権者にとって不利益となることがあり得ます。その調整のために、このルールが採用されています）を定めた民事再生法190条の趣旨からして、再生債権者の債権を原状に復させ、すでに受けた弁済があれば同条に従って新債権者との間の調整を行うべきであると思われます。

この場合でも、再生債務者の債権を原状回復させる方法として「再生計画の取消し」を適用することは、手続主体となる再生債務者が存在しない以上、あり得ません。

再生債務者の債権の原状回復は、相続財産の破産によりなされるべきです。㋐～㋒のケースを想定して説明します。

㋐　再生債務者が、再生債権者の権利変更後の債権の弁済ができず、破産手続開始申立てがなされ、破産手続開始決定の後に再生債務者が死亡した場合、再生債権者の債権は原状に復し（民再190Ⅰ）、相続財産について破産手続が続行されます（破227）。その破産手続での配当は、ホッチポット・ルール類似の取扱い（民再190Ⅲ・Ⅳ）によります。

㋑　再生債務者の破産手続開始申立てがなされたものの、破産手続開始決定の前に再生債務者が死亡し、相続債権者（再生債権者はこれに含まれます）、相続人等の申立てにより相続財産について破産手続が続行され、破産手続開始の決定がなされた場合にも、㋐と取扱いを異にする理由はなく、民事再生法190条の類推適用によ

り、再生債権者の債権の原状回復がなされ、配当におけるホッチポット・ルール類似の取扱いがなされるべきです。

　(ウ)　再生債務者の死亡前に破産手続開始申立てはなかったものの、死亡後に相続財産破産の申立てがあり、破産手続が開始された場合はどうでしょうか。

　この場合も、(ア)、(イ)と取扱いを異にする理由はありませんので、民事再生法190条の類推適用が認められるべきです。

3　再生計画の変更、ハードシップ免責、住宅資金特別条項の取扱い

　再生計画認可決定確定後に再生計画の遂行が困難となった場合の制度として、再生計画の変更（Q104参照）、ハードシップ免責（Q105参照）という手続が設けられています。

　しかし、再生債務者が死亡した場合、再生債務者の相続人は、再生計画の変更や、ハードシップ免責の申立てをすることはできません。条文上、これら手続には再生債務者の申立てが必要とされているところ（民再234〜235、244）、相続人は再生債務者の地位を承継することはないからです。

　再生計画に住宅資金特別条項が定められている場合も、上記のとおり相続人は再生計画の変更ができない以上、その計画に定められた住宅資金特別条項の変更はできません。相続人は、住宅ローンを除いた住宅の価値と残債務との比較をして、単純承認を前提として残債務を支払うか、又は相続放棄もしくは限定承認をするという解決策を検討することになります。

　ただし、住宅資金貸付債権の場合、債務者が死亡した場合に備えてあらかじめ団体信用保険に加入している場合がほとんどですので、再生債務者が死亡した場合に相続人は当該債務を負わないケースも多いと思われます。

〔森田泰久〕

Q77 再生債権額の減少届出

債権者から債権の一部取下げがありました。一部取下げが、①申立後開始決定前、開始決定後異議申述期間前、②異議申述期間後計画策定前、③計画策定後付議前、④付議後認可決定前、⑤認可決定後確定前、⑥認可決定確定後の各段階でなされた場合の処理について教えてください。

1 各段階における取下げの可否

届出債権の消滅を含む届出事項の変更であって、他の債権者の利益を害しないものについては、届出債権者は、遅滞なく当該変更の内容及び原因を裁判所に届け出なければなりません（民再規33Ⅰ）。届出債権消滅の場合、届出債権の取下書等の提出により裁判所に届け出ることが通例と思われます。

届出債権者は、他の再生債権者の利益を害しない届出事項の変更は、債権届出期間の前後を問わずに行うことができますが（民再95⑤の反対解釈）、裁判所に対する債権の一部取下げは、他の債権者を害する行為には該当しないため、認可決定確定に至るまでは可能と解されます（『条解規則』83頁、『条解』512頁〔岡正晶〕）。なお、認可決定確定までとしたのは、この時点をもって権利変更の効力が生じ、裁判所の手を離れるためです（『条解』512頁〔岡〕）。

2 手続内確定とその後の債権額の変動

個人再生手続は、通常の再生手続に比べて簡易・迅速な手続として設計されています。そのため、通常の再生手続と異なり、実体的に再生債権の額・内容等を確定することとはされていません（民再238による第4章第3節の適用除外）。すなわち、議決権額や最低弁済額等の算定の基礎となる再生債権の額及び担保不足見込額を手続内でのみ確定することとされ（民再227Ⅴ～Ⅷ）、手続内で確定された債権額を前提に弁済可能な再生計画案を作成することになります。そのため、届出債権額が、手続内で確定した以上は、その後、債権の消滅等の実体的な権利変動があったとしても、再生計画案の策定に当たって、実体的な債権額等の変動を考慮する必要はなく、確定した債権額を基礎に立案すれば足りることになります（『個再手引』322頁〔島岡大雄＝土屋毅〕）。以上を前提に、債権の一部取下げがあった場合の処理について、以下、各段階に分けて検討します。

3 申立後開始決定前の一部取下げ（設問①前段）

手続内確定が生じていない段階ですので、取下後の債権額を基礎として、再生計画案を策定すれば足りることになります。

4 開始決定後、異議申述期間経過前の一部取下げ（設問①後段）

異議申述期間経過前の段階では、手続内確定の効力は生じていません。よって、

申述期間経過前に債権の取下げがなされた場合は、3と同様、取下後の債権額を基礎として再生計画案を策定すればよいことになります。

5　異議申述期間経過後、計画策定前の一部取下げ（設問②）

異議申述期間内に異議が出なかった債権（無異議債権）については、手続内確定の効力が生じますので、申述期間経過後に取下げがなされたとしても、取下げによる債権の減少は考慮せずに再生計画案を策定することになります。

異議申述期間内に異議が出され、評価の申立てがあった場合、評価の決定までは手続内確定が生じていないことになりますので、評価の決定前に債権の取下げがなされた場合は、取下後の債権額を基礎として再生計画案を策定することになります。他方、評価の決定がなされた時点で手続内確定の効力が生じますので、評価決定後に取下げがなされた場合は、取下げによる債権の減額は考慮せずに再生計画案を策定することになります。

6　計画策定後付議前、付議後認可決定前、認可決定後確定前の一部取下げ（設問③〜⑤）

手続内で確定した債権額を前提に再生計画が策定された以上、その後に、再生債権の取下げがあっても、再生計画に瑕疵はなく、手続には影響を与えません。

7　認可決定確定後の一部取下げ（設問⑥）

認可決定確定により事件は裁判所の手を離れるため、以後、裁判所に対する債権届出の取下げはできないものと解されますが、当事者間で配当受領権を放棄するといったかたちで処理することは可能と思われます（『条解』512頁〔岡〕）。

8　手続内確定後の取下げの処理

手続内確定後の債権取下げの効果は、それまでに生じた効果をさかのぼって覆すものではなく、将来に向かって配当受領権、議決権、手続廃止申立権等の諸権利を放棄するものと解されます（『条解』512頁〔岡〕）。よって、取下げを考慮せずに再生計画が策定されたとしても、付議前に債権の一部取下げがなされた場合は、債権者は、その限度で、議決権の行使ができなくなるものと思われます。

また、手続内確定した債権額を基礎に計画案を作成するとしても、配当受領権を放棄した者に配当する必要はありませんし、債権者が取下げをする場合、取下げ部分に係る権利は、実体法上、消滅していることが多いと思われ、そのような場合に、取下前の債権額で配当すると実体法との齟齬が生じてしまいます。よって、債務者としては、再生計画認可決定確定後に債権者との間で実体的な債権額を前提とした弁済方法等の交渉をすることが適当と思われます（『個再手引』322頁〔島岡＝土屋〕）。例えば、100万円で手続内確定した債権につき50万円の取下げがあり、計画における弁済率20％、弁済期間3年であった場合は、10万円を3年間で分割弁済するような案での交渉を検討することになるものと解されます。

〔竹村一成〕

第7章

住宅資金
特別条項

Q 78　住宅資金特別条項の種類と具体例

住宅資金特別条項を利用する場合、どのような内容の条項にする必要がありますか。民事再生法が定める内容以外の条項を定めることができるでしょうか。また、住宅資金特別条項の具体的な記載例を教えてください。

1　住宅資金特別条項の種類
(1)　民事再生法が定める住宅資金特別条項
　民事再生法が定めている住宅資金特別条項（以下「住特条項」ともいいます）の種類は4類型であり、①期限の利益回復型（民再199Ⅰ）、②リスケジュール型（同Ⅱ）、③元本猶予期間併用型（同Ⅲ）、④同意型・合意型（同Ⅳ）があります。民事再生法は、①型を原則とし、①型では履行可能性が認められない（再生計画認可の見込みがない）ときに②型が利用でき、さらに②型でも履行可能性が認められないときに③型が利用できるという順序を定めており、この順序に従った利用しかできません。他方、④型は住宅資金貸付債権者の同意があれば、①～③型以外の内容の住特条項を定めることができるというものです。なお、住特条項を定めた場合、権利の変更によって期限の利益の回復や弁済期間の延長はできますが、原則として住宅ローンの元本弁済総額は変わらず、利息や損害金も免除にはなりません。もっとも、住宅資金貸付債権者の同意を得て④型を利用する場合には、利息や損害金の免除を受けた条項を定めることは可能です。それぞれの住特条項に基づく弁済の具体的な内容については、『大阪再生物語』100頁以下の図表が参考になります。

(2)　住宅ローンを当初の約定どおり全額弁済する住特条項
　再生債務者が住宅資金貸付債権について期限の利益を喪失しておらず、申立後も弁済許可制度（民再197Ⅲ）を利用して約定弁済を継続し、かつ、再生計画においても従前の住宅ローン契約の約定どおりの支払を行う旨の条項を定める場合が多くあります。当初の約定どおりに支払う内容の住特条項ですので、「約定型」「正常返済型」あるいは「そのまま型」といわれることがあります。
　なお、このような約定型の住特条項を利用した場合を同意型のひとつと誤解して申立てを行っている場合がありますが、約定型の住特条項は民事再生法199条1項の条項に該当し、住宅資金貸付債権者の同意は不要と解されています（『新注釈下』260頁〔平澤慎一〕）。申立前にいわゆるリスケジュールを受けて、変更契約書等を締結の上、変更後の新たな約定での弁済を継続する場合も、同様と考えられます。また、住宅ローン契約の約定どおりに支払う場合でも、住特条項として再生計画に記載する必要があり、債権者一覧表に住宅資金貸付債権について住特条項を定める旨を記載しながら、再生計画案に住特条項を定めなかった場合には、再生計画が不認

可となってしまいますので注意が必要です（民再231Ⅱ⑤）。

(3) その他の住特条項

民事再生法は、前記(¯)の4類型の住特条項を定めていますが、以下のような条項は利用可能でしょうか。

ア 一定期間は元本の全額猶予を受けて、ローン期間を延長する住特条項

民事再生法199条3項の元本猶予期間併用型は、弁済期間の延長とともに、一定期間（元本猶予期間）は各弁済期に支払う元本の一部を減額して弁済することを想定しており、元本猶予期間中に元本の全額を支払わない弁済方法を想定していません。元本の一部及び利息の支払は必要です。もっとも、住宅資金貸付債権者の同意が得られる場合には元本猶予期間中に元本全額を支払わない内容でも同意型として可能です（民再199Ⅳ）。

イ 一定期間は元本の一部猶予を受けるが、ローン期間を延長しない住特条項

一定期間は元本の一部（又は全部）の猶予を受け、当該猶予期間の経過後は、猶予を受けた金額を毎月の弁済額に上乗せして弁済額を増額させるものの、当初予定された約定弁済期間内で完済する住特条項です（段階的に弁済額が増額することから、「ステップ償還」と呼ばれることがあります）。リスケジュール型及び元本猶予期間併用型は、いずれも弁済期間の延長を想定した住特条項であり、弁済期間を延長しない場合にはどちらにも該当しません。したがって、このような条項を定める場合にも、金融機関の同意が必要と考えられます（民再199Ⅳ）。

2 住宅資金特別条項の具体例

(1) 事前確認の必要性

住特条項の具体的な記載内容については、各地の裁判所によって運用が異なる場合もありますので、必要に応じて事前に裁判所に確認することが望ましいでしょう。また、リスケジュール型や元本猶予期間併用型の住特条項を定める場合には、住宅資金貸付債権者の同意が不要であり、いわゆる「巻戻し」（**Q96**参照）も可能ですが、実際に当初の約定と異なる住宅ローンの弁済計画を立案しようとすると、毎回の弁済額や利息を正確に計算する必要があり、住宅資金貸付債権者の協力がないと計画案の策定自体が困難な場合も多いことが予想され、その場合には、同意型で申立てを行うことが相当な場合も多いでしょう。そのためにも、住宅資金貸付債権者との事前協議は、慎重かつ十分に行っておく必要があります。

民事再生法が予定する住特条項の具体的な記載例をあげると、以下のとおりです。ただし、弁済回数や弁済期間、ボーナス弁済の有無等はあくまでも一例であり、住特条項の記載の仕方はこれに限定されません。また、再生計画案中では、住特条項であることを明示し、住特条項で権利の変更を受ける者の氏名・名称、住宅及び住宅の敷地の表示、抵当権の表示を明示する必要があります（民再規99）。

(2) 約 定 型

当初の約定どおりに支払う約定型の具体例です。弁済許可を受けて認可決定確定

時までに既発生の滞納分全額を弁済し、再生計画案認可決定時にすでに滞納を解消している場合も、これと同様です（**Q92**参照）。なお、住宅資金貸付債権者との協議のなかで、将来の利息等について民事再生法の予定する条項とは異なる内容の約定とする必要が生じ、再生計画案提出前に手続外において変更契約を締結し、変更後の住宅ローン契約の約定どおりの返済を内容とする条項を定めて約定型とした例もあります。

> 住宅資金貸付債権の弁済については、再生計画認可決定の確定した日以降、原契約書の各条項に従い支払うものとする。

(3) 期限の利益回復型（民再199Ⅰ）

期限の利益回復型の場合には、滞納分についての支払方法を住特条項のなかで定める必要があります。滞納分は、一括でも分割でも構いませんが、一般弁済期間終了時までに完済する必要があります（民再199Ⅰ①）。以下の例は、滞納分を一般弁済期間内に分割で弁済する場合で、月賦払いのみの設定です。

> ⅰ 再生計画認可決定の確定の時までに弁済期が到来する元本に関する条項
> 再生計画認可決定の確定した日の属する月の翌月を1回目として、以降3年間は、毎月末日限り、各36分の1の割合による金額に、約定利率による利息を付した金額を弁済する（合計36回）。
> ⅱ 再生計画認可決定の確定の時までに生ずる利息・損害金に関する条項
> 再生計画認可決定の確定した日の属する月の翌月を1回目として、以降3年間は、毎月末日限り、各36分の1の割合による金額を弁済する（合計36回）。
> ⅲ 再生計画認可決定の確定の時までに弁済期が到来しない元本及びこれに対する約定利率による利息に関する条項
> 再生計画認可決定の確定した日以降、原契約書の各条項に従い支払う。
> ⅳ 弁済額の算定に当たり端数等の調整の必要が生じた場合には、最終弁済額にて調整するものとする。
> ⅴ 下記の変更事項を除くほかは原契約の各条項に従うものとする。
> 記《以下略》

(4) リスケジュール型（民再199Ⅱ）

リスケジュール型の場合にも様々な支払方法が考えられますが、以下の具体例は、期間を延長（30年）して月々の返済額を少なくし、認可決定確定時までに発生している滞納分（元本、利息及び損害金）を、確定時以降の支払に加算して支払う場合の条項例です。月賦払いとは別にボーナス払いを設定しています。なお、延長期間は当初の契約の終期から10年が上限であり、かつ、最終弁済期における再生債務

者の年齢が70歳以下であることが必要です（民再199Ⅱ②）。これらの期間を超える延長をするには、同意型にする必要があります。

> i 再生計画認可決定の確定の時までに弁済期が到来する元本及び再生計画認可決定の確定の時までに弁済期が到来しない元本並びにこれに対する約定利率による利息（ただし、iiを除く）に関する条項
> 　ア　30年の期間は、元本総額の80％に相当する金員に約定利率による利息を付して元利均等方式により計算した金額を、毎月末日限り合計360回に分割して弁済する（月賦分）。
> 　イ　上記アに加え、元本総額の20％に相当する金員に約定利率による利息を付して元利均等方式により計算した金額を、毎7月末日及び12月末日限り合計60回に分割して弁済する（半年賦分）。
> ii 再生計画認可決定の確定の時までに生ずる利息・損害金に関する条項
> 　ア　30年の期間は、総額の80％に相当する金員を、毎月末日限り合計360回に分割して弁済する（月賦分）。
> 　イ　上記アに加え、総額の20％に相当する金員を、毎7月末日及び12月末日限り合計60回に分割して弁済する（半年賦分）。

(5) 元本猶予期間併用型（民再199Ⅲ）

　元本猶予期間併用型の場合にも同じく様々な支払方法が考えられますが、次の具体例は、リスケジュール型と同様に期間を延長して、元本猶予期間中を一般弁済期間と同じ期間に設定した場合の条項例です。月賦払いとは別のボーナス払いを設定していません。元本猶予期間中は、住宅資金貸付債権の元本の一部と期間中の約定利息のみを支払い、元本猶予期間後に、残元本及び利息ならびに損害金を支払うことになります。元本猶予期間併用型において、延長期間について当初の契約の終期から10年が上限であり、かつ、最終弁済期における再生債務者の年齢が70歳以下である必要があることはリスケジュール型と同様です。この点、もともとのローン契約において、その約定最終弁済期の時点において再生債務者が70歳を超えている契約内容となっていた事例において、住特条項として、当該最終弁済期を変更せず（したがって、住特条項上の最終弁済期も70歳を超えています）、元本返済猶予期間終了後の弁済については、当該最終弁済期と同日までに残元利金の全額を月賦払いする旨の内容の条項を定めた事案で、これを再生不認可事由に該当するとした裁判例があるようです（『個再手引』376頁〔古谷慎吾＝鹿田あゆみ〕）。

> i 再生計画認可決定の確定の時までに弁済期が到来する元本及び再生計画認可決定の確定の時までに弁済期が到来しない元本並びにこれに対する約定利率による利息（ただし、iiを除く）に関する条項

３年の期間（元本返済猶予期間という）は、元本○○円及びこれに対する約定利率による利息を、毎月末日限り、合計36回に分割して弁済する。元本返済猶予期間満了後の30年の期間は、元本猶予期間満了時点の元本総額に、約定利率による利息を付して元利均等方式により計算した金額を、毎月末日限り、合計360回に分割して弁済する。
　ⅱ　再生計画認可決定の確定の時までに生ずる利息・損害金に関する条項
　　　元本猶予返済期間満了後の30年の期間は、その総額を、毎月末日限り、合計360回に分割して弁済する。

(6) 同意型（民再199Ⅳ）

　住宅資金貸付債権者の個別的な同意を得て、民事再生法199条１〜３項の予定する条項の定めとは異なる条項を定めることが可能です。この場合、条項の内容に特に制限はありません。もっとも、住宅資金貸付債権者の同意は書面で得ることが必要であり、再生計画案の提出と同時に当該書面を提出する必要があります（民再規100）。

　１　住宅資金特別条項の内容
　　【以下、この箇所に住宅資金貸付債権者との同意の内容を具体的に記載します】
　２　住宅資金特別条項によって権利の変更を受けるものの同意
　　　上記住宅資金特別条項を定めることについて、これらの条項により権利の変更を受けることとなる債権者は同意をしている。

〔山本　淳〕

Q 79 住宅ローン以外の債務の多寡による住宅資金特別条項の利用の可否

① 住宅ローン以外に債務を負担していない場合でも、住宅資金特別条項を利用して弁済の猶予を受けることは可能でしょうか。
② 住宅ローン以外の債務が過大で、通常再生を申し立てますが、住宅資金特別条項は利用可能でしょうか。また、その場合の注意点はありますか。

1 住宅ローン以外に債務を負担していない場合（設問①）

(1) 住宅ローン以外に債務を負担していない場合に、住宅資金特別条項の利用が必要とされる場面

金融機関等の債権者との任意の交渉で弁済猶予を受けることができれば、そもそも個人再生手続を利用する必要はありません。

しかし、滞納が長期にわたり、任意の弁済猶予が受けられない場合や、保証会社による代位弁済が完了し、いわゆる「巻戻し」が必要な場合（**Q96参照**）には、住宅ローン以外に債務を負担していない場合であっても、住宅資金特別条項を利用する必要があります。

また、住宅ローンの滞納がない場合であっても、ペアローンの事案（**Q91参照**）では、住宅資金特別条項を利用する必要が生じます。

(2) 個人再生手続を利用できるか

個人再生手続の利用要件のうち、債権に関するものは、いわゆる5000万円要件ですが（『はい6民』397頁。**Q6～Q8参照**）、住宅ローン債権は、住宅資金特別条項を利用するか否かにかかわらず、「再生債権の総額」から除外されます（民再221Ⅰ。**Q6参照**）。

そうすると、住宅ローン以外に債務を負担していない場合には、「再生債権の総額」（民再221Ⅰ）は「0円」（いわゆる「一般の再生債権」がない状態）となり、「5000万円を超えない」という要件を充足することとなります（なお、住宅資金特別条項を定めない場合、住宅ローン債権は別除権付債権となり、担保不足額部分が一般の再生債権として取り扱われることになります）。

この点、「再生債権の総額」（民再221Ⅰ）が0円である場合を民事再生法が予定しているのかが問題となりますが、民事再生法上、個人再生手続の利用要件として、住宅ローン以外の債権が存在することは求められておらず、前記(1)で述べたような手続利用の必要性があることから、他の利用要件（『はい6民』397頁参照）を充足する限り、個人再生手続を申し立て、開始決定を受けることができると解されます。

ただし、住宅ローン債務の残高（未払いの元利金、遅延損害金も含みます）が、当該住宅の評価額より小さい場合（オーバーローンでない場合）には、「破産手続開始

の原因となる事実の生ずるおそれ」（民再21Ⅰ）がないと判断されるおそれがあるため（福岡高決平18.11.8判タ1234号351頁参照）、注意が必要です。

⑶　住宅資金特別条項のみを利用することを目的とする再生計画案の提出が許されるか

　住宅ローン以外に債務を負担していない場合、再生計画において住宅資金特別条項を定めると、一般の再生債権者が存在せず、一般弁済期間における計画弁済を定めない再生計画となり、民事再生法はこれを予定していないのではないかとも思えます（民再199Ⅰ・Ⅲ参照）。

　しかし、一般の再生債権者がいないということは、再生計画において権利の変更を受ける再生債権者がいないということに過ぎず、再生計画の条項の必要的記載事項を欠くものではありません。

　したがって、住宅資金特別条項のみを利用することを目的とする再生計画案を提出することは、適法といえます。なお、具体的な再生計画案の記載方法については、『はい6民』476頁を参照してください。

⑷　住宅資金特別条項のみを利用することを目的とする再生計画が認可されるか

　小規模個人再生においては、裁判所は、不認可事由（民再174Ⅱ①・②・④、202Ⅱ①～③、231Ⅱ）がなければ、再生計画案を決議に付します（民再230Ⅰ）。そして、可決された場合には、不認可事由（民再174Ⅱ、202Ⅱ、231Ⅱ）がない限り、再生計画認可の決定をすることとなります（民再231Ⅰ）。

　住宅資金特別条項のみを利用することを目的とする再生計画案を提出した場合、議決権者が存在しないことになり（民再201Ⅰ）、再生計画案の可決がなく、裁判所は再生計画を認可できないのではないかとも思えます。

　しかし、小規模個人再生において、再生計画案に対する決議が必要とされているのは、再生計画によって権利変更を受ける住宅ローン債権者以外の再生債権者の利益を保護するためですから、当該再生債権者が存在しない場合には、そもそも決議をする必要がありませんので、可決要件は不要であり（『はい6民』479頁参照）、住宅資金貸付債権者に対する意見聴取（民再201Ⅱ）を行うことにより、債権者の利益保護は果たされているといえます。

　したがって、住宅資金特別条項のみを利用することを目的とする再生計画について裁判所が認可決定をすることは可能であると考えられます。

　なお、給与所得者等再生では、そもそも再生債権者による決議が不要ですので（民再240Ⅰ、241Ⅰ）、住宅資金特別条項のみを利用することを目的とする再生計画を認可することについて、手続上の問題はありません。

⑸　結　　論

　以上のとおり、住宅ローン以外に債務を負担していない場合であっても、住宅資金特別条項を利用して弁済の猶予を受けることは可能です。

2　通常再生を申し立てる場合（設問②）

　住宅資金特別条項は、個人再生手続において利用されることがほとんどであるため、個人再生手続においてのみ利用可能のように思えますが、通常再生においても住宅資金特別条項を定めた再生計画案を提出し、認可を受けることは可能です（民再196～206）。

　このことは、住宅資金特別条項に関する規定（民再196～206）が、通常の民事再生手続における再生計画の特則として位置付けられている（個人再生に関する特則が規定されている第13章のなかに位置付けられているのではなく、独立の章（第10章）として規定されている）ことからも明らかです。

　ただし、通常再生の場合、再生計画案を可決するには、小規模個人再生における消極的決議（民再230Ⅵ、規則131Ⅱ。**Q72**参照）では足りず、通常の決議によらなければなりませんので（民再172の3Ⅰ）、大口の一般の再生債権者の賛成が必須となります。

　そして、決議に当たっては、債権者集会を開催し、議決票の取付けや議決権行使代理人の用意といったことも再生債務者側で行わなければなりません。

　なお、通常再生の申立てにおいては、個人再生のような定型的な書式を利用した申立てはできず、申立書のドラフトを作成した上で裁判所との事前相談をすることが求められます。

　また、みなし届出（民再225）の制度がないため、開始決定後、届出債権に対する認否を行わなければならず、財産評定（民再124Ⅰ）や、財産状況報告集会における説明又は民事再生規則63条に基づく再生債権者に対する周知等を行う必要もあります。

　さらに、監督委員が選任されれば、監督委員への対応も必要となり、予納金も高額となります。

　したがって、通常再生を申し立てる場合には、手続負担と費用負担を十分に想定しておかなければなりません。

　もっとも、通常再生では、個人再生における最低弁済額要件（民再231Ⅱ③・④、民再241Ⅱ⑦。**Q66**参照）を充足することは求められておらず、清算価値保障原則の検討においては、債権者に対する計画弁済額が破産配当率を上回っていることが求められる結果、個人再生では控除できない清算費用（破産管財人の報酬及び事務費相当額）を資産から控除することができ、個人再生よりも低い弁済率による再生計画とすることも可能ですし、5年を超えた弁済期間を定めることも可能です（民再155Ⅲ）。

　その意味では、個人再生手続よりも柔軟に、住宅資金特別条項を定めた再生計画を立案することができると考えられます。

　なお、個人の通常再生申立てに関する詳細は、**Q114**を参照してください。

〔濱野裕司〕

Q 80 住宅資金特別条項の「住宅」の範囲

次のような建物は、住宅資金特別条項の「住宅」に当たるでしょうか。
① 店舗として利用している場合
② 転勤のため他人に賃貸している場合
③ 離婚の際の合意により、離婚後も元妻と子が居住しているが、再生債務者自身は住んでいない場合
④ 投資用に購入したが、入居者が現れないために現在は自宅として使用している場合
⑤ 再生債務者名義で住宅を購入したものの、当初から再生債務者の子の家族だけが居住しており、再生債務者自身は今後も住む予定がない場合
⑥ 二世帯住宅として使用している場合
⑦ 建物を2軒持っており、双方を自宅として利用している場合

1 住宅資金特別条項の「住宅」とは

住宅資金特別条項の「住宅」とは、ⅰ個人である再生債務者が所有する建物であること、ⅱ再生債務者が自己の居住の用に供する建物であること、ⅲ建物の床面積の2分の1以上に相当する部分が専ら自己の居住の用に供されること、ⅳ上記ⅰ～ⅲの要件を充たす建物が複数ある場合には、これらの建物のうち、再生債務者が主として居住の用に供する一の建物であること、という4つの要件をすべて充たすものをいいます（民再196①）。

2 再生債務者が所有する建物であること（要件ⅰ）

「所有」には、区分所有や共有も含まれます（Q89参照）。

3 自己の用に供する建物であること（要件ⅱ）

(1) 要件ⅱの趣旨

住宅資金貸付債権に関する特則の目的は、個人の再生債務者が、その生活の本拠である住宅を手放すことなく経済的再生を図ることができるようにすることにあります（『一問一答』55頁）。したがって、専ら事業の用に供する建物や、専ら他人の居住の用に供する建物は、再生債務者の生活の本拠には当たりませんので、これらを「住宅」から除外するために、自己の居住の用に供する建物であることが要件とされました。

(2) 専ら店舗として利用している場合（設問①）

設問①で、建物のすべてを店舗として利用するなど専ら事業の用に供している場合には、「住宅」に該当しません。

なお、建物を店舗兼居宅として利用している場合は、後記4を参照してくださ

い。

(3) 転勤のため他人に賃貸している場合（設問②）

　転勤等の一時的な事情で単身赴任をしていたり、転勤の間だけ他人に賃貸していたりしているために、現に自己の居住の用に供していないからといって、再生債務者が生活の本拠を失ってしまうようなことになれば、本特則の目的からして相当ではありません。そのため、居住の用に「供している」ことまでは求められておらず、居住の用に「供する」ことで足りるとされています（『一問一答』57頁）。

　設問②では、他人への賃貸が転勤に伴う一時的なものであり、転勤終了後に自己の居住の用に「供する」であろうと客観的にいうことができれば、「住宅」に該当します。

　具体的には、借地借家法の適用が除外される一時使用の賃貸借契約（借地借家40）が締結されているケースが典型です。また、普通建物賃貸借契約が締結されているケースでも、特約条項や賃借人からの報告書などにより、実質を見て、当事者の意思が賃貸人の転勤に伴う一時的なものであると判断できれば、「住宅」に該当するというべきです。他方、定期建物賃貸借契約（借地借家38）が締結されているケースでは、転勤している期間だけというつもりの場合もあれば、期間を区切って繰り返し貸すつもりの場合もあります。したがって、契約形態が定期建物賃貸借契約になっているということだけで「住宅」と判断することはできません。

(4) 離婚しており再生債務者自身は住んでいない場合（設問③）

　設問③では、離婚後に元妻と子が居住し、再生債務者が自己の居住の用に供しない以上は、再生債務者の生活の本拠とはいえませんので、原則として「住宅」には該当しません。

　もっとも、離婚の際の合意の内容が、元妻と子が居住するのは転居先が見つかるまでの一時的なものであり、転居後は再生債務者自身が居住の用に供することを予定しているといった場合には、例外的に「住宅」に該当します。

(5) 投資用に購入したが現在は自宅として使用している場合（設問④）

　設問④では、現在は再生債務者の居住の用に供する建物として生活の本拠となっている以上、「住宅」に該当します。

　もっとも、「住宅資金貸付債権」は、建設等の時点においてその対象建物が「住宅」であることを要するとの考え方があり（『大阪再生物語』257頁。Q82参照）、当初は投資目的での購入であったという点において、「住宅資金貸付債権」に該当するかの考察が別途必要です。しかし、このケースでも、住宅ローンを抱えて経済的な破綻に瀕した個人債務者がその生活の本拠である住宅を手放すことなく経済生活の再生を図ることを可能にするという住宅資金貸付債権に関する特則の趣旨は当てはまります。また、貸付資金は投資目的ではあるものの、一般的な事業資金や教育資金とは異なり、抵当権が設定されている当該建物そのものを確保する目的のものです。したがって、このケースも「住宅資金貸付債権」に該当すると考えられます。

(6) 債務者名義で購入したが自身は住む予定がない場合（設問⑤）

設問⑤では、再生債務者自身は今後も住む予定がないということですから、再生債務者の生活の本拠とはいえず、「住宅」には該当しません。

4 建物の床面積の2分の1以上に相当する部分が専ら自己の居住の用に供される建物であること（要件ⅲ）

(1) 要件ⅲの趣旨

前記のとおり、自己の居住の用に供する建物である必要がありますが、二世帯住宅のように一部を第三者が利用していたり、店舗兼居宅のように一部を事業の用に供していたりする建物を、一律に対象外とすることは、本特則の目的からして相当ではありません。そこで、いわゆる住宅ローン減税を認める基準や、金融実務上住宅ローンとして取り扱われる基準を参考に、建物の床面積の2分の1以上を専ら自己の居住の用に供していることを必要とするというかたちで明確な規律を図りました（『一問一答』58頁）。

(2) 店舗兼居宅の場合（設問①）、二世帯住宅の場合（設問⑥）

設問①で店舗が居宅を兼ねている場合や、設問⑥の場合であっても、再生債務者の居住部分が床面積の2分の1以上であれば、「住宅」に該当します。

なお、再生債務者は住宅資金特別条項付きの再生計画案を提出する場合において、建物に自己の居住の用に供されない部分があるときには、「当該住宅のうち専ら再生債務者の居住の用に供される部分及び当該部分の床面積を明らかにする書面」を併せて提出するものとされています（民再規102Ⅰ⑤）。具体的には、建物の間取図や各階の平面図等が考えられますが、専門家の作成する詳細な図面が要求されるものではなく、再生債務者が作成した簡略な図面や陳述書によって再生債務者の居住部分が床面積の2分の1以上あることが疎明できれば足ります。

5 建物が複数ある場合には、再生債務者が主として居住の用に供する一の建物であること（要件ⅳ）

(1) 要件ⅳの趣旨

本特則の目的からすると、生活の本拠と認められる1つの建物についてのみ住宅資金特別条項を定めることを可能とすれば足りると考えられることから、設けられた要件です。

(2) 2つ以上の建物を同時に自宅として利用している場合（設問⑦）

設問⑦の場合は、生活の本拠と認められる方の建物についてのみ、「住宅」に該当することとなります。

〔松尾吉洋〕

Q81 住宅資金特別条項の「住宅の用に供されている土地」の範囲

自宅の敷地として利用されている土地に住宅ローンを被担保債権とする抵当権が設定されていますが、複数の筆になっています。住宅資金特別条項の対象となる「住宅の敷地」は、現実に住宅の底地となっている筆だけに限られるのでしょうか。筆が異なるものの、隣接地を自宅の駐車場として利用している場合はどうでしょうか。

1　住宅の敷地

　住宅資金貸付債権の担保として、住宅だけでなく、その敷地にも抵当権が設定されるのが通常です。そのため、住宅に設定されている住宅資金貸付債権の抵当権だけではなく、「住宅の敷地」に設定されている住宅資金貸付債権に係る抵当権についても、競売手続の中止命令の対象となり（民再197Ⅰ）、住宅資金特別条項を定めた再生計画の効力が及ぶものとされ（民再203Ⅰ）、これにより再生債務者が生活の本拠を手放すことなく経済的再生を図ることを可能にしています。

　このように「住宅の敷地」に設定された抵当権について、抵当権の実行を阻止するという特別な取扱いをする前提として、民事再生法196条2号は、それを「住宅の用に供されている土地又は当該土地に設定されている地上権をいう」と定義しています。ここに地上権が含まれるのは、土地だけでなく地上権にも抵当権の設定が可能であるためです。これに対し、賃借権は、抵当権の設定対象になることはありませんので、含まれていません（『一問一答』60頁）。

2　「住宅の用に供されている土地」の範囲

　「住宅の敷地」の定義規定は、抵当権の実行を阻止するという特別な取扱いをする前提として設けうれたものですので、「住宅の用に供されている土地」の範囲も、抵当権の設定単位である一筆の土地を単位として解釈することになります。

　そのため、一筆の土地の一部に抵当権は付けられませんので、広大な一筆の土地のごく一角に住宅が建っている場合であっても、その一筆の土地全体が「住宅の用に供されている土地」に該当することになります（『一問一答』60頁）。

　他方、「住宅の用に供されている土地」とは、現実に住宅の底地となっている筆だけに限られず、主宅の利用上必要な範囲において底地以外の土地をも含む趣旨とされています。建物が物理的に存立する底地を意味するものとして、「建物が所在する土地」という表現が用いられますが（区分所有2Ⅴ参照）、ここで「住宅の用に供されている土地」という表現が用いられたのは、まさにその住宅の利用に供されている土地、つまり、その住宅と一体として利用されている土地も含むということを明らかにするためです。これは、住宅ローンの融資において、住宅が物理的に存

立する底地のほか、住宅の利用上底地と一体になっている土地についても抵当権を設定するのが通常であり、これらの抵当権についても抵当権の実行を阻止するという取扱いをするのが相当であると考えられたためです（『一問一答』61頁）。

3　設問の場合

　設問のように、住宅ローンを被担保債権とする抵当権が設定されている土地が複数の筆になっている場合でも、住宅資金特別条項の対象となる「住宅の敷地」は、現実に住宅の底地となっている筆だけに限られず、住宅と一体として利用されている他の筆の土地も含まれることになります。

　典型的には、庭として利用されている場合が考えられますが、設問後段のように、隣接地を自宅の駐車場として利用している場合も、駐車場が住宅と一体として利用されているとして、住宅資金特別条項の対象となるのが通常と考えられます。

　もっとも、この判断は、土地が隣接しているか否かで形式的になされるものではありません。例えば、自宅の隣接地を営業用の貸駐車場としており、その一画を自分の駐車場としても利用しているようなケースでは、その駐車場の土地は住宅資金特別条項の対象とはなりません。他方、隣接せずに道路を1本隔てたところに駐車場があるような場合であっても、その駐車場が住宅と一体として利用されているものと実質的に判断できる以上は、住宅資金特別条項の対象となるものと考えられます。

〔松尾吉洋〕

Q82 住宅の所有権移転と住宅資金特別条項の利用の可否

　親名義の自宅について子Ａが住宅ローンを組んでいる事案において、相続でＡが自宅を取得して居住の用に供している場合でも、Ａは住宅資金特別条項を利用することは可能でしょうか。
　また、夫名義の自宅に夫が住宅ローンを組んでいる事案において、離婚に伴う財産分与で、妻Ｂが自宅を取得して居住の用に供している場合でも、Ｂは住宅資金特別条項を利用することは可能でしょうか。

1　「住宅」の所有権取得時期と住宅資金特別条項

(1)　再生手続開始申立ての時点における「住宅」の所有と住宅資金特別条項

　住宅資金特別条項の対象となる「住宅資金貸付債権」は、「住宅」の建設もしくは購入に必要な資金（当該「住宅」の用に供する土地又は借地権の取得に必要な資金も含みます）、又は、「住宅」の改良に必要な資金の貸付けによって生じた再生債権であることを要します（民再196③）。そして、「住宅」については、個人である再生債務者が所有（共有も含みます。以下も同様です）していることを要します（民再196①）。
　したがって、たとえ自宅の建設、購入又は改良（以下「建設等」といいます）に必要な資金の貸付けによって生じた再生債権が存在する場合であっても、再生手続開始申立ての時点で再生債務者が自宅を所有していない限り、住宅資金特別条項の対象となるべき「住宅資金貸付債権」は存在しませんので、住宅資金特別条項を利用することはできません。

(2)　建設等の時点での「住宅」の所有と住宅資金特別条項

　では、再生手続開始申立ての時点では再生債務者が自宅を所有するに至っているものの、建設等の時点では自宅が再生債務者の所有でなかった場合に、住宅資金特別条項を利用することはできるのでしょうか。
　この点、住宅資金特別条項の対象となるべき「住宅資金貸付債権」に該当するためには、原則として建設等の時から自宅が再生債務者の所有であることを要するとしつつも、①再生手続開始申立ての時点において自宅の所有権が再生債務者にあり、かつ、②当初から自己の居住の用に供する目的で建物の建設等をし、そのための資金の借入れを行っているといった特段の事情がある場合には、建設等の時点で自宅が第三者の所有であったとしても、例外的に「住宅資金貸付債権」に該当すると解する見解もあるようです（『大阪再生物語』257頁参照）。
　ただ、条文上は、「住宅資金貸付債権」の要件として、建設等の時から「住宅」が再生債務者の所有に帰していることを明確に要求しているわけではありません。

また、住宅ローンを抱えて経済的な破綻に瀕した個人債務者がその生活の本拠である住宅を手放すことなく経済生活の再生を図ることを可能にするという住宅資金貸付債権に関する特則の趣旨（『一問一答』55頁参照）に鑑みれば、対象建物が再生債務者の生活の本拠であると認め得る限り、広く住宅資金特別条項の利用を認めるべきであるということができます。

　したがって、建設等の時点では自宅が再生債務者の所有でなかったとしても、再生手続開始申立ての時点で自宅が再生債務者の所有に帰している限り、「住宅資金貸付債権」の要件を充たし、住宅資金特別条項の利用は可能であると解すべきです（なお、始関正光（司会）ほか「《座談会》個人再生手続の現状と課題」月刊登記情報543号（2007年）64頁、『条解』1026頁〔山本和彦〕参照）。

2　設問の検討

(1)　前段について

　以上を踏まえると、まず設問前段の事例の場合には、子Aが再生手続開始申立てに至るまでに相続により自宅の所有権を取得して居住の用に供している限り、住宅資金特別条項の利用が可能であるということになります。

　また、設問前段の事例とは異なり、他の相続人が相続によりいったん自宅の所有権を全部取得した後、再生手続開始申立ての直前に子Aが持分の一部を譲り受けたという場合であっても、再生手続開始申立ての時点で再生債務者が自宅を所有して居住の用に供しているといえる以上、住宅資金特別条項の利用は可能であると考えられます。

(2)　後段について

　他方、設問後段の事例の場合には、そもそも妻Bは住宅ローン債務を負担しておらず、住宅資金特別条項の対象となる「住宅資金貸付債権」が存在しません。したがって、妻Bが再生手続開始申立てに至るまでに財産分与により自宅の所有権を取得したとしても、住宅資金特別条項の利用はできません。

　また、設問後段の事例で妻Bが夫の住宅ローンを保証していた場合であっても、当該保証に基づいて生じる債権は「住宅資金貸付債権」に該当しませんので、同様に住宅資金特別条項の利用はできません（**Q89**参照）。

〔坂川雄一〕

Q83 「住宅資金貸付債権」の範囲 ①

次のような債権は、「住宅資金貸付債権」に当たるものとして住宅資金特別条項を利用することは可能でしょうか。
① 住宅ローンの返済途中で当初の購入資金の借換えと同時に、リフォーム代金も含めて借換えをした場合
② 住宅に住宅ローンとは別個に諸費用ローンの抵当権が設定されている場合
③ 自宅の購入資金と住宅取得時に要した諸費用が合算された上で住宅ローンが組まれている場合
④ 旧住宅ローンの完済前に新たに住宅ローンを組んで住宅を購入し、新住宅ローンのうち相当の割合を旧住宅ローンの弁済に充てた場合
⑤ 住宅ローンの使途に太陽光発電システムの設置費用が含まれている場合

1 住宅資金貸付債権とは

ここに「住宅資金貸付債権」（民再196③）とは、次の要件を充たしている再生債権でなければなりません。
① 住宅の建設もしくは購入に必要な資金又は住宅の改良に必要な資金の貸付けによって生じた債権であること
② 分割払いの定めのある再生債権であること
③ 当該債権又は当該債権に係る債務の保証人の主たる債務者に対する求償権を担保するための抵当権が住宅に設定されていること

そして、民事再生法196条以下において、住宅資金貸付債権に関する特則が認められているのは、個人債務者が住宅を手放すことなく経済生活の再生を図ることを可能とするためのものです。

2 設問の検討

各設問については、上記①の要件に関して、住宅資金特別条項の利用の可否が問題となります。

(1) 設問①について

ア 住宅ローンの借換え

住宅ローンの借換えが行われた場合には、新たな貸付金は、過不足なく、そのまま従前の住宅ローンの返済に充てられ、いわば、新たな住宅ローンが従前の住宅ローンと入れ替わることになりますから、従前の住宅ローンと同様に、住宅資金貸付債権に該当すると考えられます（『一問一答』65頁）。

イ　リフォームに必要な資金の貸付け

　住宅資金貸付債権には、住宅の建設もしくは購入に必要な資金に限られず、住宅の改良に必要な資金として貸付けがなされた再生債権についても含まれることとしています。これは、住宅の増改築等のためのローンも租税特別措置法によるいわゆる住宅ローン減税の対象とされており（租特41Ⅰ・Ⅳ、租特令26ⅩⅨ・ⅩⅩ）、また、金融実務上も住宅ローンとして扱われていることを考慮したものです。そして、「住宅の改良」には、増改築のほか、リフォームも含まれます（『一問一答』62頁）。

　以上から、設問①については、住宅資金特別条項を利用することは可能です。

(2)　設問②について

　不動産取得時には、仲介手数料、登記手続費用、各種税金などの費用等が必要となり、これらの諸費用の支払に充てるために住宅ローンとは別にいわゆる諸費用ローンを組んでいることがあります。この諸費用ローンは住宅ローンよりも金利が高く、住宅ローン減税の対象とならず、住宅金融支援機構（旧住宅金融公庫）の融資対象でもないなどの点から、金融実務上、住宅ローンとは別のものとして扱われています。また貸付けの使途も一律ではありません。以上のことに鑑みれば、諸費用ローンが直ちに住宅資金貸付債権に該当するということは困難といわざるを得ません。

　したがって、設問②については、住宅資金特別条項の利用は難しいことになります。

　ただし、諸費用ローンの使途が契約上明確であり、その額も住宅ローンと比較してかなり少額である場合や、多少高額なローンであっても使途が不動産取得行為等に直接必要な経費の範囲内で明確になっている場合であれば、その額と使途を総合考慮して住宅資金特別条項の利用が認められている例もあります（『はい６民』482頁、『個再手引』395頁〔安齊浩男＝鹿田あゆみ〕）。

(3)　設問③について

　設問②と同様に、直ちに住宅資金貸付債権に当たるとすることは困難です。

　しかし、借り入れた資金のうち、一部を他の用途に使用した場合については、その使用割合において、購入資金の主要部分が住宅購入等の目的に使用されたと認められるときには住宅資金貸付債権としての要件を充たし、反対に流用部分の占める比率が大きければ全体が住宅資金貸付債権に該当しなくなると解されます。

　このように、住宅ローンのなかに他の用途に充てた資金が混在していても、その割合が少ないときには、全体について住宅資金貸付債権該当性が認められることとの均衡上、諸費用の比率によっては利用可能となる場合があります。

(4)　設問④について

　住宅を買い替えている場合、買替前の残ローンを買替後の住宅ローンに一体化させても、買替前の残ローン部分が全体のローンに占める割合によっては、住宅資金

特別条項を設けることができない場合があります。民事再生法196条1号は、「住宅」の定義を、再生債務者が「居住の用に供する建物」であると規定しており、過去に居住の用に供した建物は、同号の「住宅」に該当しないため、旧ローン残債務部分は、住宅資金貸付債権性がないと考えられるからです。そのため、同部分の占める割合によっては全体として住宅資金貸付債権性が失われることとなります（『はい6民』482頁）。

設問④では「相当の割合」とあり、住宅資金貸付債権性がないと考えられます。

(5) 設問⑤について

(1)で述べたように、リフォームに必要な資金は住宅資金貸付債権に含まれます。

そして、太陽光発電システム設置の資金は多くの金融機関がリフォームとして扱っており、一定の要件の下で住宅ローン減税の対象ともされています。

しかし、太陽光発電パネルは屋根に設置されており、取り外しが可能です。しかも、パネルがなくとも電気は供給されますし、なかには売電がなされている場合もありますので、太陽光発電システム設置の資金は「住宅の改良に必要な資金」には当たらないということも考えられます。

ところで、前記のとおり、住宅資金貸付債権に関する特則は、個人債務者が住宅を手放すことなく経済生活の再生を図ることを可能とするためのものです。そのため、太陽光発電システム設置の資金を一律に住宅資金貸付債権に該当しないものと扱うと、住宅資金貸付債権に関する特則を定めた趣旨に適さないこともあります。

そこで、住宅ローンのうち、その一部を太陽光発電システム設置の用途に使用した場合については、その使用割合において、住宅ローンの主要部分が住宅購入又は改良等の目的に使用されたと認められるときには、住宅資金貸付債権としての要件を充たし、太陽光発電システム設置の用途への流用部分の占める比率が大きければ全体が住宅資金貸付債権に該当しなくなると解されます。

〔鈴木嘉夫〕

> **Q 84** 「住宅資金貸付債権」の範囲 ②
>
> 次のような債権は、「住宅資金貸付債権」に当たるものとして住宅資金特別条項を利用することは可能でしょうか。
> ① 金融機関で住宅ローンを組まず、住宅販売業者に住宅購入代金を長期分割払いする契約を締結している場合
> ② 都市再生機構（旧都市基盤整備公団、住宅・都市整備公団）から住宅購入代金を担保する趣旨で、買戻特約付き、代金35年割賦の方法で住宅を購入している場合
> ③ 分割払いの建築請負代金の場合
> ④ 住宅ローンが根抵当権によって担保されている場合
> ⑤ 住宅に根抵当権を設定していて、その被担保債権の範囲に、住宅ローンのみならず事業用資金の借入金が包含されている場合

1 住宅資金貸付債権とは

再生計画に住宅資金特別条項を定めることができるためには、住宅ローン債権が「住宅資金貸付債権」であることが必要です（民再198Ⅰ）。「住宅資金貸付債権」（民再196③）とは、次のすべての要件を充たしている再生債権をいいます。
① 住宅の建設もしくは購入に必要な資金（住宅の用に供する土地又は借地権の取得に必要な資金を含みます）又は住宅の改良に必要な資金の貸付けに係る債権であること
② 分割払いの定めのある再生債権であること
③ 当該債権又は当該債権に係る債務の保証人（保証を業とする者に限ります）の主たる再生債務者に対する求償権を担保するための抵当権が住宅に設定されていること

2 設問の検討

(1) 設問①について

住宅販売業者に対し住宅購入代金を長期分割支払するケースとしては、後述の設問②の都市再生機構（かつての都市基盤整備公団、住宅・都市整備公団。以下「都市再生機構」といいます）から住宅を購入する場合のほか、住宅ローンで住宅購入資金の全部をカバーすることができなかった場合に、そのカバーされなかった売買代金の残部について、住宅販売業者に対し長期分割支払をする旨の約定の下、これを被担保債権として抵当権を設定する場合があります。

「住宅資金貸付債権」は、貸付けに係る債権であることを要件のひとつとするものですが（上記1①）、上記の場合には、法形式上、被担保債権が売買代金債権で

あることから、この貸付けの要件を充たすか否かが問題となります。
　この点、住宅販売業者による割賦販売は、住宅購入代金相当額について、住宅販売業者が再生債務者に対し与信を行うものであり、その意味において、銀行等の金融機関が住宅取得資金を融資する住宅ローンと類似の経済的実態があります。
　また、住宅資金貸付債権に関する特則が設けられた趣旨は、再生債務者が生活の基盤である住宅を手放すことなく経済生活の再生を図ることを可能とすることにあり、これは、住宅販売業者から住宅を割賦購入する場合にも妥当します。
　さらに、住宅資金貸付債権の範囲（住宅改良資金を含むこと）は、租税特別措置法による住宅ローン減税の対象を参考にして定められたという経緯があるところ、同法41条1項では、宅地建物取引業者から住宅を取得した場合の業者に対する割賦払売買代金債務は、銀行等の金融機関に対する住宅ローン債務と同様に住宅ローン減税の対象とされています。
　したがって、銀行等の金融機関から住宅購入資金を借り入れる場合と、住宅販売業者から住宅を割賦購入する場合とは、債権者が買主に対して有する債権の性質が相違しますが、これは、単に売主と住宅購入資金調達先が一致するか否かという違いから生じる法形式上のものに過ぎないと考えられます。また、住宅資金特別条項の趣旨は、住宅販売業者から住宅を割賦購入した場合にも妥当するところです。
　よって、条文の文言にかかわらず、契約内容の実態を重視し、住宅販売業者から住宅を長期割賦売買の形式で購入した場合の売買代金債権は「住宅資金貸付債権」に該当する、と解するのが相当と考えられます。
　(2)　設問②について
　住宅の売主が都市再生機構の場合には、売主と購入資金調達先がいずれも都市再生機構となり、買主は、都市再生機構との間で、金銭消費貸借契約ではなく、長期特別分譲住宅譲渡契約を締結し、売買代金債務を担保するために、住宅の上に抵当権を設定することになっています。
　したがって、都市再生機構から住宅を購入した場合にも上記(1)が妥当します。
　もっとも、都市再生機構から住宅を購入した場合には、買戻特約が付され、登記の乙区欄に抵当権設定登記がなされるとともに、甲区欄に、買戻権者を都市再生機構とする買戻特約登記がなされるので、民事再生法198条1項ただし書や202条2項3号に該当する余地があります。
　これらの条項は、住宅の上に他の別除権が設定されている場合には、住宅資金貸付債権につき住宅資金特別条項を定めても、他の別除権者が担保権を実行すると、再生債務者の生活の基盤を確保するという制度目的を達成することができないことから、これに該当する場合には、住宅資金特別条項を利用することができないとしたものです。
　すると、住宅購入代金の支払につき滞納がない状態で個人再生申立てを行う場合、再生計画案の履行可能性が認められる事案であれば、都市再生機構に対する約

定弁済の履行可能性も認められるところであり、この場合には、都市再生機構が買戻権を実行するおそれはなく、上記の民事再生法198条1項ただし書や202条2項3号には該当しないものと考えられます。

とはいえ、住宅購入代金の支払を滞納した状態で個人再生申立てを行うと、都市再生機構による買戻権の行使によって再生債務者が住宅を失うおそれも考えられるので、この場合には、都市再生機構との協議を含め、慎重な検討が必要です。

(3) 設問③について

建築業者に対する住宅の建築請負代金が分割払いとなっていて、建築請負代金債務を被担保債権とする抵当権が設定されている場合も、上記(1)と同様です。

なお、建築業者に対する住宅の取得等の工事の請負代金に係る債務で、契約において賦払期間が10年以上の割賦払いの方法により支払うこととされているものは、租税特別措置法41条1項2号により住宅ローン減税の対象とされています。

(4) 設問④について

上記1③のとおり、「住宅資金貸付債権」は、住宅購入資金等を被担保債権とする「抵当権」が住宅に設定されていることを要件とするものです。

この「抵当権」は「根抵当権」を含むものと解されており、住宅に設定されている担保権が根抵当権であっても、根抵当権の被担保債権が住宅ローン債権のみであれば、住宅資金特別条項の利用は可能です。

しかし、登記簿の記載だけでは、被担保債権が住宅ローン債権のみであるか否かを確認することができません。

そのため、このような場合、申立代理人としては、申立てに際し、被担保債権が住宅ローン債権のみであることを疎明する資料の提出が必要です。

(5) 設問⑤について

上記のとおり、住宅資金特別条項は、再生債務者が生活の基盤である住宅を手放すことなく経済生活の再生を図ることを可能とするために設けられた特則です。

したがって、事業用資金のための借入金など、被担保債権に上記1①の住宅購入等以外の目的のための貸付債権が含まれている場合には、直ちに、住宅資金貸付債権と認めることは困難です。

ただし、借入金のうち住宅ローンが大部分を占め、それ以外がごくわずかである場合には、住宅資金特別条項を定めることが可能な場合もあると考えられます。

また、住宅資金貸付債権とそれ以外の部分の峻別が可能で、被担保債権から住宅資金貸付債権以外の部分を除外する旨の一種の別除権協定を締結することも考えられます（『個再手引』397頁〔安齊浩男＝鹿田あゆみ〕）。

住宅資金特別条項を利用することができるか否かは、借入金全体に占める住宅ローン債務の割合や具体的な資金の使途、これまでの借入れ及び返済の内容等を踏まえて、慎重な検討がなされることになるので、申立代理人としては、それらの事情をあらかじめ精査しておくことが必要です。

〔森本　純〕

Q85 自宅の差押え等と住宅資金特別条項の利用の可否

① 住宅ローンに係る抵当権が設定された自宅に、申立前に仮差押えや差押えがなされた場合、そのままでは住宅資金特別条項は利用できないのでしょうか。
② 税金等の滞納処分として差押えがされている場合はどうでしょうか。

1 設問①について

(1) 再生債権による仮差押えや差押えの再生手続における取扱い

再生手続開始決定がなされると、申立前になされた再生債権に基づく仮差押えや差押え（以下「差押え等」といいます）の手続は、中止します（民再39①）。

ただし、差押え等を担当する裁判所は、当然には、再生手続開始決定がなされたことを知り得ないため、債務者側において、当該裁判所に、債務者について再生手続開始決定がなされたことを伝える必要があります。

なお、必要があると認められるときには、申立後開始決定がなされるまでの間でも、差押え等の手続につき中止命令を受けることも可能です。

中止した各手続は再生計画認可決定が確定すると失効します（民再184）。

(2) 住宅資金特別条項との関係

再生債務者が住宅の所有権等を失うと見込まれる場合には住宅資金特別条項を定めた再生計画案は認可されず（民再202Ⅱ③）、個人再生の場合には決議や意見聴取に付されません（民再230Ⅱ、240Ⅰ①、241Ⅱ③）。

しかし、(1)で述べたように、申立前になされた差押え等の手続は、開始決定により中止されており、再生計画案が認可されれば効力を失うものですから、差押え等がなされていても住宅の所有権等を失うとは見込まれません。

したがって、申立前に差押え等がなされた場合でも住宅資金特別条項は利用できます。

もっとも、不動産に付された差押え等については失効するといっても、そのままでは、差押え等の登記は抹消されていません。

そのため、もし差押（仮差押）債権者が差押え等を取り下げない場合には、認可決定とその確定証明書をもって民事執行法39条1項1号もしくは6号文書に該当するとして、執行（保全）処分の取消しを求めたり（民執40、民保46）、仮差押えの場合、事情変更による取消し（民保38）を申し立てたりして、各登記を抹消する必要があります（『大阪再生物語』265頁。**Q117**参照）。

2 設問②について

(1) 滞納処分としての差押えの再生手続における取扱い

　一般の優先権のある租税債権は、再生手続上の制約を受けずに随時権利行使をすることができます（民再122Ⅱ）。

　したがって、住宅についてなされた税金等による滞納処分手続は、再生手続開始決定後も中止せず、仮に再生手続が認可されても失効しません。

　その結果、滞納処分手続は、原則として再生手続開始後も換価手続へと進んでいくことになります。

(2) 住宅資金特別条項との関係

　前記のように、再生債務者が住宅の所有権等を失うと見込まれる場合には住宅資金特別条項を定めた再生計画案は認可されず（民再202Ⅱ③）、個人再生の場合にはそもそも決議や意見聴取に付されません（民再230Ⅱ、240Ⅰ①、241Ⅱ③）。

　そして、再生手続にかかわらず滞納処分手続は進行し、公売による所有権の喪失という事態が見込まれることから、滞納処分手続が開始されていることは、住宅の所有権等を失うと見込まれる場合の典型例と考えられています。

　したがって、滞納処分がなされている税金等について何らの手当てもしないまま住宅資金特別条項を付した再生計画案を提出しても、その再生計画案は、決議や意見聴取に付されないか、付されたとしても不認可となってしまいます。

　ただし、滞納処分手続が開始されている場合であっても、滞納している租税債権等を弁済するなどにより、公売による所有権の喪失という事態が生じないと見込まれるときには、住宅の所有権等を失うと見込まれません（『一問一答』114頁）。

　このように考えると、再生計画案の提出までに当該税金等を完納している場合は無論のこと、近々完済して差押えが解除される見込みがある場合や滞納している税金等の支払方法について分納の協議が成立し、その内容に従って支払う限り換価は猶予することになっているなどの事情があれば（国徴151、152参照）、履行が可能である限り、住宅資金特別条項を利用することは可能であると思われます。

　そのため、住宅について滞納処分による差押えがなされているものの、住宅資金特別条項を利用しようとするときには、申立前から滞納処分の原因である税金等の支払をどうするのかについて十分検討し、早急に当該税金等の徴収機関との間で滞納処分の解除又は換価猶予のための協議をする必要があります。

　裁判所に対しても、申立てや再生計画案提出の各段階において、徴収機関との協議の結果、滞納処分による換価が今後進まない見込みであることやその履行可能性等を、十分説明する必要があるでしょう（『個再手引』404頁〔下田敦史＝堀田次郎〕参照）。

〔髙橋敏信〕

Q 86 後順位担保権者と住宅資金特別条項

住宅資金特別条項は、住宅に住宅ローン以外の後順位担保権者がいる場合には利用できないとのことですが、次の場合、住宅資金特別条項を利用することはできるでしょうか。
① 住宅ローン以外の後順位の抵当権設定仮登記がなされている場合
② 税金を担保するための後順位の抵当権が設定されている場合
③ 住宅ローン以外の債権（カードローン等）を被担保債権とする第2順位の抵当権が設定されている場合
④ 震災で自宅が倒壊し、自宅を建て直したが、自宅には、新たな住宅ローンを被担保債権とする抵当権の後順位に、従前の住宅ローンを被担保債権とする抵当権が設定されている場合

1 民事再生法198条1項ただし書前半部分の趣旨

住宅に民事再生法53条1項に規定する担保権（民再196③に規定する抵当権を除きます。以下「住宅資金抵当権以外の担保権」といいます）が存在するときは、住宅資金特別条項を定めることはできません（民再198Ⅰただし書前段）。その趣旨は、住宅資金特別条項の対象となる抵当権以外の担保権が実行されて再生債務者が住宅を失うおそれがある場合には、住宅資金特別条項の定めが無意味になってしまうため、同条項の利用を禁止する点にあります。

2 後順位の抵当権設定仮登記がある場合（設問①）

この趣旨から、後順位の抵当権設定仮登記につき本登記がなされ、抵当権が実行されるおそれがあるかを検討することになります。仮登記には、「1号仮登記」と「2号仮登記」があります。

この点、1号仮登記（不登105Ⅰ①）は、登記すべき権利変動がすでに生じているものの登記識別情報等を提供できない場合に行われる仮登記です。1号仮登記の場合は、開始決定前にすでに実体的な権利変動が発生し、手続上の要件を欠くために仮登記となったに過ぎないことを理由に、後順位抵当権者は本登記の時点での善意又は悪意（民再45Ⅰただし書参照）にかかわらず、再生債務者に対して本登記を請求できると解されます（『伊藤』870、342頁、『新注釈上』250頁〔長沢美智子〕、大判大15.6.29民集5巻602頁（破産の事案））。

次に、2号仮登記（不登105Ⅰ②）は、登記すべき権利変動はいまだ生じていないものの将来その権利変動を生じさせる請求権が法律上発生している場合にその請求権を保全するために認められる仮登記です。2号仮登記の場合も、開始決定前には実体的な権利変動は生じていないものの、仮登記権利者が中間処分を排除できる点

では1号仮登記と2号仮登記との間に差はないことから、後順位抵当権者は再生債務者に対して本登記を請求できると解されます（『伊藤』870、343頁、『新注釈上』250頁〔長沢〕、最二小判昭42.8.25判時503号33頁（破産の事例））。

以上から、1号・2号仮登記ともに本登記がなされ、抵当権が実行されるおそれがあるため、仮登記を抹消しない限り、民事再生法198条1項ただし書前段部分に該当し、住宅資金特別条項は利用できないと考えられます。

3 税金を担保する後順位抵当権がある場合（設問②）

設問においても、住宅に住宅資金抵当権以外の担保権が存在することに変わりはないので、住宅資金特別条項は利用できません。そして、再生計画認可決定時点で後順位の抵当権が残っていれば不認可の決定がされることになります。

もっとも、税金は一般優先債権ですから（民再122）、再生債務者が税金を全額弁済しても債権者の平等には反しません。そこで、再生債務者が税金を弁済して抵当権を抹消すれば、住宅資金特別条項を定めることが可能となります。

4 カードローン等を担保する後順位抵当権がある場合（設問③）

設問においても、住宅資金抵当権以外の担保権が存在することに変わりはないので、住宅資金特別条項は利用できません。そして、再生計画認可決定時点で後順位の抵当権が残っていれば不認可の決定がされることになります。

設問の場合、後順位抵当権を抹消すれば住宅資金特別条項の障害はなくなります。ただし、カードローン等の債権は3の税金とは異なり一般優先債権ではないので、債権者平等の観点から、弁済は債務者以外の第三者が行うべきでしょう。

5 従前の住宅ローンを担保する後順位抵当権がある場合（設問④）

民事再生法は、住宅資金特別条項の「住宅」について「再生債務者が所有し、自己の居住の用に供する建物」と規定しているため（民再196①・③。Q80参照）、再生債務者が現在居住していない設問における倒壊前の住宅については同号の「住宅」には含まれないと考えられます。したがって、設問の従前の住宅ローンが住宅資金貸付債権に該当すると解することは困難です。よって、原則として住宅資金特別条項を定めることができません（民再198Ⅰただし書前段）。

しかし、住宅の建替えは一般的であることや、「住宅の改良」が住宅資金貸付債権に当たるとされていること（民再196③）との均衡上、従前の住宅ローンが常に住宅資金貸付債権に該当しないと考えるのは形式的に過ぎます。

そこで、従前の住宅ローンも、新築建物を取得するに至った経緯や建物新築時における従前の住宅ローンの借入総額と新たな住宅ローンの比率その他の個別的事情によっては、例外的に、住宅資金貸付債権として取り扱うことができる場合もあると考えられます（『個再手引』395頁〔安齊浩男＝鹿田あゆみ〕）。

設問で新築建物を取得するに至ったのは、震災で自宅が倒壊するというやむを得ない事情があるためです。このような事情は、従前の住宅ローンを住宅資金貸付債権として取り扱う方向に働く要素になると考えられます。

〔松井和弘〕

Q87 住宅に設定された後順位担保権の申立直前の抹消の可否

① 住宅に住宅ローン以外の債務を被担保債権とする後順位の根抵当権が設定されています。この場合に、住宅資金特別条項を利用するため、申立前に、親戚が第三者弁済して当該根抵当権を抹消してから申立てをすることはできるでしょうか。
② 債務者本人が、根抵当権者だけに先に弁済して当該根抵当権を抹消してから申立てをした場合、どのような問題がありますか。

1 担保権抹消の必要性

　住宅に住宅ローン以外の債務を被担保債権とする後順位担保権が設定されている場合、遅くとも再生計画案の認可・不認可決定までに当該担保権が消滅しなければ、住宅資金特別条項を利用できません（民再198Ⅰただし書。Q86参照）。
　そのため、例えば東京地裁では、住宅ローン以外の債務を被担保債権とする後順位担保権を消滅させるか、計画認可の決定までに消滅させることが相当の確度をもって見込まれ、個人再生委員が開始相当の意見を提出したときに再生手続を開始するという運用をしています（『個再手引』404頁以下〔下田敦史＝堀田次郎〕参照）。
　したがって、住宅に、住宅ローン以外の債務を被担保債権とする後順位の担保権が設定されている場合に住宅資金特別条項を利用するためには、後順位担保権を消滅させる方法を考えることになります。

2 申立前に親戚など第三者が弁済して消滅させる場合（設問①）

　申立前に、親戚などの第三者が後順位抵当権者に弁済し、後順位の担保権を消滅させることについて、法律上これを禁止する理由はありません。
　他の再生債権者との関係でも、後順位担保権もカバーする担保価値がない場合には実質的には債権者が変更したのと同じですし、カバーする担保価値がある場合でも、後順位担保権が消滅する分だけ再生債務者の清算価値が上がることもあり、第三者弁済により他の再生債権者に不利となることはほとんどないでしょう。
　したがって、第三者が弁済し、後順位の担保権を消滅させた上で、再生手続の申立てをし、住宅資金特別条項を利用することは当然許容されます。
　なお、弁済した第三者としては、再生債務者に対する求償権を再生債権として届け出るか又は放棄するなどして届出をしないといういずれの対応もあり得ます。

3 申立前に再生債務者が弁済して消滅させる場合（設問②）

(1) 清算価値保障原則の問題

　再生計画案は、再生債権者の一般の利益に反してはならないと規定されています（民再174Ⅱ④）。この規定は、破産手続の場合と比べて債権者に不利にならないよう

に、その清算価値分は再生計画案策定に当たって最低限保障しなければならない趣旨であるとされています（清算価値保障原則。**Q43**参照）。

再生債務者により申立直前に後順位抵当権者への弁済がなされ、担保権が抹消された場合について見ると、まず、住宅に後順位の被担保債権をすべてカバーする担保価値がある場合には、弁済した分だけ担保から外れて一般財産が増加する関係になり、清算価値は、その弁済の前後で変動しないと思われます。

一方、住宅に後順位の被担保債権まですべてカバーする担保価値はないものの、申立直前に債務者により後順位の被担保債権の弁済がなされた場合はどうでしょうか。

債務者による申立直前での後順位抵当権者への弁済は、仮に債務者が破産した場合には、否認の対象となり得るものです。

したがって、原則として、後順位抵当権者に対して申立直前に弁済した分（清算価値が減少した分）を上乗せして清算価値を算定し、その上乗せされた清算価値を前提に再生計画案を策定する必要がありますので、その分、上記の第三者による弁済をする場合に比して、再生計画案策定の条件が厳しくなるといえます。

(2) その他の問題

また、住宅資金特別条項を策定するために、計画的に後順位担保権者に対してだけ、他の再生債権者に先んじて弁済をして担保権を消滅させつつ申立てを行うことは、他の債権者との関係で不公平で不誠実な申立てと思われなくもありません（民再25④参照）。

しかしながら、民事再生においては、他の債権者が受けることができる弁済額の保障は、基本的に前述の清算価値保障原則によって規律されています。あくまで申立直前の弁済がなされる前と同様の清算価値が保障される再生計画案が策定される場合には、申立直前に再生債務者による弁済がなされる前と比して、他の債権者が特段不利益を受けるとまではいえないとも思われます。

したがって、根抵当権者だけに弁済して当該根抵当権を抹消してから申立てをしたからといって、直ちに不当又は不誠実な申立てにはならないものと考えます。

ただし、前述のように、第三者による弁済の場合には特に法的な問題は生じないのに対し、申立人本人による弁済の場合には清算価値の上乗せの必要を生じるおそれがあり、ひいては再生計画案策定の条件を厳しくさせる懸念があります。

また、他の債権者への弁済をせず、優先的に後順位担保権者のみに弁済をするといった否認の対象となるような行為を申立直前にあえてすることは、他の債権者との関係で、不公平であるとの疑義も否定できません。

したがって、実務的には、まずは親戚等の第三者による弁済が可能ではないかを検討した上で、どうしても、そのような手段がとり得ないときに、再生債務者による申立前の弁済による方法の可否を検討すべきでしょう。

〔髙橋敏信〕

Q88 住宅資金貸付債権と債権譲渡

住宅ローンの支払を怠ったために、申立前に、住宅ローン債権者が当該住宅ローンの債権をサービサーに譲渡してしまいました。その場合でも、住宅資金特別条項付きの個人再生を申し立てることは可能でしょうか。

1 住宅資金貸付債権でも住宅資金特別条項を定めることができない例外とはどのような場合か

住宅資金貸付債権については、再生計画で住宅資金特別条項を定めることができ、その再生計画の認可決定が確定したときは、債務者が再生計画に基づく弁済を継続する限り、同債権を被担保債権として住宅に設定された抵当権の実行を回避することができます。ただし、例外として、第三者が住宅資金貸付債権を法定代位（民500）により取得した場合には、保証会社による代位弁済の「巻戻し」の場合（Q96参照）を除き、再生計画に住宅資金特別条項を定めることはできません（民再198Ⅰ）。これは、保証人その他の弁済をすることについて正当な利益を有する第三者が弁済をして、法定代位により住宅資金貸付債権を取得した場合に、当該第三者に住宅資金特別条項による分割払いを強いることは酷であることを考慮したものです。

2 住宅資金貸付債権が債権譲渡された場合

では、住宅資金貸付債権が、設問のように債権譲渡された場合には、再生計画に住宅資金特別条項を定めることはできないのでしょうか。

この点、上記例外とされる法定代位と債権譲渡とは法的に異なる行為であって、後者が前者に含まれるとは考えられていません。また、債権譲渡が行われた場合、債権の同一性は維持されたままですから、住宅資金貸付債権としての性質が失われることはありません。そのため、第三者が債権譲渡によって住宅資金貸付債権を取得したとしても、これは上記例外にいう法定代位による債権取得に含まれないと解されます。ですから、住宅資金貸付債権がサービサーに譲渡されたり、あるいは、同債権が証券化されたりしているような場合であっても、住宅資金特別条項を定めることができます（『条解』1039頁〔山本和彦〕、『新注釈下』247頁注1〔江野栄〕）。

したがって、設問の事案においては、再生計画に住宅資金特別条項を定めることができます。なお、保証会社による代位弁済の「巻戻し」の場合（Q96参照）には、「巻戻し」が可能な期間が、保証会社の代位弁済時から6か月以内に限られますが、債権譲渡の場合には、そのような期間制限の適用はありません。

〔小関伸吾〕

Q 89 保証会社求償権の連帯保証人と住宅資金特別条項の利用の可否

夫Aが主債務者として銀行で住宅ローンを組み、これを保証会社が保証しています。住宅には、保証会社の求償権を被担保債権とする抵当権が設定されています。また、妻Bが保証会社のAに対する求償権の連帯保証人になっています。住宅は、AとBの共有とされていました。その後、AとBは離婚し、現在は別居しています。離婚に際して、住宅の所有関係は変更されていません。離婚に際してBが住宅に居住を続け、Aが住宅ローンを支払う約束が交わされましたが、実際には、Aは支払を止めています。
このような状況の下で、Bは、住宅を維持するために個人再生を申し立てて住宅資金特別条項を利用することはできるでしょうか。

1 「共有」は「所有」に含まれるか

「住宅資金貸付債権」については、再生計画で住宅資金特別条項を定めることができ（民再198）、その再生計画の認可決定が確定したときは、債務者が再生計画に基づく弁済を継続している限り、同債権を担保するために住宅に設定された抵当権の実行を回避することができます（民再203）。

そして、ここでいう「住宅」に該当するためには、個人である再生債務者の所有建物であることを要しますが（**Q80**参照）、設問の事案では、AとBが建物を共有していることから、上記の要件である「所有」に「共有」も含まれるかどうかが問題となります。

この点、「共有」も、所有の一形態であることから、「所有」に含まれると解されます。そして、共有持分の最低限に関する規定は存在しないことから、仮に、ごくわずかの持分しか有していない場合であっても、上記の「所有」の要件を充たすと解されます（『条解』1026～1027頁〔山本和彦〕、『新注釈下』233～234頁〔江野栄〕）。

したがって、設問の場合、仮に、住宅資金特別条項を利用しようとするBの持分割合がわずかであっても、上記「所有」の要件を充たします。

2 「住宅資金貸付債権」とはどのような債権か

次に、設問の事案において、Bによる住宅資金特別条項の利用が認められるためには、住宅ローンの保証会社が、Bに対し、「住宅資金貸付債権」を有していることが必要です。

この点、「住宅資金貸付債権」とは、①貸付けに係る資金が、住宅の建設もしくは購入、住宅の用に供する土地もしくは借地権の取得又は住宅の改良のうちのいずれかに必要であること、②分割払いの定めのある再生債権であること、③その債権又はそれを保証した保証会社の求償権を担保するための抵当権が住宅に設定されて

いること、という3つの要件すべてを充たす債権を指します（民再196③。**Q83**参照）。

上記③は、住宅資金貸付債権に関する特則が、再生計画は別除権者の有する担保権に影響を及ぼさないとする民事再生法177条2項の適用を排除して、住宅に設定されている抵当権にも再生計画の効力を及ぼすこと（民再203Ⅰ）により、抵当権の実行を回避し、再生債務者が住宅を保持し続けることができるようにするための制度であることに鑑みて設けられた要件です。そもそも、住宅に抵当権が設定されていない場合には、一般債権の実行が再生手続開始により当然に禁止されるため（民再39Ⅰ）、このような特則を設ける必要がありません（『条解』1030〜1031頁〔山本〕、『新注釈下』239頁〔江平〕）。

3 求償権に係る保証債務履行請求権が「住宅資金貸付債権」に含まれるか

設問の事案において、仮に、「住宅」に居住し、個人再生の申立てを行うのがBではなく、Aである場合であれば、Aが住宅資金特別条項を利用することができることに異論はありません。なぜなら、Aが負担している債務は住宅ローン（住宅の購入に必要な資金の貸付けに係る分割払いの定めのある再生債権）であり、この住宅ローンに係る保証会社のAに対する求償権を担保するために、Aの所有する「住宅」に抵当権が設定されているところ、このような場合における住宅ローン債権は、法文上、明らかに「住宅資金貸付債権」に該当するからです。

これに対し、設問の事案では、Bが住宅資金特別条項を利用したいとのことですが、Bが負担している債務は、住宅ローンそのものではなく、保証会社の求償権に係る連帯保証債務です。この求償権に係る保証債務履行請求権が「住宅資金貸付債権」に含まれるかどうかが問題となります。

この点、保証債務履行請求権は、住宅の建築等のために必要な資金の貸付債権ではない上（上記2①）、建物に設定されている抵当権の被担保債権でもありません（上記2③）。また、保証会社が将来取得する求償権に対する連帯保証債務に関し、分割払いの定めがあることもまれでしょう（上記2②）。このように、保証会社のBに対する、求償権に係る保証債務履行請求権は、上記2①〜③の要件をいずれも充たさないため、「住宅資金貸付債権」には該当しません。

したがって、Bは、住宅資金特別条項を利用することはできないと考えられます。

なお、抵当権の被担保債権である保証会社のAに対する求償権は、Bの再生手続上、再生債権には該当せず、再生計画の効力が及ばないため、Bの個人再生の申立てにより、抵当権の実行を回避することもできません。

〔小関伸吾〕

Q90 連帯債務と住宅資金特別条項の利用の可否

夫婦が自宅を2分の1ずつ共有し、住宅ローンについても連帯債務者となっています。また、自宅の共有持分全部に住宅ローン保証会社の抵当権が設定されています。夫が、住宅ローン以外にも多額の借金を抱えて個人再生を検討していますが、住宅資金特別条項を使って夫だけが個人再生を申し立てることはできるでしょうか。

1 手続の特徴と選択基準

(1) 連帯債務による住宅ローン（リレーローン）

住宅ローンのひとつに、1個の金銭消費貸借契約で夫婦が連帯債務者となって金融機関から住宅ローンを借り、その担保として当該夫婦が共有する住宅全部（共有持分全部）に1つの抵当権を設定する方式があります（夫婦リレーローンと呼ばれることがあります）。夫婦以外でも、親子が連帯債務者となって、親子共有の住宅に抵当権を設定する親子リレーローンの場合もあります。同居する夫婦や親子が、共有する住宅の持分に従い、それぞれ住宅ローンを組み、共有不動産の全部にそれぞれを債務者とする抵当権を設定するペアローンとは異なり、1つの債務に1つの抵当権が設定される住宅ローンです。住宅資金特別条項の利用についてあまり異論のないリレーローンと、利用について数々の論点があるペアローン（Q91参照）とは異なりますので、注意が必要です。

(2) 住宅資金特別条項を利用するための要件と連帯債務者の場合

住宅資金特別条項を利用するためには、まず、再生債務者の負担する債務が住宅資金貸付債権であることが必要です。すなわち住宅の建設、購入、改良に必要な資金の貸付けに係る分割払いの定めのある再生債権であって、当該債権又は当該債権に係る債務の保証人（保証会社）の主たる債務者に対する求償権を担保するための抵当権が住宅に設定されているものであることが必要です（民再196③）。さらに、住宅資金特別条項が利用できる住宅としては、個人である再生債務者が自己の居住の用に供する建物を自ら所有していること等も必要です（民再196①）。

設問では、夫は住宅ローンの主債務者であり、当該住宅ローンの保証会社の求償権を担保するための抵当権が、個人である夫が所有（共有）し、自己の居住の用に供している住宅に設定されています。したがって、上記要件をいずれも充足しており、夫は単独で申立てが可能です。なお、同居している妻も同じ要件を充足していますから、仮に妻自身にも他の借金があり、これを整理するために個人再生を申し立てる必要がある場合には住宅資金特別条項を利用した申立てが可能です。また、夫婦の両方が申し立てることが可能ですが、同時に申立てが必要ということもあり

ません。

2　連帯債務と住宅資金特別条項に関するその他の問題

(1)　期限の利益

　住宅ローン契約上、期限の利益の喪失事由として、債務者の破産、個人再生等の申立てが約定されている場合があります。仮に夫だけが個人再生を申し立て、妻は申し立てなかった場合、夫については、住宅資金特別条項を含んだ再生計画の認可決定確定によって期限の利益を回復する（又は弁済許可によって継続して支払うことで期限の利益は失わない）ことになります。他方、民事再生法177条2項が、再生計画は別除権者、保証人、連帯債務者及び物上保証人等には影響を及ぼさないと規定しているため、夫についての期限の利益が確保されても、妻については期限の利益の喪失が懸念されます。しかしながら、民事再生法は、住宅資金特別条項を定めた再生計画では同法177条2項の規定は住宅資金貸付債権の保証人や連帯債務者に適用されず、再生債務者が連帯債務者の1人であるときは、住宅資金特別条項による期限の猶予は、他の連帯債務者に対しても効力を有すると定めています（民再203Ⅰ前段）。したがって、夫だけが申立てをした場合であっても、再生計画の認可決定確定により、連帯債務者である夫に対する期限の猶予（期限の利益）は、同じく連帯債務者である妻についても効力を有することになります。

(2)　弁済額

　夫だけが住宅資金特別条項を利用した個人再生を申し立てた（あるいは夫婦両方が申し立てた）場合に、夫の再生計画に基づいて弁済すべき金額が住宅ローンの全額か半額かという問題があります。

　従前、連帯債務者の夫と妻が半分ずつ住宅ローンを負担して支払っていた場合であっても、それは連帯債務者間の内部の問題に過ぎません。債権者は、連帯債務であり、どちらに対しても全額を請求することができる以上、夫の再生計画において弁済の対象となる再生債権としても全額であり、したがって、再生計画に基づく弁済が半分ずつとなることはなく、夫だけが申し立てた場合であっても、住宅資金特別条項は住宅ローンの全額を支払う内容の条項にする必要があります。条文上も、住宅資金特別条項の内容は「その全額」を支払うことを内容とするとしていることからも明らかです（民再199Ⅰ・Ⅱ）。

　なお、連帯債務者の一方又は両方の再生計画案が、住宅ローンの全額を支払う内容となっていたとしても、実際の毎月の弁済額が2倍になるわけではありません。連帯債務は弁済については絶対効がありますから、一方の連帯債務者が月々の弁済額の全額を支払えば、他方の連帯債務者は当該月についてはそれ以上支払う必要がありません。すなわち、連帯債務者である夫と妻の両者で実際に弁済する金額の合計が、再生計画案で予定された弁済額になっていれば足ります。

〔山本　淳〕

Q91 「ペアローン」と住宅資金特別条項の利用の可否

夫婦共有の自宅不動産を次のとおり住宅ローンを組んで購入しています。いずれも不動産全体に対し抵当権が設定されています。

　住　宅　夫（持分3分の2）、妻（持分3分の1）
　抵当権　第1順位　夫婦の連帯債務の住宅ローン債権者
　　　　　第2順位　債務者妻の住宅ローン債権者
　　　　　第3順位　債務者夫の住宅ローン債権者

第2、3順位のように、抵当権が住宅ローンの被担保債権を夫と妻に分けて設定されている、いわゆる「ペアローン」の住宅ローンの場合で、夫が住宅ローン以外にも多額の債務を抱えて個人再生を検討しています。この場合に、夫が単独で個人再生手続申立てを行い、住宅資金特別条項を利用することは可能でしょうか。

1　「ペアローン」と住宅資金特別条項の利用の可否

共働き夫婦のいわゆる夫婦「ペアローン」で、設問のように夫の申立てのみを見た場合、第2順位に妻のみを債務者とし、夫の持分を担保提供（物上保証）している点が民事再生法198条1項ただし書に該当し、住宅資金特別条項を利用することができないのではないかとの問題がありました（ペアローンは、リレーローンとは異なります。Q90参照）。

この点、夫婦双方で個人再生手続開始の申立てを行う場合に住宅資金特別条項の利用を認める運用が行われています。さらに、東京地裁や大阪地裁等では、妻に住宅ローン以外の債務がなく、再生手続を利用する必要性に乏しい場合に、夫単独の申立てでも住宅資金特別条項の利用を認めた例があります。

2　問題の所在

夫婦共有不動産に対する夫婦ペアローンで、設問のように夫が単独で個人再生手続開始の申立てを行い、住宅資金特別条項を利用しようとした場合、民事再生法198条1項ただし書の「住宅の上に第53条第1項に規定する担保権が存するとき」の要件を形式的に当てはめると、設問の第2順位の抵当権は、申立人（夫）以外の申立人の妻の債務を担保するために、申立人（夫）の自己所有住宅（共有持分）に対し抵当権を設定していることになり（物上保証をしていることになります）、住宅資金特別条項を利用できないのではないか、との疑問が生じます。この点は、立法時には予想されていなかった問題であると指摘されています（須藤英章（司会）ほか「《座談会》東京地裁の個人再生における新たな問題点と債権者の対応」金法1658号（2002年）21頁〔園尾隆司発言〕）。

3　夫婦双方申立てによる解決

　この点、民事再生法198条1項ただし書の趣旨は、当該担保権が実行されることにより、住宅資金特別条項が無意味になってしまうことを回避することにありますので、そうであれば、当該担保権の実行が法律上あるいは事実上なされないような場合には、これを認めることができるはずです。同一家計を営む夫婦の場合で、一方のみが支払を遅滞し、その抵当権が実行されるという場面は想定しにくいところです（問題意識として、河合裕行＝寺岡正智「個人再生手続の現状と新たな運用」判タ1119号（2003年）99頁注4）。

　この考え方を前提として、大阪地裁では、同一家計を営んでいる夫婦のペアローンの場合には、原則として、①同一家計を営んでいる者が、いずれも個人再生手続の申立てをすること（必ずしも同時申立てでなくてもよいとされています）、②いずれも住宅資金特別条項を定める申述をすることの2つの要件を充たすことをもって、住宅資金特別条項の利用を認めてもよいとする運用が行われています（『大阪再生物語』258頁以下。**Q79**参照）。東京地裁においても、基本的に夫婦双方での申立てがある場合には、住宅資金特別条項の利用を認める方向での運用がなされています（『個再手引』384頁〔古谷慎吾＝鹿田あゆみ〕）。

4　単独申立てでも利用できる場合

　さらに、この考え方を進めると、当該担保権について、担保権の実行の可能性が法律上あるいは事実上ないと考えられる場合、特に妻が住宅ローン以外に債務がなく、妻にあえて個人再生手続を申し立てさせ、債務を整理する必要性に乏しい事案のように（さらにいえば、従前どおり支払う約定型の住宅資金特別条項であれば、何ら手続を行う必要性がないといえます）、住宅ローン債権と抵当権の設定状況、弁済状況、夫婦の収入状況、住宅ローン債権者の意向などの諸事情を総合的に考慮した上で、夫単独の個人再生手続申立てであっても住宅資金特別条項の利用を認めるべき場合があると考えられます（『個再手引』385頁〔古谷＝鹿田〕）。東京地裁において設問と同種の事案において住宅資金特別条項の利用を認めた例が紹介されています。始関正光（司会）ほか「《座談会》個人再生手続の現状と課題(下)」月刊登記情報543号（2007年）66頁以下も参照してください）。大阪地裁でも、設問と同種で妻に住宅ローン以外の債務がない事案において、個人再生委員を選任し、担保権者の意向を聴取し、履行可能性について個人再生委員の意見を聴いた上で、住宅資金特別条項の利用を認めた例が複数あります。

　運用上の工夫として定着してきていると思われます。

〔野村剛司〕

Q 92 住宅ローンの弁済許可

住宅ローン以外の債務の弁済は遅滞していますが、住宅ローンだけは約定どおり支払を継続しています。この場合に、住宅資金特別条項付きの個人再生を申し立てて、申立後も住宅ローンだけを約定どおり支払うことはできるでしょうか。すでに住宅ローンを延滞している場合や期限の利益を喪失している場合でも、住宅ローンだけ継続して支払うことができるでしょうか。また、受任通知後申立前に住宅ローンを支払うことは問題がないでしょうか。

1 弁済許可

(1) 制度趣旨

住宅ローン債権も再生債権であるため、開始決定後は弁済することができないのが原則です（民再85Ⅰ）。しかし、住宅ローン債権の弁済ができないと、約定に基づき期限の利益を喪失する結果、認可決定確定時までの間に多額の遅延損害金が発生してしまいますので、弁済禁止の例外として、住宅資金貸付債権に対する弁済許可の制度（民再197Ⅲ）が設けられています。

(2) 要件と手続

弁済許可の要件は、①再生債務者が再生手続開始後に住宅資金貸付債権の一部を弁済しなければ住宅資金貸付契約の定めにより当該住宅資金貸付債権の全部又は一部について期限の利益を喪失することとなる場合であること、②住宅資金特別条項を定めた再生計画の認可の見込みがあること、です。

弁済許可を得るためには、再生債務者の申立てが必要であり、個人再生手続開始の申立てと同時にあるいは申立後速やかに、弁済許可申立書を提出することによって行います。弁済許可が開始決定に遅れる場合、その期間内の弁済は禁止されることになりますので、こうした事態が発生しないよう留意する必要があります。

2 住宅ローンをまだ延滞していない場合

通常、銀行取引約定では延滞が期限の利益の喪失事由とされていますので、再生手続開始決定に伴って住宅ローンの支払を停止すると、期限の利益を喪失することになります。したがって、この場合には、上記①の要件を充たし、弁済許可を得て開始決定後も住宅ローンの支払を継続することができます。

3 すでに住宅ローンを延滞しているが、期限の利益喪失の通知はなされていない場合

延滞が請求による期限の利益の喪失事由に該当する場合には、期限の利益の喪失を防止する必要があるため、上記①の要件を充たします。また、延滞が当然の期限の利益の喪失事由に該当する場合であっても、実際の運用では延滞があったからと

いって直ちに期限の利益を喪失させることとはしない取扱いがなされており、期限の利益喪失の通知がなされるまでは債権者による期限の利益の黙示の付与があると解されます。したがって、このような場合にも、やはり期限の利益の喪失を防止する必要があるものとして、弁済の許可を求めることができます。

なお、延滞がある場合には、通常、遅滞分について遅延損害金も含めて支払うことの許可を求めることになるでしょう。

4 すでに期限の利益を喪失した旨の通知がなされている場合

手続開始時にすでに期限の利益を喪失している以上、弁済許可は認められません。

しかし、再度期限の利益を付与されれば要件を充たすことになりますから、履行可能性があることを説明するなどして、住宅ローン債権者と粘り強く交渉する方法もあります。もっとも、住宅ローン債権者からは、再度付与の条件として遅滞分の支払を要求されることになると思われます。このような場合には、偏頗弁済にならないよう、保証人や親戚などの第三者から弁済してもらうことも検討すべきでしょう。

5 再生手続開始の申立てが当然の期限の利益喪失事由である場合

一般に、銀行取引約定においては、再生手続開始の申立てを行うこと自体が、当然に期限の利益を喪失させる事由とされており、これを形式的に当てはめると、開始決定時には常に期限の利益が失われているとも考えられます。

しかし、このような条項は、債務者に住宅を保持させつつ経済的に再生する途を与えるという民事再生法の趣旨を失わせるものですから、少なくとも、債務者が再生手続開始の申立てとともに住宅資金貸付債権に対する弁済許可申立てを行うケースにおいては、無効であると考えます。

実務上も、裁判所の弁済許可が得られた場合には、このような条項によって住宅ローン債権の期限の利益を喪失させない取扱いが定着しています。

6 受任通知後申立前の支払

支払停止後弁済許可前の住宅ローンの支払については、否認の対象となるおそれがあるとの考え方もあります（『個再手引』251頁〔石田憲一＝藤原典子〕）。

しかし、住宅ローンの残高が当該住宅の時価を下回る事案における住宅ローンの弁済は、その支払をした後のローン残高に基づき正しく不動産の価値が算定されている限り、問題とはならないと考えられます。また、オーバーローンの場合における住宅ローンの支払についても、申立直前に多額の前倒し弁済をして保有する現預金を減らすようなケースを除き、一般的には有害性を欠くものとして、いわゆる否認対象行為に該当しないと考えられます。

〔福田あやこ〕

Q 93 住宅資金特別条項を利用しない場合

住宅ローンを負担していますが、あえて住宅資金特別条項を使わない場合、あるいは住宅資金特別条項を使えない場合に注意すべき点は、どのようなものがあるでしょうか。同居の父が連帯保証人で、父が払い続ける限り別除権は行使しないという約束を取り付けられた場合、個人再生を選択してもよいものでしょうか。住宅資金貸付債権者が同時に担保権者である場合と、再生債務者から保証委託を受けた保証会社が再生債務者に対する求償権を担保する場合とで、違いはあるのでしょうか。

1 住宅を失うおそれ

　住宅ローンを負担している場合に、民事再生法198条の要件を具備するときは、住宅資金特別条項を定めることができますが、これを定めるかどうかは再生債務者が任意に選択できますので、定めないことも可能です。もっとも、この場合には、住宅資金貸付債権者又は当該債権に係る債務の保証人（再生債務者に対する求償権を担保するために抵当権を有している者）による抵当権の実行を止めることはできませんので、いずれは住宅を手放すことを覚悟しなければなりません。

　もっとも、設問にあるように、住宅ローンの連帯保証人が住宅ローンを支払い続ける限り住宅資金貸付債権者との間で別除権を行使しないとの約束を取り付けた場合には、あえて住宅資金特別条項を利用しないで個人再生の申立てをし、住宅を保持するということも考えられます。

　しかし、住宅資金貸付債権（又はその求償権）は単なる別除権付債権に過ぎません。そして、この約束を住宅資金貸付債権者との間で書面で取り交わすことまでは困難でしょうから、後に住宅資金貸付債権者がこの約束を反故にすることもあり得ますし、そのときには、再生債務者の個人再生手続開始の申立てにより期限の利益を喪失していて、いくら連帯保証人が支払い続けても競売を申し立てられてしまうリスクが残ることになると思われます。

2 5000万円要件との関係

　個人再生手続においては、負債総額が5000万円を超えないことが手続開始及び再生計画認可の要件とされています（民再221、231Ⅱ②、239Ⅰ、241Ⅱ⑤。以下「5000万円要件」といいます）。そして、住宅資金特別条項を定めない場合でも、5000万円要件の算定上、住宅資金貸付債権はその全額が除外されます。

　したがって、住宅資金貸付債権者が同時に担保権者である場合（以下「パターンA」といいます）には、住宅ローンの残額全額が除外され、それ以外の再生債権が5000万円を超えなければ、個人再生手続を利用することができます。

保証会社が再生債務者に対する求償権を担保する場合、保証会社からの代位弁済が未了（以下「パターンＢ」といいます）であれば、住宅ローンの残額全額が除外され、それ以外の再生債権が5000万円を超えなければ、個人再生手続を利用できます。これに対し、保証会社から代位弁済がなされ（以下「パターンＣ」といいます）、抵当権が実行されるまでは、求償権そのものは住宅資金貸付債権ではありませんので、住宅ローンの残額全額を除外することはできず、除外されるのは、別除権の行使により弁済が見込まれる額となります（例えば住宅ローンの残額が2000万円で、別除権の行使により弁済が受けられる見込額が1800万円のときには、除外されるのは、2000万円ではなく1800万円です）。そこで、別除権の行使により弁済を受けることができない見込額（先の例でいえば200万円）とその他の債務額との合計が5000万円を超えなければ、個人再生手続を利用できます。

　ただし、住宅資金貸付債権について別除権が行使されて、住宅の所有権を失うと、パターンＡでも、住宅資金貸付債権の残額（別除権の行使によっても弁済を受けることができなかった部分）は住宅資金貸付債権とはいえなくなり、当該債権は5000万円要件との関係で除外できません。したがって、このように住宅の所有権を失った場合、別除権の行使により弁済を受けることができなかった残額と他の債務額との合計額が5000万円を超えた場合には、個人再生手続を利用することができなくなります。

3　再生計画案の履行可能性との関係

　再生計画案の作成に当たっては、①基準債権額、②清算価値保障原則、③可処分所得額（給与所得者等再生の場合）のそれぞれの観点から最低弁済額を検討する必要があります。そして、住宅資金特別条項を定めない場合には、①の基準債権額との関係で注意が必要です。

　住宅資金特別条項を定めない場合には、最低弁済額を定める基準債権額には、住宅資金貸付債権も担保不足見込額（別除権の行使によって、弁済を受けることができないと見込まれる再生債権の額）の限度で含まれることになります。そして、住宅資金貸付債権の額は、通常、相当程度多額でしょうから、住宅資金特別条項を定めないで再生計画案を作成する場合、基準債権額との関係における最低弁済額も、相当程度高額となる場合が多くなると思われます（もっとも、負債総額が3000万円を超え5000万円以下の場合には、住宅資金特別条項の定めの有無にかかわらず、最低弁済額の算出基準が負債額の10分の1になります。民再231Ⅱ③、241Ⅱ⑤）。

　したがって、再生計画案の作成に当たっては、履行可能性の観点からも慎重な検討が必要です。

4　適確条項

　再生計画案提出時に、住宅資金貸付債権の担保不足額（別除権の行使によって弁済を受けることができない債権の部分）が確定しない場合には、再生計画案に、担保不足額が確定した場合における再生債権者としての権利行使に関する適確な措置を定

める必要があります（民再160）。

5 認可された再生計画案の効力
　住宅資金貸付債権も再生計画によって変更されるべき再生債権となり、再生計画が認可された場合には、住宅資金貸付債権（別除権付きの場合には担保不足見込額分）についても再生計画に定める割合の債務免除を受けられることになります。

6 債権者一覧表の記載
(1) 住宅資金貸付債権の記載の要否
　住宅資金特別条項を利用しない場合でも、住宅資金貸付債権については、債権者一覧表にその旨記載する必要があります（民再221Ⅲ③、244）。これは、前記2のとおり、個人再生手続の適格要件である5000万円要件の算定に際して住宅資金貸付債権が控除される（ただし、パターンCで、別除権行使がなされるまでは別であることは前記2のとおりです）からです。
　そして、この場合、住宅資金貸付債権は別除権付債権となり、担保不足見込額が手続遂行の基礎となりますので、債権者一覧表に、その別除権の目的である財産及び別除権の行使によって弁済を受けることができないと見込まれる再生債権の額を記載する必要があります（民再221Ⅲ②、244）。

(2) 具体例
　大阪地裁の債権者一覧表を例にして、具体的に説明します。
　ア　パターンAについて
　債権者一覧表には、【記載例1】のとおり、住宅資金貸付債権の現在額を記載するとともに、「別除権の行使により弁済が見込まれる額」及び「担保不足見込額」の欄に金額を記載することになります。
　イ　パターンBについて
　【記載例2】のとおり記載した上で、「別除権の行使により弁済が見込まれる額」及び「担保不足見込額」の欄のそれぞれに「（注1）」と付記し、欄外に例えば「（注1）債権番号2の債権については、債権番号1の債権について代位弁済前であるので0円となっている。別除権の行使により弁済が見込まれる額は○○万円、担保不足見込額は○○万円である。」といった記載をします。
　なお、大阪地裁では原因について、番号（1～4）により特定することになっており、「1」は借入れで、「4」はその他（保証委託に基づく求償権も含む）です。そして、その債権が住宅資金貸付債権の場合には、その番号（この例では債権番号1の原因欄）を「○」で囲むことになっています。
　ウ　パターンCについて
　【記載例3】のとおり、保証会社の求償権のみを記載し、「別除権の行使により弁済が見込まれる額」及び「担保不足見込額」の欄に金額を記載することになります。

【記載例1：パターンA】

債権番号	債権者の氏名（会社名）	住　所	債権現在額（円）
1	A銀行	大阪市〇区…	20,000,000

【記載例2：パターンB】

債権番号	債権者の氏名（会社名）	住　所	債権現在額（円）	内　　容	
				原因	当初の契約年月日等
1	A銀行	大阪市〇区…	20,000,000	①	H10.3.5
2	B保証株式会社	大阪市〇区…	0	④	H10.3.5　1番の保証・将来の求償権

債権番号	別除権の行使により弁済が見込まれる額（円）	担保不足見込額（円）	別除権の目的
2	0 (注1)	0 (注1)	大阪市〇区▲▲×番×号の土地・建物

（注1）　債権番号2の債権については、債権番号1の債権について代位弁済前であるので0円となっている。別除権の行使により弁済が見込まれる額は1800万円、担保不足見込額は200万円である。

【記載例3：パターンC】

債権番号	債権者の氏名（会社名）	住　所	債権現在額（円）
1	B保証株式会社	大阪市〇区…	20,000,000

債権番号	別除権の行使により弁済が見込まれる額（円）	担保不足見込額（円）	別除権の目的
1	18,000,000	2,000,000	大阪市〇区▲▲×番×号の土地・建物

〔鈴木嘉夫〕

Q94 弁済額（弁済率）がごくわずかでも再生計画が認可される場合

保証会社付住宅ローンで、住宅資金特別条項を利用せずに個人再生手続を利用しようとする場合、抵当権者である保証会社が代位弁済を行う前か後かで弁済額に大変な違いが生じることがあると聞きました。具体的にどういうことでしょうか。

1 代位弁済の有無による個人再生の実際の弁済総額の違い

通常の住宅ローンは保証会社が求償権について担保権を設定しています。この住宅ローンの債務者が住宅資金特別条項を利用しないものとして個人再生の申立てを行う場合、（遅くとも）認可前に代位弁済が行われた事案と行われなかった事案とで、著しく実際の弁済総額が異なってきます。代位弁済未了のまま再生計画の認可に至る事案で、実際の弁済総額が計画弁済総額にはるかに満たず、法定の最低弁済額である100万円に満たないものもあり得るのです。

2 住宅ローンが債務の大部分を占める事例を設定すると

求償権担保型の住宅ローンでは、住宅資金貸付債権者の債権は、別除権付債権ではなく無担保の再生債権ですから、総額要件（民再221Ⅰ①、231Ⅱ②）の関係では、物件価額とは無関係に全額が除外されます。これに対し、住宅ローン以外の債務が3000万円を超えることは少ないので、ほとんどの事案で、基準債権の額は3000万円以下となり、最低弁済額の算定は民事再生法231条2項3号ではなく、民事再生法231条2項4号によることとなり、上限が300万円となります（**Q93**参照）。

最低弁済額を計画弁済総額とする再生計画案を作成することを前提として、実際の弁済総額がいくらになるかを事例設定して算定すると、以下のとおりです。

(1) 住宅ローンが3000万円、住宅の時価が2500万円、住宅ローン以外の債務が600万円であるケース

ア 代位弁済後

債務総額（民再231Ⅱ②）・基準債権（民再231Ⅱ③）とも、
　　　（3000万円（求償権）－2500万円）＋600万円＝1100万円
最低弁済額　1100万円×0.2＝220万円
弁済率　　　20％
実際の弁済総額（競売ないし任意売却の完了を前提とすると）
　　　220万円

イ 代位弁済前

債務総額　　600万円（住宅資金貸付債権3000万円は全額除外）
　⇒最低弁済額の算定は民事再生法231条2項4号による

基準債権　　3000万円＋600万円＝3600万円
　⇒3000万円は無担保債権なので物件価額の控除はできない（民再231Ⅱ③）
最低弁済額　3600万円×0.2＝720万円が300万円を超えるので、300万円
弁済率　　　8.34％（300万円÷3600万円）（免除率91.66％）
実際の弁済総額（競売ないし任意売却の完了を前提とすると）
　　　　　　1100万円（3000万円－2500万円＋600万円）×0.0834＝91万7400円

(2) 住宅ローンが8000万円、住宅の時価が2500万円、住宅ローン以外の債務が600万円であるケース

ア　代位弁済後
債務総額　　8000万－2500万円＋600万円＝6100万円
　⇒個人再生手続は利用不可

イ　代位弁済前
債務総額　　600万円（住宅資金貸付債権8000万円は全額除外。民再231Ⅱ②）
　⇒最低弁済額の算定は民事再生法231条2項4号による
基準債権　　8600万円
　⇒8000万円は無担保債権なので物件価値の控除はできない
最低弁済額　8600万円×0.2＝1720万円が300万円を超えるので、300万円
弁済率　　　3.49％（300万円÷8600万円）（免除率96.51％）
実際の弁済総額（競売ないし任意売却の完了を前提とすると）
　　　　　　6100万円（8500万円－2500万円＋600万円）×0.0349＝212万8900円

3　個人再生立法の盲点

　もともと、民事再生法231条2項4号が最低弁済額の上限を300万円と設定したのは、この手続における弁済対象債権を3000万円として、1割の弁済は確保するという趣旨ではないでしょうか（改正により債権総額が3000万円を超え5000万円以下でも個人再生手続の利用が可能となりましたが、その場合の最低弁済額の比率も1割です）。

　住宅資金特別条項を利用しない事案でも、代位弁済後であれば、基準債権と弁済対象債権が一致しますので、（最低弁済額で定めた）計画弁済総額が実際に弁済されます。しかし、オーバーローンの住宅ローンの債権額が大きく、弁済対象債権が3000万円を超えるような事案で代位弁済がされる前に再生計画の認可・不認可が決定されることとなると、1割を下回る配当率による再生計画案が認可されることになります。

　その結果、上記2(1)のように、実際の弁済総額が個人再生手続で想定する最低弁済総額100万円にも満たない再生計画案や、2(2)のように、認可前に代位弁済がされると債務総額が5000万円を超えて再生計画が不認可となる（民再231Ⅱ②）事案でも、代位弁済前であるがゆえに、弁済率が3.49％という低率の再生計画が認可されることになるのです。

　この点については、立法的な手当てが必要だと思われます。　　　　〔木内道祥〕

Q95 住宅ローンへの別除権協定・担保権消滅請求の利用の可否

① 住宅ローンがあるものの、住宅資金特別条項を利用できない場合、住宅ローン債権者との間で別除権協定を締結し、支払を続けていくことは可能でしょうか。

② また、住宅資金特別条項を利用できない場合、住宅ローンの抵当権について、担保権消滅請求を利用することは可能でしょうか。

1 住宅資金特別条項を利用できない場合の住宅ローン債権

　抵当権付住宅ローン債権は、再生手続における別除権付きの再生債権です。そのため、再生債務者は、再生債権に対する弁済禁止効により、再生手続開始決定後は再生計画に基づかない弁済をすることはできません（民再85Ⅰ）。これにより住宅ローン債権の弁済が遅滞に陥ること、個人再生の申立てがあったことが契約上の期限の利益喪失事由に該当することなどを理由に、住宅ローン債権者は債権の満足を得るために再生手続外で抵当権を実行することが可能となります（民再53Ⅱ）。

　この例外として住宅資金特別条項が設けられており、弁済禁止効にもかかわらず弁済をすることが可能になりますが、当該住宅が店舗兼住宅で民事再生法198条1号の「住宅」に当たらない（Q80参照）、後順位担保権が設定されており再生計画認可決定までに適法に抹消できない（Q86、Q87参照）などの理由で住宅資金特別条項を利用できない場合があります。このような場合には、抵当権の実行を回避するために、何か他の方法を選択できないのかを考える必要があります。

2 住宅ローン債権者との別除権協定による方法（設問①）

　まず、担保権者である住宅ローン債権者との間で別除権協定を締結するという方法が考えられます。

(1) 別除権協定の可否

　住宅を目的物とする別除権協定については、民事再生法は、住宅ローン債権に関して別除権協定を締結することを特に禁止しているわけではありませんので、再生債務者が別除権者に対して住宅の評価額相当額を支払い、担保目的物である住宅を受け戻して住宅ローン債権を支払う内容の別除権協定を締結すること自体は認められているといえます。

(2) 別除権協定の方法

　もっとも、住宅ローン債権について別除権協定を締結しなければならない必要性が乏しい場合やオーバーローンになっている場合（オーバーローンの場合は担保価値を超える債権部分は不足額として扱われます。Q33参照）などに安易にこれを認めると、住宅ローン債権者は本来であれば再生手続内で満足を受けることができない債

権の弁済を受けることになり、再生債権の弁済禁止（民再85Ⅰ）や債権者平等原則（民再155Ⅰ本文、229Ⅰ、244）に抵触し、ひいては再生計画の不認可事由となるおそれがあります（民再231Ⅰ・174Ⅱ①・④、241Ⅱ②）。

　住宅資金特別条項の要件を充たさない場合というのは住宅として保持させる必要性が類型的には高くない場合であるともいえるため、別除権協定を締結するに当たっては、再生債務者の経済生活の再生にとって住宅を保持する必要性、担保目的物の評価額と被担保債権額の比較、別除権の受戻しによる他の再生債権者への影響、再生計画案の内容に与える影響、履行可能性に与える影響等を総合的に考慮して判断がなされることになります（『個再手引』285頁〔岡伸浩＝堀田次郎〕、『はい6民』535頁以下参照）。

　これらを検討し、別除権協定を締結するに際して裁判所の許可を要する裁判所においてはその許可を得て、許可を要しない裁判所においては上申書等で事前に説明をした上で、別除権協定を締結します。

3　住宅ローンの抵当権に対する担保権消滅許可による方法（設問②）

　次に、住宅ローンの抵当権を担保権消滅許可の申立てをすることによって抹消し、抵当権実行のリスクをなくす方法が考えられます（民再148Ⅰ）。

(1)　担保権消滅許可請求の可否

　担保権消滅許可の申立ては、個人再生手続においても適用が除外されていませんので（民再238、245）、民事再生法が定める要件を充たせば担保権消滅許可によって抵当権を抹消することも可能となります。

(2)　担保権消滅許可の方法

　担保権消滅許可は「当該財産が再生債務者の事業の継続に欠くことのできないものであるとき」（事業継続不可欠性）を要件としています。そのため、そもそも用途が自宅としての居住のみの場合には適用の前提を欠き、店舗兼住宅として利用しているような場合に適用される可能性があります。

　事業継続不可欠性を充たす典型例には、製造業者の工場の建物・敷地、小売業者の店舗の建物・敷地といった代替性のない財産などがあります（『はい6民』543頁以下）。したがって、ネット販売型の倉庫利用、主たる事業所が他にあるような場合は要件を充たさないケースがあると考えられますが、実店舗型の小売業などの場合には、地域性や既存顧客などを考慮した上で事業継続不可欠性の要件を充たす事例も十分にあるものと思われます。

　これらを検討し、要件を充たすものとして担保権消滅許可の請求をする場合、書面でしなければなりません（民再148Ⅱ）。

　なお、要件を充たす場合であっても、担保権を消滅させるためには当該財産の価額に相当する金銭を一括で裁判所に予納しなければなりませんので、現実問題としては担保権を消滅させるのは困難な場合が多いと思われます。

〔尾田智史〕

Q 96 「巻戻し」の要件と各当事者間の法律関係

住宅ローンの支払が遅れ、保証会社が代位弁済をしてしまった後でも住宅資金特別条項付きの個人再生を申し立てることができる（いわゆる「巻戻し」）のはどのような場合でしょうか。また、「巻戻し」が生じた後の各当事者間の法律関係はどのようになるのでしょうか。「巻戻し」を予定して個人再生を申し立てた場合、手続上注意すべき点はありますか。

1 「巻戻し」の要件

住宅ローンを借り入れる場合、通常、保証会社に対して保証委託手数料を支払い、保証人になってもらうことになります。住宅ローンの支払が一定期間遅れると、保証会社は住宅ローン債権者に対して代位弁済を行います。

代位弁済がなされた場合であっても、一定の要件を充たす場合、住宅資金特別条項付きの個人再生を申し立てることが認められています。代位弁済後に住宅資金特別条項を定めた再生計画についての認可決定が確定すると、代位弁済がなかったものとして扱われます。すでになされた代位弁済がなかったものとして扱われるという点を捉えて、当該制度は、実務上「巻戻し」と呼ばれます。

「巻戻し」が認められるためには、下記(1)～(3)の要件を充たしている必要があります。

(1) 保証会社による代位弁済であること

住宅ローン債権者に対する代位弁済を行った者が、債務の保証を業とする保証会社であることが必要となります（民再196③）。したがって、保証会社ではなく親族等が代位弁済を行った場合、「巻戻し」は認められません。なお、再生債務者の勤務先の会社等であっても、金融機関と提携して福利厚生のために制度的に保証をしているような場合には、保証会社に含まれます（『条解』1073頁〔山本和彦〕）。

(2) 代位弁済から6か月以内に再生手続開始申立てを行うこと

「巻戻し」が認められるためには、保証会社が保証債務の全部につき代位弁済を行ってから6か月以内に再生手続開始の申立てを行うことが必要となります（民再198Ⅱ）。

(3) 保証会社の求償権の保証人が求償権の全額を弁済していないこと

保証会社が代位弁済をした場合、保証会社は再生債務者に対して求償権を取得します。当該求償権についての保証人が保証会社に対してその全額を弁済した場合、「巻戻し」は認められないことになります（民再198Ⅰかっこ書）。

2 「巻戻し」後の当事者間の法律関係

(1) 住宅ローン債権者と保証会社との関係

「巻戻し」により、保証会社が代位弁済を行ったことによって消滅した保証債務が復活することになります。

また、保証会社は住宅ローン債権者に対し、代位弁済時に交付した金銭等について、不当利得返還請求権を有することになります。当該不当利得返還請求権の具体的な額については特別な定めがないため、民法703条に従って算定されることになります。通常、不当利得返還請求権の額は、「巻戻し」によって住宅ローン債権者が再生債務者に対して有することになる住宅ローン債権の額（元本、利息及び遅延損害金の総額）と同額になると考えられます（『条解』1075頁〔山本〕）。

(2) 保証会社と再生債務者との関係

代位弁済がなかったことになるため、保証会社が再生債務者に対して取得した事後求償権は消滅することになります。その結果、保証会社は、委託を受けた保証人の地位に戻ることになります。

なお、「巻戻し」の例外として、再生債務者が代位弁済後に保証会社に対して求償権の一部を弁済していた場合、「巻戻し」が生じたにもかかわらず、当該弁済の効力は維持されます（民再204Ⅱ前段）。そのため、保証会社は、当該弁済金を住宅ローン債権者に対して交付すべき義務を負います（民再204Ⅱ後段）が、通常は、保証会社が住宅ローン債権者に対して取得する不当利得返還請求権と相殺されることになります。

また、これも「巻戻し」の例外として、保証会社が再生債権者としてした行為については、「巻戻し」にもかかわらず失効しないこととされています（民再204Ⅰただし書）。例えば、保証会社が他の一般再生債権者の債権に対して異議を述べ、異議に基づく確定手続が終了しているような場合、「巻戻し」が生じても異議の効力は失効しません。

(3) 住宅ローン債権者と再生債務者との関係

代位弁済がなかったことになるため、保証会社の代位弁済によって消滅した住宅ローン債権が復活します。そのため、住宅ローン債権者は、再生債務者に対して住宅ローン債権を有することとなり、その上で住宅資金特別条項による権利変更を受けることになります。

(4) 保証会社と保証会社の求償権についての保証人との関係（一部弁済がなされている場合）

保証会社による代位弁済後、保証会社の求償権についての保証人が求償権の一部について弁済をしていた場合、保証会社は当該保証人に対し、受領した弁済金を不当利得として返還すべき義務を負います。再生債務者自身が求償権の一部を弁済した場合には、上記(2)のとおり、民事再生法204条2項により「巻戻し」の例外として弁済の効力が維持されることと異なります。

3 「巻戻し」を伴う個人再生手続申立てにおける手続上の注意点

(1) 事前協議

「巻戻し」を伴う個人再生手続の申立てを行う場合、事前に協議をしておくべき相手方は、保証会社ではなく住宅ローン債権者です（『個再手引』383頁〔古谷慎吾＝鹿田あゆみ〕）。住宅資金特別条項につき合意型の条項を定める場合（民再199Ⅳ）、同意を取り付けるべき相手方も住宅ローン債権者になります。

「巻戻し」を伴う場合、住宅ローン債権について相当額の遅延損害金が発生していることも多く、住宅資金特別条項を定める際の金利計算等も相当複雑になることが考えられます。そのため、住宅ローン債権者との事前協議については、通常の場合よりも綿密に行い、適切な再生計画案を迅速に取りまとめるよう努力する必要があります。

なお、保証会社との間で事前に協議をしておくことが不要というわけではありません。保証会社は「巻戻し」に関して重大な利害関係を有しており、保証会社に対しても、十分な説明と協議を行っておくべきです（『個再手引』383頁〔古谷＝鹿田〕）。

(2) 競売手続が開始されている場合

保証会社が代位弁済後に抵当権の実行として競売を申し立てており、競売手続が開始されているというケースも存在します。そのような場合、再生計画の認可決定が確定するまでに競落されてしまうと、住宅資金特別条項を利用することは不可能となります。

したがって、再生債務者としては、当該抵当権実行手続について、中止命令の申立てを行うこと（民再197）を検討する必要があります。

(3) 債権者一覧表の記載方法

「巻戻し」を予定している場合、債権者一覧表において、住宅ローン債権者の債権現在額は「0円」とし、保証会社の債権現在額は「巻戻し」前の債権額を記入する必要があります。また、「巻戻し」が予定されている旨の記載も必要となります。

具体的な記載例は、東京地裁について『個再手引』381頁〔古谷＝鹿田〕を、大阪地裁について『大阪再生物語』210頁を、それぞれ参照してください。大阪地裁においては、「住特条項」の欄の「○」印は、住宅ローン債権者の部分に記載しなければならないため、この点も注意が必要です。

(4) 住宅資金特別条項の記載方法

「巻戻し」を予定している場合、再生計画案の住宅資金特別条項に関する部分にもその旨を記載する必要があります。具体的な記載例については、『個再手引』381頁〔古谷＝鹿田〕を参照してください。

〔溝渕雅男〕

Q 97 「巻戻し」とこれに伴う費用負担

すでに住宅ローンの保証会社が代位弁済し競売申立てがなされた後に、競売中止命令と「巻戻し」を受けて住宅資金特別条項を利用しようと考えています。以下の費用については、どのように処理すればよいでしょうか。
① 競売費用
② 抵当権移転登記の抹消に係る費用
③ 期間延長する火災保険の保険料
④ 保証料の増額
⑤ 代位弁済金に対する約定利息・遅延損害金

1 「巻戻し」と競売中止命令

住宅ローン債権の弁済を遅滞して保証会社が保証債務を履行した場合でも、代位弁済から6か月を経過する日までに再生手続を申し立て、住宅資金特別条項を含む再生計画の認可が確定すれば、保証債務の履行はなかったものとみなされます（いわゆる「巻戻し」。Q96参照）。この場合、「巻戻し」を伴わない住宅資金特別条項の場合と同様に、住宅ローン債権は、住宅資金特別条項によって変更され、住宅に設定された抵当権も実行できなくなります（民再203Ⅰ）。

もっとも、再生計画の認可決定確定までの間に住宅ローン債権者（代位弁済後は保証会社）が競売を申し立てることは妨げられません。そこで、競売によって住宅を失うことを避けるために、再生手続申立後の再生債務者の申立てにより、裁判所は、相当の期間を定めて住宅又は再生債務者が所有する住宅の敷地の抵当権実行の中止を命ずることができます（民再197Ⅰ）。中止命令の期間は、再生計画の認可決定の確定までの期間を考慮し、大阪地裁では、3～4か月程度が通常とされており（『大阪再生物語』263頁）、東京地裁では、再生手続開始申立日から7か月とされています（『個再手引』137頁〔古谷慎吾＝竹中輝順〕）。なお、中止命令を得た再生債務者は、命令の謄本を執行裁判所に提出すれば競売を停止することができます（民執183Ⅰ⑦）。その後、抵当権者が競売を取り下げない場合でも、再生計画の認可決定の謄本を提出することで、競売手続は取り消されます（民執183Ⅰ③、Ⅱ）。

2 「巻戻し」や競売中止命令によって生ずる費用等の負担
(1) 費用負担・保証料の請求

保証会社が申し立てた競売について中止命令を得て、その後に「巻戻し」がなされた場合、取下げや取消しで終了した競売費用や、「巻戻し」の効果として抹消すべき抵当権移転登記の費用を誰が負担すべきかが問題となります。また、住宅資金特別条項で住宅ローンの弁済期間の延長を定めたときには、住宅ローン債権者から

延長した期間に応じた火災保険の期間延長を求められたり、保証会社から保証料の追加を請求されたりすることがあります。

(2) 住宅ローン債権者・保証会社と再生債務者のいずれが費用負担すべきか

競売費用については、競売申立てに至った事情やその後の経緯によっては、執行裁判所によって競売費用を再生債務者負担と定められることがあります（民執20、民訴73①。最一小決平29．7．20民集71巻6号952頁）。

他方、「巻戻し」や競売中止命令の直接の効果として、抵当権移転登記抹消費用や火災保険の費用が当然に再生債務者の負担とされることはありません。延長保証料についても、リスケジュール型（民再199Ⅱ）や元本猶予期間併用型（民再199Ⅲ）の住宅資金特別条項を定め、住宅ローンの弁済期間が延長される場合でも、保証人には何ら法律上の不利益はない（『一問一答』122頁）ことから、これらの場合に当然に延長保証料が再生債務者の負担とされることは原則としてありません（『一問一答』124頁参照）。

もっとも、再生債務者と住宅ローン債権者や保証会社との間の契約において費用負担に関する具体的な定めがなされている場合には、再生債務者はその契約条項に拘束され、これに従うことになります。例えば、住宅ローン債権者との間の住宅資金貸付契約において、借主に対する権利行使の費用が債務者負担とされている場合には、住宅ローン債権者は、競売費用や抵当権移転登記抹消費用を再生債務者に請求できることになります。同様に、保証会社との間の保証委託契約において、主債務者に対する権利行使費用の定めがある場合には、保証会社が申し立てた競売費用についても、同様に保証会社が再生債務者に請求できることになります。また、住宅資金貸付契約に住宅への火災保険の付保と住宅ローン債権者への質権設定の約定があれば、再生債務者はその義務を負います。さらに、保証委託契約において、保証料を保証期間に応じて定めているような場合には、保証会社は、延長する期間に応じた保証料を請求することができる場合があります（『一問一答』125頁）。

(3) 再生債務者が費用負担する場合の費用負担等の請求権の性質

前記(2)の再生債務者が負担する場合の費用負担等に関する請求権の性質ですが、再生手続開始決定前の原因に基づき発生する債権であることから、再生債権であると考えられます（『個再手引』382頁〔古谷慎吾＝鹿田あゆみ〕、大阪高判平25．6．19金判1427号22頁）。ただし、保証委託契約に基づく場合はもちろんのこと、住宅資金貸付契約に基づく場合も、住宅の建設又は購入に必要な資金等ではなく、住宅資金貸付債権（民再196③）には当たらないことから、住宅資金特別条項（民再196④）においてその繰延べなどを定めることはできません（『大阪再生物語』263頁）。したがって、費用負担等に関する請求権は、他の再生債権と同様に再生計画に従って権利変更の上、弁済を行えば足ることになります。

これに対し、費用負担等に関する請求権を再生債権に過ぎないと捉えつつ、債務者負担の根拠が住宅資金貸付契約上の合意である場合には、住宅資金特別条項に取

り込み得るとする見解もあります（『破産民再実務（民再）』470頁）。この見解によれば、これらの請求権が住宅資金貸付契約上の合意に基づく場合の弁済方法は、住宅資金特別条項によって定めることになります。

　もっとも、開始決定後新たに再生債務者がこれらの費用を負担する旨の合意をした場合は、再生債務者財産に関し再生債務者が再生手続開始後にした行為によって生じた請求権（民再119⑤）として共益債権とすることも否定されないとする考えもあります（『個再手引』382頁〔古谷＝鹿田〕）。共益債権となる場合、これらの請求権は随時弁済の対象となりますので（民再121Ⅰ）、再生計画の履行可能性に影響を及ぼさないよう、支払方法や支払原資の確保に注意する必要があります。

3　「巻戻し」と利息・遅延損害金の負担

(1)　未払いの代位弁済後の利息・遅延損害金と「巻戻し」

　「巻戻し」の効果として、住宅ローン債権は、代位弁済時に遡及して保証会社から住宅ローン債権者に復帰します。保証会社が取得した求償権もさかのぼって消滅します。したがって、代位弁済後の利息・遅延損害金債権は住宅ローン債権者が取得し、再生債務者に請求し得ることとなります。保証会社が「巻戻し」後に利息・遅延損害金のみを請求することはできません。

(2)　既払いの代位弁済後の利息・遅延損害金と「巻戻し」

　代位弁済後に再生債務者が保証会社に対して遅延損害金等を支払っていた場合には、「巻戻し」がなされても住宅ローン債権に充当されますので（民再204Ⅱ）、その範囲で住宅ローン債権者からの利息・遅延損害金の請求を免れます。

〔新宅正人〕

Q98 住宅資金特別条項の弾力的運用

民事再生法の住宅資金特別条項の要件が厳格に定められていることから、実質的に住宅の保持を認めるべき事案でもこの条項を利用することができず、結果として「生活の基盤を失うことなく再生債務者の経済的更生を図る」という住宅資金貸付債権に関する特則の趣旨を活かしきれない場合があるように思われます。

住宅資金特別条項の解釈や運用について、弾力的に行える場合はないでしょうか。

1 はじめに

住宅ローンについては、現実には住宅の所有形態や、住宅ローン抵当権の設定の仕方にも様々なバリエーションがあります。

本章では、住宅資金特別条項の要件についての様々な問題を取り上げていますが、そのほかにも次のような事例が問題となると考えられます。

2 夫婦の片方が連帯保証をしているだけの場合

例えば、住宅は夫婦共有であるものの、住宅ローンの債務者は夫のみで、妻は連帯保証人となっており、夫を債務者とする抵当権が住宅に設定されているというケースで、夫婦ともに個人再生の申立てがあった場合、妻の個人再生手続において、妻の住宅ローン連帯保証債務をどのように扱うかが問題となります。

夫について住宅資金特別条項を定めると、その効果は連帯保証人である妻に及ぶことになりますが（民再203Ⅰ）、妻の申立事件では、妻が負っている債務は、単なる連帯保証債務であるので住宅資金貸付債権には該当せず、住宅資金特別条項の対象にはならないことになります。そうすると、妻の申立事件では、連帯保証債務は通常の再生債権と同様に権利変更を受けることになり、そのような再生計画を策定するということになると考えられます。

ただし、その場合には、夫婦がともに申し立てた関連事件で、両者の再生計画が同時に認可確定した場合は、両者の効力が矛盾することになってしまいます。そのため、妻の申立事件において、妻の連帯保証債務を住宅資金貸付債権として取り扱うことはできないかということが問題となります。もし、妻の申立てがなかったとすれば、夫の住宅資金特別条項の効力は連帯保証人である妻にも及ぶことになり、住宅資金貸付債権者としても、妻の連帯保証債務のみが権利変更を受けることは一般的には望まず、住宅資金特別条項の対象とすることに格別異論はないのではないかと考えられます。また、妻の連帯保証債務を住宅資金特別条項の対象として扱っても、妻の他の一般債権者を不当に害することはないといえます。

そこで、東京地裁では、このような場合に、妻の申立事件について、個人再生委員の意見を踏まえ、住宅ローン債権者の同意を得て、妻の住宅ローン連帯保証債務を住宅資金貸付債権として住宅資金特別条項の対象とした事例もあるということです（『破産民再実務（民再）』462頁、『個再手引』386頁〔古谷慎吾＝鹿田あゆみ〕）。

3　夫婦の片方が自己破産を申し立てる場合

　夫婦が住宅を共有しており、夫婦を連帯債務者とする住宅ローンの抵当権が設定されている場合に、夫が個人再生の申立てとともに住宅資金特別条項の利用を申し立て、一方妻は自己破産の申立てをすることはできるでしょうか。例えば、妻には住宅ローン以外に多くの債務があるものの収入が少なく、夫婦ともに個人再生の申立てをすることはできないのですが、妻の債務の支払がなくなれば、夫には継続的な収入があるので住宅ローンの支払もできる、というようなケースが考えられます。

　この場合、夫の個人再生申立事件で住宅資金特別条項を定めた再生計画の認可決定が確定すると、その住宅資金特別条項の効力は連帯債務者である妻に及ぶことになります（民再203Ⅰ）。しかし、妻の破産手続開始により、住宅ローン債務の期限の利益が喪失され、夫の再生計画認可決定確定までに担保権が実行されるおそれがないかが問題となります。

　東京地裁においては、申立代理人が、夫の再生手続及び妻の自己破産手続申立前に、住宅ローン抵当権者と事前に協議し、妻が自己破産となっても妻に対する別除権を事実上行使せず、夫の再生手続に協力する旨の承諾を得て申立てをした事案について、妻の自己破産手続を進めた事例があるということです（『破産民再実務（民再）』463頁）。

4　登記簿上夫又は妻の単独所有となっており、再生債務者が所有名義人となっていない住宅に抵当権が設定されている場合

　住宅資金特別条項を再生計画案に定めるためには、再生債務者が住宅を所有していることが必要です（民再196①）。しかし、住宅について夫又は妻の単独所有として登記がなされていても、実質的には夫婦共有と考えられる場合もあります。例えば、住宅が登記簿上再生債務者の妻の単独所有となっており、再生債務者である夫と再生債務者ではない妻とを連帯債務者とする住宅ローン債権者の抵当権が設定されている場合などが考えられます。

　このような場合、当初から夫婦共有でそれぞれの持分が2分の1であったということで、真正な登記名義の回復を原因とする持分移転登記をすることにより、住宅資金特別条項の適用を認めることが可能とも考えられます（始関正光（司会）ほか「《座談会》個人再生手続の現状と課題（下）」月刊登記情報543号（2007年）64頁以下参照）。

　また、条文では、「所有」のみを規定しており、「登記」（対抗要件）を要件とはしていないと解することも可能であり、再生債務者と妻との間で、当該住宅は「完成当時から両名の共有に帰属し、それぞれ2分の1ずつ持分を持つこと」を確認し

た覚書を取り交わし、その上で、住宅資金特別条項を定める相手方である住宅ローン会社（抵当権者）がその条項の適用に異議がない旨の意見書を提出するというような条件が整えば、住宅資金特別条項の適用も可能ではないかと思われます。

5 「巻戻し」の期間制限（6か月）を経過している場合

　保証会社が住宅ローン債権者に代位弁済をしてから6か月以上経過した後に個人再生手続開始の申立てがなされた場合には、住宅資金特別条項を定めることはできません（民再198Ⅱ）。

　「巻戻し」について時間的制限が設けられたのは、住宅ローン債権者や保証会社の法的地位がいつまでも不安定になるのを防ぐことと、代位弁済後長期間経過すると遅延損害金が累積するため、再生債務者が遂行可能な再生計画を立てることが事実上不可能になることが考慮されたためです。

　具体的事案によっては、住宅ローン債権者及び保証会社の同意が得られ、仮に住宅資金特別条項を定めることができないと考えた場合よりも他の再生債権者が不利にならず、かつ、再生債務者にとって、遂行可能と認められるような再生計画案を作成することができる期間内であるなど一定の要件を充たすときには、住宅資金特別条項を定めることもできるのではないかと考えられます。もっとも、この点については慎重に検討を行うことが必要でしょう。

　いずれの場合も、民事再生法の趣旨を没却しないように、債権者の利害に配慮し、申立代理人として十分な準備をすることが前提となると考えられます。

〔鹿士眞由美〕

第8章

履行・変更・ハードシップ免責・再度の申立て

Q 99 再生計画の履行補助

再生計画の認可決定後、代理人は債務者による計画の履行を補助すべきでしょうか。

1 再生手続の終結後の債務者の弁済

再生計画に対し認可決定がなされ、公告の後、確定すれば、再生手続は終結します。認可決定後は、通常の民事再生であれば監督委員が履行の監督をしますが、そもそも個人再生手続では監督委員が選任されないため、監督委員による履行の監督はありません。したがって、正式な監督者はいないまま債務者本人が弁済をしていきます。

本来、再生計画における弁済は、任意整理に比較すれば相当程度余裕のあるものとなっており、弁済額は相当低く抑えられていることが多いので、申立代理人である弁護士から見ると、容易に弁済できるのではないか、とも思われます。しかし、実際の事案では、弁済期間中に勤務先の会社が倒産したり、予測しなかったような傷病を負ったり、あるいは債務者が単に支払を忘れたりといった諸々の理由により、各回の再生債務の支払が滞ることも決して珍しいことではありません。

このように再生計画の履行ができなくなった場合、再生債権者の申立てがあると再生計画は取り消され（民再189Ⅰ②、Ⅲ）、再生計画によって変更された債権の額は原状に復し、債務者は債権者に対して個人再生申立前の債務の全額を返済しなくてはならなくなってしまいます。これでは何のために個人再生をしたのか分かりません。

もちろん、再生計画の履行が困難になっても、やむを得ない事由があるときは、債務者の申立てによって返済期間を延長すること（再生計画の変更。Q104参照）や、返済期間の延長によっても返済が困難と思われる場合には、ハードシップ免責の制度（Q102参照）を利用することもできます。しかし、債務者が自身の判断でこれらの制度を効果的に利用することは、必ずしも簡単ではありません。

そこで、代理人は、再生計画の履行可能性について不安な点がある場合には、専門的見地から、債務者の再生計画の履行に適切な監督・助言を行うことが望ましいでしょう。従来、任意整理でも、再生計画に従った弁済を、申立代理人である弁護士が債務者から送金を受けて行うか、債務者自身が行うかについては、両方の方法が選択されていました。再生計画の履行についても、履行可能性に不安な点がある場合には、再生計画の履行の監督・助言という見地から、申立代理人である弁護士が履行補助を行うことが債務者の経済的更生を図る上で有益です。

2 具体的方法

(1) 履行可能性の検討

再生手続を選択する以上、再生計画の履行可能性があるのは当然ですが、債務者本人の収入額、職業、生活状況、家族構成、個人再生に至った経緯（ギャンブルや浪費の有無等）等諸般の事情を検討して、将来の再生計画の履行にどの程度問題があるか申立前から検討しておくべきです。この点、再生債務者に積立てを行わせることで履行可能性を検証する運用をしている裁判所もあります。この履行テストについてはQ16、Q113を参照してください。

(2) 積立ての励行

申立代理人である弁護士が履行補助をするとして、債務者から支払に充てる原資として預かる金額は、可能であれば再生債権の弁済額より若干余裕をもたせて預かっておくと便利です。この場合、不足額の確定していない別除権者への支払額も積み立てることを忘れないようにしてください。

(3) 履行の監督・助言

再生債権の弁済期間はある程度長期にわたるので、その期間中、債務者の履行を監督し、適切な助言をすることが望ましいといえます。債務者の継続的な支払が前提であり、代理人もそうあるべく助言するのですが、継続的な支払が著しく困難となる場合には、無理に支払を継続する必要はなく、返済期間の延長（再生計画の変更）やハードシップ免責を検討します。

(4) 認可決定確定の日の確認

申立代理人である弁護士は、1回目の弁済月を把握するため、官報をチェックするか、又は決定の約1か月後に裁判所に問い合わせをして、認可決定確定日を確認します。1回目から支払が滞るような事態は避けなければなりません。

(5) 履行方法

債務者が弁済をする場合のほか、債務者から支払原資を預かり、申立代理人弁護士が各債権者への支払をする場合もあります。履行補助の内容等が契約書で明記されている場合とされていない場合とがありますが、申立代理人弁護士が支払原資を預かる場合には、履行補助の内容や方法についても委任契約書で明確にすることが望ましいです。なお、申立代理人弁護士が支払業務を行う場合には、振込手数料等の出費や手間を伴うので、毎月一定の金額を報酬として受け取る内容の委任契約を締結したり、弁済ごとに一定の費用（振込送金料も含めて）を受け取る条項（例えば、債権者1名当たり1000円など）を契約書に盛り込んだりする方法が考えられます。

〔松本賢人〕

Q100 保証人が分割払いをしている場合における再生債務者による主債務の履行

債務者Aの再生計画が認可されました。再生計画による弁済の対象となる再生債権のうち債権者Bが有するものはCが連帯保証しており、連帯保証人CはBに対して分割払いを続けています。この場合、Aの再生計画に基づく主債務の履行とCによる分割払いとの関係はどうなるのでしょうか。例えば次のような場合は、どうすればよいでしょうか。連帯保証人Cが10万円ずつ弁済していて、開始決定時の残債権は50万円ですが、第1回の支払予定日には残債権が0円となる見込みです。

1 民事再生法上の原則

(1) 保証人による弁済と主債務者の再生計画履行の関係

再生計画は、別除権者（民再53Ⅱ）、保証人、連帯債務者、及び物上保証人等には影響を及ぼさないとされています（民再177Ⅱ）。これは、民法における附従性の原則に対する例外になります。

倒産法である民事再生法がこのように民法に対する例外を定めたのは、もともと担保権や保証は主たる債務者の倒産に備えるところに主たる目的があるところ、主たる債務者の倒産の効果が担保権や保証に及ぶとしたのではその意味が失われることとなり、担保権や保証による信用の補強、すなわち取引機会の拡大という経済社会の要請に法が応えられなくなってしまうからであると思われます（以上につき『一問一答』119頁参照）。

したがって、主債務者の再生計画にかかわらず、再生債務者の保証人（連帯保証人）は債権者に対して保証債務を履行する義務を負います。保証人が一括して弁済することが困難な場合には、債権者と合意の上、分割払いすることも考えられます。

では、保証人が債権者と協議するなどして分割払いを続けている場合、当該債権者に対する主債務者の再生計画の履行はどうすべきでしょうか。

この点について民事再生法は特段の定めを置いていませんが、上記のように同法177条2項が再生計画の附従性を否定しているのは、主債務と保証債務を切り離す趣旨であると考えられますので、保証人による弁済額とは関係なく、債権額全額を基準として、再生計画が定める弁済予定額に達するまで弁済をしていくべきであると考えます。そうでないと保証人の分割弁済を受けている債権者が再生計画の履行の段階で不利な扱いを受けることになりかねませんが、保証を得た債権者がかえって不利になるような事態を民事再生法が容認していると解する理由はありません。

しかしながら、債権者が本来の債権額（遅延損害金等を含みます）を保証人から回

収した後も再生計画に基づく弁済を受けることを正当化する根拠もまたありませんので（民再86Ⅱ・破104Ⅳ参照）、保証人による弁済額と再生債務者による弁済額の合計が本来の債権額に達した後は、再生債務者による弁済額の累計が再生計画に定める弁済予定額に達していなくても、もはや債権者に弁済する必要はありません。この場合、届出名義変更（民再96）の手続を経て再生計画による弁済予定額と実際の弁済額との差額は保証人の求償権に対する弁済にまわると解します（民500、民再86Ⅱ・破104Ⅳ）。

しかし、実務上は主債務者や保証人が債権額（残債）を正確に把握しているとは限らないため、保証人による弁済額と再生債務者による弁済額の合計が本来の債権額を超えてしまうことも考えられます。このような場合、誰が不当利得返還請求権（民703、704）を行使できるかについては見解が分かれているようです（伊藤眞ほか編『新破産法の基本構造と実務〈ジュリスト増刊〉』364頁以下（有斐閣、2007年）参照）。

(2) いわゆる超過配当に関する最高裁判例

近時、最高裁は、破産事件における配当について、破産債権者が破産開始決定後に物上保証人から債権の一部の弁済を受領した場合において、破産手続開始決定の時における債権の額として確定したものを基礎として計算された配当額が実体法上の残債権額を超過するときでも、その超過する部分は当該債権について配当すべきであるとしました（最三小決平29.9.12民集71巻7号1073頁）。この判例が検討する破産法104条は民事再生法86条2項により再生手続にも準用されていますので、同じ趣旨は再生計画に基づく再生債務者による弁済にも及ぶように思われます。つまり、分割払いを定めた再生計画が認可された個人再生事件の場合も、再生債権者による回収額が本来の債権額に達していなければ、再生計画に基づく弁済を続ける必要があります。

しかしながら、この判例の事案では、配当がなされる時点においてはまだ破産債権者が受領した弁済が本来の債権額に達していなかったことに注意する必要があります。保証人や物上保証人による弁済等によって破産債権者がすでに破産債権を回収した後に破産管財人が配当する事案であれば、弁済をした保証人等は届出名義の変更を求めることができ（破113Ⅰ）、配当を受領すべきは求償権を有する者になると考えられます（破104Ⅳ）。これは、個人再生事件において分割払いを定めた再生計画が認可された場合も同様と思われます（民再86Ⅱ・破104Ⅳ、民再96第1文）。知らずに配当又は弁済してしまった場合の不当利得の処理はまた別の問題です。

(3) 代位した保証人等への弁済

債権額全額について弁済を受けた再生債権者に代位することとなる保証人等は、いくらの弁済を受けることができるのでしょうか。再生計画に基づく弁済である以上は再生計画に基づく変更後の債務の残額を越える弁済は不要で、かつ、保証人等が権利を有するのは求償権の額であることから求償権の額が上限になると考えます。

再生債務者が負う債務について保証人がいる場合における手続の初期段階における注意点については、Q31を参照してください。
　(4)　設問の検討
　上記の検討によれば、設問の場合、再生債務者Aは、連帯保証人Cによる分割払いには関係なく、再生計画に基づいて債権者Bに対して弁済すべきことになります。そして、A及びCの弁済額の合計がBの本来の債権額に達した場合は、Bに代位したCに対して再生計画の限度で残りの弁済をすることになります。例としてあげられているように、再生計画に基づく第1回支払の時点では残債権額がゼロとなっている場合には、再生計画に基づく弁済はCに対してしていけばよいと考えます。A・CによるBへの弁済額の合計がBの本来の債権額を超えた場合は、不当利得返還請求の問題です。

2　再生計画が住宅資金特別条項を定めている場合
　(1)　附従性の原則に戻る
　上記のとおり、再生計画は担保権や保証人、連帯債務者には影響を及ぼさないのが民事再生法上の原則とされていますが（民再177Ⅱ）、住宅資金特別条項（民再196④）については同法177条2項の適用はなく（民再203Ⅰ前段）、民法上の附従性の原則に戻ることになります。すなわち、住宅資金特別条項を含む再生計画の確定により弁済期が変更された場合には、再生債務者が受けた期限の利益の猶予は保証人や連帯債務者にも効力が及びます。
　(2)　設問の検討
　設問の場合、連帯保証人Cによる保証が住宅ローンに関するものであれば、再生債務者Aの再生計画中住宅資金特別条項の効力はCにも及びますので、Cが保証契約の本来の条項に基づいて保証債務を履行する必要はありません。すなわち、Aの名義において弁済を続ければC名義での弁済は不要になります。

〔柴田義人〕

Q101 住宅ローンの保証債務

Bの住宅ローンを保証している債務者Aについて再生計画が認可されました。Bは弁済を続けていますが、Aも弁済することが必要でしょうか。また、Bが弁済を継続している場合には、再生債権である保証債務履行請求権を基準債権として扱わないことや再生計画に基づく弁済を留保することが認められるのでしょうか。

1 主債務者が住宅ローンを支払っていても保証債務の期限の利益が失われるか

住宅ローンについて、主債務者の配偶者その他の親族が連帯保証している例が多く見られます。主債務者が遅滞なく住宅ローンを支払っている場合、個人再生手続において保証債務の期限の利益が失われることになるかが問題となります。

破産手続の場合には、期限付債権で期限未到来の破産債権は、破産手続開始時に弁済期が到来したものとみなされます（破103Ⅲ。「現在化」といいます）。これに対し、再生手続では現在化の規定は置かれていませんので、再生手続開始決定の効果として期限の利益が失われることはないものと解されます。この場合、保証債務の期限の利益が失われるか否かは、契約の内容次第です。よって、住宅ローンの契約上、主たる債務について期限未到来であれば、債権者は保証人の再生手続において期限付債権として再生債権を行使することになります（『条解』449頁〔杉本和士〕）。そして、再生計画認可決定が確定したとき、すべての再生債権者の権利が権利変更の一般的基準（民再156）に従って変更されることから、期限付債権である保証債務履行請求権も他の債権と同じ期限となります（民再232Ⅱ、244）。

2 保証債務履行請求権を基準債権に含めるか

次に、主債務者が約定どおりに弁済を継続している場合には、債権者が保証人に対して保証債務の履行を請求することはないのが通常であることから、保証債務履行請求権を基準債権に含めなくてもよいかについて検討します。

基準債権の総額の算定に当たっては、住宅資金特別条項を定める場合における住宅資金貸付債権の額（民再221Ⅰ、230Ⅷ、226Ⅴ）、別除権の行使によって弁済が受けられると見込まれる再生債権の額（民再221Ⅰ、231Ⅱ③、241Ⅱ⑤）等の一定の債権の額を除外することは認められていますが、債権者が保証債務の履行を求めているかという債権者側の事情は考慮されていません（『個再手引』319頁〔下田敦史ほか〕）。つまり、保証債務履行請求権を基準債権に含めて考える必要があります。

したがって、個人再生手続においては、保証債務について期限の利益を失っていない場合でも、当初から保証債務全額を再生債権として取り扱い、住宅ローンの保

証債務履行請求権も基準債権に含めて再生計画案を立案するべきと解されます。

設問の場合も、Aは、Bの住宅ローンの保証債務履行請求権を基準債権に含めて再生計画案を立案すべきですが、その結果、保証債務の弁済も再生計画に取り込まれます。なお、仮に住宅ローンの保証債務履行請求権を基準債権に含めないという見解に立ち、保証債務の弁済を含まない再生計画案を立案した場合、主債務者が住宅ローンの支払を怠ったときは、保証人は再生計画に基づく他の債権者に対する弁済のほかに、保証債務の履行をしなければならないことになります。

3 主債務者が支払っていても保証債務を弁済することを要するか（弁済を留保することが認められるか）

このように保証債務履行請求権を基準債権に含めるとしても、履行の段階の問題として、主債務者が約定どおりに弁済している場合に、保証人が重ねて保証債務を弁済することを要するか否かについてはさらに検討を要します。

原則としては、保証債務履行請求権を含めた再生計画が認可された以上、保証人は認可された再生計画に従って、保証債務を弁済する必要があります（『個再手引』319頁〔下田ほか〕）。しかし、主債務者が住宅ローンを約定どおりに弁済している限り、債権者は当初の予定どおりに継続的に債権を回収しているわけですから、主債務者に先立って保証債務を弁済する理由は乏しいといえます。

そこで、住宅ローンの保証債務履行請求権も再生計画による権利変更の対象となることを前提としつつ、再生計画のなかで「主債務者が遅滞なく弁済を継続する限り、本再生計画による弁済を留保する」旨の条項を設けることにより対応することが考えられます。その際は、不利益を受ける住宅ローン債権者の個別の同意を得る必要があります（民再229Ⅰ、244）。通常の民事再生の場合には、「その他これらの者の間に差を設けても衡平を害しない場合」も、債権者の個別同意を得ることなく再生計画により権利を変更することが認められていますが（民再155Ⅰ）、個人再生の場合にはそのような定めがないからです。

具体的な対応としては、住宅ローン債権者から個別の同意を得た上で、申立代理人から再生債務者に対し、「主債務者が遅滞なく弁済を継続している間は、再生計画により支払うべき金額の支払を留保してもよいが、主債務者が弁済を怠ったときは、住宅ローン債権者から請求を受けることになるので、そのときに備えて、弁済留保金を別途保管しておくように」などと説明します。場合によっては、申立代理人の預り金口座等に弁済留保金を保管することも考えられます。そして、主債務者が弁済を怠り、期限の利益を喪失した場合は、保管していた弁済留保金を住宅ローン債権者に支払い、以降は再生計画に従って弁済します。また、申立代理人としては、再生債務者との委任関係が終了する時点で、再生計画による弁済期間満了後であっても、将来、住宅ローン債権者から請求を受けるおそれがあることを十分に説明する必要があります（『個再手引』320頁〔下田ほか〕）。

保証債務の諸問題については、**Q30**及び**Q73**も参照してください。　　〔権田修一〕

Q 102 認可決定確定後における不動産の任意売却と抹消料の支払

　オーバーローンの担保権付不動産を所有する債務者Aは、小規模個人再生の申立てをして住宅資金特別条項なしの再生計画について認可決定が確定した後で別除権協定が成立し、不動産を任意売却することになりました。別除権協定により、別除権不足額が確定していなかった第2順位抵当権者Bには抹消料を支払いました。この「抹消料」は再生計画の履行においてどのような扱いを受けるのでしょうか。

1　抹消料（ハンコ代）の法的性質

　実務では、不動産の任意売却をする際、売買代金額が第1順位抵当権者の債権額に満たない場合には、後順位担保権者に対して抹消料（いわゆるハンコ代）を支払って抵当権の抹消登記に応じてもらう扱いが定着しています。

　任意売却により抵当権を実行した場合よりも少しでも有利な条件で売却できれば第1順位抵当権者はより多くの金額を回収できますし、債務者としても残債務の削減に資するので有利です。しかし、抵当権が付いたままの不動産を（抵当権の負担がないことを前提とした）時価で買ってくれる買い手はいません。したがって、任意売却を実現させるには後順位抵当権者に抹消に応じてもらう必要があります。債務者や第1順位抵当権者にとっても、金額が法外なものでない限りはハンコ代を支払う意味はあります。また、後順位抵当権者にしてみれば、抵当権が実行されればいずれにしても担保権は消滅してしまい（民執59Ⅰ）、先順位抵当権者が債権全額を回収できない限りは抵当権から何らの回収も実現できないので、無剰余が明らかな場合はハンコ代だけでも何も受領できないよりはよいということになります。

　このように、ハンコ代は関係者の利害を一致させる手段として実務的に定着してきたものですが、その法的性質はどのように考えるべきでしょうか。ハンコ代をめぐる合意の内容は、後順位抵当権者から見れば抵当権設定契約により設定を受けた抵当権（別除権）を任意に放棄することで、所有者（債務者）から見れば別除権たる抵当権を受け戻すことにほかなりません。この意味で、売買代金の大半を第1順位抵当権者に渡して抵当権の抹消に応じてもらう合意と変わりはなく、債務の（一部）弁済と引き換えに別除権を受け戻す契約であると考えるのが適当です。

2　設問の検討

　上記のような法的性質からすれば、再生債務者Aが支払ったハンコ代は別除権者Bの再生債権に充当されることになり、これによってBの別除権不足額が確定するので、同不足額について再生計画に基づく権利変更がなされ、Aは再生計画の定めに従って弁済していくこととなります（**Q75**参照）。

〔柴田義人〕

Q 103 再生計画の不履行をめぐる諸問題

債務者Aは、再生計画の認可決定が確定した後、債権者Bに対する支払を3回怠ったため、Bから訴訟を提起すると通告されました。Bは、債務者の対応次第では再生計画の取消しを申し立てるとしています。
① Bと個別和解しても民事再生法85条に反しないでしょうか。
② 債権者による再生計画取消しの申立てが認められるための要件はどうなっていますか。
③ Bが訴訟を提起せず、債権者一覧表により強制執行することは可能でしょうか。
④ 結局、Aが不履行のまま破産手続に移行した場合、Bの債権はどのような扱いになりますか。
⑤ 再生計画認可決定が確定した後一度も履行せず、確定後5年が経過してからBの請求があった場合、消滅時効を援用することはできますか。

1 一部の債権者との個別和解（設問①）

民事再生法85条は、再生債権については、再生手続開始後は、法律に特別の定めがある場合を除き、再生計画の定めるところによらなければ、個別に権利行使をすることができないものとしています。同条の趣旨は、再生計画の定めに従った弁済を強制することにより債権者平等の原則を確保・実現することにあります（『条解』423頁〔杉本和士〕）。そうしますと、一部の債権者と個別に和解をする場合でも、債権者平等の原則に反しない内容であれば、同条に反しないことになります。

したがって、Bが他の債権者と比較して有利になる内容でない限り、Bと個別和解しても、同条に反するとはいえません。例えば、Bに対してだけ支払を怠っている場合に、遅れている3回分の支払条件を定め、以後は、認可された再生計画記載のとおりに支払うという内容であれば、同条に反しないと考えられます。これに対し、債権者全体に対して支払っていない状況で、Bに対してのみ支払うという内容の個別和解は、民事再生法85条に反します。

2 債権者の再生計画取消申立てが認められるための要件（設問②）

再生計画認可の決定が確定した場合、①再生計画が不正の方法により成立したこと、②再生債務者等が再生計画の履行を怠ったこと、③再生債務者が民事再生法41条1項もしくは42条1項の規定に反し、又は54条2項に規定する監督委員の同意を得ないで同項の行為をしたこと、のいずれかに該当する事由があるときは、裁判所は、再生債権者の申立てにより、再生計画取消しの決定をすることができます（民再189Ⅰ）。このうち、②の再生債務者等が再生計画の履行を怠ったことを理由とし

て再生計画の取消しの申立てができるのは、再生計画の定めによって認められた権利の全部（履行された部分を除きます）について裁判所が評価した額の10分の1以上に当たる権利を有する再生債権者であって、その有する履行期限が到来した当該権利の全部又は一部について履行を受けていないものに限られます（民再189Ⅲ）。

したがって、Bが未履行の総債権額の10分の1以上の再生債権を有していないときは、再生計画の取消しを申し立てることはできません。

3 債権者一覧表に基づく強制執行の可否（設問③）

通常の再生手続においては、再生債権者表の記載により強制執行をすることができます（民再180Ⅲ）。しかし、個人再生手続では、債権の調査・確定の手続を経ないため、そもそも再生債権者表は作成されていません（民再238、245による第4章第3節の適用除外）。また、再生債権者表の記載は確定判決と同一の効力を有することを定めた民事再生法180条2項の適用も除外されています（民再238、245）。そのため、再生債権者が強制執行をするには、改めて再生債務者に対して給付訴訟を提起して債務名義を取得しなければならず、Bが訴訟を提起せず、債権者一覧表により強制執行することはできません。

4 破産手続に移行した場合の債権者の取扱い（設問④）

再生計画の履行完了前に、再生債務者について破産手続開始決定がされた場合、再生計画によって変更された再生債権は、原状に復します（民再190Ⅰ本文）。再生債権であった破産債権の額は、従前の再生債権の額から再生計画により弁済を受けた額を控除した額となります（民再190Ⅲ）。ただし、破産手続上の配当率の算定に当たっては、再生計画による弁済を受けた場合であっても、従前の再生債権の額をもって配当の手続に参加することができる債権額とし、破産財団に当該弁済を受けた額を加算して配当率の標準を定めるものとされています（民再190Ⅳ本文）。この場合、すでに弁済を受けた破産債権者は、他の同順位の破産債権者が自己の受けた弁済と同一の割合の配当を受けるまでは配当を受けられません（民再190④ただし書。『破産民再実務（民再）』334頁、『個再手引』469頁〔宮坂浩〕）。

また、裁判所がみなし届出の決定（民再253）をしない限り、破産手続開始決定後、改めて破産債権の届出をする必要があります。その際、従前の再生債権額に加えて、再生手続開始決定日から破産手続開始決定の前日までの利息・損害金等を届け出ることも可能です（東京地判平20.10.21判タ1296号302頁参照）。

5 消滅時効の援用（設問⑤）

Aが再生計画認可決定確定後に債務承認をしていない場合、Bの有する債権は、再生計画に基づく各弁済日からそれぞれ消滅時効が進行していると考えられます。したがって、各弁済日から起算してBの有する債権の消滅時効期間を経過しているときは、Aは当該債権について消滅時効を援用することができます。

〔権田修一〕

Q 104　再生計画の変更

債務者Aは、個人再生の申立てを行い、再生計画について認可決定が確定して履行していましたが、その後、勤務先の経営不振により給料を減額され、弁済の継続が困難になりました。再生計画の変更をするための要件について教えてください。また、破産手続開始の申立てをした場合、免責は許可されるでしょうか。小規模個人再生と給与所得者等個人再生で違いはありますか。

1　再生計画の変更

　個人再生手続では、再生計画認可の決定があった後、やむを得ない事由で再生計画を遂行することが著しく困難となったときは、再生債務者の申立てにより、再生計画で定められた債務の最終期限から2年以内の範囲で債務の期限を延長することができます（再生計画の変更。民再234Ⅰ、244）。なお、再生計画の遂行が極めて困難になり再生計画の変更では対処することができない場合には、ハードシップ免責の制度（民再235）があります（**Q105**参照）。

(1)　「再生計画を遂行することが著しく困難となった」こと、及びそれが「やむを得ない事由」によること

　まず、「再生計画を遂行することが著しく困難となった」ことは、「再生計画に定める事項を変更する必要が生じた」こと（民再187Ⅰ）を再生計画変更の要件とする通常の再生手続よりも厳しい要件です。個人再生手続では、再生計画案の作成に際し、清算価値保障原則（民再174Ⅱ④）や最低弁済額要件（民再231Ⅱ③・④、241Ⅱ⑤。給与所得者等再生についてはさらに民再241Ⅱ⑦の可処分所得額要件）を充たすことを前提に再生計画案を作成することから、再生計画の遂行がそれほど容易でないことはもともと予想されているため、このような要件が設けられました（『新注釈下』496頁〔服部一郎〕）。具体的には、弁済原資の不足のため生活費を切り詰めても毎期の弁済額を連続して維持することが困難になった（が期限を延長すれば何とかやり繰りできそうな）場合に、この要件を充たすものと解されています（『条解』1203頁〔佐藤鉄男〕、『新注釈下』496頁〔服部〕）。

　次に、「やむを得ない事由」とは、再生計画の作成時点では予測していなかったけれども仮に予測できていたならば毎期の弁済額をより少なくした再生計画を作成しただろうと考えられる事情をいうものと解されます（『新注釈下』496頁〔服部〕）。基本的には、再生債務者のコントロールが及ばない事由を想定しており、少なくとも事前に予測できた場合や再生債務者が故意に招いた場合は該当しないと解されます（『破産民再実務（民再）』475頁）。具体的には、再生計画の作成時に想定していた収入がその後に大きく落ち込んだ場合（勤務先の業績不振やリストラ等による失業・

再就職による給与額の減少等）や、再生債務者やその家族の病気等による支出の増大がある場合に、この要件を充たすものと考えられます（『一問一答』252頁、『新注釈下』497頁〔服部〕、『大阪再生物語』266頁。なお『大阪再生物語』271頁以下には大阪地裁の書式が掲載されています）。

　設問の債務者Aは、勤務先の経営不振により給料を減額されたということですから、その減額の程度によって生活費を切り詰めても不履行が継続的に生じる場合には、これらの要件に該当するものと考えられます。

⑵　「**再生計画で定められた債務の最終期限から2年以内の範囲で債務の期限を延長**」

　個人再生手続においては、計画弁済総額の減額変更は認められず、2年を限度として弁済期間を延長することに限り認められます（具体的な変更計画案の例について、『個再手引』484頁〔島岡大雄＝松本美緒〕、599頁以下、『大阪再生物語』268頁以下、『新注釈下』498頁〔服部〕参照）。個人再生手続の対象となる事件は、再生債権の総額が5000万円以下であり（民再221Ⅰ、239Ⅰ）、個々の債権者の債権は比較的少額です。その債権が、再生計画によって権利変更され、さらに少額になった上に、原則3年間（例外的に5年間）の弁済期間が認められている（民再229Ⅱ②）のですから、これをさらに大幅に延長することは相当ではありません。そこで、原則的な弁済期間である3年を下回る、2年を限度として延長を認めることとされました（『一問一答』254頁）。なお、再生計画の変更では住宅資金特別条項の変更を行うことはできないものと解されています（『新注釈下』497頁〔服部〕、『破産民再実務（民再）』475頁、『大阪再生物語』267頁）。また、弁済総額を減少させる再生計画に変更したい事案の場合には、再度の再生手続の申立て（**Q107**参照）を検討するしかありません（『新注釈下』497頁〔服部〕）。

⑶　**実際の利用状況**

　実務では、再生計画の変更申立てが行われることは少なく、東京地裁における申立件数は2008～2016年で合計14件（うち変更決定がなされたのは11件）と報告されており（『破産民再実務（民再）』477頁、『個再手引』486頁〔島岡＝松本〕）、その利用状況は活発とはいえないようです。

2　破産手続開始申立てによる免責の可否

　設問のような事例では、その時点での状況に応じて、ハードシップ免責（**Q105**参照）や破産手続開始を申し立てることが適切である場合もあると思われます。この点、破産法252条1項10号ロは、給与所得者等再生手続における再生計画認可の決定確定の日から7年以内に破産者について免責許可の申立てが行われた場合を、免責不許可の事由としてあげていますが、小規模個人再生手続の場合は、このような規定はありません。したがって、債務者Aが小規模個人再生手続の申立てを行い再生計画認可の決定を受けたことは、その後の破産手続において免責を受けることの障害にはなりません。しかし、債務者Aが給与所得者等再生手続の申立てを行い

再生計画認可の決定が確定してから7年以内に破産手続における免責許可の申立てが行われた場合については、上記のとおり免責不許可の事由になるため、破産免責を得るには裁量免責の決定（破252Ⅱ）を得る必要があります。

　小規模個人再生手続と給与所得者等再生手続で、このような違いがあるのは、給与所得者等再生手続では、債権者の同意なしに債権者の権利を切り捨てる免責の効果が与えられる点で（民再178Ⅰ、241）、破産免責があった場合と同様であるのに対し、小規模個人再生手続では、再生債権者による決議を前提とした免責であり（民再178Ⅰ）、その点で個人再生手続における免責の性質を異にするからである、とされています（竹下守夫編集代表『大コンメンタール破産法』1082頁〔花村良一〕（青林書院、2007年））。

〔篠田憲明〕

Q 105　ハードシップ免責と住宅ローン

住宅資金特別条項付きの再生計画が認可されましたが、リストラに遭い収入がまったくなくなってしまったので、自宅はあきらめ、ハードシップ免責を申し立てようと思います。これが認められれば、住宅ローンも免責されるでしょうか。また、ハードシップ免責を得た者がその後破産を申し立てた場合、免責は許可されるでしょうか。

1　ハードシップ免責

　再生債務者が再生計画の履行を怠ると、一定の資格を備えた再生債権者の申立てにより、裁判所は、再生計画の取消しを決定することができ（民再189Ⅰ）、取消決定が確定し、破産の原因たる事実がある場合は、裁判所は破産手続開始決定をすることができます（民再250Ⅰ）。しかし、病気や勤務先の倒産など債務者の力ではいかんともし難い不測の事態によって、誠実に弁済してきた再生債務者の努力が水泡に帰してしまうのではあまりに酷な結果となってしまいます。そこで民事再生法は、一定の事由を充たす場合に、免責の申立てを認めています（民再235Ⅰ）。これがいわゆる「ハードシップ免責」の制度です。この制度は、通常の再生手続にはない個人再生独自の制度であり、給与所得者等再生にも準用されています（民再244）。

　ハードシップ免責が認められる要件は、①再生債務者が、その責めに帰することができない事由により再生計画を遂行することが極めて困難となったこと、②再生計画における各債権につき、その4分の3以上の額の弁済を終えていること（民再235Ⅰ①・②）、③免責の決定をすることが再生債権者の一般の利益に反するものでないこと（民再235Ⅰ③）、④再生計画の変更をすることが極めて困難であること（民再235Ⅰ柱書）、です。

　設問の場合、リストラに遭って収入がまったくなくなったのですから、①と④の要件は充足すると考えられるので、②と③の要件を充足すれば、ハードシップ免責の申立ての要件を充足するように思われます。

2　住宅ローン特別条項がある場合

　ただ、設問の場合、住宅資金特別条項付きの再生計画が認可されていますので、住宅ローンについてもハードシップ免責の効果が及ぶかどうかが問題となります。この点、ハードシップ免責の効力を定めた民事再生法235条6項は、「免責の決定が確定した場合には、再生債務者は、履行した部分を除き、再生債権者に対する債務（第229条第3項各号に掲げる請求権及び再生手続開始前の罰金等を除く。）の全部についてその責任を免れる」と規定し、住宅ローン債権はかっこ書の除外事由に該当しな

い以上、再生債権者に対する債務として免責の効果は及ぶと考えられます。また、民事再生法235条8項は、再生計画が住宅資金特別条項を含む場合は住宅ローン債権者に意見を聴かなければならないことを規定しており、この規定は住宅ローンに免責の効力が及ぶことを前提としているので、上記のように解するのが自然です。このように解したとしても、ハードシップ免責の効果は、担保権には効力が及ばないので、少なくとも担保でカバーされている部分は担保権者の利益が不当に害されることはありません（民再235Ⅶ）。

　したがって、設問の場合も住宅ローンについてもハードシップ免責の効力は及ぶと考えるべきです。ただし、ハードシップ免責を得たことは、モラルハザードを防止する観点からも、破産法上の免責不許可事由に該当しますので、認可決定確定から7年間は、原則として免責は許可されません（破252Ⅰ⑩ハ）。裁量免責の対象にはなり得ます（破252Ⅱ）。

3　添付資料

　ハードシップ免責の申立てをする場合には、再生事件の表示、申立人の氏名及び住所ならびに代理人の氏名及び住所、免責を求める旨及びその理由を記載した申立書を提出するほか、免責を求める理由として記載した事実を裏付ける書面を添付する必要があります（民再規133Ⅰ・Ⅲ）。

　具体的には、①再生計画を遂行することが極めて困難となったこと及びその原因となる事由を明らかにする書面（診断書、離職証明書、陳述書等）、②再生債務者が変更後の各基準債権に対してその4分の3以上の額の弁済を終えていることを証する書面（領収書）及び③再生計画認可の決定があった時点における再生債務者の財産目録といった書面を添付する必要があります。

4　実　　例

　東京地裁の場合、2011年1月～2016年12月の6年間に6件の申立てがあり、うち4件について免責の決定がされ、2件が取り下げられました（『個再手引』496頁〔岸元則＝岡智香子〕）。過去に取り下げられた事案としては、再生計画変更の申立てに切り替えた事案、予納金を納付できなかった事案、申立後に事情が変化し計画どおりの返済が可能になった事案、債権者1人について4分の3以上の弁済要件を充たしていなかった事案などがあります。ハードシップ免責の要件はかなり厳格なので、同一の個人再生委員を選任して意見を聴取する運用であり、申立てに当たっては、その報酬額（5万円）は最低限確保するよう要請されています。

　一方、大阪地裁では、2011年1～12月までの間にハードシップ免責の申立ては5件あり、うち免責決定がされたのは2件であると報告されています（小野憲一ほか「大阪地裁倒産事件における現況と課題」判タ1381号（2012年）45頁）。

〔松本賢人〕

Q106 住宅資金特別条項の不履行と不足額の取扱い

住宅資金特別条項付きの再生計画に基づき再生債権の弁済が完了したものの、その後住宅ローンの支払が困難となって任意売却した場合、住宅ローン債権の残額は再生計画の適用を受けないのでしょうか。

1 問題点

住宅資金特別条項付きの再生計画が成立したものの、住宅ローンの支払が困難となり、住宅を任意売却した場合、売却代金充当後の残額について再生計画の一般条項による権利変更の効力は及ぶのでしょうか。

例えば、再生計画の一般条項において10％弁済（90％免除）との定めがある場合、住宅ローン債権が3000万円あり、任意売却によって住宅ローン債権者が2000万円の弁済を受けた場合、再生債務者の残債務は1000万円となるのか、再生計画の適用を受けて100万円となるのかが問題となります。

2 検 討

この点、住宅ローン債権者の有する債権が担保権付債権であり、再生債務者が住宅ローンを支払うことができず、任意売却を行うこととなり、担保不足額が確定する以上、もはや残額について他の再生債権と区別する必要はなく、再生計画の一般条項の適用を認めてよいようにも思われます。

しかし、住宅資金特別条項は、再生計画に定める権利変更の一般条項の特別条項（特則）であり、住宅資金特別条項と抵触する範囲で、一般条項は適用されないものと考えられます。そして、住宅資金特別条項が、期限の利益の回復や弁済の猶予は認めているものの、住宅ローン債権者の合意がない限り、元本はもちろん、利息、損害金についても減免を認めていないことからも（民再199Ⅰ～Ⅳ）、住宅ローン債権について減免を予定するものではないと解され、減免を定める一般条項の効力は及ばないものと考えられます。

このような区別は、再生債権者間の平等を求める民事再生法155条1項の規定が、住宅ローン債権者とそれ以外の再生債権者の間では適用がないとされていることから（民再199Ⅴ）、許容されているものといえます。加えて、住宅資金特別条項については、住宅ローン債権について「適確な措置」を置く余地はないとされ（『新注釈下』266頁〔平澤慎一〕）、「適確な措置」を定めることを求める民事再生法160条の規定は適用しないものとされています（民再199Ⅴ）。このことも、担保不足額について、再生計画の一般条項の適用がないことや減免が予定されていないことを示すものといえます。

3 結　論

　以上のことから、任意売却後の住宅ローン債権の残額について、再生計画の適用はなく、再生計画の一般条項に基づく権利変更はなされないものと考えます。

　住宅ローンが不履行となった時点で、再生債務者は住宅ローンの期限の利益を失うこととなり（民再203Ⅱ参照）、弁済の責めを負うことになります。その場合、住宅ローン債権の残額について、住宅ローン債権者と任意交渉を行うことが考えられますが、破産のほか、ハードシップ免責の申立て（民再235）も選択肢になります（再生計画の変更によっては住宅資金特別条項の変更はできないことについては、**Q104**を参照してください）。

〔足立　学〕

Q 107 再度の申立て

① 再生手続を再度申し立てる場合とはどのようなケースでしょうか。
② 再生計画の履行完了前に新たに再生手続の申立てをした場合、最初の再生手続における再生債権及び共益債権はどのような扱いになるのでしょうか。
③ 再度の再生手続を申し立てるに当たっての留意点はありますか。

1 再度の申立てのケース

一度再生手続を申し立てた後、再び、再生手続を申し立てるケースがあります（以下、最初の再生手続を「先行手続」といい、2度目の再生手続を「再手続」といいます）。先行手続が係属していると再手続は開始できないのが原則です（民再39Ⅰ）。もっとも、開始決定の取消し、廃止もしくは再生計画不認可の決定又は再生計画取消しの決定があった場合は、確定前であっても再度の申立ては許容されます（民再39Ⅰの例外規定である民再249Ⅰの準用。『条解』996頁〔加々美博久〕）。

再度の申立てがなされるケースとして、具体的には、次の(1)～(3)が想定されます。

(1) 再生計画認可決定確定後に弁済が困難になった場合

個人再生手続は再生計画認可決定確定により当然に終結し（民再233、244）、その後、再生計画の履行（すなわち、再生債権の弁済）や先行手続の開始後に生じた債権の弁済が困難となった場合は再度の申立てをすることがあり得ます。

(2) 再生計画認可決定確定後に再生計画が取り消された場合

再生債務者が再生計画の履行を怠ったとき（民再189Ⅰ②）、計画弁済総額が清算価値保障に反することが明らかになったとき（民再236、242）、及び計画弁済総額が可処分所得の2年分未満であることが明らかになったとき（民再242）には、再生債権者の申立てにより再生計画が取り消されることがあります。再生計画の取消しにより権利変更を受けた再生債権は原状に復し（民再189Ⅷ）、権利者の権利行使には制約がなくなるため、再度の申立てをすることがあり得ます。

(3) 再生計画認可決定確定前に終了した場合

先行手続に係る開始決定の取消決定が確定した場合（民再37）、先行手続において再生計画不認可決定が確定した場合（民再174Ⅱ、231、241）、又は再生手続廃止決定が確定した場合（民再191、192、193、237、243）には、先行手続は終了します。これらの場合や、開始決定申立てが棄却された場合には、問題点を是正した上で再度の申立てをすることもあり得ます。

2 再手続における、先行手続に係る再生債権及び共益債権の取扱い

(1) 先行手続の再生計画認可決定確定後の場合：1(1)及び(2)のケース

先行手続に係る再生計画認可決定確定後、再生計画の履行完了前（すなわち、再生債権の弁済完了前）の再度の申立てに関しては、民事再生法190条が定めています。

ア 再生債権

再手続の開始決定がなされた場合、再手続では、再手続開始前の原因に基づいた財産上の請求権はすべて再生債権として取り扱われ（民再84）、先行手続に係る再生債権も再生債権となりますが、先行手続に係る再生計画によって変更された再生債権は原状に復します。「原状に復する」とは、再生計画による減免や期限の猶予の効力が遡及的に消滅し、変更された権利が変更前の状態に戻ることですが（『条解』997頁〔加々美〕）、再生債権者が計画に従って受けた弁済は有効です（民再190Ⅰただし書）。また、住宅資金特別条項を定めた場合におけるいわゆる「巻戻し」（民再204Ⅰ）の効力は失われません（民再206Ⅱ）。なお、先行手続に係る再生計画の取消決定が確定した場合（1(2)のケース）では、再手続の開始をまたず取消決定が確定すれば再生債権が原状に復します（民再189Ⅶ）。

その結果、再手続においては、再生債権者が先行手続の再生計画によって弁済を受けていても、当該弁済を受ける前の債権額をもって再生債権として手続に参加できます（民再190Ⅵ）。ただし、再手続における他の再生債権者が自己の受けた弁済と同一の割合の弁済を受けるまでは、弁済を受けることができません（同Ⅶ）。いわゆるホッチポット・ルール（民再89）に類似した調整ルールが規定されています。

先行手続の再生計画によって弁済を受けた額については議決権の行使は認められません（民再190Ⅷ）。

イ 共益債権

先行手続に係る共益債権は、公平の観点から再手続においても共益債権として取り扱われます（民再190Ⅸ）。ただし、再手続で共益債権とされるのは先行手続に係る共益債権ですので、先行手続が終結（民再233、244）した後に発生した債権は含まれず、再手続では再生債権となります。

(2) 先行手続の再生計画認可決定確定前の終了の場合：1(3)のケース

ア 再生債権

再手続の開始前の原因に基づいた財産上の請求権であればすべて再生債権として取り扱われ（民再84）、先行手続に係る再生債権も、再手続における再生債権となります。

イ 共益債権

(1)イのとおり、再度の申立ての場合には民事再生法190条9項が規定しているところですが、先行手続が開始後再生計画認可決定確定前に終了する場合に同項が適

用されるのか明らかではありません。私見では、190条9項は「新たな再生手続」及び「従前の再生手続」との文言を用いており、同条1項と異なり先行手続に係る再生計画認可決定が確定した後の再度の申立てであることを要件としておらず、また実質的衡平を確保することにもなりますので、この場合にも、190条9項の適用又は準用により、先行手続に係る共益債権を再手続でも共益債権として取り扱う余地があるものと考えます。

3 再度の申立てに当たっての留意点

(1) 他の選択肢の検討

再度の申立てに当たっては、他の選択肢についても検討する必要があります。具体的には、債権者からの期限猶予に係る個別同意の取得、先行手続に係る再生計画の変更（民再234）、ハードシップ免責（民再235）、破産手続開始の申立てが考えられます。

なお、通常、再生計画には期限の利益の喪失条項は規定されていないと考えられますので、先行手続の再生計画の履行が困難でも、再生計画に基づく弁済額の総額を一度に履行すべき事態とはなりません（再生計画が取り消された場合は別です）。また、個人再生手続では債権の実体的確定はなされず（手続内確定）、確定した再生債権について確定判決と同一の効力を有する再生債権者表も作成されません（民再238による180及び185の適用除外）。

(2) 5000万円要件

個人再生手続を利用するためには、再生債権の総額（住宅資金貸付債権の額等を除く）が5000万円以下である必要があります（民再221Ⅰ、231Ⅱ②）。2(1)の場合には、5000万円要件の判断において、先行手続の再生計画に基づいてなされた弁済額が控除されるかどうかは明確ではありませんが、文言上は控除されないとの解釈もあり得ます。また、先行手続における再生債権が原状に復し、開始決定前及び開始決定後の遅延損害金に係る再生計画による免除の効果が遡及的に失われる結果、そのすべてが再生債権となります（住宅資金貸付債権は5000万円要件の算定対象からは除外されます。民再221Ⅰ、239。**Q6**参照）。

(3) 最低弁済額

個人再生手続では計画弁済額は法定の最低弁済額以上となる必要があり（民再231Ⅱ③・④、241Ⅰ⑤）、最低弁済額は、確定した再生債権（無異議債権及び評価済債権）の額の総額を基準として規定されています（**Q66**参照）。(2)のとおり再手続における再生債権額が増加すると、最低弁済額も増大する関係にあります。

(4) 生活に関する費用（共益債権）

民事再生法119条2号では、「生活に関する費用の請求権」は共益債権と規定され、この範囲については法律上限定はなく、生活に関する費用であれば原則として共益債権に該当するものと考えられます（『条解』613頁〔清水健夫＝増田知美〕）。したがって、先行手続に係る再生計画認可決定が確定するまでに生じた生活に関する

費用は共益債権であり、再手続においても共益債権として取り扱われます（民再190Ⅸ）。これらの債権が多額であるために先行手続に係る再生計画の履行が困難となるケースでは、再手続でもそれらの債権は随時弁済する必要があります（民再121）。

(5) 再手続における住宅資金特別条項の利用の可否

再手続においても、住宅資金特別条項は利用できます。しかし、先行手続の認可決定確定までに住宅資金貸付債権につき期限の利益が失われていた場合には先行手続に係る再生計画に期限の利益を回復する条項（民再199Ⅰ②）が置かれるのが通常で、これが原状に復する結果（民再190Ⅰ）、期限の利益は先行手続の認可決定確定前から継続して失われていたことになります。そのため、住宅資金貸付債権の元本全額につき遅延損害金が発生することとなり（通常14％程度の遅延損害金が定められています）、その額は多額になります。

再手続における再生計画では、再度、期限の利益を回復する条項を規定することが可能ですが、再手続に係る再生計画の認可決定確定時までに生ずる住宅資金貸付債権の遅延損害金については全額弁済をする必要があります（民再199Ⅰ①、Ⅱ①ロ、Ⅲ①）。住宅資金貸付債権の債権者の同意があれば、これら遅延損害金の取扱いを変更することは可能ですが（民再199Ⅳ）、再手続において住宅資金特別条項を利用できるかどうか債権者と事前に協議をした上で（民再規100、101）、慎重な検討が必要です。

〔片上誠之〕

第9章

個人再生委員

Q 108 個人再生委員の選任

個人再生委員は、いつ、どのような場合に、誰が選任されるのですか。

1 個人再生委員の選任

個人再生委員は、個人再生手続開始申立後、必要がある場合に選任されます。東京地裁等の一部の裁判所では、全件で申立後速やかに選任され、一方大阪地裁等の多くの裁判所では、選任は限定的で、必要に応じて選任されます。再生債権の評価の申立てがあった場合は、原則として選任されます。選任資格に制限はありませんが、通常は弁護士が選任されます。

2 個人再生委員の意義

個人再生手続においては、通常の再生手続と異なり、監督委員、調査委員の制度は設けられておらず、費用対効果の観点からも、必要最小限の職務を果たす機関としての個人再生委員の制度が設けられています（民再223Ⅰ、244）。

個人再生委員の職務は、①再生債務者の財産及び収入の状況を調査すること、②再生債権の評価に関し裁判所を補助すること、③再生債務者が適正な再生計画案を作成するために必要な勧告をすることの3点に限定され、さらに、この3点のうち裁判所が指定した職務に限定されます（民再223Ⅱ）。①と③の調査・勧告のための個人再生委員は、必要がある場合に選任されます（後述するとおり、その運用は各地でまちまちです）が、②の補助は、再生債権の評価の申立てがあり、不適法却下する場合を除き、必要的に選任されます。この点は、全国同一です。個人再生委員の職務は、①では「調査」、③では「勧告」に限定されており、再生債務者の「補助」をすることまでは含まれていないことに注意すべきです。

3 東京地裁の運用状況

東京地裁では、個人再生手続申立受理後、全件で個人再生委員が選任され、その職務として前記2①～③のすべてが指定されています。個人再生委員には、倒産処理の経験が豊富で精通した弁護士が選任され、個別案件に応じた実質的な判断や適切な処理が可能となることが重視されています（『個再手引』2頁〔鹿子木康＝中山孝雄〕）。特に、住宅資金特別条項について柔軟な処理が行われています（Q98参照）。報酬は、原則15万円、本人申立ての場合は原則25万円で、再生債務者が約6か月間の履行テストで分割予納したなかから支払われます（Q113参照）。前記2②の再生債権の評価の申立てがあった場合、すでに個人再生委員が選任されていますので、評価の申立てを行った債権者には予納金の負担がありません。

4 大阪地裁の運用状況

大阪地裁では、個人再生委員の選任は限定されています。弁護士が代理する場合

には、申立てを行うに当たって、申立人の財産及び収入状況を適切に調査した上で申立書を作成していますので、申立代理人の役割が果たされている以上は、個人再生委員を選任して改めて財産及び収入状況を調査する必要はないと考えられているからです。この点は、民事再生におけるDIP型を重視しているものといえるでしょうし、この運用が全国的に見て大阪地裁における申立件数の多さにつながっているといえるでしょう。

そして、具体的には、原則として、住宅ローンと保証債務を除いた負債額が3000万円を超える事業者の申立ての場合に限って個人再生委員を選任し、財産及び収入状況の調査を行っています（破産事件においても管財相当事案とされています。詳しくは、『大阪再生物語』252頁以下参照してください。なお、夫婦ペアローンの一方申立ての場合の住宅資金特別条項の利用についてはQ91を参照してください）。ただ、申立代理人作成の申立書や疎明資料等に不備がある場合や申立代理人に専門知識が不足している場合には前述した前提を欠くことから、必要に応じて個人再生委員が選任されています（『はい6民』395頁）。この場合、前記2①と③が指定されることが多いですが、主な職務は2①となります（2③の適正な再生計画案の作成は申立代理人の職責として当然のことです）。この場合の予納金は原則として30万円で、予納後に個人再生委員が選任されます。また、弁護士代理でない本人申立ての場合は、個人再生委員が選任されることになりますが、司法書士関与の場合には、個人再生委員が選任されるケースは非常に少ないのが実情です。

なお、前記2②の再生債権の評価の申立てがあった場合、評価の申立てを行った債権者は、予納金として原則5万円（事案によっては増額されることもあります）を予納する必要があります。

5 各地の運用状況

東京以外の高裁所在地の裁判所（札幌、仙台、名古屋、広島、高松、福岡の各地裁）では、原則個人再生委員を選任せず、大阪地裁と同様、事案ごとに必要に応じて選任しています。選任する場合の予納金は、15～20万円程度となっています。また、前記2②の再生債権の評価申立ての場合の予納金は、1件当たり3～5万円程度のようです。もっとも、一部の裁判所では、東京地裁と同様に個人再生委員を全件選任する運用が行われていますので、申立前に運用及び予納金額を確認しておく必要があるでしょう。

〔野村剛司〕

Q 109 個人再生委員の職務 ①

個人再生委員に選任されましたが、どのような職務を行うのでしょうか。

1 個人再生委員の職務

　個人再生委員の職務は、①再生債務者の財産及び収入の状況を調査すること、②民事再生法227条1項本文の再生債権の評価に関し裁判所を補助すること、③再生債務者が適正な再生計画案を作成するために必要な勧告をすることであり、裁判所は、個人再生委員の選任決定時に、個人再生委員の職務として、そのうち1もしくは2以上を指定するものとされています（民再223Ⅱ、244）。

　東京地裁においては、小規模個人再生事件、給与所得者等再生事件の申立時において、全件につき個人再生委員を選任し、上記①～③のすべてを個人再生委員の職務として指定した上で（Q108参照）、手続の各段階において、個人再生委員に対し、(i)開始要件、(ii)付議（意見聴取）、(iii)認可要件についての意見書、及び、(iv)再生債権の評価の申立てがあった場合には評価に関する意見書の提出を求める運用としています。

　また、東京地裁では、再生債務者の履行可能性のテストとして、再生債務者に対し、個人再生委員への分割予納金の納付を求めています（Q113参照）。

　以下、これらの東京地裁の運用を前提に、個人再生委員の職務を概観します。

2 開始段階

　個人再生委員は、選任後、申立書を検討した上で、再生債務者及びその代理人と面談し、特に開始要件に関連して、破産の原因となる事実の生じるおそれの有無（民再21Ⅰ）や、再生債務者に「継続的に又は反復して収入を得る見込みがあ」ること（小規模個人再生の場合。民再221Ⅰ）、「給与又はこれに類する定期的な収入を得る見込みがある者であって、かつ、その額の変動の幅が小さいと見込まれるもの」であること（給与所得者等再生の場合。民再239Ⅰ）、「再生債権の総額…が5000万円を超えないもの」であること（民再221Ⅰ、239Ⅰ）などを中心に、再生債務者の財産及び収入の状況を調査します。

　また、再生計画案の作成、可決、認可の見込みがないことが明らかであるか否か（民再25③）に関連し、清算価値を調査した上で、再生債務者の収入との関係で清算価値保障原則を満たす再生計画案作成の見込みがないとはいえないことや、住宅資金特別条項を定める旨の申述がある場合には、適切な住宅資金特別条項を定める見込みがあるかなどについても調査します。

　みなし届出（民再225、224）の内容となり、開始決定後は訂正の許されない債権者一覧表の記載を確認し、訂正を要する部分があれば再生債務者にその訂正を促し

ます。

　これらの調査に当たり、個人再生委員は、必要に応じて、再生債務者に対し再生債務者の財産及び収入の状況につき報告を求め、再生債務者の帳簿、書類その他の物件を検査することができます（民再223Ⅷ、244）。

　1回目の分割予納金の入金後、これらの調査を踏まえ、個人再生委員は、再生手続の開始が相当か否かについて、裁判所に意見書を提出します。

3　認否書提出段階

　個人再生手続においては、法文上、認否書の作成は予定されていませんが、東京地裁においては、手続上の便宜のため、民事再生規則120条1項に基づき、再生債務者に対して債権認否一覧表を提出するよう求めています（『個再手引』197頁〔石田憲一＝箕川雄一〕）。個人再生委員は、再生債務者が後に適正な再生計画案を作成するのに支障を生じないよう、再生債務者から提出された債権認否一覧表の記載と、債権届出やみなし届出の内容となっている再生手続開始申立書添付の債権者一覧表の記載とに齟齬がないかといった点を確認し、これらがある場合は、再生債務者に債権認否一覧表の訂正等を勧告することが相当である場合があります。

4　評価申立段階

　再生債務者や他の再生債権者から届出債権に対して異議を述べられた再生債権者は、再生債権の評価の申立てをすることができます（民再227Ⅰ、244）。

　評価の申立てがあった場合、個人再生委員は、再生債務者又は再生債権者に対し、再生債権の存否及び額、担保不足見込額に関する資料の提出を求めることができます（民再227Ⅵ、244）。これらの求めに応じなかった場合には、10万円以下の過料に処せられることがあります（民再266Ⅱ、244）。

　個人再生委員に、これらの調査に基づき、どのような評価をすべきかについて、裁判所に意見書を提出します。再生債権の評価に係る個人再生委員の対応例についてはQ112を参照してください。

5　付議（意見聴取）段階

　再生債務者から提出された再生計画案につき、主に不認可事由や形式的な不備がないかを中心に確認します。

　基準債権（民再231Ⅱ③）の計算を間違えていないか、それにより民事再生法231条2項2号、241条2項5号等の不認可要件に問題はないか、再生計画に基づく弁済の総額（計画弁済総額）が、民事再生法231条2項3号・4号に定める基準債権に一定割合を乗じた金額や民事再生法241条2項7号に定める可処分所得額の2年分の金額を下回っていないか、清算価値の算定に誤りはないか、計画弁済総額が清算価値を下回っていないかなどを中心に確認します。

　また、再生計画案本文の権利変更及び弁済方法に関する定めと返済計画表の記載に齟齬がないか、住宅資金特別条項その他の規定が正しく定められているかなども確認します。

これらにより不備が発見された場合、直ちに付議（意見聴取）不相当の意見書を提出するのではなく、まずは再生債務者にその補正を促し、再生計画案を訂正させた上で、付議（意見聴取）相当の意見書を裁判所に提出します。再生債務者による補正ができない場合には、廃止相当の意見書を裁判所に提出することになります。

6　認可段階

　個人再生委員は、小規模個人再生において再生計画案が可決された場合、もしくは給与所得者等再生において意見聴取期間を経過した場合、再生計画の認可について意見書を提出します。

　再生計画案の内容に係る不認可事由については、付議（意見聴取）についての意見書提出時に検討していることから、通常は「再生計画の決議が不正の方法によって成立するに至ったとき」（民再174Ⅱ③）に該当しないこと、分割予納金の納付状況（定期的な納付に問題があった場合はその事情も含みます）に基づき履行可能性に問題がないこと、及び、付議（意見聴取）意見提出後に大きな事情変更等のないことを確認した上、認可相当の意見書を提出します。

　小規模個人再生において再生計画案が否決された場合は、再生手続廃止相当の意見書を提出します。

〔上田　慎〕

Q110 個人再生委員の職務 ②

① 再生債務者が保険の解約返戻金があることは認めているのですが、それに関する資料をまったく提出しません。個人再生委員として保険会社に照会をかけることはできますか。再生債務者に代理人として弁護士が就いている場合と就いていない場合で、個人再生委員としての対応は変わるのでしょうか。

② 自営業者である再生債務者が本人で個人再生の申立てをしています。収支の見込みについてきちんとした説明がなされていないために履行可能性の判断がつきません。個人再生委員として再生債務者から帳簿の提出を受けて収支の見込みを調査することはできるでしょうか。また、そこまですべきでしょうか。

1 はじめに

個人再生委員の職務には、Q109において詳述されているとおり、①再生債務者の財産及び収入の状況を調査すること、②再生債務者が適正な再生計画案を作成するために必要な勧告をすること、などがあります（民再223Ⅱ①・③、244）。

2 保険の解約返戻金等についての調査（設問①）

(1) 問題の所在

個人再生委員は、保険の解約返戻金について、①再生債務者の財産状況の調査の一環として、保険契約の種類や内容等の確認も含めて調査する必要があります。また、②再生債務者作成の再生計画案が清算価値保障原則を満たしていることを確認する際にも（民再174Ⅱ④）、保険の解約返戻金の金額がいくらであるかが問題となります。

(2) 具体例

具体例をいくつか見てみますと、簡易生命保険の保険金又は還付金請求権の場合、保険契約の効力発生日により、差押禁止財産（民執152Ⅰ①）に該当するか否かの結論が異なり、ひいては財産目録にどのように記載すべきか、またこれらを清算価値に算入すべきか否かの結論が異なってきます（Q47参照）。

終身年金保険の場合、解約できるか否か、及び差押可能部分（民執152Ⅰ①参照）の清算価値をどのように評価するかにより、清算価値に算入すべき金額が異なります。個別事情に応じた判断になることから、保険契約の内容を確認するため、保険約款等の資料が必要となるケースもあります（Q47参照）。

再生債務者が契約者貸付制度を利用している場合には、債権者一覧表、財産目録の記載時に一定の留意が必要となり、また清算価値の判断に際しては、解約返戻金

の総額から契約者貸付の金額を控除した額が清算価値算定の基礎となります（**Q25**、**Q47**参照。『個再手引』256頁〔石田憲一＝伊藤康博〕）。

加えて、保険事故発生の有無も確認する必要があります。再生計画認可時までに保険事故が発生している場合、保険金請求権が清算価値に算入されます（『個再手引』257頁〔石田＝伊藤〕）。

さらに、東京地裁においては、保険の解約返戻金の見込額の総額が20万円を超える場合には清算価値に算入するという運用が行われています（『個再手引』238頁〔石田憲一＝堀田次郎〕）ので、この点からも解約返戻金の金額等に関する資料が不可欠です。

このように、保険契約の種類・内容及び解約返戻金の金額等は、個人再生手続の各場面において、必要かつ重要な事項であるといえます。

(3) 個人再生委員の調査権の範囲：保険会社に直接照会することの可否

しかしながら、再生債務者が保険証券（写し）や解約返戻金に関する資料をまったく提出しない場合であっても、個人再生委員として保険会社に直接照会することはできないと考えられます。そして、この結論は、再生債務者に代理人として弁護士が就いているか否かにかかわらず同じであると考えます。

個人再生委員の職務として、再生債務者が再生計画案を作成するために必要な「勧告」をするとされていること（民再223Ⅱ③）などから、個人再生委員の法律上の地位は、再生債務者を補助する機関ではなく、裁判所を補助する機関であると解されています（『伊藤』1093頁）。

この点に関し、個人再生委員は、再生債務者又は代理人に対して、収入状況等につき報告を求め、再生債務者の帳簿、書類その他の物件を検査することができます（民再223Ⅷ、244）。そして、再生債務者又は代理人がこの報告を拒み、又は虚偽の報告をしたときは、3年以下の懲役もしくは300万円以下の罰金に処し、又はこれを併科すると定められています（民再258Ⅰ）。

以上のことから、個人再生委員の有する調査権の範囲は、再生債務者又は代理人から報告を受け、再生債務者又は代理人から提出された帳簿、書類その他の物件を検査するにとどまり、原則として個人再生委員から第三者に対して直接調査することまでは想定されていないものと解されます。そのため、個人再生委員が再生計画案の適否等を判断するに必要な資料を再生債務者が提出しないことにより生じる不利益は、原則として、再生債務者が負担すべきものと考えます。

仮に、個人再生委員から保険会社に直接照会したとしても、保険会社は、個人再生委員の権限を確認した上で、個人情報保護の観点から、照会に応じないことも予想されるところです。

再生債務者に代理人として弁護士が就いている場合、代理人に対して、このまま再生計画案が提出されても、認可要件（民再174Ⅱ④）を充たすという判断に至らないおそれがあることなどを説明して、対応を促す方法が考えられます。

一方、再生債務者に代理人として弁護士が就いていない場合、再生債務者に対して、資料を提出しないことによるデメリット、必要書類やその取得方法等を、より具体的かつ丁寧に説明して、再生債務者自身の対応を促すことが望ましいといえます。

3 自営業者の収支見込みについての調査（設問②）

個人再生委員は、自営業者である再生債務者の収支の見込みについて、①再生債務者の収入状況の調査の一環として、その内容や金額を調査する必要があります（民再223Ⅱ①）。また、②再生債務者作成の再生計画案が履行可能性のある適正な内容であることを確認する際にも（住宅資金特別条項を定めない場合は民再231Ⅰ、174Ⅱ②、241Ⅱ①。住宅資金特別条項を定める場合は民再231Ⅰかっこ書、202Ⅱ②、241Ⅱ①かっこ書）、収支の見込みについて確認することが必要になります。

自営業者のなかには、毎月の収入が安定しないこともありますが、再生計画では3か月に1回以上弁済することが要求されていますから（民再229Ⅱ①）、3か月に1回の割合で弁済できるのであれば、小規模個人再生の利用適格要件である「将来において継続的に又は反復して収入を得る見込み」（民再221Ⅰ）があると解されます。「将来において継続的に又は反復して収入を得る見込み」は、開始要件に関わる問題ですので、個人再生委員は、まずは開始前に、確定申告書や家計の状況等により再生債務者の収支状況を確認します。

再生債務者が、収支の見込みについて十分な説明をしない場合、個人再生委員は、開始後も、再生債務者に対して、追加報告を求めるとともに、再生債務者に帳簿等の資料を提出させてこれを調査することができます（民再223Ⅷ）。具体的には、家計の状況を継続的に提出することを求め、会計帳簿、預金通帳、請求書、領収書等に基づいて収支状況を確認することもあります。

東京地裁においては、毎月一定の金額を個人再生委員に納付させることにより再生計画の履行可能性を判断する「分割予納金」制度を採用しています（**Q113**参照）。しかし、分割予納金もしくはこれに類する制度を採用していない裁判所の場合、又は分割予納金を遅滞なく納付していても、収入が季節要因に左右されるなど履行可能性を否定する特段の事情がある場合には、本人申立てであることや個人再生手続においては認可決定後の履行を監督する機関が予定されていないこと（民再188Ⅱ参照）なども併せ考えれば、個人再生委員は、再生債務者に帳簿等の資料を提出させて調査し、再生債務者の収支状況を十分に確認すべきであると考えます。

再生債務者から履行可能性を判断し得る資料の提出等がない場合、個人再生委員は、再生計画案に対する付議又は意見聴取に関して（民再230Ⅲ、240Ⅰ）、「履行可能性が認められないことから、再生手続を廃止するのが相当である」旨の意見を述べることになります（民再191①）。

〔野田聖子〕

Q111　個人再生委員の職務 ③

次のような場合、個人再生委員としてどのように履行可能性を判断すればよいでしょうか。
① 再生債務者が履行期間中に定年退職するものの、雇用延長されるという口頭の説明しかしていない場合
② 再生債務者だけの収入では履行可能性が乏しいが配偶者がフルタイムで働いており、その収入を考慮すれば履行可能性があると推測できるものの、配偶者の収入を疎明する資料の提出を拒む場合

1　履行可能性について

　個人再生手続では、再生計画が遂行される見込みがないことが再生計画の不認可事由とされています（民再231Ⅰ、174Ⅱ②、241Ⅱ①）。なお、住宅資金特別条項を定めた再生計画の場合は再生計画が遂行可能であると認めることができないときが不認可事由とされており（民再231Ⅰかっこ書、202Ⅱ②、241Ⅱ①かっこ書）、履行可能性の要件が加重されていますが、いずれにしても、再生計画の履行可能性は、再生計画を認可すべきか否かを判断する上で必要なものです。そして、個人再生委員は、不認可事由の有無を調査し、裁判所に再生計画の認可が相当であるか否かの意見を述べることから、自ら履行可能性の有無を調査することになります。

2　設問①について

　再生債務者が再生計画における履行期間中に退職時期を迎える場合には、退職を機に、再生債務者の収入が変動することが想定されます。そもそも、再生債務者の収入に関しては、個人再生手続の開始要件として、将来において継続的に又は反復して収入を得る見込みのあること（民再221Ⅰ。なお、給与所得者等再生手続においては民再239Ⅰ）が必要であり、再生債務者が履行期間中に退職し、収入の額に変動が生じることは、手続を開始する段階においても問題となります。

　この点、設問においては、定年退職するものの雇用延長されるという口頭での説明しかない場合の対処が問題となっています。再生債務者のいわんとすることが、「雇い主から再雇用の約束を得ている」、あるいは「勤務先に雇用延長の制度があり、その制度の適用を受ければ退職時期を先延ばしできる」ということであるなど、様々なケースが想定できると思われます。したがって、まずは再生債務者が定年を迎えた後、どのような法律関係の下で従業員の地位が維持されると主張しているのか、また、その場合に、収入や期間等の点において、現在の雇用形態とどのような差異が生じるのかについて、具体的に確認する必要があります。さらに、現時点では口頭の説明しかないようですが、就業規則等に雇用延長に関する定めがある

場合にはその規則を提出させるなど、再生債務者の説明を裏付ける資料を提出させる必要があります。

では、そうした資料がなく、雇い主から口頭で雇用延長の可能性が示唆されているにとどまる場合には、どうすればよいでしょうか。そのような場合であっても、従前、再生債務者の勤務先で雇用延長された従業員がいるか、仮にいない場合であっても、勤務先における再生債務者の地位や職種、仕事の内容等に照らし、「雇用延長される」という説明があながち不合理とはいえないような場合には、雇用延長の可能性を認めてよいように思われます。また、雇用延長が再生債務者の期待に過ぎないことが明らかになった場合であっても、定年退職時に退職金の支給がある、あるいは、給付を受ける年金等の額から弁済原資を捻出できるという場合には、履行可能性を認めてよいものと思われます。

3 設問②について

履行可能性の有無を判断するについては、配偶者等、同居の親族の収入を考慮することも許されます。弁済資金の調達原資が再生債務者以外の者であるからといって、再生債権者の権利が害されるとはいえないからです（『個再手引』347頁〔進藤光慶＝土屋毅〕）。したがって、再生債務者の収入だけでは履行可能性が乏しい場合であっても、配偶者の収入を加味した世帯全体の収支から弁済原資を捻出できるような場合には、履行可能性があると判断することができます。

ところで、設問②においては、再生債務者の説明では上記のような観点で履行可能性が認められるものの、配偶者の収入に関する資料の提出がなく、むしろ、提出を拒んでいるという状況にあります。この点、個人再生委員は、再生債務者又はその法定代理人に対し、再生債務者の財産又は収入の状況について報告を求めることができます（民再223Ⅷ）。この規定は、個人再生委員が、その職務として再生債務者の財産及び収入の状況を調査することを裁判所から指定された場合を受けたものですが、収入に関し報告を求めることができるのは、再生計画の履行可能性を判断する上で必要な情報を得るためであると解されます。そうすると、法文上は再生債務者の収入の状況とありますが、それだけでは履行可能性を判断することができない、あるいは履行可能性を認めることができない場合には、履行可能性があると主張する再生債務者の側において、それを基礎付ける資料、具体的には配偶者の収入に関する資料を提出する必要があるものと思われます。そして、これらの提出がない場合には、履行可能性に関する疎明がなく、履行可能性はないものと判断せざるを得ません。実際、このような説明をしてもなお資料の提出がない場合には、そもそも配偶者から個人再生手続に対する協力が得られるのか疑問があり、やはり履行可能性について消極的な判断をせざるを得ないことになります。

なお、配偶者の収入に関する資料については、再生債務者に提出を求めるものと基本的に変わりはなく、具体的には、源泉徴収票、課税証明書又は所得証明書、給与明細書、確定申告をしている場合の確定申告書が考えられます。　〔本山正人〕

Q112 再生債権の評価

再生債権者から再生債権の評価の申立てがあった場合、個人再生委員は裁判所の補助をすることになっていますが、具体的にはどのような対処をするのですか。

1 意見書の提出

再生債権の評価の申立てがあったときには、申立てを不適法として却下する場合を除いて必ず裁判所から個人再生委員が選任されます。個人再生委員は、再生債権の存否及び評価等を調査することが求められ（民再223Ⅰ。Q108参照）、その調査結果の報告期間も定められます（民再227Ⅴ）。

東京地裁では、個人再生委員は、再生債権調査結果の報告を意見書の提出という形式で行うことになります。

もっとも、この意見書については、特殊な事情のある案件を除いては調査の結論を記載するだけで足り、意見を出す根拠となった書証等の写しの添付も不要とされており、仮に理由を記載するとしても簡潔に記載するよう求められています（『個再手引』203頁〔吉田真悟＝岡智香子〕、205頁〔伊藤尚〕、612頁）。

なお、東京地裁では全件について個人再生委員が選任されている（Q108参照）ため、再生債権の評価の申立てがあっても新たに個人再生委員が選任されることは通常ありません。このため再生債権の評価の申立時に新たに予納金を納付する必要がないという運用がされています（『個再手引』203頁〔吉田＝岡〕）。

2 評価の申立てへの対応例

再生債権に異議が出され、債権者側から評価の申立てがされる事案としては、主に利息制限法違反の利息の支払があるにもかかわらず取引履歴の開示がない事案、債権者側がみなし弁済の主張を行う事案や、担保目的物の評価が問題となる事案等が考えられます。

そのような事案において個人再生委員は、再生債権の存否及び額ならびに担保不足見込額に関する資料の提出を求めることができるので（民再227⑥）、債権者や債務者に対して、取引履歴、みなし弁済の適用を根拠付ける契約書や受取証書、担保目的物の評価の根拠となった資料等の開示を求め、提出を受けることになります。

提出を求められた債権者又は債務者が資料提出の要請に応じない場合には10万円以下の過料の制裁が科せられることがある（民再266②）ので、そのような債権者、債務者にはその旨を告げることになります（民再規127）。それでも提出に応じない場合には、提出しない事実を考慮して意見書を作成することになると思われます（『個再手引』206頁〔伊藤〕）。

個人再生委員は、これらの資料の内容を確認して意見書を作成することになりますが、あらかじめ調査結果を報告すべき期間が定められているので、この期間内にできる限りの調査を行い、意見書を作成することになります。

前述のとおり、東京地裁では、特殊な事案でない限り、意見書には結論を記載すれば足り、資料の添付は不要とされている、というように簡易迅速な処理が求められていますので、そのような運用を踏まえ、個人再生委員としてはできる範囲での調査を行って報告期間内に意見書を提出することになります。

3 評価手続の効果

評価手続を経た再生債権は、評価の内容に応じて次のように取り扱われます（**Q29**参照）。

(1) 評価手続で存在・額が定められた再生債権

評価の申立てがなされ、裁判所によりその存在・額を定められた再生債権（民再227Ⅶ）は、無異議債権と同様に、議決権行使、債務総額制限、最低弁済額の計算上考慮され、再生計画により権利変更され、再生計画に従った弁済を受けることができます。

(2) 評価手続で存在・額が認められなかった再生債権

評価の申立てがなされたものの、裁判所によりその存在が認められなかった再生債権は、再生計画による権利変更を受けますが、再生手続上、議決権、債務総額制限、最低弁済額の計算等においては顧慮されません。

ただし、評価の手続は債権の存否や額を実体的に確定する制度ではありませんから、債権者が別途訴訟を提起し、債権の存在・額が実体的に確定すれば、再生計画に基づく弁済を受けることができます（民再232③ただし書）。

(3) 評価の申立てがなされなかった再生債権、評価の申立てが却下された再生債権

異議の申述に対し評価の申立てがなされなかった再生債権や、評価の申立て自体が却下された再生債権は、再生手続上顧慮されません。

再生計画による権利変更を受け、別途訴訟により実体的に債権の存在を確定させたとしても、再生計画期間中には弁済を受けられず、劣後的扱いを受けます（民再232Ⅲ本文）。

〔渋谷和洋〕

Q113 分割予納金制度

東京地裁では、申立人が個人再生委員に分割予納金を納付することになっていますが、これはどのような趣旨で行われているのですか。また、納付がなされなかった場合にはどうなってしまうのですか。

1 分割予納金とは

東京地裁では、個人債務者再生の申立てがなされた後、申立後1週間以内に申立書に記載する分割予納金（再生計画案で予定する月額の返済予定額を記載するのが通常です）を個人再生委員の指定する口座に支払い、その後1か月ごとに再生計画の認可がなされるまで（原則6か月間）納付することになっています。なお、東京地裁では、計画弁済予定額が変更された場合、分割予納金は新たな計画弁済予定額に変更され、さかのぼって調整をする必要はないものとされています（『個再手引』106頁〔木村匡彦＝千葉健一〕）。

2 分割予納金の趣旨

(1) 履行可能性の調査

このように分割予納金が要求されるのは、再生計画案が認可されるためには再生計画を遂行する見込みがあることが必要であるため（民再230Ⅱ、174Ⅱ②、241Ⅱ①、202Ⅱ①）、個人再生委員において、再生計画の遂行の見込み等を調査させ、裁判所に意見書を提出させることにより、裁判所が再生手続の開始、決議（意見聴取）、再生計画の認可・不認可の決定をするに当たっての判断材料にするためです（『個再手引』107〜108頁〔木村＝千葉〕）。

この趣旨から、分割予納金は毎月納付することに意味があり、一括で納付することは原則として認められません。また、再生計画では、弁済期が3か月に1回以上到来する分割払いの方法によることが認められていますが（民再229Ⅱ①）、分割予納金の納付は毎月行う必要があります（『個再手引』106頁〔木村＝千葉〕）。

(2) 個人再生委員の報酬

東京地裁においては、個人再生手続の全件に個人再生委員が選任される扱いになっているところ（Q108参照）、再生債務者は個人再生委員の報酬等を支払わなければならないため（民再223Ⅸ）、この分割予納金の一部をもって個人再生委員の報酬に充てることも、納付を求める理由のひとつであるとされています（『個再手引』105頁〔木村＝千葉〕）。

3 分割予納金の納付ができない場合

(1) 再生手続開始決定前に分割予納金の納付がなされないとき

東京地裁においては、申立後1週間以内に1回目の分割予納金を納付することが

求められています。この納付がなされないときは、個人再生委員が再生債務者に対してその納付をするように求めます。再生債務者から期間を明示しての延伸の申出などがない場合には、個人再生委員は、裁判所に対して申立てを棄却するのが相当である旨の意見を提出することもあり得ます。

ただ、申立代理人が就いている場合は、通常、個人再生委員は申立代理人に対して1回目の分割予納金の納付を求め、それでも納付がない場合には、申立代理人に手続の取下げの検討を求めることで、この間、棄却意見の提出を留保することもあります。しかし、この場合であっても申立てから2か月が経過したときには、個人再生委員は裁判所に対して申立ての棄却を相当とする意見書を提出し、以後、裁判所から申立代理人に対して納付の督促を行い、それでも納付がなされない場合は再生手続開始申立てを棄却する旨の決定がなされることがあります。

(2) 再生手続開始決定後に分割予納金の納付がなされないとき

再生手続開始決定後に納付が途中でなされなくなった場合には、この納付が再生計画の遂行可能性のテストであるという趣旨から、個人再生委員は、納付がなされていない事情を再生債務者や申立代理人から聴取します。その事情が、再生計画遂行の見込みがないなどの再生計画の不認可事由（民再174Ⅱ、231Ⅱ、241Ⅱ）に当たると判断される場合には、再生計画案を決議（給与所得者再生の場合は債権者の意見聴取）に付することはできない旨（民再230Ⅱ、240Ⅰ）の意見を裁判所に提出することになります。そして、この場合は、決議や意見聴取ができないため、個人再生手続は廃止されます（民再191、243）。

書面決議（又は意見聴取）までの間は分割予納金の納付がなされていたなど、書面決議（又は意見聴取）に付するのが相当と判断された場合でも、書面決議後に分割予納金の納付がなされないなどの事情がある場合は、個人再生委員はその事情などを調査することになります。その結果、再生計画の遂行ができないと判断されるときは、再生計画の不認可が相当であるとの意見書を提出します。そして、その後も分割予納金の納付ができず、再生計画の遂行の見込みが立たない場合には、再生計画の不認可決定が出されることになります（民再174Ⅱ、231Ⅱ、241Ⅱ）。

4 分割予納金の返還と個人再生委員の報酬

分割予納金は、再生手続の終結後、積み立てた分割予納金から個人再生委員の報酬（東京地裁の場合、申立代理人がついている事案は15万円、本人申立ての事案は25万円が原則）を差し引いた上で、再生債務者に返還されます。

〔中井　淳〕

第10章

他の手続との関係

Q114 個人の通常再生

個人について通常再生の申立てを行いたいと考えています。個人再生を利用する場合と相違する点や、特に注意を要する点はありますか。予納金はどの程度必要ですか。

1 はじめに

個人債務者は、小規模個人再生及び給与所得者等再生（以下、両者を併せて「個人再生」といいます）を利用するか、又は個人再生の特則が適用されない民事再生（以下「通常再生」といいます）を利用するかを選択することができます。もっとも、個人再生を利用するためには、再生債権総額が5000万円を超えないことが要件とされているので（ただし、特定の債権は除かれます。Q7参照）、それを超える場合には、個人再生の特則を利用することができず（民再221Ⅰ）、通常再生を利用することになります。個人の通常再生は、会社代表者や小規模でない自営業者が想定されますが、東京地裁の案件数は、近年年数件程度です（『運用指針』11頁）。

2 通常再生と個人再生の主な相違点

(1) 概　要

通常再生は、個人再生と比較すると、①再生債権の調査・確定（民再99以下）や再生計画の遂行監督（民再186Ⅱ）など手続が厳格である上、監督委員による監督（民再54）を受けることから予納金が高額である、②再生計画で定める弁済総額の最低弁済基準額の規制はないものの、その反面として再生計画の決議の可決要件が厳格である、という点などに特徴があります。以下、通常再生と個人再生との主な相違点を説明します。なお、住宅資金特別条項の利用は通常再生でも可能です。

(2) 監督委員の選任・予納金額

個人再生では、個人再生委員制度がありますが、実務運用において、その選任は原則的ではない上（Q108参照）、役割も限定的です（Q109、Q110参照）。通常再生では、原則として監督委員（民再54Ⅰ）が選任され、その職務は個人再生委員よりも広範囲なものとなっています。そのため、通常再生では、監督委員の報酬などを確保する必要があることから、個人再生よりも予納金が高額となっています。全国的な実務運用は明確ではありませんが、東京地裁における個人債務者の通常再生の取扱いでは、原則として監督委員が選任され、予納金額は、原則として50万円以上（負債総額が高額になれば予納金も高くなります）、ただし、民事再生の申立てがされている会社（以下「再生会社」といいます）の個人保証をしている役員の申立てについては25万円、会社について民事再生以外の法的整理・清算の申立てがされている場合の役員の申立てについては50万円とされています。

(3) 債権調査など

個人再生では、債務者に債権者一覧表の提出義務があり（民再221Ⅲ、244）、同一覧表に記載のある債権者は債権届出をしたものとみなされますが（民再225、244）、債権は実体的な確定をせず、手続内で確定するに過ぎません。他方、通常再生では、債権者は基本的に期限内に債権届出をしなければならず（民再94）、厳格な調査手続を経て債権は実体的に確定することになります（民再105、106、111）。

(4) 財産関係の調査など

まず、個人再生では、手続開始の申立ての際に提出する財産目録や「清算価値算定シート」をもとに清算価値保障原則（再生計画で定める再生債権者に対する弁済が、破産手続で得られると想定される利益を下回ってはならないという原則。民再174Ⅱ④、230Ⅱ、241Ⅱ②）の適合性が判断される実務運用がなされています（**Q43**、**Q44**参照）。他方、通常再生では、再生債務者は財産価額を評定した上、財産目録等を裁判所に提出しなければならず（民再124Ⅰ・Ⅱ）、これをもとに監督委員が清算価値保障原則の適合性を調査し、その結果を再生債権者に知らしめる実務運用がなされていることが一般的です。

次に、個人再生では否認権制度はありませんが、通常再生では監督委員が再生債務者の財産関係を調査し（民再59Ⅰ）、否認該当事由を発見したときには、否認権を行使することができます（民再135Ⅰ）。

(5) 計画弁済総額の規制と再生計画案の成立及びその履行の監督

個人再生では、清算価値保障原則の適合性のほかに、計画弁済総額が最低弁基準額を下回ることができないという規制があります。すなわち、再生計画に基づく再生債権に対する弁済の総額が、基準債権総額をもとに計算される額（民再231Ⅱ③・④、241Ⅱ⑤）及び可処分所得の2年分相当額（給与所得者等再生のみ。民再241Ⅱ⑦）のいずれの額よりも下回らないことが要件とされています（**Q66**参照。なお、計画に係るその他の特徴として、民再229Ⅱ・Ⅲ等があります）。その反面、再生計画の決議は不要か（給与所得者等再生。民再240、241）、又は必要とされても書面決議での消極的同意で足りることとされています（小規模個人再生。民再230。**Q72**参照）。そして、再生計画認可決定の確定によって手続は当然に終結します（民再233、244）。

他方、通常再生では、清算価値保障原則による規制（民再174Ⅱ④）は受けますが、その他には弁済総額の規制はありません。その反面、原則として債権者集会等で再生計画案の決議をすることとされており（民再169Ⅱ・Ⅴ）、頭数で出席議決権者の過半数、かつ議決権総額で2分の1以上の議決権者の積極的な同意が可決要件とされています（民再172の3Ⅰ等）。そして、再生計画の認可決定の確定後、監督委員に再生計画の遂行を監督させることができることとされています（民再186Ⅱ）。

3 通常再生の申立てに当たって特に注意を要する事項

(1) 通常再生を利用する場合とは

前記の個人再生と通常再生の相違点を踏まえれば、再生債権総額が5000万円を超

えない個人債務者は、手続が簡素で予納金も低額である個人再生を利用することが一般的であると思われます。再生債権総額が5000万円を超えて個人再生を利用できない場合には、通常再生しか利用できないことになりますが、個人債務者が固有に5000万円超の債務を負担することはまれであり、これに該当する場合としては、再生会社の役員が同社の金融負債を個人保証している事例が多いと思われます（この場合には、経営者保証に関するガイドライン（2014年2月適用開始）により、役員の保証債務を金融債権者との私的合意により整理する手法も検討するべきであると思います）。

ここでは、このような事例で通常再生の申立てをする場合を説明します。

上記事例では、個人債務者の債権者の多くは、保証債権を有する金融債権者であり、再生会社の債権者でもあるため、これらの債権者が自らの債権処理のためにも保証人である個人債務者の法的整理を望む場合があります。この場合、個人保証をした再生会社の役員は、破産すれば役員を退任しなければならず（会330、民653②。もっとも、退任した後に、株主総会で再び役員に選任されることは可能です）、その所有株式も破産管財人の財産管理処分の対象となるため、破産を望まず、通常再生を利用することが考えられます。

(2) 財産関係の調査

前記のとおり、通常再生では、監督委員が個人債務者の財産関係を調査しますが、再生債権者としては、財産隠しが行われていないかを含め、財産の評価が適正かに重大な関心を持ち、その厳正な調査を要求することが多いようです。特に、従前、再生会社から個人債務者に多額の報酬等が支払われていた場合などには、よりいっそうその傾向は強まるでしょう。再生債権者のこの要求に適切に応じられない場合には、再生債権者が個人債務者（さらに、ときに再生会社についても）の再生計画案に同意しないこともあるので注意する必要があります。

(3) 再生計画案の作成

前記のとおり、通常再生では、計画弁済総額の最低弁済基準額の規制はないので、清算価値保障原則に反しない限り、弾力的に再生計画案を作成できます。再生計画案の内容としては、個人債務者が保有する処分可能財産の処分代金とともに、再生会社から得る将来の報酬等を原資とする（その結果、弁済率は低く、長期間の分割弁済となります）ことが多いと思われます。もっとも、再生会社からの将来の報酬額を過大なものとすれば、再生会社の弁済原資が減少し、再生会社の再生計画に影響することになる点に注意が必要です。また、再生会社の再生計画案で一括弁済を定める場合には、個人債務者の計画案についても、弁済資金を知り合いから借り受けて一括で弁済するような工夫をする場合もあります。

〔小林信明〕

Q 115 債権者から起こされた訴訟と個人再生手続の関係

① 債権者から提起された訴訟の係属中に個人再生申立てをしました。債権者から提起された訴訟については、どう対応すればよいですか。
② 債権者から提起された訴訟の係属中に個人再生の手続開始決定がされました。債権者から提起されていた訴訟はどうなりますか。
③ 個人再生手続の開始決定後に債権者から訴訟を提起されました。どう対応すればよいですか。
④ 債権者から提起された訴訟の係属中に個人再生の認可決定が確定しました。どう対応すればよいですか。

1 債権者から提起された訴訟の係属中に個人再生申立てをしたとき（設問①）

個人再生手続の開始決定がなされると、債権者は、仮に判決を得ても、再生債権に基づく強制執行をすることはできなくなります（民再39Ⅰ）。

そこで、債権者から提起された訴訟の係属中に、債務者が個人再生申立てをしたときは、そのことを債権者に告げ、近日中に開始決定がなされる見込みであるから、これ以上、訴訟を続けても無意味であるとして、訴えを取り下げてもらうよう、交渉します。

それでも債権者が訴えを取り下げない場合には、応訴した上で、請求原因の立証が十分か、抗弁事由はないか等をチェックすることになります。

2 債権者から提起された訴訟の係属中に個人再生の手続開始決定がされたとき（設問②）

個人再生の手続開始決定がなされても債権者が訴えの取下げに応じないときは、通常再生の場合とは異なり、訴訟手続は中断せず、そのまま進行します（個人再生では、民再238、245により、40Ⅰは適用除外とされています）。

もっとも、すでに個人再生の手続開始決定がされているときは、たとえ仮執行宣言付判決が言い渡されたとしても、強制執行を受ける心配はないので（民再39Ⅰ）、その再生債権につき、特に争いがなければ、債権者から提起された訴訟について、いちいち応訴する必要はないという考え方もあるようです。

しかし、再生債権に関する訴訟で判決が言い渡されると、確定前の段階でも、その後、個人再生手続のなかで債務者がその再生債権に異議を述べるためには、自ら評価の申立てをしなければならなくなります（民再227Ⅰ）。

そのため、再生債権について、まったく争う余地がないことが明らかである場合は別だとしても、少しでも異議を述べる可能性があるならば、きちんと応訴した上

で、請求原因の立証が十分か、抗弁事由がないかなどをチェックします。

3 個人再生手続の開始決定後に債権者から訴訟を提起されたとき（設問③）

個人再生においては、通常再生の場合と異なり、開始決定以後に債権者が再生債権に関する訴訟を提起してくることもあります。

この場合も、上記2と同様、少しでも異議を述べる可能性があるならば、応訴して、請求原因の立証が十分か、抗弁事由がないかなどをチェックします。

4 債権者から提起された訴訟の係属中に個人再生の認可決定が確定したとき（設問④）

債権者から提起された訴訟の係属中に再生計画の認可決定が確定した場合には、その認可決定の確定による権利の変更を、係属中の訴訟において、抗弁として主張する必要があります。

この場合、受訴裁判所は、自ら認定した債権額に、再生計画における権利変更の条項を当てはめて、判決主文を導き出すことになります。例えば、個人再生手続で「債権額の20％の金額について、認可決定確定日の属する月の翌月以降、3年間、毎月末日限りの均等分割弁済（36回）をする。その余の金額について、免除を受ける」ことを内容とする再生計画が認可され、2018年7月15日に確定したとして、受訴裁判所が認定した債権額が180万円だとすると、判決主文は「被告は、原告に対し、36万円を次のとおり分割して支払え。平成30年8月から平成33年7月までの間、毎月末日限り、1万円ずつ」とすることが考えられます。ただし、このような請求（将来給付の訴え）は、「あらかじめその請求をする必要がある場合」に限って認められるものです（民訴135）。

これに対し、将来給付の訴えが認められる要件を充たしていないときは、口頭弁論終結時までに、再生計画に定められた弁済期が到来済みの分についてだけ請求が認容され、その余の（弁済期未到来の分の）請求は棄却されます（高松高判平17．9．28金判1249号45頁）。

なお、再生債権届出期間内に届出がされなかった債権（ただし、債権者の責めに帰することができない事由による場合を除きます）等、劣後的な取扱いを受ける債権（民再232Ⅲ）については、再生計画に基づく弁済期間が満了した時点で、権利変更後の金額の全額について履行期が到来するのか（一括払説）、それとも、再生計画における分割払いの定めがこの場合にも適用されるのか（分割払説）、見解が分かれていますが、分割払説が妥当と考えます（**Q27**参照）。この説によれば、再生計画で定められた弁済期間の満了時が、分割弁済の始期となります。

〔三上　理〕

Q116 給料等の差押えと個人再生手続

① 給料の差押えを受けていますが、個人再生手続の申立てをしたことで、どのような対応ができますか。
② 個人再生の手続開始決定がなされたことで、給料差押えについてどのような対応ができますか。
③ 再生計画が認可されたら、中止されていた給料差押えはどうなりますか。
④ 再生計画が認可されなかった場合、中止されていた給料差押えはどうなりますか。すでに支払われた給料はどうなりますか。
⑤ 差押えの対象が、給料ではなく預金の場合はどうなりますか。

1 民事再生法上の定め

(1) 再生手続開始の申立後、開始に先立つ、申立て等による中止命令

裁判所は、再生手続開始の申立てがあった場合において、必要があると認めるときは、利害関係人の申立て又は職権で、再生手続開始の申立てにつき決定があるまでの間、再生債権に基づく強制執行の手続で、再生債務者の財産に対してすでにされているものの中止を命じることができます（民再26Ⅰ②）。中止命令の要件は、再生手続開始までの間に他の手続を中止する「必要がある」と認められることと（民再26Ⅰ柱書）、その手続の申立人である再生債権者に「不当な損害を及ぼすおそれがない」こと（民再26Ⅰただし書）です。

(2) 再生手続開始決定の効果としての当然中止

再生手続開始の決定があったときは、再生債務者の財産に対してすでになされている再生債権に基づく強制執行の手続は当然に中止します（民再39Ⅰ）。

(3) 取消申立て

再生手続開始決定により当然に中止した強制執行について、裁判所は、再生のため必要があると認めるときは、再生債務者の申立てにより又は職権で、担保を立てさせ、又は立てさせないで、中止した再生債権に基づく強制執行の手続の取消しを命ずることができます（民再39Ⅱ）。再生手続開始の申立後、開始に先立つ中止命令により中止した強制執行についても、取消しの対象となり得ますが、「再生債務者の事業の継続のために特に必要がある」ことが要件であり、また必ず担保を立てることが必要です（民再26Ⅲ）。

(4) 再生計画認可決定の確定による当然失効

再生計画認可の決定が確定したときは、中止されていた強制執行の手続は、当然に効力を失います（民再184）。

2 実務上の対処法

(1) 再生手続開始申立後、開始決定前の段階での対処法（設問①）

　個人再生手続の申立人が、申立時において、給与の差押えを受けているケースは比較的多いといわれます。申立てに先立ちすでに差押えがされてしまっている場合、まずは速やかに申立てをすべきです。なお、給料債権への差押え（民執152 I ②）については、法制審議会民事執行法部会「民事執行法制の見直しに関する要綱案」（2018年8月31日決定）において、取立権の発生時期を現行の1週間（民執155 I）から4週間とする改正が検討されています。

　次に、再生手続が開始した場合、前記1(2)のとおり、再生債務者の財産に対する強制執行の手続は当然に中止しますが、再生手続開始申立てがされただけでは、その進行は妨げられません。再生手続開始申立後、開始決定までに再生債権者が強制執行を完了してしまうおそれがあるため、実務的には、申立後に速やかに開始決定を出してもらうよう努める必要があると指摘されていたところです（本書旧版Q102〔木村裕二〕）。この点について、例えば、大阪地裁においては、急を要する場合、債権者一覧表等の重要な書類に不備がなく、履行可能性等の開始要件に関して問題がないことを前提として、申立ての翌日から数日での開始決定も可能とする運用としています（『はい6民』461頁）。これに対して、東京地裁においては、標準的なスケジュールは申立てから開始決定まで4週間であり、個人再生委員の意見を聴いた上で開始決定の時期を早める場合もあるものの（『個再手引』32頁〔進藤光慶＝堀田次郎〕）、給料差押えがなされている状態で個人再生手続申立てをした場合は、当然、中止命令の申立てを検討すべきとしています（『個再手引』133頁〔古谷慎吾＝竹中輝順〕）。申立後、開始決定までの期間について、申立て予定の裁判所の運用を確認しておくべきといえます。

　強制執行の中止命令の要件は、前記1(1)のとおりですが、通常、当該要件は認められると解され（Q17参照）、例えば東京地裁では、給与差押えのための強制執行の中止命令の申立てがある場合、必要に応じて個人再生委員の意見を聴取した上で（急を要する場合が多く、意見聴取は電話で行うのが通常です）、速やかに中止命令を発令しています（『個再手引』133頁〔古谷＝竹中〕）。

　手続としては、債権差押手続中止の申立書、債権差押命令正本の写しなどを再生裁判所（個人再生事件の係属している裁判所）に提出し、中止命令が発令された場合、再生裁判所から中止命令正本を受領し、これを執行停止文書（民執39 I ⑦）として添付の上、強制執行手続停止の上申書を執行裁判所（給与差押事件の係属している裁判所）に提出します。執行裁判所は、当該執行停止文書の提出があったときは強制執行を停止しなければなりません（民執39 I 柱書）。

　なお、再生手続開始前であっても、取消命令の申立てはなし得るものの、前記1(3)のとおり、要件が厳しく、また担保が必須であるため（民再26Ⅲ）、あえて申立てをしなければならない場合は限られると思われます（Q17参照）。

(2) 再生手続開始決定後の対処法（設問②）
ア 再生手続開始決定による当然中止
　前記(1)の中止決定を受けなかった場合も、開始決定により差押えは当然に中止されます。ただし、通常、執行裁判所は再生手続開始決定の存在を知りませんので、再生債務者代理人は、執行裁判所に対して、再生手続開始決定正本及びこれを停止文書（民執39Ⅰ⑥）とする強制執行手続停止の上申書を提出します。執行裁判所は、執行停止文書の提出があったときは停止しなければなりません（民執39Ⅰ柱書）。
イ 取消し
　前記の中止の効果は停止効だけであり、差押債権者への支払は阻止できますが、債務者本人が支給を受けることはできません。支給を受けるためには、差押債権者に対して取下げを促すことが考えられますが、差押債権者が応じない場合、給料の差押えについて取消しの申立てをします（Q17参照）。取消しの申立ては、「再生のために必要があると認めるとき」が要件ですが、給料の差押えについてはこの要件を充たすことが多いと考えられます。この取消命令は無担保でも可能であり、例えば、東京地裁では、開始決定後は、個人再生委員の意見を聴取した上で、通常、無担保で強制執行の取消命令を発令しています（『個再手引』169頁〔古谷慎吾＝鹿田あゆみ〕）。
　手続としては、債権差押手続取消しの申立書、債権差押命令正本の写し（中止命令申立ての際に提出済みの場合は不要）を再生裁判所に提出し、取消命令が発令された場合、再生裁判所から取消決定正本を受領し、これを執行取消文書（民執39Ⅰ⑥）として添付の上、差押命令取消の上申書を執行裁判所に提出します。執行裁判所は、取消文書の提出があったときは、強制執行を停止し、すでにした執行処分を取り消さなければなりません（民執39Ⅰ柱書、40Ⅰ）。
　取消決定によって、再生債務者は、その後の支給日において給料の支給を受け、また中止により留保されていた過去の支給分についても支払を受けることができます。供託金の支払を受ける手続に関しては、Q118を参照してください。
(3) 再生計画認可決定の確定による効果（設問③）
　前記(2)による取消しの決定を受けていなくても、再生計画認可決定の確定により給料差押えは当然に失効します。これより、再生債務者は、その後の支給日において給料の支給を受け、また中止により留保されていた過去の支給分についても支払を受けることができます。
　ただし、個々の執行取消決定の要否については、実務では、再生計画認可決定の確定により当然に強制執行は失効するから不要であり、執行裁判所に再生計画認可決定が確定した旨の上申があれば、執行裁判所は、執行取消決定はせず、強制執行の手続を終結させるとの考え方もあります。他方、取消決定を受けていない限り、手続開始等により中止した強制執行の効力は維持されているため、執行取消決定が

必要であるとし、再生計画認可決定の確定に基づく執行取消の上申をし、これを受けて執行裁判所が取消決定をし、執行手続は終了する（民執39Ⅰ、40、183Ⅰ・Ⅱ）との考え方もあります。一般的には後者の扱いが多いとされ（『新注釈下』155頁〔馬杉栄一〕）、東京地裁においても後者の扱いによっています（『執行実務（債権）上』351頁）。

(4) 給料差押えの中止、取消しと再生計画不認可（設問④）

再生計画が不認可となった場合は、中止されていた給料差押手続は、再び続行します。

給料差押えが取り消されていた場合は、取り消された給料差押手続が当然に復活するわけではなく、債権者は、再度、給料差押えの申立てをする必要があります。取消決定を受けてすでに支払われた給料に関しては、その支払は有効であって、債権者がさかのぼってその支払分を請求することはできません。

(5) 差押えの対象が預金である場合（設問⑤）

差押えの対象が給料ではなく預金である場合でも、以上の点は同様であると解されます（強制執行手続の取消し（設問②）については、『個再手引』168頁〔古屋＝鹿田〕も参照してください）。

〔志甫治宣〕

Q117 再生計画認可決定確定後に残存する不動産仮差押登記の抹消方法

債務者の再生計画について認可決定が確定しましたが、再生債務者所有の不動産について仮差押えの登記がされたままになっています。これを抹消するにはどうすればよいでしょうか。

1 再生手続と保全手続の関係

再生債権に基づく仮差押えは、「再生債権に基づく強制執行等」(民再26Ⅰ②)に当たるため、再生手続開始決定により中止し(民再39Ⅰ)、再生計画認可決定が確定するとその効力を失います(民再184本文)。

2 再生計画認可決定確定後に残存する不動産仮差押登記の抹消方法

上記のとおり、再生計画認可決定の確定によって、再生債権に基づく仮差押えは効力を失いますが、再生裁判所と保全執行裁判所は異なるため、再生計画認可決定が確定しても、当然に仮差押登記が抹消されるわけではありません。このため、再生計画認可決定後も残存する不動産仮差押登記を抹消するための手続が問題となります。

この点、保全執行裁判所に再生計画認可決定が確定した旨の上申をすれば足りるという運用が考えられます。この場合、再生債務者が、再生計画認可決定が確定した旨を記載した上申書、再生計画認可決定正本及び確定証明などを提出すれば、保全執行裁判所において、法務局に対して抹消登記手続の嘱託を行い、仮差押登記が抹消されることになります。同運用は、法文上、明確に「再生債権に基づく強制執行等」は「効力を失う」(民再39Ⅰ、民再184本文)とされていること、再生計画認可決定の確定の事実は容易に証明できることなどを理由とするものと思われます。

これに対し、事情変更による保全取消申立て(民保38)を必要とする運用も考えられます。この場合、再生債務者は、保全執行裁判所に、保全取消しの申立てをし、再生計画認可決定確定の事実を、再生計画認可決定の正本及び確定証明などにより疎明する必要があります(民保38Ⅱ)。また、口頭弁論又は双方審尋が必要とされます(民保40Ⅰ、29)。同運用は、「再生債権に基づく強制執行等」が再生手続開始によりいったんは中止(民再39Ⅰ)したとしても、続行されることがあり(民再39Ⅱ)、続行の有無は、再生計画認可決定の確定のみでは確認できないことなどを理由とするものと思われます。

東京地裁では、以前は、上申のみで足りる運用をしていましたが、現在は、事情変更による保全取消申立てを必要とする運用をとっており(『保全実務下』203頁〔江尻禎ら〕)、大阪地裁も同様のようですので、注意が必要です。

〔酒井恵介〕

Q 118　差押え・供託との関係

再生債務者の売掛先に対する売掛債権が差し押さえられた後、第三債務者が売掛金を供託しました。その後に個人再生を申し立てた場合、供託金はどのように扱われるでしょうか。なお、仮差押えの場合はどうですか。

1　強制執行等の手続の中止

(1)　債権執行における第三債務者による供託制度

金銭債権について差押えがなされると、第三債務者は債務者への弁済を禁止されます（民執145Ⅰ）。この場合、第三債務者は不安定な地位を解消して完全な免責を得るために、差押えがされた債権に相当する金銭を供託することが認められています（権利供託。民執156Ⅰ）。他方、差押えが競合した場合には、供託することが義務付けられています（義務供託。民執156Ⅱ）。供託がなされた場合には、執行裁判所によって供託金についての配当又は弁済金交付の手続が実施され（民執166Ⅰ①）、これにより強制執行が終了します。

金銭債権について仮差押えがされた場合も、第三債務者は債務者への弁済を禁止されます（民保50Ⅰ）。この場合も、第三債務者は仮差押えがされた債権に相当する金銭を供託することができ（権利供託。民保50Ⅴ）、仮差押えが競合した場合には供託が義務付けられます（義務供託。民保50Ⅴ）。これらの場合、仮差押えの効力は債務者の有する供託金還付請求権の上に及ぶことになります。

(2)　強制執行等の手続の中止

再生手続開始の決定がなされたときには、再生債務者の財産に対する再生債権に基づく強制執行は行うことができず、すでにされている強制執行は中止するものとされています（民再39Ⅰ）。これは、再生債権は再生計画の定めによらなければ弁済を受けられないものとされているため（民再85Ⅰ）、個別的な民事執行手続を許さないものとする趣旨の規定と解されます。

したがって、金銭債権について再生債権による差押えがなされ、第三債務者が供託を行った後に再生手続開始の決定がなされた場合には、その時点で強制執行は中止されることになり、その後の執行裁判所による配当等の手続には進まないことになります（手続的には、再生手続開始決定の正本を添付して、執行裁判所に執行停止の上申をする必要があります）。

また、再生債権に基づく仮差押えも同様に再生手続開始の決定によって中止されます（民再39Ⅰ。民再26Ⅰ②で「強制執行等」には保全処分を含むものとされています）。

(3)　中止された手続の続行・取消し

これらの規定により中止された強制執行については、再生債務者等の申立て又は

職権により、裁判所が手続の続行（民再39Ⅱ前段）もしくは手続の取消し（民再39Ⅱ後段）を命じることになります。

この点、続行命令によって強制執行の手続が続行された場合にも、再生債権者の権利行使は禁止されていますので（民再85Ⅰ）、強制執行により得られた金銭が再生債権の弁済に充てられることはありません。したがって、続行命令によって続行するのは、換価手続までということになります（『新注釈上』200頁〔深山雅也〕）。反面、差押えの効力が存続する限り、再生債務者も金銭の引渡しを得ることはできないことになります。

したがって、再生債務者が金銭の引渡しを得るには、強制執行の手続の取消命令を得て、差押えの効力を消滅させなければなりません。この取消命令は、「再生のため必要があると認めるとき」に発令されるものとされており、発令に際しては、裁判所は再生債務者に担保を立てさせることができるものとされています（民再39Ⅱ後段。ただし、東京地裁では原則として担保を要しないという運用がなされています。『個再手引』169頁〔古谷慎吾＝鹿田あゆみ〕）。「再生のため必要がある」という要件について、預貯金や給料の差押えがなされた場合にはこの要件を充たすことが多いとの指摘があります（『個再手引』168頁〔古谷＝鹿田〕）。これは、預貯金や給料がその性質上再生債務者の再生に必要と認められる場合が多いことによるものと考えられます。仮差押えについても同様であり、再生債務者等の申立て又は職権により、裁判所が手続の続行もしくは手続の取消しを命じることになります（民再39Ⅱ）。

2　設問における帰結

(1)　再生債務者が供託金について取り得る手段

ア　差押えの場合

以上に述べたように、再生債務者の売掛先に対する売掛債権が差し押さえられた後、第三債務者が売掛金を供託し、その後に再生手続開始の決定があった場合には、執行裁判所への上申によって強制執行の手続は中止され、供託金について配当等の手続は行われないことになります。

その場合、再生債務者は、再生のため必要があると認められれば、中止された強制執行の手続について取消決定を得て供託金の払渡しを受けることができます。具体的には、①再生裁判所で取消決定を得た後に、②執行裁判所に取消決定を提出して強制執行手続取消しの上申を行い、払渡証明書の発行を受け、③この払渡証明書を法務局に提出することにより、供託金の払渡しを受けることになります（『執行実務（債権）上』348頁）。

再生債務者の経済的再生に当該金銭が必要である場合には、早急に取消決定を得て、供託金の払渡しを受けるべきと考えます。例えば、再生債務者が販売事業者であり、差し押さえられた売掛金は次の仕入れの原資として予定されていた場合など、資金繰りに欠かせない資産である場合には、この要件が認められるのではないかと思われます。

なお、この取消決定を得なかった場合にも、再生手続認可の決定が確定した場合には中止された強制執行の手続は効力を失いますので（民再184）、再生債務者はその時点で供託金の払渡しを受けることができます（この場合、執行裁判所に認可決定及びその確定証明書を提出して差押命令取消しの上申を行うことにより、払渡証明書の発行を受けることになります。『執行実務（債権）上』351頁）。

イ　仮差押えの場合

　仮差押えがあった場合にも、同様に保全執行裁判所への上申によって保全執行の手続は中止されます。中止された仮差押えについて保全執行手続取消しの上申を行って供託金の払渡しを受けることができることは、差押えと同様です。認可決定が確定した場合には中止された仮差押えは効力を失うこと（民再184）も同様ですが、この場合には保全執行取消しの上申ではなく事情変更による保全命令取消手続の申立て（民保38）を要するとするのが近時の東京地裁の運用です（『保全実務下』203頁〔江尻禎ほか〕）。

(2)　清算価値への組入れ

　第三債務者による供託がなされた後に再生手続開始の決定があった場合には、結果的に供託金が再生債務者に払い渡されることになります。したがって、再生債務者の清算価値の算定に際しては、供託金の払渡しの有無にかかわらず、供託された金額を清算価値に含める必要があると考えます。

〔畑　知成〕

Q119 破産手続との関係

① 小規模個人再生で再生計画案が債権者から否決され、認可に至りませんでした。個人再生手続は牽連破産となるのでしょうか。牽連破産とならない場合、再度、個人再生手続の申立てをすることは可能でしょうか。
② 再生計画認可後、計画に基づく弁済の履行が困難となったことから、破産を申し立てようと考えています。手続の選択として注意すべき点はあるでしょうか。
③ 債権者から破産の申立てを受けました。この場合、債務者が個人再生手続の申立てをすることは可能でしょうか。

1 職権による牽連破産、再生手続の再度の申立て（設問①）

(1) 牽連破産についての実務の運用

再生手続では、①再生手続開始申立ての棄却、②再生手続廃止の決定、③再生計画不認可の決定、④再生計画取消しの決定、のいずれかが確定した場合で、当該再生債務者に破産手続開始の原因となる事実が認められるときは、裁判所は職権で破産手続開始決定（牽連破産の決定）をすることができます（民再250Ⅰ）。これらが生じた場合、牽連破産とするか否かは裁判所の裁量によることになりますが、実務の運用としては、裁判所は原則として牽連破産の決定は行わない扱いです（『個人手引』464頁〔島岡大雄＝松本美緒〕、「『大阪再生物語』刊行後の運用」80頁）。

(2) 牽連破産とならない場合の再度の申立ての可否

ア 再度の申立ての可否

小規模個人再生で再生計画案が否決された場合には、再生手続廃止決定がなされます（民再237Ⅰ）が、上述のとおり、実務の運用としては、この場合でも原則として牽連破産とはなりません。再生債務者は、その後、別個の手続として、個人再生手続を申し立てることが可能です（Q11参照）。

イ 再度の申立ての例と留意点

㋐ 再生債務者が給与所得者等に該当する場合であっても、計画弁済総額の高額化を回避するため小規模個人再生手続を申し立てることがあります。このケースで債権者の不同意により再生計画案が否決され小規模個人再生手続が廃止となった場合に、その後、給与所得者等再生手続を申し立て、給与所得者等再生の基準による再生計画の認可を目指すことができます。

㋑ 小規模個人再生で再生計画案が否決された後に、再度、同じ小規模個人再生手続を申し立てることも可能です。ただし、この場合には、先の手続で再生計画案が否決された原因を分析し、不同意の回答をした債権者との折衝、再生計画案の見直しなどの対応をとる必要があります。

(ｳ)　いわゆる「巻戻し」事案で住宅資金特別条項を予定している場合には、代位弁済実行から6か月以内に再生申立てをしなければなりませんので（民再198Ⅱ）、再度の申立てに当たっては、申立時期に注意する必要があります。

2　再生計画に基づく弁済の履行が困難となった場合（設問②）

　再生計画認可後、計画に基づく弁済の履行が困難となった場合、再生債務者の対処法としては、①再生債権者と協議をした上で、遅滞を早期に解消し原再生計画に基づく弁済を続ける、②再生計画の変更を行う（Q104参照）、③ハードシップ免責を受ける（Q105参照）、④自己破産を申し立てる、といった方法が考えられます。

　再生計画の履行においては、弁済の遅滞が発生したとしても、再生計画取消しの決定がなされない限り、再生債権については再生計画に基づく権利変更がされたままであり、また、再生債務者は当然には期限の利益を喪失しません。したがって、弁済を遅滞したとしても、いまだ支払不能に至っていないケースも多いと考えられます。そこで、再生債務者としては、まずは、①履行遅滞の解消を検討し、それが不可能な場合には、②再生計画の変更、③ハードシップ免責の利用を検討することになります。この①～③のいずれもが不可能あるいは不適切な場合に自己破産の申立てを検討することになります。ただし、上述のとおり、弁済の遅滞が発生しても、再生計画取消しの決定がなされていない場合には、債権額について再生計画に基づく権利変更がされたままの状態であり、かつ、期限の利益を喪失していませんので、自己破産申立てに際しては、かかる状態でも「支払不能」（破15）に該当することの疎明が必要となります。なお、再生計画の履行完了前に破産手続開始決定がなされた場合には、再生債権は原状に復します（民再190Ⅰ。Q103参照）。

3　債権者破産の申立てと債務者による個人再生手続申立て（設問③）

(1)　破産申立後の個人再生手続申立ての可否

　債権者破産の申立てがなされた場合でも、破産手続開始決定の前後を問わず、債務者は個人再生手続を申し立てることができます（民再26Ⅰ①参照）。

　ただし、再生の見通しがないにもかかわらず急場しのぎで個人再生手続を申し立てたような場合には、再生計画の作成・可決の見込みがない又は再生計画認可の見込みがないとして、申立てが棄却されることも考えられます。また、再生計画認可以外の目的による再生申立て、例えば、債権者申立てによる破産手続開始決定を遅らせ、その間に偏頗行為が行われるようなケースでは、不当な目的による再生申立てであるとして、申立てが棄却されるものと考えられます（民再25）。

(2)　破産申立後に個人再生申立てがなされた場合の手続の進行

　個人再生手続開始決定がなされると、破産手続は当然に中止し（民再39Ⅰ）、再生手続が優先して進行します。再生手続において再生計画認可決定が確定すると、中止していた破産手続は効力を失います（民再184）。他方、再生手続において再生手続廃止決定がなされ確定すると、中止していた破産手続の効力が復活することになります（島岡大雄「東京地裁破産再生部（民事第20部）における牽連破産事件の処理の実情等について(上)」判タ1362号（2012年）5頁）。

〔番場弘文〕

Q120 災害の被災者に関する特例的運用

災害の被災者から個人再生の依頼を受けました。次の場合に、特別な考慮がなされることはありますか。
① 義援金、被災者生活再建支援金、災害弔慰金、地震保険金等、災害に関連して多額の給付を受けたことにより、これをそのまま清算価値に算入すると多額の弁済を余儀なくされてしまう場合
② ローンの支払が終了していない自動車を保有しているが、災害により交通機関が途絶し、生活のためには自動車の保有が不可欠である場合

1 災害関連給付と清算価値への計上（設問①）

自然災害の被災者は、義援金、被災者生活再建支援金、災害弔慰金、地震保険金など、被災を契機として多額の給付を受ける場合があります。

多くの裁判所では、個人再生においては、破産手続において自由財産拡張が見込まれる財産も含め、原則として法定自由財産以外のすべての資産を清算価値に計上する必要があるとの運用がなされています（なお、東日本大震災とその他特定の災害の義援金、被災者生活再建支援金、災害弔慰金、災害障害見舞金については、受給権のみならず支給を受けた金銭も差押禁止財産とされています。差押禁止財産であれば、法定自由財産として清算価値への計上は不要となりますが、受領後、預金債権に転化した場合には、差押禁止財産としての属性は承継されないと解されます（最三小判平10.2.10金判1056号6頁参照）ので、この場合には清算価値への計上が問題となります）。

ところが、上記のような災害関連給付をすべて清算価値に計上することとなれば、清算価値が極めて高額となる場合もあり、その結果、被災者は多額の弁済を余儀なくされ、場合によっては個人再生そのものを断念せざるを得なくなり、被災者の生活再建への道を閉ざすことにもなりかねません。そこで、個人再生手続において、被災者の被災状況や生活状況、生活再建の見通し等を踏まえ、資産の一部について清算価値に算入しないという取扱いが認められないかが問題となります。

この点、仙台地裁においては、東日本大震災の被災者に対する特例的運用として、被災した再生債務者が、生活再建のためにその資産の一部について清算価値に算入しないことを求める場合には、個人再生委員の意見を求めた上で、生活再建のための費用として認められる部分については清算価値に算入しないこととするとの運用が行われました。

清算価値からの除外が認められる範囲については、事案ごとに個別に決せられることになりますが、多くの事例では、仮に破産手続をとった場合には被災を理由とした柔軟な自由財産拡張が認められるであろうと想定される金額が目安とされてい

ました（破産手続における震災時の自由財産拡張の運用については、『破産Q&A』Q196～Q198〔小向俊和ほか〕を参照してください）。

　なお、仙台地裁では、弁護士が申立代理人となっている個人再生事件においては、原則として個人再生委員は選任されない運用が行われていますが（Q108参照）、清算価値からの一部除外を求める場合には、破産手続の自由財産拡張において破産管財人の意見を聴くことが必要的とされていることとの均衡上、個人再生委員を選任する運用がなされました。

2　災害による交通途絶の場合における自動車ローンの共益債権化（設問②）

　大規模災害が発生し、交通機関が途絶したような場合においては、自動車がなければ通勤をすることが困難となり、さらには日常生活を送ることすらままならないような場合もあります。

　この点、仙台地裁においては、東日本大震災の被災者に対する特例的運用として、被災者については、一定の要件の下、自動車を事業の用に供している場合以外においても自動車ローンの共益債権化を認める運用が行われました。

　共益債権化を認める要件については、基本的には札幌地裁の運用を参考とするとの見解が示されました。そして、札幌地裁においては、自動車ローンを共益債権として認める要件として、①自動車を保有し続けることが、再生債務者が所得を得たり生活を維持したりする上で不可欠であること、②自動車の客観的価値が残債務額に比して同程度であること、③自動車ローン債務を再生計画外で全額支払っても、再生計画遂行の見込みに影響を与えないこと、が必要との運用がされています（藤原克彦＝中西覚「札幌地裁（本庁）における個人再生事件の現状」金法1765号（2006年）23頁）。ただし、②の要件については、自動車の客観的価値と残債務額との均衡をあまり厳格に求めると、自動車を保有できる場合がかなり限定されてしまい、ひいては被災者の生活再建のために自動車ローンの共益債権化を認めた趣旨が没却されてしまいますので、被災者や被災地の実情に応じた柔軟な運用が望まれるところです（仙台地裁では、具体的事例の蓄積がなされるまでには至りませんでした）。

　なお、上記の議論は、自動車ローン債権者が対抗要件を具備していることが前提となることに留意する必要があります。対抗要件を具備していない場合には、自動車ローン債権者は一般再生債権者として取り扱うことになると思われます（平時における自動車ローンの取扱いについてはQ37を参照してください）。

3　災害時における柔軟な運用の必要性

　災害が多発する日本では、個人再生手続においても、被災者や被災地の実情に応じた柔軟な対応が求められるものというべきです。そのような意味で、上記のような柔軟な運用は、東日本大震災以外の災害の被災者に関しても参考にされるべきものと思われます。

〔小向俊和〕

事項索引

本書で用いている略語等については、凡例（viiページ）を参照してください。

●ア行●

新たに発見された再生債権者 …… Q27
異議の申述
　………… Q23、Q24、Q28、Q29
異議の留保
　………… Q23、Q24、Q28、Q31、Q32
遺産分割協議 …………… Q55、Q56
慰謝料 …………………………… Q38
1号仮登記 ……………………… Q86
一般異議申述期間 ……………… Q23
一般優先債権
　……………… Q9、Q18、Q31、Q65、Q71
委任関係の終了 ………………… Q12
委任契約書 ……………………… Q12
請負代金 ………………………… Q84
受戻代金請求権 ………………… Q35
延長保証料 ……………………… Q97
オーバーローン ………… Q35、Q102

●カ行●

買掛金 …………………………… Q42
開始決定後の積立て …………… Q16
開始時現存額主義 ……………… Q30
回収可能性→過払金
回収見込額→過払金
買戻特約 ………………………… Q84
解約返戻金 ……………… Q47、Q55
家計表 …………………………… Q68
火災保険料 ……………………… Q97
貸金業者 ………………………… Q46
（改正）貸金業法 ……………… Q46
過剰与信のクレジット債権 …… Q25

可処分所得
　………… Q2、Q4、Q10、Q62、Q66、Q67
　—と履行可能性 ……………… Q62
可処分所得額算出シート ……… Q63
割賦 ……………………………… Q84
過払金 …………………… Q44、Q46
　—回収可能性 ………………… Q46
　—回収見込額 ………………… Q46
　未回収の— …………………… Q46
借換え …………………………… Q83
仮差押え …… Q17、Q85、Q117、Q118
仮登記 …………………………… Q86
簡易生命保険（簡易保険）…… Q47
管轄 ……………………………… Q13
監督委員 ………………… Q79、Q114
元本猶予期間 …………………… Q78
　—併用型 ……………………… Q78
義援金 …………………………… Q120
棄却→申立て棄却
議決権額 ………………………… Q33
期限の利益 ……………………… Q90
　—回復型 ……………………… Q78
　—の喪失 ……………………… Q92
基準債権 ………………… Q101、Q109
　—総額による計算 …………… Q66
求償権 …………… Q49、Q89、Q96
　—の保証 ……………………… Q30
給与所得者等再生 ……………… Q114
給料（給与）…………………… Q116
　—天引き ……………… Q40、Q59
　—の差押え …………………… Q17
　—の振込入金 ………………… Q18
共益債権 ………… Q18、Q31、Q107

共益債権化 ……………… Q42、Q120
共済 ………………………………… Q44
強制執行 ………… Q13、Q103、Q115
　―手続等の中止命令
　　……………… Q116、Q117、Q118
　―手続等の当然失効
　　……………… Q116、Q117、Q118
　―手続等の当然中止
　　……………… Q116、Q117、Q118
　―手続等の取消命令
　　……………… Q116、Q117、Q118
供託 ………………………………… Q118
共同抵当 ……………………………… Q52
共有 …………………………………… Q89
金銭債権 ……………………………… Q44
勤務先からの借入れ ………………… Q40
繰上一括弁済 ………………………… Q70
グレーゾーン金利 …………………… Q46
経営者保証ガイドライン …………… Q114
計画弁済総額 ………………………… Q109
形式的平等 …………………………… Q65
形式的平等主義 ……………………… Q74
競売中止命令 ………………………… Q97
競売の取消し ………………………… Q97
競売費用 ……………………………… Q97
契約者貸付 ………… Q25、Q47、Q55
欠格事由 ……………………………… Q1
原状回復（費用）……………… Q53、Q54
建築請負代金 ………………………… Q84
現場の保全 …………………………… Q14
牽連破産 ……………………………… Q119
後順位担保権 ………………… Q86、Q87
公租公課 …………………… Q71、Q86
　―の滞納 …………………………… Q9
交通事故 ……………………… Q8、Q58
光熱費 ………………………………… Q41
公売 …………………………………… Q85

個人再生委員
　…… Q24、Q29、Q37、Q120、第9章
個人事業者 ………… Q14、Q42、Q60
5000万円要件
　……………… Q8、Q33、Q93、Q107
個別和解 ……………………………… Q103
婚姻費用 ……………………………… Q49

●サ行●

災害関連給付 ………………………… Q120
災害弔慰金 …………………………… Q120
債権額確定手続 ……………………… Q23
債権額0円での申立て
　………………………… Q24、Q25、Q28
債権額の特定に疑義がある場合 … Q32
再建型手続 …………………………… Q3
債権差押え …………………………… Q116
債権者一覧表
　………… Q8、Q24、Q30、Q31、Q109
　―の意義 ………………… Q23、Q32
　―の記載 ………… Q25、Q26、Q93
　―の訂正 ………………… Q27、Q31
債権者集会 …………………………… Q79
債権者の個別同意 ……… Q101、Q107
債権者の特定に疑義がある場合 … Q32
債権者の反対 ……………… Q2、Q3
債権者平等原則 ……………………… Q103
債権譲渡 …………………… Q32、Q88
債権届出 ……………………………… Q23
　―の追完 …………………………… Q27
債権認否一覧表 ……………………… Q109
債権の一部取下げ …………………… Q77
債権の二重譲渡 ……………………… Q32
債権の評価 …………………………… Q49
財産評定 ……………………………… Q114
財産分与 ……………………………… Q82
財産目録 ……… Q44、Q45、Q46、Q47

再生型手続	Q1	最低生活費	Q63
再生計画	Q79	最低弁済額	
―の可決要件	Q72		Q3、Q65、Q66、Q107、Q114
―の取消し	Q103、Q107	―の計算方法	Q2
―取消の決定	Q119	―の算出	Q33
―廃止決定	Q107	―の比較	Q10
―の不認可	Q22	再度の申立て	Q107、Q119
―不認可決定	Q107、Q119	再申立制限	Q61
―の変更		先取特権	Q58
Q12、Q76、Q99、Q104、		差押え	Q17、Q85、Q116、Q118
Q107、Q119		差押禁止	Q120
―の変更の申立て	Q27	差押禁止財産	Q47
再生計画案	Q96、Q109、Q110	差押禁止動産	Q60
―提出時の注意点	Q65	３年未満の再生計画	Q70
―に反対する債権者	Q26、Q72	３年を超える弁済期間	Q69
―の基準債権の総額	Q30	敷金	Q44、Q53
―の決議手続	Q72	事業用資金の借入金	Q84
―の提出期限	Q65	時効	Q46
―の否決	Q72	自己破産申立て	Q3
再生債権		事情変更による保全取消申立て	
―の確定	Q32		Q85、Q117
―の総額	Q6	地震保険金	Q120
―の二重届出	Q28	事前協議	Q96
―の評価		質権	Q40
Q23、Q24、Q29、Q108、		執行（保全）処分の取消し	Q85
Q109、Q112		執行停止の申立て	Q17
―の評価の裁判	Q32	実費	Q46
―の劣後化	Q27、Q29	自動車	Q44
再生手続開始後の―	Q25	自動車の評価	Q50
再生債権額		自動車ローン	Q120
―に争いがある	Q8	自動振替	Q18
―の確定	Q8	自認債権	Q27
―の減少	Q77	借地（普通借地、定期借地）	Q54
―の調査	Q8	借地権付建物	Q52
再生債務者の死亡	Q76	自由財産拡張	Q120
再生手続開始申立ての棄却	Q119	終身年金保険	Q47
再生手続廃止の決定	Q119	住宅	Q80

事項索引

住宅・都市整備公団 Q84
住宅資金貸付債権
　　Q31、Q35、Q66、第7章、Q88
　―と法定代位 Q88
　―の債権譲渡 Q88
　―の範囲 Q83、Q84
住宅資金特別条項
　　Q23、Q35、Q65、Q76、第7章、Q100、Q109、Q110
　　後順位担保権者と― Q86
　　再手続と― Q107
　　住宅ローン以外の債務と― Q79
　　マンションの滞納管理費と― Q36
　　連帯債務と― Q90
　　―と共有 Q89
　　―と法定代位 Q88
　　―と保証 Q89
　　―の具体例 Q78
　　―の種類 Q78
　　―の不履行 Q106
　　―の利用 Q82
　　―の例外 Q88
　　―利用の可否 Q85、Q91
　　―を利用できない場合 Q95
住宅の敷地 Q81
住宅の所有権移転 Q82
住宅の用に供されている土地 Q81
住宅ローン Q35、Q55、第7章
　　従前の― Q86
　　ハードシップ免責と― Q105
　　―と担保権消滅請求 Q95
　　―と別除権協定 Q95
　　―の保険金による完済 Q55
　　―の不履行 Q106
　　―の弁済許可 Q92
　　―の保証債務 Q101

住宅ローン債権（住宅ローン債務） Q6、Q15、Q18、Q23、Q82
収入の安定性 Q61
収入の定期性 Q61
主債務者による弁済
　　Q30、Q73、Q101
受任通知 Q18、Q24、Q42
受任通知後の積立て Q16
少額債権 Q74
　―の弁済許可 Q41、Q42
少額支払 Q22
小規模個人再生 Q114
承継届出 Q28
商取引債務 Q14、Q42
消費者金融業者 Q46
消滅時効 Q26、Q103
将来の求償権 Q31、Q34
将来の請求権 Q30
諸費用ローン Q83
処分価格 Q60
所有権留保 Q19、Q50
信義則違反 Q26
震災 Q86
親族の援助 Q68
ステップ償還 Q78
生活の本拠 Q82
生活費 Q46
税金 Q85、Q86
清算型手続 Q1、Q3
清算価値 Q44、Q45、Q52、Q60
　―の算定 Q46
　―の計上方法 Q59
清算価値保障原則
　　Q10、Q43、Q66、Q109、Q110
　―の基準時 Q43、Q53、Q55
　100%弁済と― Q67
　遺産分割協議と― Q56

開始後の財産増減と—	Q55	滞納処分	Q85
財産目録作成と—	Q44	太陽光発電システム設置	Q83
敷金返還請求権と—	Q53	建て直し	Q86
相続放棄と—	Q56	単独申立て	Q91
損害保険金の支払請求権と—	Q58	担保権消滅許可	Q95
退職金と—	Q48	担保評価額	Q35
否認対象行為と—	Q20、Q41、Q59	担保不足見込額	Q33、Q112
正常価格	Q60	中止命令	Q14、Q17、Q85、Q96
正常返済型	Q78	直前現金化	Q45、Q46
生命保険	Q47	賃借保証金	Q44
全額弁済→100%弁済		賃貸借	Q53、Q54
早期回収価額	Q46	通常再生	Q79、Q114
早期処分価格	Q60	積立て	Q16、Q45
葬儀費用	Q55	積立金	Q45
相殺禁止	Q18、Q59	定期借地	Q54
相殺予約	Q40	抵当権移転登記費用	Q97
相続	Q82	適確条項	Q33、Q75、Q93
相続放棄	Q56	適確な措置	Q106
訴訟	Q115	手続選択	Q1、Q2
租税債権の第三者納付	Q31	手続内確定	Q23、Q29
そのまま型	Q78	手続の流れ	Q3
損害金	Q25、Q78、Q97	転付命令	Q17
損害賠償請求権	Q58	同意型	Q78
損害保険	Q58	倒産解除特約	Q37、Q41
		都市基盤整備公団	Q84
●タ行●		都市再生機構	Q84
代位弁済	Q31、Q34、Q96	届出名義の変更	Q28、Q31、Q34
—後の利息・遅延損害金	Q97	取消決定	Q17
—前の再生計画認可	Q94	取引履歴の開示	Q24、Q28、Q46
対抗要件	Q19		
第三者出捐	Q57	**●ナ行●**	
第三者弁済	Q86、Q87	2号仮登記	Q86
退職金	Q5、Q44、Q48	入院費用	Q55
—の清算価値	Q40	任意整理	Q1
退職金担保	Q40	任意売却	Q106
滞納公租公課	Q66、Q86	年金担保貸付	Q39
		年金の振込入金	Q18

年金保険 ………………………… Q47

●ハ行●

ハードシップ免責
　……………Q12、Q99、Q107、Q119
　繰上一括弁済と— ……… Q70
　再生債務者の死亡と— …… Q76
賠償責任保険 ……………………… Q58
破産管財人報酬 …………… Q43、Q60
破産手続 ………………………… Q119
破産配当率 ……………………… Q79
ハンコ代 ………………………… Q102
非減免債権（非免責債権）
　………………Q21、Q38、Q58、Q71
被災者生活再建支援金（生活再
建支援金）……………………… Q120
引越費用 ………………………… Q54
否認（否認権）……… Q19、Q44、Q56
否認対象行為
　………… Q36、Q42、Q55、Q56、Q59
被扶養者 ………………………… Q64
非免責債権→非減免債権
100％弁済 ……………………… Q67
評価済債権 ………………… Q23、Q29
評価の申立て …… Q108、Q109、Q115
夫婦双方申立て ………………… Q91
夫婦ペアローン ………………… Q91
附従性の原則 …………………… Q1
不誠実な申立て ………………… Q87
不足額の確定の通知 …………… Q33
普通借地 ………………………… Q54
物上保証 ………………………… Q91
不動産 …………………………… Q44
不動産仮差押登記 ……………… Q117
不動産の評価 …………………… Q51
不当な損害 ……………………… Q17
不当な目的 ………………… Q20、Q21

不当利得返還請求権 …………… Q100
不認可事由 …………… Q8、Q26、Q37
不法行為に基づく損害賠償請求
　権 ……………………………… Q58
分割予納金
　……………Q16、Q109、Q110、Q113
分納協議 ………………………… Q85
ペアローン ………………… Q90、Q91
別居の親族 ……………………… Q64
別除権 ……… Q6、Q7、Q33、Q34、Q58
　所有権留保と— ……………… Q19
　マンションの滞納管理費と— … Q36
　リース料債権と— …………… Q37
別除権協定 …… Q14、Q28、Q35、Q37
別除権付債権 … Q33、Q37、Q39、Q75
別除権の受戻し ………………… Q95
弁護士報酬 ……………………… Q46
弁済期間 ………………………… Q69
弁済協定 ………………………… Q37
弁済許可 …………………… Q78、Q92
弁済禁止 …………… Q15、Q22、Q71
弁済留保 …………… Q30、Q73、Q101
偏頗弁済
　……………Q17、Q20、Q21、Q22、Q42
法定代位 ………………………… Q88
保険 ………………………… Q44、Q47
　—解約返戻金 ……………… Q57
　—給付金 …………………… Q57
　—契約者貸付 ……………… Q57
保険金請求権 …………………… Q58
保険料 ……………… Q18、Q47、Q57
　—控除 ……………………… Q57
　—の贈与 …………………… Q57
保証会社 ………………………… Q96
　—の代位弁済 ……………… Q28
保証金 ……………………… Q44、Q54
保証債務 …… Q28、Q30、Q73、Q96

―履行請求権……………Q89、Q101
保証人………………………………Q31
　―による弁済………………Q100
保証料………………………………Q97
ホッチポット・ルール…………Q107
本来的自由財産……………Q45、Q46

●マ行●

巻戻し………… Q88、Q96、Q97、Q98
抹消料……………………………Q102
マンション管理費…………………Q36
未回収の過払金→過払金
みなし届出………… Q23、Q24、Q28
無異議債権………………… Q23、Q29
無届出再生債権……………………Q27
免責不許可事由…………… Q21、Q105
申立て
　―棄却………Q4、Q21、Q22、Q119
　―棄却事由………………………Q26
　―代理人の責任…………………Q21
　―前の債権調査………… Q24、Q28

●ヤ・ラ・ワ行●

約定型………………………………Q78
家賃…………………………………Q41
ヤミ金………………………………Q25
やむを得ない事由（再生計画の
　変更）…………………………Q104

有用の資……………Q45、Q46、Q55
養育費………………………Q38、Q49
要許可事項…………………………Q37
預貯金
　………Q18、Q44、Q45、Q57、Q116
　―債権の帰属……………………Q57
予納金………………………Q79、Q108
リース債権…………………… Q7、Q75
リース物件…………………Q28、Q37
履行可能性……Q3、Q10、Q55、Q111
　再生計画の―……………………Q68
　住宅資金特別条項と―…………Q78
　滞納公租公課と―………………Q9
　積立て（分割予納金）と―
　…………………… Q16、Q45、Q113
履行テスト…………………Q16、Q55
履行補助……………………………Q99
離婚…………………………………Q82
リスケジュール……………………Q78
利息…………………Q25、Q78、Q97
利息制限法………… Q24、Q25、Q46
リフォーム…………………………Q83
リレーローン………………………Q90
劣後的取扱いを受ける再生債権→再生
　債権
連帯債務……………………………Q90
和解…………………………………Q46

事項索引　305

個人再生の実務Q&A120問（全倒ネット実務Q&Aシリーズ）

2018年11月10日　第1刷発行
2025年 4 月14日　第4刷発行

監修者　木内道祥
編　者　全国倒産処理弁護士ネットワーク
発行者　倉田　勲
印刷所　三松堂株式会社

〒160-8520　東京都新宿区南元町19
発　行　所　一般社団法人 金融財政事情研究会
　　　　　編集部　TEL 03(3355)1758　FAX 03(3355)3763
販　　売　株式会社きんざい
　　　　　販売受付　TEL 03(3358)2891　FAX 03(3358)0037
　　　　　　　　　　https://www.kinzai.jp/

＊2023年4月1日より企画・制作・販売は株式会社きんざいから一般社団法人金融財政事情研究会に移管されました。なお、連絡先は上記と変わりません。

・本書の内容の一部あるいは全部を無断で複写・複製・転訳載すること、及び磁気又は光記録媒体、コンピュータネットワーク上等へ入力することは、法律で認められた場合を除き、著作者及び出版社の権利の侵害となります。
・落丁・乱丁本はお取替えいたします。価格はカバーに表示してあります。

ISBN978-4-322-13289-2